Wuppertaler Studienbibel

Wuppertaler Studienbibel

Herausgegeben von

Fritz Rienecker †

und

Werner de Boor

1972

R. Brockhaus Verlag Wuppertal

Der zweite Brief des Paulus an die Korinther

erklärt von

Werner de Boor

1972

R. Brockhaus Verlag Wuppertal

1. Auflage

Printed in Germany
Druck: Aussaat Verlag, Wuppertal
ISBN 3-417-00376-8 Leinen
ISBN 3-417-00377-6 Paperback

VORWORT

Die biblischen Schriften sind durch Jahrhunderte hindurch von ungezählten Menschen ohne ein besonderes sprachliches oder geschichtliches Wissen gelesen und verstanden worden. Der Geist Gottes hat durch sie an Menschen verschiedenster Rasse und unterschiedlichsten Bildungsgrades tiefgehend gewirkt. Sprachliche und geschichtliche Erklärungen biblischer Bücher können immer nur einen Hilfsdienst tun.

Freilich, bei dem 2. Korintherbrief ist dieser Dienst mehr als bei mancher anderen Schrift des Neuen Testamentes wichtig. Es ist kein Zufall, daß aus diesem Brief zwar einzelne Abschnitte, wie etwa Kapitel 5, 14—21, gern zur Grundlage der Verkündigung genommen wurden, daß aber der Brief als ganzer weithin unbekannt blieb. Er ist in vielen Abschnitten nicht leicht zu verstehen. Der Leser bedarf hier der helfenden Hinweise einer Auslegung. Möchte dieser Band unserer Studienbibel dazu beitragen, daß der besondere Reichtum des 2. Korintherbriefes erkannt und dieses Buch des Neuen Testamentes zum wirksamen inneren Besitz vieler Leser werde.

Schwerin, Januar 1972

Werner de Boor

Richtlinien
für die Benutzer der Wuppertaler Studienbibel

In bezug auf den Bibeltext:
Der Bibeltext ist fett gedruckt. Wiederholungen aus dem behandelten Bibeltext sind fett gedruckt.
Gesperrt nur im Sinne der Verdeutlichung bei Betonung.

In bezug auf die Parallelstellen:
Mit Absicht sind eine große Fülle von Bibelstellen als Parallelen gebracht. Für diese Parallelstellen ist am Rand eine Spalte freigelassen.

In bezug auf die Handschriften:
Zu den wichtigsten vom Text abweichenden Lesarten, die sich im allgemeinen in den Fußnoten finden, sind folgende Zeichen gesetzt, die der Erklärung bedürfen:

Die Handschriften des Neuen Testaments

Bezeichnung	aus Jahrhundert	Namen	Standort: in Bibliothek	
א	IV	Sinaiticus	London	Neutestamentlicher Teil einer Vollbibel. Die romantische Entdeckungsgeschichte, wie sie Tischendorf erzählt, siehe bei Tischendorf. Gregory 348 ff., Gregory 23 ff. 1844 im Katharinenkloster auf Sinai in einem Abfallkorb zum Heizen bestimmt. Genannt sei auch: Schneller: Tischendorf-Erinnerungen.
A	V	Alexandrinus	London	Das NT mit 1. Clemensbrief und den sogen. Psalmen Salomos, in der Bibliothek Alexandrien, 1628 an Karl I. von England geschenkt. Vollbibel mit einzelnen Lücken.
B	IV	Vaticanus	Rom	Einer der größten Schätze der päpstlichen Bibliothek. Vollbibel mit Lücken.
C	V	Ephraemi rescriptus	Paris	In Pariser Nationalbibliothek stehend. Vom Syrer Ephraem überschrieben. 1535 nach Paris gekommen. Bibel mit vielen Lücken.

Diese vier Bibeln des IV. und V. Jahrhunderts dürfen als die wichtigsten Zeugen gelten. — Wenn sie auch auf die Hauptsitze der katholischen und anglikanischen Kirche Rom, Paris, London verteilt sind, so hat doch der deutsche Protestantismus sich um ihre gelehrte Erforschung sehr bemüht.

Die Zusammenfassung der vier Handschriften א A B C zu einer Textgruppe wird die hesychianische oder ägyptische Textform genannt. Hesychius war ein Grieche in Alexandrien. Weil Alexandrien in Ägypten liegt, wird diese Textgruppe auch die ägyptische Textform genannt.

Weitere Handschriften des Neuen Testaments

Bezeichnung	aus Jahrhundert	Namen	Standort: in Bibliothek	
D	VI	Bezae Cantabrigiensis	Cambridge	Enthält die vier Evangelien und die Apostelgeschichte, aber mit großen Lücken.
E	VIII	Basiliensis	Basel	Diese Handschriften enthalten die vier Evangelien.
F	IX	Boreelianus	Utrecht	
G	X	Seidelianus I	London	
H	IX	Seidelianus II	Hamburg	
L	VIII		Paris	H und L enthalten Apostelgeschichte und Briefe.
046	VIII		Rom	046 enthält Offenbarung des Johannes.

Die sogenannte Koine ist diejenige Handschriftengruppe, welche die Zusammenfassung der einzelnen Handschriften E F G H L und 046 bildet.

Es sind also die Handschriften aus dem VIII. bis X. Jahrhundert. Die Koine ist die in Antiochien und später in Konstantinopel zur allgemeinen Verbreitung gekommene Textform. Diese Textform tritt uns, da Erasmus von Rotterdam solche späten Handschriften benutzte, in Luthers Bibelübersetzung entgegen. Luther stützte sich auf diese späte Handschriftengruppe, also auf die sogenannte Koine, die in der Erasmusausgabe vorlag.

Die Erasmusarbeit war eine sehr flüchtige Arbeit.

„Erasmus benutzte höchstens drei Handschriften, die er von den Predigermönchen in Basel entlieh und die heute noch erhalten sind (keine von ihnen ist älter als das 12. Jahrhundert). Sie zeigen, daß Erasmus die Handschriften selbst durcharbeitete und dann als Vorlage in die Druckerei gehen ließ. Für die Offenbarung des Johannes, die in jenen Handschriften fehlte, wurde eine Handschrift aus Maihingen herangezogen; in ihr fehlte der Schluß 22, 16—21; Erasmus übersetzte ihn einfach aus der Vulgata ins Griechische, ohne das irgendwo anzugeben." Michaelis, Einleitung in das NT 1954, Seite 357.

Die Koine-Gruppe, d. i. die Vorlage Luthers, erwähnen wir ebenfalls.

Andere Handschriften werden jeweilig im Text erklärt.

Am Schluß der Studienbibel soll eine Übersicht über die Geschichte der Handschriften folgen.

In bezug auf besondere Urtextwörter:

Schwierige Wörter des griechischen Textes, die die Möglichkeit verschiedener Übersetzungen bieten, sind in den Fußnoten eingetragen. Die griechischen Wörter sind dabei in Klammern oder in Anführung gesetzt und in lateinischen Buchstaben wiedergegeben!

Abkürzungs-Verzeichnis

I. Allgemeine Abkürzungen:

AT = Altes Testament
NT = Neues Testament
atst = alttestamentlich
ntst = neutestamentlich
grie = griechisch
hebr = hebräisch
lat = lateinisch
LXX = Septuaginta. Das ist die griechische Übersetzung des AT, angeblich von 70 gelehrten Juden auf Befehl des Königs Ptolemäus Philadelphus 200 v. Chr. in Alexandrien angefertigt.

II. Literatur-Abkürzungen:

W—B = Walter Bauer: Griechisch-Deutsches Wörterbuch. 4. Aufl. 1952
Bl—De = Blaß—Debrunner: Grammatik des ntst Griechisch, 9. Auflage 1954 zitiert n. §§.
Radm = Rademacher: Neutestl. Grammatik 1925. 2. Aufl.
Ki—Th W = Kittel: Theolog. Wörterbuch
NTD = Neues Testament Deutsch Göttingen 1932 ff.
St—B = Strack—Billerbeck: Kommentar zum NT aus Talmud usw. Bd. I—IV. München 1922 ff.

III. Abkürzungen der biblischen Bücher:

a) Altes Testament

1 Mo = 1. Mose
2 Mo = 2. Mose
usw. usw.
Jos = Josua
Ri = Richter
Rth = Ruth
1 Sam = 1. Buch Samuelis
2 Sam = 2 Buch Samuelis
1 Kö = 1. Buch der Könige
2 Kö = 2. Buch der Könige
1 Chro = 1. Buch der Chronika
2 Chro = 2. Buch der Chronika
Esr = Esra
Neh = Nehemia
Esth = Esther
Hio = Hiob
Ps = Psalter
Spr = Sprüche
Pred = Prediger
Holi = Hohelied
Jes = Jesaja
Jer = Jeremia
Kla = Klagelieder
Hes = Hesekiel
Da = Daniel
Hos = Hosea
Joe = Joel
Am = Amos
Ob = Obadja
Jon = Jona
Mi = Micha
Nah = Nahum
Hab = Habakuk
Ze = Zephanja
Hag = Haggai
Sach = Sacharja
Mal = Maleachi

b) Apokryphen

Tob = Tobias
1 Makk = 1. Makkabäer
2 Makk = 2. Makkabäer
Sir = Sirach

c) Neues Testament

Mt = Matthäus
Mk = Markus
Lk = Lukas
Jo = Johannes
Apg = Apostelgeschichte
Rö = Römer
1 Ko = 1. Korinther
2 Ko = 2. Korinther
Gal = Galater
Eph = Epheser
Phil = Philipper
Kol = Kolosser
1 Th = 1. Thessalonicher
2 Th = 2. Thessalonicher
1 Tim = 1. Timotheus
2 Tim = 2. Timotheus
Tit = Titus
Phlm = Philemon
1 Pt = 1. Petrus
2 Pt = 2. Petrus
1 Jo = 1. Johannes
2 Jo = 2. Johannes
3 Jo = 3. Johannes
Hbr = Hebräer
Jak = Jakobus
Jud = Judas
Offb = Offenbarung des Johannes

Vgl. W. Stb. Matth. S ... = Vergleiche Wuppertaler Studienbibel Matthäus-Band Seite ..
Vgl. W. Stb. Mark. S ... = Vergleiche Wuppertaler Studienbibel Markus-Band Seite ... usw.

INHALT

EINLEITUNG

1. Wenn wir vom 1. Korintherbrief herkommend unsern Brief lesen, spüren wir sofort *den großen Unterschied zwischen den beiden Briefen.* Im 1. Korintherbrief ging es um einzelne Sachfragen des Gemeindelebens, die nacheinander in ruhiger Darlegung behandelt werden. Im 2. Korintherbrief aber gibt es — abgesehen von dem Abschnitt über die Sammlung für Jerusalem — im Grund nur ein einziges Thema: die apostolische Autorität des Paulus. Die vielerlei Themen des 1. Briefes sind verschwunden. Vom rechten Verhalten bei Streitigkeiten unter Brüdern, von der Zucht im geschlechtlichen Leben, von der Ehe, vom Götzenopferfleisch, von der Feier des Herrenmahles, vom Verhalten der Frauen, von den Geistesgaben, von der Auferstehung hören wir nichts mehr.

Das wird nicht darin seinen Grund haben, daß alle diese Fragen inzwischen nach dem Wunsch des Apostels geregelt sind. Wir sehen aus dem 2. Brief, wie bedrohlich die Spannungen zwischen Apostel und Gemeinde geworden waren. In dieser Lage sind die Korinther sicher nicht bereit gewesen, auf die Anweisungen des Paulus zu hören! Paulus greift diese Fragen nicht wieder auf. Ihm geht es wie einem Architekten (1 Ko 3, 10!), der nicht mehr über einzelne Fragen eines Baues verhandeln kann, wenn ihm die Vollmacht zur Durchführung des Baues überhaupt bestritten wird. Jetzt mußte erst einmal entschieden werden, ob die Gemeinde Paulus grundsätzlich als ihren Apostel anerkennt und zu neuem Gehorsam gegen ihn bereit sein wird.

Von daher wird verständlich, daß der 2. Korintherbrief der *persönlichste Brief* ist, den Paulus geschrieben hat. Notgedrungen muß er in ihm fort und fort von seiner eigenen Person und von seinem Tun und Leiden sprechen. Der ganze Brief klingt wie eine „Verteidigungsrede", auch wenn Paulus ihn nicht so aufgefaßt und gelesen haben will (Kap. 12, 19). Paulus ist beim Schreiben in stärkstem Maße selbst beteiligt, auch wenn es ihm nicht um seine Person, sondern um Korinth und um die Gemeinde dort geht. Für das Bestehen und Gedeihen dieser Gemeinde ist die Anerkennung seiner Vollmacht und Verkündigung von grundlegender Bedeutung.

Verständlich ist von daher auch *der erregte Ton* des Briefes und *der auffallende Wechsel im Ton.* Lesen wir nur einmal 7, 8—16 und 12, 20 — 13, 4 nebeneinander. Für die Beurteilung der Einheitlichkeit unseres Briefes ist es von Wichtigkeit, daß wir diesen Wechsel im Ton begreifen. Vgl. die Darlegung unter 4.

2. Wir merken zunächst den tiefen Unterschied unseres Briefes gegenüber dem 1. Korintherbrief. Aber zugleich fällt vom *2. Brief ein klärendes Licht auf den 1. Brief* zurück. Viele Sätze und Aussagen des 1. Briefes werden in diesem Licht schärfer und profilierter. Sie bekommen ein ganz anderes Gewicht. Dadurch rücken beide Briefe wieder näher aneinander; ihre Einheit und Zusammengehörigkeit tritt hervor.

Vom 2. Korintherbrief her sehen wir deutlicher, wie ernst die Spannung zwischen Apostel und Gemeinde bereits zur Zeit des 1. Briefes war. Es gab damals schon Männer in Korinth, die des Paulus erklärte Gegner waren, sein Apostelamt bestritten, ihn aus der Gemeinde ganz hinausdrängen wollten und bereits triumphierend sagten, er werde gar nicht mehr nach Korinth zu kommen wagen (1 Ko 4, 18). Gegen sie und gegen das Mißtrauen, das sie säten, mußte Paulus seine einzigartige Bedeutung für die Gemeinde in Korinth betonen: 1 Ko 1, 1; 3, 10; 4, 15—17; 9, 1. 2. Schon damals waren die ständigen Leiden des Paulus und sein wenig imponierendes Auftreten, einschließlich der Ablehnung einer Besoldung von seiten der Gemeinde, ein erheblicher Anstoß in Korinth. Sätze wie 1 Ko 2, 1; 3, 17; 4, 8—13. 18—21; 9, 1—12; 9, 19; 14, 37. 38 lesen wir von den harten Auseinandersetzungen des 2. Briefes her ganz neu. Und auch die scharfen Urteile über die Gemeinde an einzelnen Stellen (1 Ko 3, 1—4; 4, 8; 4, 21; 5, 2; 8, 12; 11, 30—32; 15, 33 f), verraten uns im Rückblick vom 2. Brief her eine bereits sehr tief gehende Sorge um die Gemeinde. Auch das kleine Sätzchen 1 Ko 16, 22 mit seinem Anathema über alle, die den Herrn Jesus nicht liebhaben, erhält vom 2. Korintherbrief her ein ganz anderes Gewicht.

3. Wie aber ist es zum 2. Korintherbrief gekommen? *Welche Ereignisse liegen zwischen den beiden Briefen?* Die Sendung des Timotheus nach Korinth (1 Ko 4, 17; 16, 10 f), vom Apostel nicht ohne Sorge unternommen, hatte offenbar keinen Erfolg gehabt. Die Lage in Korinth und die Auflehnung gegen Paulus zeigte sich noch bedrohlicher, als es der Apostel bei seinem Schreiben angenommen hatte. Timotheus brachte bei seiner Rückkehr aus Korinth so alarmierende Nachrichten mit, daß Paulus sich entschloß, die Arbeit in Ephesus für kurze Zeit zu unterbrechen und selber nach Korinth zu fahren. Er „kam in Traurigkeit" (2 Ko 2, 1) zu diesem „Zwischenbesuch", den er in 13, 1. 2 ausdrücklich als „zweiten Besuch" zählt. Paulus konnte bei der Kürze der Zeit in Korinth die Nöte nicht beseitigen und die Schwierigkeiten nicht lösen. Darum gab er *seinen früheren Reiseplan* (1 Ko 16, 5—8) auf und versprach den Korinthern einen besonders gründlichen Besuch. Er wollte direkt auf dem Seeweg von Ephesus zu den Korinthern kommen, bei ihnen verweilen und dann erst von Korinth aus den Besuch bei den makedonischen Gemeinden machen, um aus Makedonien nochmals nach Korinth zurückzukehren (2 Ko 1, 15 f). Bei solch gründlichem Bemühen um die Gemeinde hoffte der Apostel wohl, sie wieder ganz in die Hand zu bekommen und alte Wunden zu heilen.

Paulus hat *diesen Reiseplan nicht durchgeführt*. Die Gründe nennt er uns in 1, 23; 2, 1—4. In Korinth ist etwas geschehen, was den Apostel tief traf und sein Kommen nach Korinth sehr schwierig für die Gemeinde wie für ihn selbst gemacht hätte. Dieser *notvolle Zwischenfall* kann sich nicht während des „Zwischenbesuches" selbst ereignet haben; denn dann hätte Paulus den Korinthern nicht den großzügigen Doppelbesuch versprochen, bzw. ein in dieser Richtung gegebenes Versprechen sofort zurückgenommen. Der Aufschub des Besuches und die Änderung des Reiseplanes ist sichtlich erst nach der Rückkehr des Apostels nach Ephesus beschlossen worden. Was war in Korinth geschehen? Paulus spricht in unserm Brief von einem Mann in der Gemeinde, der „Betrübnis angerichtet" und „Unrecht getan" hat, und von einem andern, der „betrübt worden ist" und „dem Unrecht geschah" (2, 5; 7, 12). Da sich dies nicht während des „Zwischenbesuches" ereignete, kann es nicht der Apostel selber sein, der von einem Glied der Gemeinde beleidigt worden ist. Aber es wird sich um einen Mann gehandelt haben, der Paulus nahe stand, so daß der Apostel persönlich mitbetroffen war. *Paulus gab seinen Besuch in Korinth vorerst auf* und schrieb „aus großer Trübsal und Angst des Herzens mit viel Tränen" (2, 4) einen harten Brief, in welchem er eine klare Entscheidung der Gemeinde und eine Bestrafung des „Übeltäters" forderte. Diesen Brief – zur Unterscheidung von den anderen Korintherbriefen der „Tränenbrief" genannt – ließ er *durch Titus* in Korinth überbringen. Er beendete seine Arbeit in Ephesus und wanderte über Troas zum Besuch der makedonischen Gemeinden. Er nahm damit seinen früheren Reiseplan (1 Ko 16, 5–8) wieder auf, nur daß jetzt nicht mehr Korinth das klare Ziel seiner Wanderung war. Paulus mußte abwarten, was Titus in Korinth erreicht und was sein eigener Brief dort ausgerichtet hatte. Er hatte offenbar nicht an einen langen Aufenthalt des Titus in Korinth gedacht. Es ging nicht um Verhandlungen und Diskussionen, sondern um eine Entscheidung, die rasch gefällt werden konnte und mußte. Der Apostel hoffte, Titus auf dessen Rückweg von Korinth bereits in Troas zu treffen. Doch Titus kam nicht. Paulus brach in seinen tiefen Sorgen um Korinth eine hoffnungsvolle Evangelisation in Troas ab und reiste nach Makedonien weiter Titus entgegen (2, 12 f). In Makedonien – wir wissen nicht in welcher Stadt, vielleicht schon in Philippi – *traf Titus mit guten Nachrichten aus Korinth* bei Paulus ein. Die Gemeinde hatte in ihrer Mehrheit eine Strafe gegen den Übeltäter verhängt; die Liebe zu dem Apostel Paulus, das Bewußtsein unlösbarer Zugehörigkeit zu ihm war ihnen neu aufgegangen. Paulus war voller Freude (7, 5–16). Nun kann der 2. Korintherbrief geschrieben werden. Der Weg ist frei zu dem Besuch des Apostels in Korinth. Der Brief kündigt diesen 3. Besuch in der Gemeinde an (13, 1–4) und bereitet ihn durch eine Besprechung der gegen Paulus erhobenen Vorwürfe und durch eine entschlossene Kampfansage an die Zerstörer der Gemeinde vor (Kap. 1–7 und 10–13). Titus wird, begleitet von zwei Brüdern, noch einmal nach Korinth kommen, diesen Brief übergeben und der Gemeinde bei der Durchführung der Sammlung für die Urgemeinde in Jerusalem helfen (8, 16–24). Der eigene Besuch des Apostels wird dann folgen.

So können wir den Verlauf der Ereignisse, die von der Absendung des 1. Korintherbriefes bis zum Diktat des 2. Briefes und seiner Überbringung durch Titus führten, in großen Linien nachzeichnen. Wichtige Einzelheiten bleiben freilich offen. In einem Brief wird vielfach in Andeutungen geredet, die der Briefempfänger sofort versteht, die aber für einen späteren Leser des Briefes undeutlich bleiben. Es lag nahe, daß Paulus gerade von solchen Ereignissen, die für die Gemeinde schmerzlich und beschämend waren, jetzt nach der Aussöhnung mit ihr nur in solchen Andeutungen sprach.

4. Es würde das Verständnis der Vorgänge in Korinth und darum auch vieler Sätze und Anspielungen in unserem Brief sehr erleichtern, wenn wir *die Gegner des Paulus* dort genau kennen und ein *klares Bild der Strömungen* haben könnten, von denen die Gemeinde bewegt und innerlich zerklüftet war.

Wer waren die Männer, die zeitweise fast die ganze Gemeinde von Paulus loszumachen und unter ihren Einfluß zu bringen drohten? Wo kamen sie her? Was waren ihre Ziele? Es ist viel darüber nachgedacht und geschrieben worden. Aber die Hinweise und Andeutungen in unserm Brief, bzw. in beiden Korintherbriefen, sind so knapp, daß die Bemühungen der Ausleger nicht zu allgemein anerkannten Ergebnissen geführt haben.

a) Wir werden auch hier an den ersten Brief anzuknüpfen haben. Es ist bezeichnend, daß der Apostel dort nirgends eingehender eine „Irrlehre" darstellt, mit der er sich theologisch auseinandersetzt. Es geht um bestimmte Verhaltensweisen, die Paulus verurteilen muß und die er mit Erschrecken in der Gemeinde um sich greifen sieht. Man meint sehr viele „Freiheiten" zu haben, sogar die Freiheit zur Heirat mit der Stiefmutter (Kap. 5), die Freiheit zum Prozessieren mit Brüdern vor heidnischen Richtern (Kap. 6), Freiheit im sexuellen Leben (Kap. 6, 12 ff), Freiheit zur Teilnahme an Tempelmahlzeiten (Kap. 8), Freiheit zum Aufgeben fraulicher Sitte (Kap. 11, 2–16), Freiheit zum eigenen Genießen bei den Gemeindemahlzeiten (Kap. 11, 17 ff). Was Paulus dabei besonders erschreckt, ist das Beiseitestellen der Liebe zugunsten der eigenen Freiheit und Größe. Man kümmert sich nicht um den Bruder (8, 11–13)! Man verachtet die Gemeinde, den Leib des Christus (11, 22)! Man fühlt sich als überlegener „Geistesmensch" mit großen „Gaben" und ist doch in Wahrheit „fleischlich" (Kap. 3, 1–4). Man will sicher und überlegen leben (Kap. 4, 8) und stößt sich an dem armen und von Leiden gezeichneten Weg des Apostels. Ist er überhaupt ein echter Apostel? Müßte ein Gesandter Gottes nicht ganz anders auftreten? (Kap. 4, 9–13; 9, 1–23).

Offenbar ist die Gemeinde selbst von solcher Freiheitsschwärmerei bedroht und wird darum auch als ganzes angeredet. Immerhin zeigen Stellen wie Kap. 8, 77 ff, daß diese „Freiheit" von einer Gruppe in der Gemeinde besonders in Anspruch genommen wird. Und in Kap. 15, 12. 34 erscheint das Stichwort „etliche", das Männer erkennen läßt, die hier tonangebend waren.

b) Hinter diesen „Freiheiten" in der Lebenspraxis stand eine bestimmte Anschauung vom Christentum, eine gefährliche „Lehre": „Alles ist erlaubt" für wahre Geistesmenschen. Der Apostel sieht in dem ganzen Denken dieser Kreise eine „Entleerung des Kreuzes Christi" zugunsten „hoher Weisheit", auf die man stolz ist (Kap. 1, 17 ff; 2, 1). Es kommt hier zur Leugnung der Auferstehung und im Zusammenhang damit zur Abwendung von der biblischen Hoffnung (Kap. 15). Der Apostel muß „etlichen" geradezu „Unkenntnis Gottes" vorwerfen. So geht es freilich auch in Korinth um „Irrlehre", aber um eine solche, die mit einer Irreführung der Lebenspraxis völlig verwoben ist. „Leben" und „Lehre" liegen untrennbar ineinander.

c) Die führenden Männer dieser Bewegung in der Gemeinde müssen nicht erst nachträglich von außen gekommen sein. Sie können aus der Gemeinde selbst stammen, zumal sie deutlich „griechisch" empfinden und denken. Sie könnten sowohl Anschauungen des Apostels selbst oder auch des Apollos mißverstanden und gefährlich übersteigert haben. Wir werden sie in der vierten der aufgezählten „Gruppen" in Kap. 1, 12 zu suchen haben. Sie meinten offenbar in einer besonderen und unmittelbaren Weise „Christus zu gehören". Sie proklamierten ein freies, von menschlichen Autoritäten unabhängiges „Geistchristentum", „über die Schrift hinaus" (Kap. 4, 6), ohne Unterstellung unter einen Apostel. Sie suchten darum die Gemeinde von Paulus loszumachen, der ihnen viel zu eng und geistig wie geistlich zu unbedeutend erschien. Sie wollten die Gemeinde in die eigene Hand bekommen, um sie erst wirklich auf die „Höhe" geistlichen Lebens zu führen.

d) Diese Gruppe ist auch im zweiten Brief deutlich zu erkennen. Die Losung „Ich gehöre Christus" erklingt immer noch (Kap. 10, 7). In aller Offenheit wird geringschätzig von Paulus gesprochen, dessen Auftreten schwach und dessen Rede ohne Gewicht ist (Kap. 10, 10). Jetzt wird auch seine ganze Lebenshaltung als „fleischlich" bezeichnet und vielleicht auch seine Christusbotschaft mit der zentralen Stellung des Kreuzes als ein „Kennen des Christus nach Fleischesart" abgelehnt (Kap. 10, 2; 5, 16). Der Leidensweg des Apostels, einschließlich seiner Armut, erregt weiter Anstoß; Paulus muß immer wieder von der Notwendigkeit des Leidens sprechen (Kap. 4, 7 ff; 11, 23—33).

Und die „Freiheit", gerade auch auf sexuellem Gebiet, wird von Männern dieser Gruppe so bewußt in Anspruch genommen, daß sie trotz der gründlichen Darlegung des Apostels in 1 Ko 6, 12 ff eine Sinnesänderung ausdrücklich ablehnen und bei ihrem „Recht" auf uneingeschränktes Ausleben beharren (Kap. 12, 12; 13, 2).

e) Wenn wir es im 2. Korintherbrief nur mit dieser einen Richtung zu tun hätten, wäre das Urteil über die Gegner des Apostels relativ einfach. Sie bildeten dann eine einheitliche Gruppe, an der wir leicht Züge dessen entdecken könnten, was später als Bewegung der „Gnosis"[1] die ganze Kirche erschütterte. Aber nun steht in unserem Brief das 3. Kapitel! Die Auseinandersetzung dieses Kapitels mit „Mose" und dem „Alten Bund" ist nicht zu verstehen, wenn nicht inzwischen „judenchristliche" Einflüsse in Korinth hervorgetreten sind, die die Herrlichkeit und bleibende Bedeutung des Mose als eine überragende dem Apostel entgegenstellten. Da im Anfang gerade dieses 3. Kapitels von „Empfehlungsbriefen" gesprochen wird, können sehr leicht nach dem Absenden des 1. Korintherbriefes (1 Ko 1, 10) neue Lehrer mit Empfehlungen der Urgemeinde nach Korinth gekommen sein, die der Gruppe der „Petrus-Anhänger" nahestehen, wie sie auch in anderen Gemeinden (Apg 15, 1), vor allem in Galatien, erschienen waren. Vielleicht gehörte gerade ihr Auftreten in Korinth zu jenen alarmierenden Nachrichten, die Timotheus mitbrachte und die den Apostel nach Korinth eilen ließen. Diese Männer griffen Paulus in anderer Weise an als die Freiheitsschwärmer. Sie bestritten im Blick auf die „Zwölf" in Jerusalem die Echtheit des Apostolats des Paulus. Dazu paßt es dann gut, daß sie die Autorität der Urapostel gegen Paulus anriefen und durch einen Abgesandten aus Jerusalem, vielleicht durch Petrus selbst, den Frieden in der Gemeinde herstellen und alle Fragen entscheiden lassen wollten (vgl. die Auslegung von 11, 4). Wir verstehen, daß Paulus ihnen gegenüber ironisch von den „ganz großen Aposteln" spricht und

[1] Vgl. dazu 1 Ko S. 218 Anmerkung 3, i. d. W. Stb.

nachdrücklich betont, in nichts hinter diesen zurückzustehen, ja in Arbeit und Leiden sie noch zu übertreffen (11, 5; 11, 23). Wie diese beiden Gruppen zueinander standen, wie groß und wie einflußreich jede von ihnen war, können wir nicht mehr erkennen. Es ist aber nicht schwer zu denken, daß sie sich in der gemeinsamen Gegnerschaft gegen Paulus zusammenfanden und unter Zurückstellung ihrer Gegensätze die Verdrängung des Apostels aus der Gemeinde in Korinth gemeinsam betrieben. Jedenfalls hatte Paulus gegen zwei ganz verschiedene Fronten zu gleicher Zeit zu kämpfen und gegen beide die Geltung seines Apostolats und seines Evangeliums zu verteidigen, um die Gemeinde auf dem „Grund" festzuhalten, den er einst als „weiser Baumeister" gelegt hatte (1 Ko 3, 10). Dabei ging es Paulus nicht um sein persönliches Ansehen, sondern um die Wahrheit Gottes und um das Heil der ihm anvertrauten Gemeinde.

f) Wir müssen also nicht entscheiden, ob wir die „Irrlehrer" in Korinth als „Freiheitsschwärmer" oder als „Judaisten" anzusehen haben. Beide Strömungen sind in Korinth am Werk gewesen. Wem galt der schärfste Angriff in Kapitel 11, 12–15? Wer sind die „Lügenapostel", die in Wahrheit nicht Diener des Christus, sondern Diener des Satans sind? Sind es die gefährlichen Verfechter schrankenloser Freiheit? Aber wenn unsere Annahme richtig ist, daß die „Christuspartei" unter Ablehnung jeder menschlichen Autorität sich ein unmittelbar durch den Geist vermitteltes Verhältnis zu Christus zuschrieb, dann werden die Männer dieser Gruppe kaum Wert darauf gelegt haben, als „Apostel" aufzutreten. Dagegen lag es den „Judaisten" mit ihren Empfehlungsbriefen aus Jerusalem nahe, auf „apostolische Autorität" zu pochen. Wir haben im 11. Kapitel überhaupt Ausführungen des Apostels vor uns, welche die „Zwölf" in Jerusalem und das Verhältnis des Paulus zu ihnen im Blick haben. So wird sich die schärfste Stelle des Briefes gegen die von außen in die Gemeinde eingedrungenen „Judaisten" richten. Die Parallele zu Phil 3, 2. 17–19 ist deutlich. Auch an Gal 6, 12 f und Rö 16, 17 f haben wir zu denken. Diese Stellen beweisen zugleich, daß es sich bei den Nöten in Korinth nicht um eine speziell „korinthische" Angelegenheit handelt, sondern um eine Bewegung, die durch die ganze Welt ging und vor der jede Gemeinde, die in Rom so gut wie die in Philippi, in Galatien wie in Griechenland, gewarnt werden muß.

g) Diese Bewegung konnte nur darum so bedrohlich werden, weil ihr starke Neigungen in der Gemeinde selbst entgegenkamen. Es waren z. T. allgemein menschliche Neigungen[2]. Dazu kamen in Korinth typisch „griechische" Züge. Der Grieche strebte nach „Erkenntnis" und war schnell von großartigem Auftreten und kunstvoller Rede bewegt. Um „Freiheit" war es ihm schon lange politisch und philosophisch gegangen. So fanden die neuen Männer in Korinth einen empfänglichen Boden. Die Botschaft und die Gemeindeleitung des Paulus aber richtete sich gegen das natür-

[2] Der Mensch wird angelockt von „Höhen", die er erreichen kann. Gern hört er „Neues" und will gern „weiterkommen". Er ist stolz auf „Besonderheiten", die ihn vor andern auszeichnen, die „noch nicht so weit sind". Er wird mißtrauisch und ablehnend gegen den, der ihm so viel „vorenthalten" hat oder selber nicht in der Lage ist, auf diese „Höhen" zu führen.

liche Wesen des Menschen und das „fromme Ich“. Wir können uns nicht wundern, daß eine ablehnende Haltung gegen den Apostel, in die Gemeinde tief hineingreift.

5. Die *Echtheit* des 2. Korintherbriefes ist nicht zu bestreiten. So persönlich und so konkret auf Schwierigkeiten, Spannungen und Nöte in Korinth eingehen, konnte nur Paulus selbst. Dagegen ist *die Einheitlichkeit des Briefes* ernsthaft *bestritten* worden. Wir machten schon auf den Wechsel im Ton des Briefes aufmerksam (s. o. S. 11). Dieser Wechsel ist so stark, daß für das Urteil mancher Ausleger seine Einheit daran zerbricht. Die Kapitel 10—13 könnten unmöglich von Paulus nach den freudigen Sätzen in Kapitel 7 geschrieben worden sein. Sie müßten aus einem andern Brief des Apostels, vielleicht aus dem „Tränenbrief“, stammen und später dem 2. Korintherbrief hinzugefügt worden sein.

Aber solche Urteile beobachten nicht scharf. Die Kapitel 10—12 setzen deutlich voraus, daß zwischen der Gemeinde als ganzer und dem Apostel der Friede wiederhergestellt ist. Nicht mit der Gemeinde oder um die Gemeinde als ganze wird Paulus kämpfen. Nicht mehr um die Entscheidung, ob die Gemeinde zu Paulus zurückkehrt, den Übeltäter bestraft und dem Apostel folgt, wird es bei diesem dritten Besuch gehen. Es sind nur einzelne Kreise und Gruppen in der Gemeinde, mit denen es vielleicht zum Kampf kommen wird und die nicht geschont werden dürfen (10, 2. 9 f; 11, 13—15; 12, 21; 13, 2). Aber solche Kreise und Gruppen sind auch tatsächlich noch in der Gemeinde vorhanden; mit ihrem Widerstand muß Paulus rechnen. Deshalb hat er seinen Besuch in militärischen Bildern (10, 1—6) geschildert. Die harten Sätze der Kapitel 10—13 zielen auf diese Gegner. So wird es voll verständlich, daß der Apostel bei diesem Vorblick auf seinen kommenden Besuch in Korinth in einem ganz andern Ton schrieb und schreiben mußte, als bei seinem Eingehen auf die frohe und befreiende Nachricht von der Aussöhnung mit der Gemeinde als ganzer[3]. Weiteres zur Frage der Einheit des Briefes findet der Leser in der Auslegung zu Kapitel 10, 1.

Es sei nur noch darauf hingewiesen, daß im Befund der Handschriften kein Anlaß vorliegt, Teile des Briefes als späteren Einschub oder Zusatz anzusehen. Alle Handschriften bieten uns den Brief so dar, wie er jetzt von Kapitel 1 bis Kapitel 13 vor uns liegt.

6. Fraglich ist die *Datierung des Briefes.* Ist der Apostel nach seinem früheren Plan kurz nach Pfingsten von Ephesus aufgebrochen? Reicht die Zeit bis dahin aus, um die Reise des Timotheus nach Korinth und seine Rückkehr, den Zwischenbesuch des Apostels in Korinth und die Sendung des Titus mit dem „Tränenbrief“ darin unterzubringen? Oder hat sich die Abreise aus Ephesus durch diese unvorhergesehenen Ereignisse hinausgeschoben?

[3] Ähnlich könnte ein Mensch, nach schwerer Operation aus dem Krankenhaus entlassen, in einem Brief zunächst voller Freude von seiner Rettung aus Todesgefahr und von seiner fortschreitenden Heilung erzählen, um dann doch im Blick auf die Zukunft in einem ganz andern Ton von seinen erheblichen Sorgen zu sprechen. Und doch ist es ein einheitlicher Brief.

Eine solche Verzögerung anzunehmen, scheint auch aus einem andern Grund nötig. Paulus hat nach Kap. 9, 2 den Makedonen versichert, Griechenland sei „schon seit vorigem Jahr" zur Teilnahme an der Sammlung bereit gewesen. Wir dürfen annehmen, daß Paulus, dem damals üblichen Kalender folgend, das neue Jahr im Herbst, um die Zeit der Tag und Nachtgleiche, begann[4]. Er konnte nach dem 1. Oktober des Jahres im Rückblick auf seinen Brief aus dem Frühjahr den makedonischen Gemeinden mit Recht sagen, die Korinther seien schon „seit dem vorigen Jahr" zur Durchführung der Sammlung entschlossen. Aber er konnte es auch wirklich erst nach dem 1. Oktober tun! Ist er aber so spät erst nach Makedonien gekommen, wenn er kurz nach Pfingsten von Ephesus aufbrach? Ist er fast vier Monate, auf Titus wartend, in Troas geblieben? Das ist sehr unwahrscheinlich. Bei einer Verlängerung des Aufenthaltes in Ephesus ist es viel leichter vorzustellen, daß Paulus tatsächlich erst am Anfang eines neuen Jahres, also im Oktober nach dem damaligen Kalender, bei den Makedonen war und ihnen ermunternd von der Bereitschaft Griechenlands „seit dem vorigen Jahr" sagte. Der Chronologie nach stehen wir, wenn Paulus im Sommer 50 nach Europa kam, mit dem Ende seiner Arbeit in Ephesus im Jahre 55 n. Chr. Die Apostelgeschichte berichtet uns in 20, 1–6, daß Paulus in Makedonien zur gründlichen Stärkung der dortigen Gemeinden („mit vielen Worten" ermahnte er sie) sich die Zeit genommen hat und dann seinen versprochenen dritten Besuch in „Griechenland", d. h. praktisch in Korinth durchführte. Lukas spricht von 3 Monaten seines Aufenthaltes dort. Es waren nach unserm Kalender die Wintermonate 55/56. Von Korinth aus ist er — um jüdischen Nachstellungen zu entgehen — wieder auf dem Landweg durch Makedonien zu seiner Reise nach Jerusalem zur Überbringung der großen Sammlung aufgebrochen.

7. *Welche Wirkung hat der 2. Korintherbrief gehabt,* wie ist der Besuch des Apostels in Korinth ausgegangen? Unmittelbar wissen wir nichts darüber. Aber in Korinth hat Paulus den Römerbrief geschrieben. Er ist also wirklich nach Korinth gelangt und lebt inmitten der Gemeinde. Die Bedingung von 10, 15 f ist erfüllt, der Apostel kann von Korinth aus seinen Reiseplan aufs neue aufnehmen: die Fahrt nach Jerusalem zur Ablieferung der großen Sammlung und dann die Reise nach Rom mit dem Blick nach Spanien. Die Prüfung des Glaubens (13, 5) hat das rechte Ergebnis gehabt; Paulus ist der Gemeinde wieder sicher.

Ob die Gegner das Feld geräumt und Korinth verlassen haben oder ob sie blieben und eine eigene Gemeinde zu sammeln versuchten, wissen wir nicht. In dem Schreiben der römischen Gemeinde an die Gemeinde in Korinth, das unter dem Namen des 1. Klemensbriefes erhalten ist, wird eine solche konkurrierende Gemeinde in Korinth nicht sichtbar. An die Schwierigkeiten in Korinth erinnert aber die Tatsache, daß der 1. Klemensbrief durch eine Auflehnung jüngerer Gemeindeglieder gegen die Presbyter veranlaßt ist.

[4] Der jüdische Festkalender zählte freilich den Monat Abib oder Nisan (März/April) als ersten Monat. Das bürgerliche oder Wirtschaftsjahr aber nahm seinen Anfang im Herbst mit dem Monat Tischri (September/Oktober). Vgl. den Artikel „Jahr" im „Lexikon zur Bibel".

Das Ringen des Apostels um seine Korinther ist nicht vergeblich gewesen. Paulus hat im Kampf mit seinen Gegnern gesiegt. Er hat offenbar durchführen können, was er in 10, 1–6 und 13, 1–4 angekündigt hat. Aber diese Feststellung können wir nur treffen, indem wir gleichzeitig sehen, wie schnell die eigentliche Botschaft des Paulus und sein Ziel beim Gemeindeaufbau in der Kirche vergessen worden ist. Schlatter sagt am Schluß der „Einleitung" in seinem großen Kommentar: „Paulus wurde einsam; er blieb der Apostel, aber unverstanden. Seine Briefe wurden heilige Schrift; aber über sie stellte sich die Theologie, und die Kirche sah in ihrer Erkenntnis ihr wesentliches Merkmal. Sie verbot die Ehe nicht, aber sah im Asketen den Heiligen und legte auf das geschlechtliche Verlangen die Schande der Sünde. Sie wurde über alles Herr, was an den Enthusiasmus erinnerte, und machte, daß nicht nur die Zunge, sondern auch die Prophetie verschwand; aber die Wirksamkeit des Christus im Geiste wurde für sie eine dunkle Rede. Damit verschwand die Gemeinde, die dem Leibe gleicht, dessen Glieder einander dienen. An die Stelle der Gemeinde trat die Hierarchie, die die Scharen einzelner regiert. Unaufhaltsam vollzog sich die Einordnung der Kirche in die Welt durch ihre Angleichung an den Staat." (A. Schlatter „Der Bote Jesu", S. 55).

8. *Worin liegt die Bedeutung des 2. Korintherbriefes für uns?* Ist er mit Recht in das NT aufgenommen worden, um in jeder Generation neu zu der Gemeinde Jesu zu reden? Oder ist er eigentlich nur geschichtlich bedeutsam und als Quelle für die Geschichte der ersten Christenheit zu werten?

a) Zweifellos haben wir es besonders mit einem „Brief" zu tun, der zu ganz bestimmten Menschen in ihre Lage hinein spricht. Dieser Brief ist darum in vielen Teilen nicht ohne weiteres verständlich, sondern bedarf der geschichtlichen Auslegung. Wir können nicht jeden Satz einfach auf uns übertragen, sondern müssen erst einmal hören, was er den Korinthern damals zu sagen hatte. Der heutige Leser des Briefes muß schon ein Stück geschichtliches Interesse mitbringen und darf sich die Mühe nicht verdrießen lassen, sich in eine frühere Zeit und Welt hineinzuleben.

b) Wir erhalten dabei sofort einen sehr wesentlichen Gewinn. Der 2. Korintherbrief *zerstört noch stärker als der 1. Brief ein unzutreffendes Idealbild,* das wir uns von der ersten Christenheit gemacht haben. In einer urchristlichen Gemeinde konnte es wenige Jahre nach ihrer Gründung so aussehen, wie es unser Brief zeigt! Erstaunlich aber ist es, daß der Apostel eine solche Schar von Menschen, die derart versagt und ihm viel Not gemacht hat und bei seinem Besuch noch machen wird, dennoch als „Gemeinde Gottes" anredet und behandelt!

c) *Das ist wichtig für uns.* Es ist nicht so, daß erst wir Späteren untauglich sind und solche Nöte in den Gemeinden haben. Gemeinden Jesu sind von Anfang an nicht Versammlungen wunderbarer Menschen von fleckenloser Heiligkeit, sondern Vereinigungen erretteter Sünder, bei denen das alte, verdorbene Wesen noch sehr durchbrechen und das Zusammenleben bedrohen und entstellen kann. Sofort am Anfang der Christenheit gab es entsagungsvolle Arbeit und schmerzvollen Kampf um das rechte Bestehen und Leben der Gemeinde. Von Anfang an mußte auch mit verkehrten und eigensüchtigen Männern gerechnet werden, die in der Gemeinde zur Geltung kommen wollen und die Gemeinde mit ihren neuen Lehren verwirren.

d) Es liegt für uns ein gewisser Trost darin, daß wir sehen: Nöte und Schwierigkeiten gab es von Anfang an in der Gemeinde. Aber das darf uns nicht zu einer falschen Beruhigung dienen. Der 2. Korintherbrief zeigt uns auch, *wie Paulus um die Gemeinden gerungen hat*. Er hat sich in keiner Weise mit ihren Fehlern abgefunden. Mit unnachgiebiger, entschlossener Liebe hat er ihre Umkehr gefordert und sie durch seinen harten Brief zu der „göttlichen Traurigkeit" gebracht, aus der eine echte Sinnesänderung erwächst. Und er wird bei seinem dritten Besuch den Kampf rücksichtslos zu Ende führen und „jeden Gedanken gefangennehmen unter dem Gehorsam Christi" (10, 5). Klare Scheidung von der Welt und volle Reinigung von jeder Befleckung des Fleisches und des Geistes bleibt sein Ziel für die Gemeinde (6, 14 — 7, 1). Wie aber ein solcher Kampf nicht in kühler Überlegenheit, sondern in den Schmerzen einer starken Liebe geführt wird, das lehrt uns gerade der 2. Korintherbrief. Er zeigt uns dabei auch, welchen unschätzbaren Dienst Mitarbeiter leisten können in diesem Ringen. Wäre die Gemeinde in Korinth zurechtgekommen ohne das Wirken des Titus? Der Apostel Paulus aber war einsichtig genug, einem solchen Mitarbeiter freien Raum zum Einsatz zu geben.

e) Unser Brief leistet einen bedeutsamen *Beitrag zur Frage der „Kirchenzucht"*. Schon in 1 Ko 5, 1—5 trafen wir auf eine Handlung ernster Art. Aber dort war es ein besonderer Einzelfall. Jetzt aber wird deutlich, daß die Ausschließung aus der Gemeinde nicht nur bei denen geschehen muß, die als „Lügenapostel" entlarvt sind, sondern auch bei Gemeindegliedern, welche die Buße verweigern (13, 1 f). Eine solche Ausschließung war aber nicht eine bloß organisatorische Maßnahme. Denn die „Gemeinde" war für den Apostel nicht eine Organisation, sondern war der „Leib Christi". Die Entfernung aus der Gemeinde trennt also vom Leib des Christus und liefert an den „Gott dieser Welt" aus. Dazu aber war ein Handeln in geistlicher Vollmacht nötig. In der vom Apostel geübten Kirchenzucht wird die Gemeinde die Wirkungsmacht des in Paulus redenden Christus erfahren (13, 3 f).

Es gibt aber auch eine von der Gemeinde selbst zu übende Zucht durch „Bestrafung" von Gemeindegliedern, die sich vergangen und Unrecht getan haben. Diese „Bestrafung" ist offensichtlich nicht Ausschluß aus der Gemeinde, wenn auch vielleicht der zeitweise Ausschluß von den Gemeindeversammlungen. Die „Strafe" dient hier der Umkehr. Ist diese Umkehr erreicht, dann kann und soll volle Vergebung gewährt und „der Beschluß auf Liebe" gefaßt werden (2, 5—11). Mit dem Satan wird auch hier mit Ernst gerechnet, doch in ganz anderer Weise als 1 Ko 5, 1—5: das Vergeben verwehrt ihm sein böses Eindringen in die Gemeinde.

f) Beachtlich ist, daß der Apostel den inneren Nöten der Gemeinde gegenüber *nicht von neuen „Geistesausgießungen" oder „Geistestaufen" die Hilfe erwartet*. Von den Geistesgaben und dem Zungengebet ist in unserm Brief mit keinem Wort die Rede. Fällt uns schon in 1 Ko 3, 1—3 auf, daß Paulus die korinthische Gemeinde trotz ihres „Reichtums an Gaben" doch unreif und fleischlich nennt, so ist auch jetzt der weiteren Verstörung gegenüber eine ganz andere Wirkung des Geistes nötig: göttliche Traurigkeit, Buße, Reinigung, Frieden miteinander. Wir werden davon zu lernen haben.

g) Für den Apostel Paulus sind die großen Lehraussagen nie Sache eigener, theologisch-dogmatischer Bemühungen, sondern brechen überall aus der praktischen Sorge für das Gemeindeleben unvermutet hervor. So stoßen wir auch im 2. Korintherbrief mitten im Ringen um die Gemeinde auf *grundsätzliche Ausführungen von großer Kraft und Klarheit.* Paulus hat viel über „Gesetz und Evangelium" geschrieben; in Kap. 3 unseres Briefes tut er es in neuer, enthüllender Weise. Von der *Bedeutung des Sterbens Jesu und der Versöhnungstat Gottes in diesem Sterben* spricht Kap. 5, 14—21 in einzigartiger Tiefe. Der Apostel macht dabei deutlich, wie die Verkündigung dieser Tat Gottes in das Heilsgeschehen notwendig hineingehört.

Der Brief gibt uns aber auch wesentliche Beiträge zur „Praktischen Theologie". Wie der Verkündigungsdienst recht und vollmächtig geschehen kann, zeigt uns Kap. 2, 12—17 ebenso wie Kap. 4, 1—12 und Kap. 6, 1—10. Dabei wird deutlich, warum das Leiden der Boten als Auswirkung des Sterbens Jesu zu einem wirksamen und lebenschaffenden Dienst unabdingbar mit dazu gehört.

Der Apostel entfaltet aber auch die große, lebendige Hoffnung der Glaubenden und zeigt, welche Kraft aus dieser Hoffnung für das Leben in der Gegenwart kommt (4, 16 — 5, 10). Die Anleitung zum rechten Geben und zur richtigen Durchführung von Sammlungen in der Gemeinde sind von bleibendem Wert auch für uns (Kap. 8 und 9).

h) Endlich sei noch darauf hingewiesen, daß der 2. Korintherbrief wie kein anderes Buch des NT ein persönliches Bild des Apostels zeichnet. Es wäre eine lohnende Aufgabe, unsern Brief darauf hin zu lesen und durchzuarbeiten. Wir sehen, wie Paulus auf weite Kreise der Gemeinde und auf seine Kritiker an der Gemeinde gewirkt hat. Wir sehen aber auch ihm selber in seinem Ringen um Korinth tief ins Herz. „Wir verstehen, warum dieser Mann so viele Gegner gehabt und auf der andern Seite so viele Menschen und ganze Gemeinden immer wieder an sich zu fesseln vermocht hat. Apostolische Autorität verband sich bei ihm mit brüderlich-seelsorgerlicher Anteilnahme, die ihm die Herzen der Bedrängten und Aufrichtigen gewinnen mußte. Intoleranz, wenn es um das Ev und die Abwehr von Angriffen auf sein Amt ging, stand neben Aufgeschlossenheit und Weichheit, wenn eigene Nöte ihn Anschluß suchen ließen. Schneidende Ironie wechselte bei ihm mit bestrickender Liebenswürdigkeit. Immer aber war er bemüht, die Sache über die Person, auch über die eigene Person zu stellen." (Michaelis „Einleitung in das Neue Testament", S. 179.) „Paulus, der Bote Jesu", so hat Schlatter seine große Auslegung der beiden Korintherbriefe überschrieben. An Paulus können wir lernen, was es heißt, „ein Bote Jesu" zu sein.

EINGANGSGRUSS

2. Korinther 1, 1–2

1 **Paulus, Apostel des Christus Jesus durch den Willensentschluß**
Gottes, und Timotheus, der Bruder, der Gemeinde Gottes, die in
Korinth lebt, zusammen mit den Heiligen allen, die in ganz Achaja
2 **leben: * Gnade euch und Friede von Gott, unserm Vater, und dem**
Herrn Jesus Christus.

Zu Vers 1:
1 Ko 1, 1
Phil 1, 1
Zu Vers 2:
Rö 1, 7
Gal 1, 3

Die Briefeingänge, die Paulus jeweils diktiert, zeigen, wie die Wah- 1
rung gewohnter Formen mit Freiheit und Lebendigkeit verbunden werden kann. Paulus beginnt diesen Brief an die Korinther knapper und zurückhaltender als den 1. Korintherbrief. Das entspricht den Kämpfen und Nöten, auf die der Apostel beim Schreiben dieses Briefes zurückblickt. Er erinnert die Empfänger des Briefes daran, daß sie nicht eine „Gemeinde des Paulus" sind, aber auch nicht die Gemeinde irgendwelcher anderer Männer, die sich ihrer zu bemächtigen suchen (11, 20), sondern **„Gemeinde Gottes"**, die nur Gott selbst gehört. Sie **„lebt in Korinth"** und das gibt ihr ihre Eigenart; aber für ihr Wesen ist nicht dieser ihr Wohnort bestimmend, sondern ihre Zugehörigkeit zu Gott. Und eben dieser Gott hat **„Paulus"** zum **„Apostel des Christus Jesus"**, zum bevollmächtigten Gesandten des Königs Jesu berufen **„durch seinen Willensentschluß"**, der keiner weiteren Begründung bedarf, vor dem eine **„Gemeinde Gottes"** sich beugen muß. So betont Paulus am Anfang seines Briefes, in welchem es fort und fort um sein Apostelamt gehen wird[5], seine Autorität, die

[5] Darum zeigt uns 2 Ko auch besonders deutlich, wie ein Paulus das apostolische Amt verstand. Während wir von unsern eigenen kirchlichen Zuständen her in einem „Apostel" vor allem den Theologen, den Garanten der reinen Lehre, den „Prediger" sehen, ist für Paulus ein „Apostel" vor allem ein Mann, der vollmächtig im Auftrag Gottes zu handeln hat. Dabei ist interessant, daß der Geschichtsschreiber Thukydides einen Admiral, der mit seinem Kreuzergeschwader eine abgefallene Insel zur Unterwerfung bringen sollte, als „apostolos" der Athener bezeichnen kann. Ein Apostel ist ausgewiesen durch seine ausharrende Arbeit, aber auch durch Wunder und Machttaten (12, 12). Er begründet und erbaut Gemeinde Gottes dort, wo das Evangelium bisher unbekannt war (1 Ko 3, 10; 4, 15; 2 Ko 4, 6; 10, 8; 10, 13–16). Darum hat ein Apostel eine einzigartige Stellung in der Gemeinde und behält diese auch allen späteren Arbeitern gegenüber (1 Ko 4,15; 9, 2; 2 Ko 1, 14; 3, 1–3). Von der Gemeinde wird ihrem Apostel gegenüber williger Gehorsam erwartet (2 Ko 7, 7; 7, 11–13). Für Paulus sind zugleich gerade die unaufhörlichen Leiden in seinem Dienst das besondere Siegel auf die Echtheit seines Apostolats (1 Ko 4, 9-13; 2 Ko 11, 23–33; 12, 9 f). Paulus hat in Korinth um seine Autorität als „Apostel" gekämpft. In Briefen an Gemeinden, mit denen ihn eine ungetrübte Liebe verband, hat er seinen Titel auch ganz fortlassen können (1 Th, Phil). Vgl. zu „Apostel" „Theologisches Begriffslexikon" und „Lexikon zur Bibel" — Brockhaus-Verlag.

keine menschlich-persönliche, sondern höchste Autorität von Gott her ist.

Er schreibt aber diesen Brief nicht als ein einsamer „großer Mann“, sondern stellt neben sich einen **„Bruder“**, der den Brief mit verantwortet. Daß er dazu **„Timotheus“** wählt, ist bei der gegebenen Lage wieder bedeutsam[6]. Timotheus war in Korinth gut bekannt; schon an der Evangelisation, aus welcher die Gemeinde hervorging, war er beteiligt gewesen (Apg 18, 5; 2 Ko 1, 19). Als die Spannungen zwischen Paulus und den Korinthern größer wurden, schickte ihn Paulus vor seinem eigenen Kommen mit dem ersten Brief nach Korinth (1 Ko 4, 17; 16, 10 f). Es klingt dabei schon ein Stück Sorge hindurch, welche Aufnahme Timotheus in Korinth finden werde. Wir erfahren in unserm Brief nichts näheres über den Verlauf dieses Besuches. Aber die schlechte Entwicklung des Verhältnisses zwischen Paulus und der Gemeinde läßt darauf schließen, daß Timotheus damals nichts erreicht hat. So ist es sicher auch für die Korinther auffallend, daß Paulus gerade ihn mit an die Spitze des Briefes stellt und ihn auch nach Korinth mitbringen wird. Paulus tritt dadurch deutlich für seinen Mitarbeiter ein und fordert die Gemeinde zu seiner Anerkennung auf[7]. Einen besonderen „Titel“ führt Timotheus dabei nicht. Er ist **„Bruder“**, das genügt[8]. Auf Ämter und Titel kommt es nicht an[9].

Schon im 1 Ko hat Paulus nicht nur an die dortige Gemeinde gedacht, sondern einen weiteren Kreis von Hörern seines Briefes[10] vor Augen gehabt. Die Bezeichnung dieses Kreises in 1 Ko 1, 2 bleibt aber verschiedener Deutung fähig[11]. Jetzt werden die weiteren Hörer des Briefes eindeutig bestimmt. Es sind **„die Heiligen[12] alle, die in ganz Achaja leben“**. Nun würden wir gern mehr von ihnen wissen:

[6] Daß Paulus nicht wie beim 1. Brief Sosthenes um diesen Dienst bittet, wird auch damit zusammenhängen, daß dieser in Ephesus zurückgeblieben war, während Timotheus den Apostel auf seiner Wanderung durch die makedonischen Gemeinden begleitete.

[7] Es hätte geraten scheinen können, Timotheus jetzt lieber zurückzustellen. Aber „Diplomatie“ lag Paulus fern (1 Th 2, 3–5); sie vertrug sich nicht mit der „Sonnendurchsichtigkeit“ (1, 12; 2, 17), in der Paulus leben und seinen Dienst tun wollte.

[8] Paulus hat aber Timotheus vielfach besonders gerühmt (1 Ko 4, 17; Phil 2, 19–22).

[9] Das wird auch in Kap. 9, 18. 22 in gleicher Weise deutlich. Die „Brüder“, die mit Titus nach Korinth kommen werden, sind bekannte und angesehene Männer, aber „Amt“ und „Titel“ haben auch sie nicht.

[10] Ntst Briefe wandern nicht zum stillen Lesen von Hand zu Hand, sondern werden in der Gemeindeversammlung vorgelesen. Sie sind ihrem Wesen nach „Rede“ und nicht „Schreibe“.

[11] Vgl. die Auslegung in der W. Stb. zu dieser Stelle.

[12] Im NT werden alle Glieder der „Gemeinde Gottes“ „Heilige“ genannt, weil sie klar und bestimmt Gottes Eigentum wurden und nicht mehr der „Welt“ angehören. Vgl. Jo 15, 19; 17, 16 f. Sie sind „abgewaschen, geheiligt, gerechtgemacht durch den Namen des Herrn Jesus und durch den Geist unseres Gottes“ (1 Ko 6, 11).

Wann und auf welche Weise wurden diese griechischen Männer Christen? Leben sie völlig vereinzelt oder bilden sie hier und da kleine Gemeinden, die nur nicht groß genug sind, um eigens als Gemeinden angeredet zu werden und Briefe zu empfangen? Jedenfalls haben sie an der Gemeinde in Korinth so sehr ihren Mittelpunkt, daß alles, was dort geschieht, sie mitbetrifft. Darum darf und soll der Brief auch ihnen mitgeteilt werden. Die Auseinandersetzung des Paulus mit seinen Gegnern in Korinth und die Sammlung für die Urgemeinde in Jerusalem geht sie mit an.

Der Gruß, der **„Gnade und Friede von Gott, unserm Vater, und dem Herrn Jesus Christus"**, den Hörern nicht nur „wünscht", sondern „zuspricht", unterscheidet sich nicht von den Grüßen in Röm, 1 Ko, Eph, Phil, 2 Th[13]. Der Apostel schafft keine neuen Formen. Er nimmt den bekannten und gängigen Gruß der Griechen „chairein" (in Apg 23, 26 in der LÜ „Freude zuvor" oder „Gruß zuvor") und den tausendfach gebrauchten Gruß der Juden „schalom = Friede" und stellt beide zusammen. Aber aus „chairein" wird dabei „charis = Gnade", und „Gnade und Friede" kommen mit lebendiger Realität von Gott, der uns beides als **„unser Vater"** schenkt, und von **„dem Herrn Jesus Christus"**, der selber unser „Friede" und dessen „Gnade" auch einem Apostel Paulus in schwerster Anfechtung genug sein darf (12, 9)[14]. 2

In der Massenkirche seit Konstantin konnte man nicht mehr alle Mitglieder „Heilige" nennen. Dafür wurden Männer und Frauen „heilig gesprochen", die durch ganz besondere Frömmigkeit aus der Masse der gewöhnlichen Christen hervorragten. Dieses Mißverständnis belastet den Begriff „Heilige" auch bei uns noch. Der weite Abstand vom NT wird sichtbar. Vgl. „Theologisches Begriffslexikon" und „Lexikon zur Bibel" — Brockhaus-Verlag.

[13] Vgl. dazu die Auslegung des Grußes in 1 Ko 1, 2 in der W. Stb.

[14] Fritz von Bodelschwingh erzählt von seiner Begegnung mit Mathilda Wrede, dem „Engel der Gefangenen": „Auf der Brosche von Mathilda Wrede standen die Worte ‚Gnade und Friede'. Ich fragte sie nach dem Sinn dieser Worte. Da sagte sie: ‚Ach, sehen Sie, wenn ich zu den Gefangenen in ihre Zelle komme, dann mögen sie nicht gern zuerst einem Menschen ins Angesicht sehen; es ist besser, man hilft ihnen, den Blick auf etwas anderes zu richten. Darum trage ich diese Brosche, damit die armen Leute als erstes von mir diese Botschaft bekommen: Gnade und Friede." Bodelschwingh fügt seinem Bericht hinzu: „Als ich die stille Frau so sagen hörte, da versanken all die großen Worte von sozialer Versöhnung und Völkerfrieden vor der bezwingenden Macht und Tat, die in dieser schlichten Freundin der Ärmsten lebendig war. Das ist schließlich die Lösung aller Fragen des praktischen Christentums: ‚Gnade und Friede von Gott, unserm Vater, und von unserm Herrn Jesus Christus'." W. Brandt, F. v. Bodelschwingh S. 92.

DER DANK AN GOTT
a) den Tröster in Drangsalen

2. Korinther 1, 3—7

Zu Vers 3:
Rö 15, 5
Eph 1, 3
1 Pt 1, 3
Zu Vers 4:
2 Ko 7, 6
Ps 94, 19
Zu Vers 5:
Ps 34, 20
Rö 8, 17
Kol 1, 24
Zu Vers 6:
2 Ko 4, 8—11. 15. 17

3 Gepriesen [sei] der Gott und Vater unseres Herrn Jesus Christus,
4 der Vater der Erbarmungen und Gott alles Trostes, * der uns tröstet
bei aller unserer Drangsal, damit wir imstande sind zu trösten, die
in jeder [denkbaren] Drangsal [sind], durch den Trost, mit dem wir
5 selber getröstet werden von Gott. * Denn wie die Leiden des Chri-
stus überströmen auf uns, so strömt durch den Christus auch
6 unsere Tröstung über. * Aber ob wir bedrängt werden, [so ist es]
um eures Trostes und Heiles willen; oder ob wir getröstet werden,
[so dient das] zu eurem Trost, der sich auswirkt in dem Ertragen
7 derselben Leiden, die auch wir erleiden. * Und unsere Hoffnung ist
fest für euch, weil wir wissen, wie ihr Teilhaber seid der Leiden,
[seid ihr Teilhaber] auch des Trostes.

3 Auch diesen Brief beginnt Paulus mit dem Dank. Aber es ist nicht wie im 1 Ko (und anderen Briefen) der Dank für die Gemeinde, der erst in Kap. 7, 5 ff durchbricht[15]. Paulus blickt auf das Handeln Gottes, das er ganz persönlich erfährt. Darum tritt an die Stelle seines „Dankens" vielmehr der „Lobpreis". **„Gepriesen [sei] Gott"**[16], das war eine unzählige Male gebrauchte Formel im israelitischen Lebensraum. Für Paulus aber gewinnt sie im Blick auf seine Erfahrungen mit Gott ihr ganzes inneres Gewicht. Sein Herz preist Gott, auch am Anfang eines Briefes, der von viel Not und Kampf sprechen muß.

Wir stoßen damit sofort auf die Eigenart dieses Briefes, der in besonderer Weise ein persönlicher Brief ist. Die Themen des 1 Ko[17] werden nicht wieder aufgenommen. Es geht jetzt in Korinth um Paulus selbst, um seine Person, seine Vollmacht, sein Verhalten, seine Anerkennung in der Gemeinde. Dies ist das alles beherrschende Thema

[15] Auffallenderweise auch dort mit dem gleichen Wort „Trost", das hier die ersten Sätze des Briefes bestimmt. Es ist, als ob Paulus bewußt auf den Briefanfang zurückgriffe und zeigen wolle, daß jetzt erst der Dank komme, der sonst am Anfang des Briefes steht.

[16] Wörtlich heißt es „Gesegnet sei Gott". Vgl. Eph 1, 3 „Gesegnet sei Gott, der uns gesegnet hat ..." und auch Lk 1, 64. 68; 2, 28; 1 Pt 1, 3; 2 Ko 11, 31.

[17] Es ging im 1. Brief um die Bedeutung des Kreuzes, die Einheit der Gemeinde, die Stellung zur weltlichen Justiz, die Regelung des geschlechtlichen Lebens, Ehe und Ehelosigkeit, die christliche „Freiheit", das Herrenmahl, die Stellung der Frau, die Geistesgaben, die Auferstehung der Toten und die Vollendung der Heilsgeschichte. Alle diese Fragen sind bis heute in der Gemeinde nicht „erledigt"; darum ist der 1 Ko ein unentbehrlicher Bestandteil des NT.

des neuen Briefes[18]. Dem entspricht auch der Beginn. Nicht bei Fragen des Gemeindelebens setzt Paulus ein, wie er es sonst tut. Paulus schreibt von ganz persönlichen Erfahrungen, von seinen Erfahrungen im Leiden. Warum tut er das? Nicht einfach, weil diese Erfahrungen ihn noch stark bewegen. Nein, der Apostel nimmt damit sofort das eigentliche „Thema“ seines Briefes in Angriff. Schon im 1 Ko wird deutlich, wie schwer erträglich und anstößig sein Leidensweg den Korinthern war. Mußte ein wahrer „Apostel“, ein „Gesandter Gottes“, nicht die ganze Herrlichkeit seines Auftrages in einem Leben voll Glanz und Größe zeigen? Konnte er so arm und gering sein, so von schweren Leiden gezeichnet? Hatte Paulus sich im 1. Brief im Blick auf sein Leiden noch mit den andern Aposteln in eine Linie gestellt (1 Ko 4, 6—13), so war es der Gemeinde inzwischen doch wohl aufgefallen, daß Paulus in einzigartiger Weise den Weg der Armut, der Verachtung, der steten Leiden ging[19]. War das nicht ein deutliches Zeichen, daß er gar nicht von Gott gesandt und beglaubigt war?

Von dem Grund und der Notwendigkeit des Leidens spricht Paulus 3/4
zunächst nicht. Er nimmt es hier, wie auch in seiner mächtigen Darstellung in 11, 23—33, einfach als Tatsache hin, ohne ein „Problem“ daraus zu machen. Aber das sagt er sofort den Korinthern, daß das Leiden ihn nicht am Danken hindert. Nein, gerade seine Erfahrungen im Leiden schenken ihm dasjenige Loben und Danken, wovon er am Anfang des Briefes spricht und das er im Blick auf die Gemeinde gar nicht aussprechen kann. Warum kann Paulus im Leiden danken? Weil er darin in einzigartiger Weise Gottes „Trösten“ erfährt. **„Gepriesen [sei] der Gott und Vater unseres Herrn Jesus Christus, der Vater der Erbarmungen und Gott alles Trostes, der uns tröstet bei aller unserer Drangsal.“** Die Gemeinde murrt und schilt, aber Gott **„tröstet“**. Müssen sich die Korinther als „Gemeinde Gottes“ nicht schämen, daß sie so anders handeln als Gott?

Zum rechten Verständnis der Stelle ist zu bedenken, daß der Apostel hier nicht allgemein das Problem des „Leidens“ behandelt. Das von ihm gebrauchte Wort „thlipsis“ bezeichnet im NT die „Drangsal“, die dem Jünger Jesu um dieser seiner Jüngerschaft willen von der Welt her widerfährt[20]. Es geht im Zusammenhang des Briefes um die Leiden, die Paulus in seinem Dienst zu ertragen hat. Gott erspart sie dem Boten der Versöhnung nicht. Aber er **„tröstet bei aller unserer Drangsal“**. Für „Trost“ und „Trösten“ verwendet Paulus das Wort

[18] Vgl. dazu die Einleitung S. 11 f.
[19] Das bestätigt er selber in 2 Ko 11, 20 ff.
[20] Vgl. den Artikel „Trübsal“ im „Lexikon zur Bibel“.

„parakalein", das wir auch in der LXX (Septuaginta) an so bedeutsamen Stellen wie Jes 40, 1; 49, 13; 51, 3; 61, 2; 66, 10—13 finden. Dieses Wort meint nicht in erster Linie eine lindernde Einwirkung auf unser Gemüt. An allen genannten Stellen wird vielmehr deutlich, wie das „Trösten" Gottes immer sein machtvolles, errettendes Handeln ist. Gott **„tröstet"** sein Volk, indem er sein Geschick wendet und es aus Gefangenschaft und Elend zur Freiheit und zum neuen Leben führt. Das wird dem Apostel vom AT her vor Augen stehen, wenn er das Wort **„trösten"** verwendet. Paulus ist in den **„Drangsalen"**, die er jetzt nicht näher beschreibt, nicht nur im heutigen Sinn des Wortes „getröstet" worden. Er hat vielmehr erfahren, wie Gott für ihn eintrat und sich seiner annahm, wie er hindurchgetragen, ja herausgerettet wurde, wie er den Mut nicht verlor, wie er unter allem Druck zur Ausrichtung seines Dienstes willig und fähig blieb[21]. So beweisen gerade die von ihm durchgestandenen Leiden seine Sendung und Bevollmächtigung von Gott.

So wird Gott und seine Barmherzigkeit durch das Leiden nicht widerlegt, sondern Gott wird gerade in den Drangsalen, Gefahren und Nöten als **„Vater der Erbarmungen"** erfahren. Paulus spricht im Plural von **„den Erbarmungen"**, weil sie sich in reicher Fülle und Mannigfaltigkeit in unserm Leben erweisen. Durch diese „Erbarmungen" bewährt sich Gott recht als **„Vater"**, der sich väterlich um seine Kinder kümmert, mitten in den Leiden. Er ist nicht ein harter und grausamer Gott, wie unsere Vernunft im Blick auf die schweren Nöte gerade auch der Glaubenden so leicht schließt, sondern vielmehr ein **„Gott alles Trostes"**. Aber er ist das nicht so, wie die Korinther es meinten und wünschten. Er entnimmt seine bevollmächtigten Boten nicht dem Leiden, sondern macht die unaufhörlichen Nöte und Drangsale gerade zum Zeichen und Zeugnis des echten Dienstes (11, 23 ff). Aber er schenkt in den Drangsalen die Erfahrungen seines „Trostes"[22].

4 Von seiner eigenen Erfahrung hat Paulus gesprochen. Aber er bleibt nicht bei seinem Leben als solchem stehen. Ihm geht es um seinen Dienst. Und da wird nun seine persönliche Erfahrung für andere

[21] Vgl. dazu seine Aussagen in Kap. 4, 8 u. 9 und 1 Th 2, 2.

[22] Immer ist das Leiden für uns Menschen ein harter Anstoß, der zur Auflehnung gegen Gott, ja zur Leugnung Gottes zu führen droht. Das Leiden, besonders das Leiden des Unschuldigen und „Gerechten" ist darum ein Thema des AT, vor allem in den Psalmen. Darum ist auch das „Getröstetwerden" und Gott als „Tröster" vielfach im AT bezeugt. (Vgl. den Artikel „Trost" im „Lexikon zur Bibel".) In den Aussagen des Paulus wird deutlich, wie im NT nach dem Leidensweg des Sohnes Gottes die Stellung zum Leiden noch ganz anders klar und gewiß sein kann. Die „Drangsale" sind „Christusleiden" (V. 5) und „der Vater der Erbarmungen" ist „der Gott und Vater unseres Herrn Jesus Christus", der den geliebten Sohn den Kelch trinken ließ und gerade darin die Fülle und Tiefe seiner Liebe offenbarte. Nun steht alles Kreuz und Leiden in hellem Licht.

fruchtbar: **„Damit wir imstande sind zu trösten, die in jeder [denkbaren] Drangsal [sind], durch den Trost, mit dem wir selber getröstet werden von Gott."** Selber Getröstete können andere am besten trösten. Die bekannten „trostreichen Worte" sind leicht zu sagen, aber sie bleiben kraftlos und vergeblich. Zum Trösten müssen wir **„imstande sein"** oder, wie wir auch übersetzen können, „Dynamis, Macht haben". In der Erfahrung des eigenen Getröstetwerdens von Gott können wir solche „Macht" zum Trösten gewinnen. Auch im Blick auf die andern sagt Paulus nicht näher, welche Nöte und Bedrängnisse er bei ihnen vor sich sieht; er will in seiner Formulierung **„jede [denkbare] Drangsal"** so umfassend wie möglich berücksichtigen: keine Drangsal muß ohne Trost bleiben[23].

Aber warum gibt es im Leben des Apostels so viel Leiden? Muß 5
das so sein, oder liegt es doch an Fehlern und Verkehrtheiten bei Paulus selbst? Paulus gibt die Antwort mit einem einzigen Satz, der alle Einwände zum Schweigen bringen muß: **„Denn wie die Leiden des Christus überströmen auf uns."** Es sind nicht eigene, am Ende gar selbstverschuldete Nöte, die den Apostel treffen. Es sind die **„Leiden des Christus"**, die er in seinen apostolischen „Drangsalen" trägt. Die Gemeinde weiß es, ihr Herr ist in seinem Erdenleben nicht einen leidlosen, erfolgreichen, glänzenden Weg gegangen! Er ist der Mann „voller Schmerzen und Krankheit" (Jes 53, 3), der bedrängte, zerschlagene, gekreuzigte. Kann es denn Anteil an ihm geben ohne den „Anteil an seinem Leiden", ohne die „Gleichgestalt mit seinem Tode" (Phil 3, 10)? Und ist es nicht notwendig so, daß diese **„Leiden des Christus"** gerade auf seine Bevollmächtigten in besonderem Maß „überströmen"[24]? So hat es Jesus selbst mit aller Bestimmtheit angekündigt. Sie haben wie er das Kreuz zu tragen, den Haß der Welt zu leiden und seinen Kelch zu trinken (Mt 10, 22. 38; 20, 23; Jo 15, 18 f; 16, 2—4). Wenn aber die Leiden des Apostels in Wirklichkeit **„Leiden des Christus"** sind, dann lehnen sich die Korinther gegen ihren Herrn auf, wenn sie sich an den ständigen Drangsalen des Paulus ärgern. Und sie dürfen keinen Augenblick außer acht lassen, daß zugleich **„durch den Christus auch unsere Tröstung überströmt"** und daß sich

[23] Das Wort „thlipsis" weist aber darauf hin, daß es sich auch bei denen, die Paulus seinerseits trösten kann, um Christen handelt, die um des Glaubens willen zu leiden haben. Wie weit diese Aussagen vom Getröstetwerden und Tröstenkönnen auch auf Leiden anzuwenden sind, die der Christ mit allen Menschen teilt und die er doch „in Christus" anders trägt, ist eine Sache, von der Paulus hier nicht spricht.

[24] Über den Zusammenhang von „Leiden" und „Vollmacht" wird Paulus in Kap. 4, 7—12 eingehend sprechen. Was er hier als „Leiden des Christus" bezeichnet, nennt er dort „die Tötung Jesu", die wir „an unserm Leibe umhertragen müssen", „damit auch das Leben Jesu an unserm Leibe offenbar" wird.

darin die Sendung und Bevollmächtigung des Paulus durch Christus erweist. Jesus läßt seinen Boten nicht im Stich. Der Apostel kommt nicht nur gerade so durch. Das „Übersiegen", das Paulus den Römern in Aussicht stellt (Rö 8, 37), ist an ihm selber zu sehen. Ein ganzer Strom von Trost[25] überflutet Paulus von Christus her. Der „Vater der Erbarmungen und Gott alles Trostes" ist in Christus an ihm wirksam und offenbar.

6 Auch hier geht es nicht nur um Paulus selbst. **„Aber ob wir bedrängt werden [so ist es] um eures Trostes und Heiles willen; oder ob wir getröstet werden, [so dient das] zu eurem Trost, der sich auswirkt in dem Ertragen derselben Leiden, die auch wir erleiden."** Beides, des Apostels Drangsale und seine Erfahrungen des Trostes, kommt anderen, kommt gerade auch den Korinthern zugute. Nur auf dem heißen Leidensweg des Paulus gelangte das Heil zu ihnen nach Korinth. Paulus mußte in Philippi mißhandelt und ausgewiesen, aus Thessalonich vertrieben und in Athen weitgehend abgelehnt werden, um den Weg bis zu den Korinthern zu finden. In 10, 13 f sieht Paulus es selber mit Staunen, daß er bis hierher, bis nach Korinth, gekommen ist. Und wenn zu den „Drangsalen" des Paulus gerade auch das gehört, was er während seines Einsatzes in Ephesus unter der Verkehrtheit, Undankbarkeit und Aufsässigkeit der Korinther leiden mußte, dann ist doch ihr **„Trost und Heil"**, wofür er diese Last an Kummer und Herzeleid auf sich genommen hat. Wie können sie darüber noch murren? Wie nötig haben sie aber auch die Erfahrungen seiner „Tröstungen". Wenn im 1 Ko noch zu merken war, daß die Gemeinde in Korinth nach der Abweisung der jüdischen Klage durch Gallio unangefochten leben konnte[26], so scheint sich das geändert zu haben. Paulus spricht vom **„Ertragen derselben Leiden, die auch wir erleiden"**, und meint damit doch wohl nicht nur eine zukünftige Möglichkeit. Wenn die Korinther aber jetzt auch von Anfechtungen und Leiden wissen, dann wird es ihnen zur wirksamen Hilfe, wenn sie an ihrem Apostel das **„Getröstetwerden"** mitten in den Drangsalen miterleben. Das wird für sie selbst schon ein „Trost". Und dieser „Trost", diese Ermutigung, hilft ihnen zum **„Ertragen"** ihrer Bedrängnisse, die keine andern sind als die, die auch Paulus auf sich nimmt. So wird der Trost des Paulus „wirksam" in Korinth.

7 Paulus fügt hinzu: **„Und unsere Hoffnung ist fest für euch, weil wir wissen, wie ihr Teilhaber seid der Leiden, [seid ihr Teilhaber] auch des Trostes."** Es ist, als ob Paulus sich geradezu darüber freut,

[25] Wir müssen dabei daran denken, was wir o. S. 27 f über „Trost" und „Trösten" gesagt haben.

[26] Vgl. die Auslegung zu 1 Ko 4, 10 in der W. Stb.

daß die korinthische Gemeinde auch zu leiden hat. Von der Sorge um Korinth in 1 Ko 4, 8–17 her kann man diese Freude verstehen. Nun sind sie gerade an dieser umstrittenen Stelle seines Lebens und Wirkens seine „Teilhaber", Teilhaber der Leiden und darum gewiß auch Teilhaber des Trostes. Paulus hat für seine Korinther eine **„feste Hoffnung"**, die sich auf ein **„Wissen"** gründet. Dieses Wissen stammt aus seinen eigenen Erfahrungen von der lebendigen Zusammengehörigkeit von Leiden und göttlichem Trost. Diese Zusammengehörigkeit werden auch die Korinther immer neu erfahren, und sie werden von da aus Leiden tragen können.

Bei diesem ganzen Abschnitt fällt auf, wieviel Worte wir einfügen müssen, um einen verständlichen deutschen Text herzustellen. Wie knapp gefaßt und darin sehr sachlich und kraftvoll sind die grie Sätze, die Paulus schreibt! Wir werden noch mehrfach, gerade auch an entscheidenden Stellen des Briefes, auf diesen seinen Stil stoßen.

DER DANK AN GOTT

b) den Retter aus Todesnot

2. Korinther 1, 8–11

8 Denn wir wollen euch nicht in Unkenntnis lassen, Brüder, über
unsere Drangsal, die [uns] in der Asia widerfahren ist, daß wir
im Übermaß, über Vermögen, belastet wurden, so daß wir ganz
9 verzagten – sogar am Leben. * Ja, wir selber hatten bei uns selbst
den Todesbescheid empfangen, damit wir solche seien, die ihr Ver-
trauen nicht auf sich selbst gesetzt haben, sondern auf den Gott,
10 der die Toten auferweckt; * der uns aus einer so großen Todesnot
errettet hat und erretten wird; auf den wir unsere Hoffnung ge-
11 setzt haben, daß er uns auch ferner erretten wird, * indem auch ihr
gemeinsam mit für uns wirkt durch das Gebet, damit von vielen
Angesichtern her die auf uns [gekommene] Gnadengabe durch
viele dankend gepriesen werde für uns.

Zu Vers 8: Apg 19, 23–40 Rö 1, 13 1 Ko 15, 32
Zu Vers 9: Phil 2, 27
Zu Vers 10: 2 Tim 4, 18
Zu Vers 11: 2 Ko 4, 15 Rö 15, 30 Phil 1, 19

Vom Getröstet- und Ermutigtwerden bei den Drangsalen hat Paulus gesprochen. Die Korinther sollen aber den Ernst und die Wucht nicht verkennen, zu denen sich die Leiden steigern können, damit sie auch die Größe der göttlichen Hilfe sehen, die nicht nur „tröstet", sondern auch „rettet", „herausreißt". 8

„Denn wir wollen euch nicht in Unkenntnis lassen, Brüder, über unsere Drangsal, die [uns] in der Asia widerfahren ist, daß wir im

Übermaß, über Vermögen, belastet wurden, so daß wir ganz verzagten – sogar am Leben." Es ist möglich, daß die Korinther von der **„Drangsal in der Asia"**[27] bereits gehört haben und daß der Apostel darum nichts Näheres an dieser Stelle berichtet. Jedenfalls sind wir nicht in der Lage, die Vorgänge zu bestimmen, von denen Paulus hier spricht. Vielfältige Vermutungen, die man immer neu angestellt hat, helfen uns nichts. Der Aufstand der Silberschmiede kann nach der Schilderung von Apg 19, 23–40 nicht gemeint sein[28]. Paulus geriet damals nicht in Lebensgefahr. Der ganze Sturm ging aufgrund der Besonnenheit der römischen Beamten überhaupt rasch vorüber. Eher könnte in Rö 16, 4 auf die gleichen Vorgänge angespielt sein, die Paulus in unserer Stelle vor Augen hat. Es ist aber auch gar nicht so wichtig, daß wir den äußeren Verlauf dieser „Drangsal" und den Vorgang der unerwarteten Errettung des Paulus – und seiner Begleiter? – genau kennen. Paulus liegt an dieser Stelle seines Briefes daran, daß die Korinther die innere Seite der Sache sehen und darin nicht **„in Unkenntnis"** und Unverständnis bleiben. Das müssen wir mit den Korinthern wissen: Es gibt auch für den Apostel Leiden, von denen er **„im Übermaß, über Vermögen belastet"** wird. Solche Leiden sind objektiv, in sich selbst übermäßig schwer. Sie gehen aber auch subjektiv über die Kraft eines Paulus hinaus. Sie bringen ihn in ein völliges **„Verzagen" „sogar am Leben"**. Paulus vermag für sein bedrohtes Leben nichts mehr zu erhoffen.

Mit solcher Offenheit stellt Paulus sich vor die Gemeinde in Korinth, um ihr Vertrauen zu erwerben. Also auch ein „großer" Paulus, ein leidgewohnter Apostel, kann in Lagen kommen, in denen er sagt: Das geht über meine Kraft, das ist zu schwer! Auch er kann **„ganz verzagen"**[29]. Das erspart ihm „der Vater der Erbarmungen" nicht.
9 **„Ja, wir selber hatten bei uns selbst den Todesbescheid empfangen."**
Für den Blick des Paulus lag keine Möglichkeit mehr vor, dem Tode zu entgehen. Oft hatte der Tod ihn bedroht; davon hatte er schon 1 Ko 15, 31 gesprochen. Aber jetzt war ihm, als habe er den endgültigen Bescheid des Todes bekommen.

[27] Die Asia ist die römische Provinz, die das Gebiet der Westküste Kleinasiens umfaßte. Die Hauptstadt dieser Provinz war Ephesus. Aber auch andere bekannte Orte wie Laodicea, Kolossä, Philadelphia, Smyrna, Milet, Troas gehörten zu dieser kulturell und wirtschaftlich reichen Provinz.

[28] Daß „die Asia" und nicht „Ephesus" genannt ist, würde noch nicht dagegen sprechen. Auch in Apg 20, 4; 21, 27 ist von der Asia die Rede, obwohl Ephesus gemeint ist.

[29] In aller gesetzlichen „Religion" droht die Not der frommen Schauspielerei, wie wir sie an den Pharisäern des NT kennen. Daß diese Not im Evangelium wirklich überwunden ist, zeigt uns Paulus, wenn er nicht die Rolle eines sieghaften „Glaubenshelden" spielen muß, sondern so offen von seinem völligen Verzagen sprechen kann. Gerade dadurch kann er den Korinthern und uns zeigen, wie in solcher Lage der Glaube erstarkt.

Warum läßt Gott seine Leute in solche Lage geraten? Paulus weiß es: **„Damit wir solche seien, die ihr Vertrauen nicht auf sich selbst gesetzt haben, sondern auf den Gott, der die Toten auferweckt."** Das „Glauben" ist nicht ein fertiger Besitz, den wir zur Verfügung haben, wenn wir einmal „zum Glauben gekommen sind". Es ist eine innere Lebensbewegung, die viele Glaubensgrade zu durchlaufen hat und in immer neuen Lagen und Erprobungen wächst und reift. Auch in einem Paulus war noch die alte, tief eingewurzelte Neigung, **„sein Vertrauen auf sich selbst zu setzen"**. Auch er mußte angesichts eines endgültigen **„Todesbescheides"** noch gründlicher ein solcher werden, der sein Vertrauen einzig richtet **„auf Gott, der die Toten auferweckt[30]"**.

Diese Bezeichnung Gottes hat einen doppelten Sinn. Da, wo jeder menschliche Ausweg verschlossen und jede menschliche Möglichkeit am Ende ist, da kann dieser Gott Wunder tun und dennoch aus der Todesnot retten[31]. So ist es dann auch bei der Drangsal in der Asia geschehen. Aber es mußte nicht zu dieser Errettung kommen. Paulus mußte zum Sterben bereit sein. Dabei durfte er noch in einem andern Sinn aufblicken zu **„dem Gott, der die Toten auferweckt"**. Auch wenn Paulus jetzt starb, war er nicht dem Tode verfallen. Er wußte, „daß der, der den Herrn Jesus auferweckt hat, uns auch auferwecken wird mit Jesus" (4, 14). Dieser Gott hielt auch für ihn das Leben bereit, selbst im Sterben. In diesem **„Vertrauen"** und allein in ihm wird das „Verzagen" überwunden, von dem Paulus angefochten war[32].

Paulus erfuhr Gott als den, **„der uns aus einer so großen Todesnot errettet hat und erretten wird"**. Gott „tröstet" also nicht nur bei den Drangsalen, sondern kann auch der Retter aus ihnen sein, gerade da,

[30] Mit einer ähnlichen Formulierung hat Paulus auch in Rö 4, 17 von Gott gesprochen. Gottes eigenes Wesen wird gekennzeichnet, wenn von ihm bezeugt wird, daß er „die Toten auferweckt". Biblisches „Glauben" ist das getroste und kühne Rechnen mit diesem Gott, wie es in Abraham lebte und nun auch bei Paulus gerade in der äußersten Todesgefahr durchbrach.

[31] „Tote auferwecken", das ist das Wundertun in seiner äußersten Gestalt (Jo 11!). Der lebendige Gott der biblischen Boten ist notwendig und unaufgebbar ein Gott der Wunder und wäre ohne sie weder wahrhaft „Gott" noch wahrhaft „lebendig".
Eins von den ungezählten Beispielen aus unsern Tagen über das Handeln des Gottes, der Wunder tut, sei aus der Schrift „Koreas Beter" erwähnt. In der Gemeinde, wo sie seit fünf Jahren jeden Morgen zur Gebetsgemeinschaft mit allen 3000 Gliedern zusammenkommen, wird einmal im Monat eine Gebetsstunde für die Kranken gehalten. Da geschieht es: „Ein Junge trat in den Kreis der Gemeinde und bat um Fürbitte. Seine Hand war vertrocknet. Er konnte die Finger nicht bewegen. Er bekannte seine Schuld und lieferte sein Leben Jesus aus. Dann wurde über ihm gebetet. In diesem Augenblick wurde seine verdorrte Hand durchblutet. Man merkte dem Jungen die Freude an, seine Hand gebrauchen zu können. Er spielte mit seinen gesunden Fingern . . . Welch ein Herr, der im 20. Jahrhundert solche Wunder tut."

[32] Darum ist Paulus in unserm Brief in 5, 1—10 noch einmal gründlich auf die Frage des „Sterbens" eingegangen. Es war für ihn ein aktuelles Problem!

wo sie unmittelbar das Leben seiner Boten bedrohen. Das Wort, das Paulus hier für „erretten" gebraucht: „herausreißen", zeigt die Aktivität und Macht, die zu jedem wirklichen Erretten gehört[33]. Die Retter-
10 macht Gottes erweist sich besonders herrlich, wenn es **„eine so große Todesnot ist"**[34], aus der die Rettung erfolgt. Paulus weiß aber, wie sein Leben fort und fort bedroht bleibt, und fügt zu dem Blick auf die Vergangenheit sofort den Vorblick auf die Zukunft: Gott ist der, der **„errettet hat und erretten wird"**. Er betont diese seine Zuversicht noch einmal: **„Auf den wir unsere Hoffnung gesetzt haben, daß er uns auch ferner erretten wird."** Aus dem einmal gewagten und von Gott bestätigten Glauben erwächst die lebendige **„Hoffnung"**, die sich auf den Gott gründet, der sich so wunderbar erwiesen hat. Die gehäuften Formulierungen zeigen, in welch drohendes Meer von Gefahren ein Paulus blickte. Die Korinther sollten sich klar machen, wie das Leben des Mannes aussieht, den sie so rasch und leichthin aburteilen.

11 Paulus zieht auch hier wieder die Gemeinde in dieses Geschehen seines Apostellebens mit hinein. Die Korinther sollen nicht Zuschauer ferner Ereignisse sein, sondern sich mitwirkend an allem beteiligt wissen: **„Indem auch ihr gemeinsam mit für uns wirkt durch das Gebet**[35]**"**. So ernst nimmt Paulus die Fürbitte! Sie ist „wirksam", ist darum aber auch selber ein „Werk", eine Arbeit, die mit Ernst getan werden will. Paulus hat dabei die „Gemeinde Gottes" vor Augen, denkt also nicht nur an einzelne Beter in den Häusern, sondern rechnet mit dem einen Beten der Gemeinde, wie es etwa in Apg 4, 23 ff geschildert wird[36].

Diese bewußte, betende Beteiligung der Gemeinde ist darum so wichtig, weil nur so die Frucht erreicht wird, die aus diesem ganzen Geschehen erwachsen soll: **„Damit von vielen Angesichtern her die auf uns [gekommene] Gnadengabe durch viele dankend gepriesen werde für uns."** Paulus denkt so „theozentrisch", so auf Gottes Ehre ausgerichtet, daß bei seiner Rettung schon gar nicht sein persönliches Wohl,

[33] Das gleiche Wort „herausreißen" finden wir auch Kol 1, 13 für die Errettung aus der Macht der Finsternis. Vgl. dazu Rö 11, 26; 15, 31; 1 Th 1, 10; 2 Th 3, 2; 2 Tim 3, 11; 4, 17. Auch die grundlegende Errettung aus der Verlorenheit geschieht durch die „Dynamis", die „Macht Gottes" (Rö 1, 16).

[34] Die Lesart, die hier den Plural „aus so großen Todesnöten" hat, kann die ursprüngliche sein. Es kann eine ganze Kette von tödlichen Bedrohungen gewesen sein, auf die Paulus zurückblickt.

[35] Die Präpositionen, die Paulus hier dem Wort „Wirken" anfügt, haben zwar im hellenistischen Griechisch kein zu großes Gewicht. Es kann in dem „syn", aber doch auf ein „gemeinsames" Beten und Wirken der Gemeinde hingewiesen sein. Und in dem „hypo" kann eine Andeutung liegen, daß die Korinther ihr Gebet wie eine „Stütze" ihrem Apostel unterschieben.

[36] In ähnlicher Weise hat Paulus von seiner gefährlichen Reise nach Jerusalem um die Fürbitte der römischen Gemeinde geworben (Rö 15, 30 f).

aber auch nicht einfach seine Bewahrung für den Dienst für ihn das Ziel ist. Nein, Gott muß **„dankend gepriesen werden"**! Und daß dies nicht nur durch Paulus und seine Begleiter[37] geschieht, sondern **„durch viele"**, das ist Paulus wichtig. Der Ausdruck **„von vielen Angesichtern her"**, wird nicht nur im abgeschwächten Sinn des Wortes das Beten „von vielen Personen" meinen, was sprachlich durchaus möglich wäre. Paulus wird vielmehr ganz anschaulich die Gebetsgemeinschaft der Korinther vor Augen haben, wo **„viele Angesichter"** zu Gott emporschauen[38], aus deren Mund nun der dankende Lobpreis ertönt. Dieses Danken geschieht **„für die auf uns gekommene Gnadengabe"**[39]. Wenn auf diese Weise Paulus und seine Mitarbeiter zum Grund des Lobes Gottes in der Gemeinde Gottes werden, dann ist etwas Entscheidendes geschehen, auch für die ganze Konfliktsituation, in die hinein Paulus diesen Brief zu schreiben hat. Darum fügt Paulus dem Satz noch einmal ein **„für uns"** hinzu, das er betont an den Schluß stellt. Dabei kann dieses **„für uns"** auch meinen, daß die Gemeinde mit ihrem Dank ausfüllt, was im eigenen Danken des Paulus noch zu gering bleibt für die Größe der göttlichen „Gnadengabe". Das Wesentliche aber ist, daß die Gemeinde neu lernt, für ihren Apostel zu beten, über den sie so viel klagt und schilt, und daß gerade sein Leidensweg zum Gegenstand des Dankens wird, der ihr bisher nur Anlaß zum murrenden Zweifel an ihrem Apostel bot[40].

DIE LAUTERKEIT DES APOSTELS

2. Korinther 1, 12–14

12 **Denn unser Rühmen ist dieses, das Zeugnis unseres Gewissens, daß wir in Einfachheit** (oder: in Heiligkeit) **und Lauterkeit Gottes, nicht in fleischlicher Weisheit, sondern in der Gnade Gottes unsern**

Zu Vers 12:
2 Ko 2, 17
Hbr 13, 18
1 Ko 1, 17
2 Ko 2, 4

[37] In der ganzen Schilderung der großen Gefahr und der Errettung gebraucht Paulus fortwährend das „wir". Waren seine Begleiter, war besonders auch Timotheus in die tödliche Bedrohung hineingezogen? So eindeutig ist aber der unterschiedliche Gebrauch von „wir" und „ich" in den Briefen des Paulus nicht, daß ein sicherer Schluß daraus gezogen werden könnte.

[38] Wir haben daran zu denken, daß im Altertum entsprechend der grie Gebetssitte auch von Christen stehend mit erhobenen Händen und aufgerichtetem Gesicht gebetet wurde, wie es uns mehrfach die Malereien in den Katakomben zeigen.

[39] Paulus verwendet hier das gleiche Wort „charisma", das wir einseitig nur als Fachausdruck für die „Geistesgaben" kennen. Für Paulus ist auch eine Errettung aus Todesnot ein „charisma", eine „Gnadengabe".

[40] Die praktische Wichtigkeit des „Dankens", auf das die Bibel so großen Wert legt (Ps 50, 23; Eph 5, 20), kann uns hier anschaulich werden.

Zu Vers 13:
Apg 23, 1
24, 16
2 Tim 1, 3
Zu Vers 14:
2 Ko 3, 2 f
5, 12
Phil 2, 16
4, 1

Wandel führten in der Welt, ganz besonders aber euch gegenüber.
13 *** Denn nichts anderes schreiben wir euch, als was ihr lest und auch**
versteht; ich hoffe aber, daß ihr bis ans Ende verstehen werdet,
14 **wie ihr uns denn zum Teil auch [wirklich] verstanden habt, * daß**
wir euer Ruhm sind, ebenso wie auch ihr der unsere, an dem Tage
unseres Herrn Jesus.

Die Gemeinde soll in Fürbitte und Dank an dem Leben, Leiden und Wirken ihres Apostels teilnehmen. Das kann sie aber nur, wenn sie mit einem vollen, klaren Vertrauen auf Paulus blickt. Doch Paulus ist den Korinthern, wenigstens zu einem Teil, unverständlich und befremdlich, gerade in seinen ständigen Drangsalen und Leiden. Wenn wir aber einen andern nicht mehr verstehen und wenn Argwohn und Mißtrauen gegen ihn in unserm Herzen wohnen, ist unser Beten für ihn gehemmt, und das Danken kann nicht so frei und voll aus unserm Mund kommen, wie es Paulus in V. 11 vor sich sah. Darum wendet sich Paulus jetzt dieser Not in Korinth zu.

12 In dem ganzen Briefabschnitt V. 3–11 klang über allem Ernst der Bedrängnis doch ein Ton des „Rühmens". Ist dieses **„Rühmen"**[41] berechtigt, kann es von der Gemeinde ohne Bedenken angehört werden? Paulus stellt sich dieser Frage und bejaht sie. **„Denn unser Rühmen ist dieses, das Zeugnis unseres Gewissens, daß wir in Einfachheit** (oder: Heiligkeit) **und Lauterkeit Gottes, nicht in fleischlicher Weisheit, sondern in der Gnade Gottes unsern Wandel führten in der Welt, ganz besonders aber euch gegenüber."** Maßgebend ist ihm dabei das **„Zeugnis seines Gewissens".** Das Gewissen ist nicht einfach Gottes Stimme. Paulus hat seine Verkündigung nie aus seinem Gewissen geschöpft oder im Gewissen begründet. Er wußte auch etwas vom „schwachen" und „irrenden" Gewissen (1 Ko 8; 10, 29). Dennoch bleibt das Urteil des Gewissens auch für den Glaubenden maßgebend. Paulus spricht an unserer Stelle ebenso wie in Rö 2, 15; 9, 1 vom **„Zeugnis des Gewissens"**[42]. In unserm Gewissen ergeht ein unbestechliches Urteil über uns selbst, das ein falsches Rühmen aus unserm Mund Lügen straft. Paulus aber freut sich der klaren Zustimmung seines Gewissens zu seinem **„Rühmen".**

[41] Paulus war sehr kritisch gegen alles Rühmen vor Gott, vgl. Rö 3, 27; 1 Ko 1, 31. Er machte aber daraus nicht ein System, das jedes Rühmen ausschloß. In Rö 5, 2. 3. 11 und in 1 Ko 9, 15; 15, 31 kennt er ein wohlbegründetes „Rühmen", das sein gutes Recht hat, ja, das gar nicht fehlen darf. Wichtig ist auch 2 Ko 10, 13–16; 11, 10. Vgl. den Artikel „Ruhm" im „Lexikon zur Bibel".

[42] Vgl. zu den angeführten Stellen die Auslegung in der W. Stb. Bei der Erklärung zu Rö 2, 15 ist aber ein Druckfehler sehr zu berücksichtigen. Es muß heißen: „Das Urteil unseres Gewissens ist „unheimlich unabhängig von unseren Wünschen". Vgl. auch O. Hallesby „Vom Gewissen", Brockhaus-Verlag.

Sein Gewissen bezeugt ihm, daß er **„in Einfachheit**[43] (oder: in Heiligkeit) **und Lauterkeit Gottes"** seinen Wandel geführt hat. „Verstanden werden" kann ich nur dann, wenn mein Tun und Lassen **„einfach"** ist, wenn sich hier nicht die verschiedensten Linien verwirren und uns undurchsichtig machen. Und Vertrauen kann ich nur erwarten, wenn **„Lauterkeit"**[44] meinen Wandel bestimmt. In Korinth gab es offenbar Gemeindeglieder, die in Paulus einen undurchsichtigen und intriganten Mann sahen (vgl. Kap. 12, 16, auch 1, 17), dem man nicht trauen könne[45]. Paulus darf solchen Verdächtigungen das Zeugnis seines Gewissens entgegenstellen. Es ist aber dabei zu beachten, daß er von der Einfachheit und Lauterkeit **„Gottes"** spricht, in der er lebt. Nicht von Natur wohnt solche Einfachheit und Klarheit in uns Menschen. Und auch im wiedergeborenen Christen, auch in einem Apostel Paulus, ist sie nicht als eigener Besitz und eigene Eigenschaft zu finden. Aber in Gott ist vollkommene „Einfachheit", nie ein Wechsel von Licht und Finsternis (Jak 1, 17). Gott besitzt in vollendeter Weise „sonnenhelle Klarheit" (1 Jo 1, 5). Wer aber ein „Heiliger" wurde, ein Eigentum Gottes, der kann nun auch selber „in" dieser Einfachheit und Lauterkeit Gottes leben und an ihr teilhaben. Paulus lebt vor dem Angesicht und im Licht Gottes und wird dadurch selbst einfach und lauter[46]. Daß es so bei Paulus steht, das bezeugt ihm sein Gewissen.

Paulus fügt eine zweite Erklärung hinzu, die von ganz entscheidender Bedeutung ist. Er hat seinen Wandel **„nicht in fleischlicher Weisheit, sondern in der Gnade Gottes"** geführt. Paulus betont, daß er „in der Welt" zu leben und zu wirken hatte. Er genießt nicht abseits in der Stille ein geborgenes Dasein, bei dem man einfach und lauter bleiben kann. Er steht in der **„Welt"**, mit allen ihren Schwierigkeiten, Nöten und Anfechtungen. Da scheint es unvermeidlich, sich mit einer **„Weisheit"** durch alles hindurchzuschlagen, die **„fleischlich"**, d. h. von unserm natürlichen Ichwesen bestimmt ist. Kommt man denn anders durch die Welt? Ja! Paulus bezeugt es! Nicht weltliche Klugheit, nicht

[43] Wichtige Handschriften haben hier das Wort „hagiotes = Heiligkeit", das im Grie von dem Wort „haplotes = Einfachheit" nur durch zwei Buchstaben unterschieden ist. Von Gottes „Heiligkeit" zu reden liegt weit näher als von Gottes „Einfachheit". Gerade darum ist leichter zu verstehen, daß ein Abschreiber absichtlich oder unabsichtlich die befremdende, ursprüngliche Lesart „Einfachheit" in „Heiligkeit" verbesserte.

[44] Das von Paulus gern gebrauchte Wort ist von den Wörtern „Sonne" und „richten" abgeleitet; man könnte es mit „Sonnendurchsichtigkeit" wiedergeben. Vgl. Artikel „lauter" im „Lexikon zur Bibel".

[45] Paulus, der für uns die selbstverständliche „biblische" Autorität ist, konnte so verkannt werden! Das berichtigt heilsam das oft auf Goldgrund gemalte Bild der ersten Christenheit, an dem wir uns in falscher Weise erbauen. Die Urchristenheit ist in ihren menschlichen Qualitäten nicht von uns unterschieden.

[46] So war schon der Vater des Glaubens, Abraham, angewiesen, „vor Gott" zu wandeln und dadurch „vollkommen" zu sein (1 Mo 17, 1).

die Ausrichtung nach ichhaften Wünschen und Zielen, nicht kluge Sorge für sich selbst bestimmen sein ganzes Verhalten. Darum auch nicht Diplomatie oder Intrigen irgendwelcher Art (vgl. 4, 2). Sein Denken und Leben ist gestaltet von **„der Gnade Gottes"**, die er selbst in ihrer wunderbaren Macht erfahren hat. In freier Güte suchte diese Gnade den Feind Jesu und seiner Gemeinde, suchte seine Rettung und vertraute ihm den höchsten Dienst an. Gott handelte darin total anders, als wir Menschen handeln, die wir unser Recht, unsere Ehre, unsere Größe durchsetzen wollen. Gottes „Torheit" und „Schwachheit" (1 Ko 1, 25) wurde sichtbar, die doch in Wahrheit „weiser" und „stärker" ist als alle Klugheit und Gewalt der Welt. Diese Art Gottes leitet und formt nun den ganzen Wandel des Paulus **„in der Welt"**. Wenn die Korinther das begreifen, dann verstehen sie ihn und halten ihn nicht mehr für hinterhältig und unzuverlässig. Dieses von selbstloser, freier Güte bestimmte Verhalten ihres Apostels müßten gerade die Korinther erkennen; denn er hat es bestätigt: **„besonders euch gegenüber"**. Aller Undankbarkeit und Verkehrtheit der Korinther gegenüber hat er nicht **„fleischlich"**, ichhaft reagiert, sondern mit der selbstlosen Liebe, die nur das wahre Wohl der Korinther suchte[47].

13/14 Die Vorwürfe der Korinther scheinen sich besonders auf die Briefe des Apostels bezogen zu haben. In Kap. 10, 9—11 hören wir noch einmal davon. Sind seine schriftlichen Äußerungen diplomatisch und darum schwer zu verstehen und irreführend? Stehen nicht hinter dem, was Paulus schreibt, in Wirklichkeit ganz andere Gedanken und Ziele? Muß man nicht zwischen den Zeilen lesen, was er eigentlich meint? Nein, **„nichts anderes schreiben wir euch, als was ihr lest und auch versteht"**. Briefe des Paulus sollen ohne Auslegungskünste in ihrem einfachen Wortsinn genommen und verstanden werden. Wenn sein Brief in der Gemeindeversammlung vorgelesen wird, dürfen die Korinther ebenso einfach und offen hören, wie ihr Apostel einfach und offen geschrieben hat.

Paulus ist froh, daß nach den vielen Spannungen und Verdächtigungen dieses „Verstehen" in Korinth ein ganzes Stück wieder da ist: **„Wie ihr uns denn zum Teil auch [wirklich] verstanden habt."** Er hofft, daß dieses Verstehen noch weiter wachsen und schließlich ein vollständiges werden wird. **„Ich hoffe aber, daß ihr bis ans Ende verstehen werdet."** Dem **„zum Teil"** im vorigen Satz gegenüber könnte der Ausdruck **„bis ans Ende"** einfach den Sinn von „vollständig" ha-

47 Wir werden keine „vollkommene" und „reine" Gemeinde haben. Aber es ist auch heute nötig, daß in der Gemeinde Jesu alles Verhalten nicht mehr von weltlicher, ichhafter Klugheit, sondern von der Art der göttlichen Gnade bestimmt ist. Hier muß der radikale Unterschied von „Gemeinde" und „Welt" sichtbar werden!

ben. Teilweise versteht ihr mich schon; ich hoffe, ihr werdet es noch ganz und gar tun. Aber Paulus legt sofort noch mehr in diesen Ausdruck hinein. Er blickt wirklich bei diesen ganzen Fragen auf das **„Ende"** und wünscht, daß auch die Korinther dorthin sehen und von dorther urteilen. Dieses **„Ende"** aber ist **„der Tag unseres Herrn Jesus"**, der Tag, an welchem im Licht seines Angesichtes alles offenbar und klar sein wird. Dort gibt es auch zwischen der Gemeinde in Korinth und ihrem Apostel die ganze Klarheit[48]. Und was wird dann für die Gemeinde zu sehen sein? Allem Mißtrauen, aller Undankbarkeit, allen Verdächtigungen gegenüber wird die Tatsache gelten, **„daß wir euer Ruhm sind, ebenso wie auch ihr der unsere, an dem Tage unseres Herrn Jesus."** Jetzt klagen sie über ihren Apostel, nennen ihn undurchsichtig und unverständlich und meinen, sich vor ihm in acht nehmen zu müssen. Dann aber, wenn alles im Licht des Tages Jesu vor ihnen liegen wird, wird einzig das Danken für Paulus ihr Herz erfüllen und das Rühmen dessen, was er in der Gründung der Gemeinde und in der kampfreichen und schmerzvollen Sorge um ihr weiteres Wachstum für sie getan hat. Die ganze Selbstlosigkeit und Liebe im Herzen des Paulus zeigt sich an dieser Stelle darin, daß er nicht nur an seine eigene Rechtfertigung und an seine Anerkennung durch die Gemeinde denkt, sondern gerade jetzt den Korinthern zusichert, daß auch sie am Tage Jesu sein Ruhm sein werden. Alles, was die Gemeinde in Korinth ihm angetan hat, ist dann vergessen. Mit frohem Dank wird es Paulus vor Jesu Angesicht preisen, was diese Gemeinde für sein Leben und seinen Apostelдienst bedeutet hat. Paulus hat auch hier, wie in 1 Ko 4, 5, nicht drohend auf den alles enthüllenden Tag Jesu geblickt, sondern von diesem Tag die positive, frohe Lösung aller Nöte und Spannungen erwartet[49].

[48] Davon hatte Paulus bereits in seinem ersten Brief 4, 5 gesprochen. Der „Tag Jesu" war ihm auch dort die letzte Instanz, an die er appelliert, wie Paulus überhaupt ganz auf die neue Offenbarung Jesu und auf sein alles klärendes und vollendendes Wirken ausgerichtet lebte. Vgl. auch dazu 1 Ko 3, 11—15. Das Kommen Jesu gilt nicht zuerst der Welt und dem „Weltgericht", sondern der Gemeinde und ihrer Durchrichtung und Vollendung.

[49] Das echte eschatologische Denken, lenkt uns nicht von der Gegenwart ab, sondern wirkt als starke Hilfe befreiend in die Gegenwart hinein. Wir werden besser miteinander fertig, wenn wir uns im Geist in den Tag Jesu versetzen und uns dort vor Jesu Angesicht stehen sehen, einer der Ruhm und die Freude des andern.

DIE ORDNUNG DER REISEPLÄNE DES APOSTELS

2. Korinther 1, 15 — 2, 4

Zu Vers 15:
1 Ko 16, 5 f
Zu Vers 16:
1 Ko 16, 5 f
Zu Vers 17:
Mt 5, 37
Jak 5, 12
Zu Vers 18:
1 Ko 1, 9
10, 13
Zu Vers 19:
Apg 18, 5
1 Th 1, 1
Zu Vers 20:
1 Ko 14, 16
Offb 3, 14
Zu Vers 21:
1 Jo 2, 27
Zu Vers 22:
2 Ko 5, 5
Rö 8, 26
Eph 1, 13 f
Zu Vers 23:
2 Ko 12, 20 f
Rö 1, 9
Zu Vers 24:
2 Ko 4, 5
1 Ko 3, 9
15, 1 f
1 Pt 5, 3
1 Jo 1, 3 f

Kapitel 2
Zu Vers 1:
2 Ko 12, 21
1 Ko 4, 21
Zu Vers 3:
2 Ko 13, 10
Zu Vers 4:
2 Ko 7, 8
Apg 20, 31

15 Und in dieser Zuversicht wollte ich früher zu euch kommen, damit
16 ihr eine zweite Gnade erhieltet, * und durch euch hindurch nach
Makedonien weiterreisen, und noch einmal von Makedonien zu
euch kommen und von euch mich nach Judäa auf den Weg bringen
17 lassen. * Indem ich nun diesen Willen hegte, habe ich mich da etwa
der Leichtfertigkeit bedient? Oder was ich mir vornehme, nehme
ich das nach dem Fleisch vor, damit bei mir stehe das Ja Ja und das
18 Nein Nein? * Treu aber ist Gott, daß unser Wort, das an euch
19 [erging], nicht Ja und Nein ist. * Denn der Sohn Gottes, Christus
Jesus, der unter euch durch uns geheroldet worden ist, durch mich
und Silvanós und Timotheus, war nicht Ja und Nein, sondern das
20 Ja ist in ihm ergangen. * Denn wie viele Verheißungen Gottes [es
gibt], in ihm [ist] das Ja [dafür gegeben], darum entsteht auch
21 durch ihn das Amen Gott zur Verherrlichung durch uns. * Der aber
uns mit euch zusammen fest gründet auf Christus und uns ge-
22 salbt hat, ist Gott, * er, der uns auch versiegelt und als das Unter-
pfand den Geist in unsere Herzen gegeben hat.
23 Meinerseits aber rufe ich zum Zeugen Gott an gegen meine Seele,
daß ich aus Schonung für euch nicht mehr nach Korinth kam.
24 Nicht, daß wir Herren sind über euren Glauben, nein, Mithelfer
2, 1 sind wir eurer Freude; denn durch den Glauben steht ihr. * Ich
habe aber für mich das als recht erkannt, nicht noch einmal unter
2 Betrübnis zu euch zu kommen. * Denn wenn ich selber euch betrübe,
ja, wer ist dann, der mich erfreut, wenn nicht der, der von mir in
3 Betrübnis versetzt wird? * Und so schrieb ich denn eben dies, um
nicht bei meinem Kommen Betrübnis zu empfangen von seiten
derer, an welchen ich mich doch freuen sollte, in dem Vertrauen
4 zu euch allen, daß meine Freude die euer aller ist. * Denn aus viel
Bedrängnis und Beklemmung des Herzens schrieb ich euch unter
vielen Tränen, nicht damit ihr betrübt wurdet, sondern damit die
Liebe ihr erkenntet, die ich in besonderem Maße gerade zu euch
habe.

15/16 Vom Mißtrauen gegen seine Briefe hatte Paulus gesprochen. Es war dies ein umfassendes Mißtrauen, das die Lauterkeit und durchsichtige Verständlichkeit im Leben und Dienst des Apostels überhaupt anzweifelte[50]. Ein wesentlicher Punkt, der diesem Mißtrauen der Korinther Nahrung gab, waren befremdende Änderungen in den Besuchsplänen des Apostels. Zwar scheint Paulus jetzt einfach den in 1 Ko 16, 5—9 der Gemeinde mitgeteilten Reiseplan auszuführen und so, wie er es damals schrieb, nach Beendigung der Arbeit in Ephesus durch Makedonien hindurch auf dem Wege zu den Korinthern zu sein. In Wirklichkeit müssen aber dem 1 Ko Ereignisse gefolgt sein, die wir nicht im einzelnen kennen, die sich aber in unserm 2 Ko deutlich widerspiegeln. Paulus spricht von einem Besuch in Korinth, der schon **„früher"** als der jetzt bevorstehende erfolgen sollte. **„Und in dieser Zuversicht wollte ich früher zu euch kommen, damit ihr eine zweite Gnade erhieltet, und durch euch hindurch nach Makedonien weiterreisen, und noch einmal von Makedonien zu euch kommen und von euch mich nach Judäa auf den Weg bringen lassen."** Eine **„zweite Gnade"**, einen erneuten Besuch nach der Gründungsarbeit und nach einer gewissen Zeit der Bewährung hat Paulus allen seinen Gemeinden gegönnt[51]. Eine **„zweite Gnade"** nannte Paulus solchen Besuch, weil er davon durchdrungen war, daß Gottes Gnade durch ihn in der Gemeinde wirksam werde, so wie diese Gnade bei seinem ersten Kommen die Gemeinde ins Leben gerufen hatte. Also nicht etwa in seinem Besuch als solchem sah er eine „Gnade" oder „Freundlichkeit" auf seiner Seite[52]! Diese **„zweite Gnade"** war bereits in 1 Ko 16 den Korinthern versprochen. Daran hielt Paulus fest. Aber den Plan der Durchführung des zweiten Besuches hatte er nach Absendung des 1 Ko geändert. Der Besuch sollte nicht nur „früher" stattfinden, er sollte auch ganz anders verlaufen, als der im 1 Ko 16 angekündigte. Direkt von Ephesus aus zu Schiff wollte Paulus nach Korinth kommen, von Korinth aus dann in die makedonischen Gemeinden gehen und von ihnen noch einmal nach Korinth zurückkehren, um von Korinth aus die Reise nach Judäa zur Überbringung der großen Geldsammlung für die Urgemeinde in Jerusalem anzutreten.

[50] Es ist für uns, denen Paulus die selbstverständliche Autorität ist, ebenso schwierig wie doch zugleich nötig, aus unserm Brief (wie etwa auch aus dem Galaterbrief) zu sehen, in welchem Maße Paulus ein umstrittener und bis in die Tiefe seines Wesens verkannter Mann war.

[51] Vgl. Apg 15, 36. 41; 18, 23; so geschieht auch jetzt der Besuch der makedonischen Gemeinden. Vgl. Apg 20, 1.

[52] Andere Ausleger beziehen „charis" auf die Person des Paulus selbst und übersetzen: „einen zweiten Freundlichkeitserweis". Oder es wird „charis" als „Freude" gefaßt und auf die Korinther bezogen: „Damit ihr eine zweite (oder: neue) Freude erhieltet" (Menge). Aber warum soll hier das Wort „Gnade" nicht in seinem vollen Reichtum und Ernst stehen bleiben? Paulus blickt immer von sich selbst weg auf den Herrn. Vgl. wie in 8, 1 ff auch die willige Sammlung in den makedonischen Gemeinden eine „Gnade" genannt wird.

In 1 Ko 16, 7 ist von seiner Reise nach Jerusalem noch nicht bestimmt die Rede. In 16, 4 ist sie nur als möglich bezeichnet, während die Überbringung der Sammlung zunächst durch Brüder mit entsprechenden Briefen in Aussicht genommen war. Jetzt aber steht die Reise nach Judäa fest. Die Korinther sollen ihn dorthin **„geleiten"**, das heißt aber auch für die Reise ausrüsten und **„auf den Weg bringen"**[53].

Dieses ganze „Wollen" war nicht im Herzen des Paulus verborgen geblieben. Er muß es den Korinthern als seinen Plan mitgeteilt haben. Denn wenn sie gar nichts davon gewußt hätten, müßte er sich jetzt nicht vor ihnen verteidigen. Wann hat Paulus der Gemeinde in Korinth diesen doppelten Besuch versprochen? Wir wissen es nicht mit Sicherheit, weil wir über die Ereignisse, die zwischen dem 1 und 2 Ko liegen, nur kurze Andeutungen hören[54]. Wahrscheinlich ist es bei dem „Zwischenbesuch" geschehen, auf den Paulus Kap. 2, 1 anspielt. Dieser Besuch war in „Betrübnis" erfolgt, auf ungute Nachrichten hin. Er hatte nur kurz sein können, weil der Apostel schnell wieder in Ephesus sein wollte bzw. sein mußte. Zu einer Klärung und vollen Verständigung hatte die kurze Zeit nicht ausgereicht. Darum versprach Paulus der Gemeinde beim Abschied einen ausgiebigen dritten Besuch, der zu einem doppelten Verweilen bei den Korinthern führen sollte. Der Apostel wollte gründlich Zeit für die notvolle Gemeinde mit allen ihren Fragen und Schwierigkeiten haben. Dann aber muß jenes Ereignis eingetreten sein, von dem Paulus in Kap. 2, 5—11 und 7, 11—13 spricht. Ehe hier nicht eine klare Bereinigung durch die Gemeinde geschehen war, wollte und konnte der Apostel nicht nach Korinth kommen. So änderte er seinen Plan. Er fuhr nicht direkt von Ephesus nach Korinth, sondern sandte Titus mit einem ernsten Brief — nach Kap. 2, 4 der „Tränenbrief" genannt — zu der Gemeinde, wartete auf das Ergebnis seiner Forderungen und ging, seinem früheren Plan gemäß, nach dem Abschluß der Arbeit in Ephesus über Troas nach Makedonien.

17 Nun warfen die Korinther aus ihrem ganzen Mißtrauen heraus dem Apostel **„Leichtfertigkeit"** in seinen Versprechungen und im Abändern seiner Pläne vor. **„Indem ich nun diesen Willen hegte, habe ich mich da etwa der Leichtfertigkeit bedient?"** Paulus geht auf diese Frage nicht ein. Er hält es nicht für wert, sich überhaupt mit ihr auseinanderzusetzen. Ein Mann auf solchen Leidens- und Sterbenswegen ist nicht **„leichtfertig"**.

[53] Vgl. zu dem Ausdruck „geleiten" (Rö 15, 24) mit der Erklärung in der W. Stb. — Paulus „erhofft" von ihnen die „Weiterleitung", die eine Ausstattung mit Empfehlungsschreiben und materiellen Mitteln, aber auch ein geistliches „Geleit" unter Fürbitte und Segen und gegebenenfalls auch mit einem Stück tatsächlicher Wegbegleitung (vgl. Apg 20, 4; 21, 5; 21, 16) darstellt (a. a. O. S. 343).

[54] Vgl. dazu die „Einleitung" S. 12.

Weit ernster ist ein anderer Vorwurf, der ihm von den Korinthern gemacht wird, der Vorwurf ichhafter Eigenmächtigkeit und Selbstherrlichkeit. **„Oder was ich mir vornehme, nehme ich das nach dem Fleisch vor, damit bei mir stehe das Ja Ja und das Nein Nein?"** Nicht Doppelzüngigkeit traut man Paulus zu, die ihn „Ja" und „Nein" gleichzeitig sagen und von vornherein ein „Nein" hinter einem „Ja" verstecken läßt. In diesem Falle hätte Paulus ein „und zugleich" zwischen dem Ja Ja und dem Nein Nein betont hervorheben müssen, was er aber nicht tut. Betont ist vielmehr das vorangestellte **„damit bei mir stehe"**. Zu dem Wunsch der Korinther zu einem längeren Besuch bei ihnen, hat er erst sein Ja gesagt und hat dann willkürlich und herrisch das Nein einer Absage daraus gemacht. Das gab den Korinthern den Eindruck, Paulus wolle **„nach dem Fleisch[55]"**, nach seinem eigenen, jeweiligen Interesse, seine Pläne aufstellen und wieder umwerfen. Er will über das Ja wie das Nein eigenmächtig verfügen. Gerade aktive, einsatzfreudige Menschen in führenden Stellungen können teils aus sachlichen Notwendigkeiten und doch zugleich aus dem eigenen Temperament heraus zu dieser herrischen Art kommen, die alle Entschlüsse mit ihrem Ja oder Nein in der eigenen Hand behalten will. War es am Ende auch bei Paulus so? Bei diesem Verständnis des Satzes erklärt sich auch besonders gut die Verdoppelung des Ja und des Nein. Wenn Paulus das Ja will, dann soll es Ja sein, und wenn sein Eigenwille auf einmal das Nein an die Stelle des Ja setzt, dann muß es ohne Rücksicht auf die andern — in diesem Fall ohne Rücksicht auf die Gemeinde in Korinth — Nein heißen. Es wird deutlich, warum Paulus gleich am Beginn der ganzen Auseinandersetzung so betont und umfassend versicherte, daß er „nicht in fleischlicher Weisheit, sondern in der Gnade Gottes" seinen Wandel führte „in der Welt, ganz besonders euch gegenüber" (1, 12). Den Vorwurf „fleischlichen" Verhaltens machte man ihm offenbar vielfach in Korinth, wie 10, 2 zeigt.

Was kann Paulus hier antworten? Soll er Versicherungen über sich 18
selbst angeben? Das widerstrebt ihm und würde auch bei seinen Gegnern in Korinth nicht helfen. So beruft er sich auf den Gott, dessen bevollmächtigter und total abhängiger Bote er ist. Er hat schon in V. 12 gesagt, daß Gottes Gnade sein ganzes Verhalten bestimmt. So richtet er auch jetzt den Blick der Korinther von seiner Person weg auf Gott und auf Gottes Treue und Gnade. **„Treu aber ist Gott, daß unser Wort, das an euch [erging], nicht Ja und Nein ist."** Bei Gott ist ganze, unverbrüchliche Treue, auf die man sich verlassen kann. Dar-

[55] Zu dem Wort „Fleisch" vgl. den Artikel im „Theologischen Begriffslexikon" und im „Lexikon zur Bibel". Auch Anm. 121 in der Auslegung des Römerbriefes in der W. Stb. wäre heranzuziehen.

um ist aber auch die Botschaft, die Paulus nach Korinth brachte und die die Grundlage seines ganzen Umgangs mit der Gemeinde ist, nicht unzuverlässig bald ein Ja, bald ein Nein. Und nun macht es Paulus hier so. Wie er es in seinen Briefen gern tut, daß er von dem vorliegenden Einzelfall auf die ganze, große Linie der Offenbarung Gottes sieht und von daher seine Haltung im konkreten Einzelfall begründet. Die mächtigen „dogmatischen" Ausführungen in den Briefen des Apostels entspringen nirgends einem rein theologisch-lehrhaften Interesse. Von bestimmten praktischen Problemen her wird er zu ihnen geführt und läßt sie darum auch sofort wieder in praktische An-
19 weisungen einmünden[56]. So ist es auch hier. Seine „Willkür", die beliebig Ja oder Nein sagt, wird von den Korinthern getadelt. Da steht das ganze Evangelium vor dem Geist des Apostels, das er verkündigt, in dem er lebt, das seinen ganzen Umgang in den Gemeinden bestimmt und das kein abwechselndes Ja und Nein kennt. **„Denn der Sohn Gottes, Christus Jesus, der unter euch durch uns geheroldet worden ist, durch mich und Silvanós und Timotheus, war nicht Ja und Nein, sondern das Ja ist in ihm ergangen."** Beherrschend ist nicht Paulus, beherrschend und entscheidend ist allein der Sohn Gottes, Jesus Christus. Dieser Jesus ist in Korinth **„geheroldet worden"**, also öffentlich und mit Anspruch auf Gehör und Gehorsam aller bezeugt
20 worden[57]. Nicht von Paulus allein. An dieser Stelle ist das **„durch uns"** wörtlich gemeint. Paulus erläutert es sofort mit **„durch mich und Silvanós und Timotheus"**. Bei der Gründung der Gemeinde war „Mannschaftsarbeit" geschehen, wie es auch in Apg 17, 14—16; 18, 5 angedeutet ist. Dabei bleibt Paulus der erste in der Reihe und der maßgebende Mann[58]. Silvanós, vielfach auch in verkürzter Namensform „Silas" genannt, ist ein Christ aus Jerusalem, der den Beschluß des „Apostelkonzils" nach Antiochien brachte und dann an Stelle des Barnabas mit Paulus auf die zweite Missionsreise (vgl. Apg 15, 27. 40) ging. Timotheus als der Jüngere, ist an letzter Stelle genannt. Bei allen dreien aber ging es nicht um sie selbst, sondern um Jesus als den Inhalt der Heroldsbotschaft. In ihm hat Gott das ganze Ja seiner

[56] Ein klassisches Beispiel ist Phil 2, 5—11 zwischen Kap. 2, 3—4 und 2, 12. Aber auch die gewaltigen Sätze über die Auferstehung Jesu und über die alles vollendenden Ereignisse der Heilsgeschichte in 1 Ko 15 sind nicht eine „dogmatische Vorlesung", sondern wenden sich gegen ganz persönliche Entstellungen des Glaubenslebens und mahnen zum kühnen Einsatz für das Werk des Herrn.

[57] Die Wiedergabe des Wortes mit „predigen" ist nicht glücklich und erweckt von unserer heutigen „Predigt" her falsche Vorstellungen. Das NT spricht entweder vom „Evangelisieren", oder es hat das Bild des kaiserlichen „Herolds" vor Augen, der im höchsten Auftrag öffentlich Mitteilungen macht, die jeden Bürger des Reiches angehen.

[58] Mannschaftsarbeit bedeutet keine Gleichmacherei, sondern läßt jedem Mitarbeiter nach Alter, Erfahrung und Gabe seinen Platz im gemeinsamen Dienst.

rettenden Gnade zu den Menschen gesprochen. Paulus betont es: Christus Jesus „war nicht Ja und Nein". Wir müssen nicht fürchten, neben dem Ja oder anstelle des Ja unversehens auf ein Nein zu stoßen. Das ist mit voller Gewißheit so, weil in der Sendung Jesu das bleibende Nein Gottes zur Sünde und das Ja Gottes zum Sünder gleichzeitig aufgenommen und im Kreuzgericht voll erfüllt ist. Nun kann der heilige Gott das „Unmögliche" tun und zu dem Sünder sein ganzes „Ja" sprechen. Allerdings einzig und allein in Christus Jesus kann er es tun. Außerhalb von Christus Jesus herrscht jenes „Nein", das uns alle zu „Kindern des Zornes von Natur" macht (Eph 2, 3), auch wenn Gott im Bereich seiner Schöpfung manches freundliche Ja zu uns spricht (vgl. Apg 14, 17). Jesus aber ist in seiner Person das große Ja, das Gott zu uns sagt. Das **„Ja ist in ihm ergangen".** Ich darf es befreiend wissen: Gott sagt Ja zu mir, der ich so viel „Nein" von andern hören und auch selber so viel „Nein" zu mir sagen muß[59].

Dadurch kamen in Jesus alle Verheißungen Gottes, die Gott von 1 Mo 3, 15 an gegeben hatte, zum gültigen Vollzug und zu ihrer herrlichen Erfüllung. **„Denn wie viele Verheißungen Gottes [es gibt], in ihm [ist] das Ja [dafür gegeben]."** So sehr steht „der Sohn" im Mittelpunkt alles göttlichen Handelns, daß Gott ausnahmslos alle seine Verheißungen — **„wie viele Verheißungen Gottes[60] es gibt"** — allein in Jesus erfüllt[61]. Sie sind also alle von vornherein auf Jesus bezogen. Gott hatte den geliebten Sohn und sein ganzes Werk vor Augen, als er diese Verheißungen gab. Das ermächtigt, ja verpflichtet uns, die atst Verheißungen Gottes — unbeschadet ihrer geschichtlichen Vorerfüllung — auf das Werk Jesu hin zu lesen und zu verstehen. Soweit sie aber noch nicht erfüllt sind, haben wir allein von Jesus ihre noch kommende Verwirklichung zu erwarten. Es wird ja

[59] Das haben wir in Verkündigung und Seelsorge noch viel zu wenig ausgenützt! Die moderne Psychologie hat uns gezeigt, wie alle „Hemmungen", alle „Minderwertigkeitskomplexe" mit ihren tiefgreifenden Störungen des Lebens aus dem „Nein" kommen, das der Mensch als Kind schmerzlich erfährt. Die frühkindliche Erfahrung wird immer neu bestätigt gesehen in dem mannigfachen „Nein", das dem Menschen in dieser von Angst, Mißtrauen und Ichanspruch beherrschten Welt begegnet. Wie befreiend und ermutigend ist es dann für ihn, wenn ein festes, ausdauerndes Ja zu ihm gesagt wird. Alles Ja, das wir zu Menschen — gerade auch zu „schwierigen Menschen" — sagen können, wurzelt in Gottes großem Ja, das in Christus Jesus unergründlich in seiner ganzen Wirklichkeit vor uns steht. „Gott sagt Ja zu Dir!" Das sollte viel öfter — unmittelbar oder mittelbar — unser Thema in Verkündigung und Seelsorge sein.

[60] Spurgeon hat uns in seinen 366 „Kleinoden göttlicher Verheißungen" einen Blick in die Fülle der Zusagen Gottes gegeben.

[61] Es wird daran deutlich, wie unmöglich es ist, „an Gott zu glauben" und Jesus abzulehnen.

tatsächlich ein großer Teil der prophetischen Weissagungen erst durch den wiederkommenden Herrn endgültig erfüllt werden.

Die Botschaft von Jesus war auch in Korinth nicht unwirksam geblieben. Menschen in Korinth, Juden und Griechen, kamen zum Glauben und sprachen damit das Amen[62] zu Gottes Ruf und Angebot. **„Darum entsteht auch durch ihn das Amen Gott zur Verherrlichung durch uns."** An der Formung dieses Satzes wird sehr deutlich, wie Paulus auch als Evangelist nicht bei dem Gläubigwerden von Menschen stehen bleibt. Gewiß will Jesus mit ganzem Ernst die Errettung von Menschen durch die glaubende Annahme der Botschaft. Aber gerade Jesus, der Sohn, hat in seinem ganzen Leben und Handeln als letztes Ziel die Ehre und Verherrlichung des Vaters vor Augen[63]. Darum lebt auch in seinem Boten Paulus das „theozentrische Denken", auf das wir schon in V. 11 trafen. Wo zu der Botschaft Amen gesagt wird, da werden nicht nur Menschen errettet, da wird vor allem Gott geehrt und verherrlicht. Das ist für Paulus der höchste Erfolg seines Wirkens, daß erlöste Menschen Gott preisen. Dient die Gemeinde in Korinth der Verherrlichung Gottes oder schwächt sie diese durch ihre Spaltungen und Streitigkeiten? Paulus denkt dabei auch an Nöte, die die Gemeinde ihm selber bereitet. Darum weist er mit einem betont angefügten **„durch uns"** die Gemeinde darauf hin, daß ihr Apostel mit seinen Mitarbeitern in dieses ganze Geschehen unlöslich hineingehört und darum von der Gemeinde nicht mißachtet werden kann. Sein Wirken in Korinth dient der Verherrlichung Gottes. Das muß eine „Gemeinde Gottes" anerkennen!

Aber wieso ist dies alles die Antwort auf die in Korinth gegen Paulus erhobenen Vorwürfe? Die Korinther stehen doch eben tatsächlich nicht vor einem Ja, sondern vor einem Nein des Paulus. Er ist nicht, wie versprochen, nach Korinth gekommen. Was helfen da seine Ausführungen über Gottes ganzes Ja in Jesus? Die Korinther dürfen des vollen Ja gewiß sein, das Paulus, der Bote dieses großen göttlichen Ja, nach wie vor zu ihnen sagt, auch wenn er gerade aus Gründen seiner Liebe zu ihnen seinen Besuch aufschieben mußte. Er stellt auch jetzt nicht ein eigenmächtiges Nein an die Stelle seines früheren Ja. Sein Nein, so weit er es sprechen mußte, ist nur ein vorläufiges, durch die Korinther selbst verursachtes, das von seinem ganzen Ja zu ihnen umschlossen und getragen bleibt.

[62] Das Wort müßte als Amén ausgesprochen werden. Es ist abgeleitet vom hebr Wortstamm „aman = fest sein, gültig sein" und erklärt, wenn es gesagt wird, eine Verheißung Gottes oder auch ein Gebet zu Gott für gültig und gewiß. Vgl. auch 1 Ko 14, 16.

[63] Vgl. dazu W. de Boor „Das ist Jesus" S. 16 ff und die Auslegung von Jo 14, 31 in der W. Stb. Bd. II.

Die Gründe für den Aufschub seines Besuches wird er ihnen sofort 21
in 1,23 — 2,4 nennen. Jetzt liegt ihm daran, die feste Gültigkeit seines Ja zu den Korinthern und die unverbrüchliche Verbundenheit mit ihnen noch einmal deutlich zu machen und dies wiederum mit dem Blick auf Gott. Apostel und Gemeinde gehören untrennbar zusammen, weil sie das gleiche Lebensfundament in Christus haben. **„Der aber uns mit euch zusammen fest gründet auf Christus und uns gesalbt hat, ist Gott."** Paulus und seine Mitarbeiter sind **„fest auf Christus gegründet"**[64]; aber die Korinther sind es auch, trotz alles dessen, was in Korinth notvoll und verkehrt ist. Denn diese Gründung auf Christus wird von Gott immer neu gewirkt und ist nicht eine Leistung menschlicher Entschlüsse und eigener Willenskraft. Wäre sie dies, dann müßte man ihrer Festigkeit und Dauer freilich mißtrauen und sich darum auch gegenseitig mit ständigem Argwohn anschauen. Wenn es aber Gott mit seinem göttlichen Ja ist, der Apostel und Gemeinde zusammen auf Christus gründet, dann ist bei allen Schwierigkeiten und Spannungen in ihrem gegenseitigen Verhältnis ein fester Grund gelegt, der beide miteinander trägt[65].

Gott gibt uns aber nicht nur gemeinsam den festen Stand, er hat uns auch **„gesalbt"**. Die Hörer des Briefes wurden bei diesem Wort an „den Gesalbten" an den „Christus" erinnert. Als der „Gesalbte" hat Jesus die prophetische, priesterliche und königliche Vollmacht von Gott empfangen. An ihr erhält jeder Anteil, der zu Jesus gehört. Die „Heiligen" sind auch **„Gesalbte"**. Wenn Paulus schreibt, daß Gott **„uns"** gesalbt hat, wird er mit dem „uns" nicht nur an sich und seine Mitarbeiter denken; das **„uns mit euch"** wird den ganzen Satz bis zum Schluß bestimmen. Paulus wird bei der „Salbung" entsprechend 1 Jo 2, 20. 27 wesentlich an den Empfang des Geistes und an die Ausrüstung mit Geisteskraft gedacht haben[66].

Wenn Paulus fortfährt: **„Er, der uns auch versiegelt und als das** 22
Unterpfand den Geist in unsere Herzen gegeben hat", muß er mit diesen Worten nicht einen neuen Tatbestand meinen, der über das

[64] Nicht zufällig steht hier die Gegenwartsform „der uns fest gründet". Wohl wird der Apostel auf das zurückblicken, was er in 1 Ko 1, 6 trotz aller Nöte in Korinth dankbar aussprach: das Zeugnis von Christus wurde „befestigt" in der Gemeinde. Aber unsere Gründung auf Christus geschieht nicht ein für allemal bei unserer Bekehrung, sondern ist ein dauerndes Handeln Gottes an uns durch alle Krisen und Anfechtungen hindurch. Dagegen die „Salbung" und die „Versiegelung mit dem Heiligen Geist" ist ein besonderer Vorgang, der geschah, als wir zum Glauben kamen (vgl. Eph. 1, 13).

[65] Vgl. dazu auch 1 Ko 2, 5. Damit ist auch uns der feste Grund gezeigt, auf dem wir bei Spannungen unter uns stehen können. Wissen wir voneinander das, was V. 21 sagt, dann bleiben wir in den Meinungsverschiedenheiten und schmerzlichen Kämpfen doch unerschütterlich im gleichen Grund geeint.

[66] Vgl. den Artikel „Salbung" im „Lexikon zur Bibel".

„Salben mit dem Geist" hinausgeht! Diese Geistessalbung wird vielmehr unter zwei neuen Gesichtspunkten gesehen. Der Geist ist das klare und deutliche **„Siegel"**, das uns als Eigentum Gottes ausweist und unverletzlich macht[67]. Dieses „Siegel" ist uns freilich nicht äußerlich aufgedrückt oder angehängt. Es ist eine lebendige, unser ganzes Leben und Wesen durchdringende und bestimmende Wirklichkeit, die uns als „Heilige", als Gott gehörende Menschen kenntlich macht. So hat es der Apostel auch in Rö 8, 14—16; Gal 4, 6 f und Eph 1, 13 bezeugt, auch wenn er nur an der letzten Stelle den Ausdruck **„versiegeln"** verwendet[68]. Versiegelt ist damit aber auch die wesenhafte Zusammengehörigkeit der Gemeinde mit ihrem Apostel. Gottes Siegel schützt diese Zusammengehörigkeit, auch wenn sie stärksten Zerreißproben ausgesetzt ist.

Mit dem Heiligen Geist kommt die Wirklichkeit göttlichen Lebens in unser Herz. Freilich, jetzt noch nicht so, wie es in unserer völligen Umwandlung einmal geschehen wird, wenn Gottes Geist uns bis in unsere neue Leiblichkeit hinein bestimmen und gestalten wird (Rö 8, 11; 1 Ko 15, 42—55). Aber eine „Anzahlung" darauf haben wir jetzt schon bekommen, die uns als **„Unterpfand"** die kommende Vollendung verbürgt. Daran lag Paulus immer wieder sehr viel, den Gemeinden in aller Nüchternheit klar zu machen, daß das neue Leben uns jetzt nur in begrenztem Maße zuteil wird. Wir sind einem heißen Warten und Hoffen nicht entnommen und seufzen darum mit der ganzen Schöpfung (Rö 8, 23—25). Zugleich ist dieses Warten aber kein ungewisses, menschliches Hoffen. Gott gibt den Geist **„als das Unterpfand"** (Eph 1, 13) und **„versiegelt uns"** damit „auf den Tag der Erlösung" (Eph 4, 30). Denn der Geist Gottes ist das wesentliche Lebenselement der neuen Schöpfung; in ihm „schmecken wir die Kräfte der zukünftigen Welt" (Hbr 6, 5). Wir spielen nicht mit haltlosen Träumen, sondern kennen bereits in einer „ersten Garbe" die wunderbare Ernte, der wir entgegengehen.

23 Aber wenn Paulus den Korinthern so mit dem ganzen Ja verbunden ist und bleibt, warum kam er dann nicht nach Korinth, wie er es versprochen hatte? **„Meinerseits aber rufe ich zum Zeugen Gott an gegen meine Seele, daß ich aus Schonung für euch nicht mehr nach Korinth**

67 Wir haben eine Fülle von Funden solcher „Königssiegel", die etwa an Kornsäcken oder Weinkrügen angebracht wurden und diese als königliches Eigentum kennzeichneten. Wehe dem, der sich daran vergreifen wollte! Der Besitz des Heiligen Geistes ist also nicht eine Sondergabe für besonders herausgehobene Christen, sondern das unentbehrliche Siegel, das jeder wirkliche Christ besitzen muß. Um diese „Salbung" und „Versiegelung" kann man auch nicht immerfort nur bitten; man muß sie dauernd haben. Gott „hat" uns versiegelt.

68 Vgl. dazu den Artikel „Siegel" im „Lexikon zur Bibel".

kam." Aus Schonung für euch kam ich nicht! So sehr war der Aufschub seines Besuches kein eigenwilliges Nein des Apostels, sondern erwuchs gerade aus seinem grundlegenden Ja zu ihnen. Paulus weiß, wie schwer es ihm die Korinther glauben, die in seinem Verhalten Ichhaftigkeit und Eigenmächtigkeit sehen. Darum stellt er seine Aussage hier unter einen Eid[69]. Er ruft **„zum Zeugen Gott an gegen seine Seele"**, gegen sein Leben. D. h. Gott soll ihn tödlich treffen und strafen, wenn er jetzt den Korinthern nicht die ganze Wahrheit sagt. Paulus spürt zugleich den erregten Widerspruch, der sich in Korinth erhebt, gerade wenn seine Aussage wahr ist. **„Schonen"** wolltest du uns? Welche Rolle maßest du dir damit an. Du bist doch nicht unser „Herr", vor dem wir zittern und für dessen „Schonung" wir dankbar
sein müßten! Nein, erwidert Paulus, **„Herren"** über euch als „Glau- 24
bende" sind wir nicht. **„Nicht, daß wir Herren sind über euren Glauben, nein, Mithelfer sind wir eurer Freude; denn durch den Glauben steht ihr."** Der Glaube ist Gottes Wirkung und Gabe; darauf hat Paulus eben selber hingewiesen. Wirksame Verkündigung führt den Menschen zu Jesus und gibt ihm in Jesus den neuen „Herrn" seines Lebens. Wie könnte sich dann ein Mensch, und sei es auch ein „Apostel" zum **„Herrn über den Glauben"** dieses Menschen aufwerfen wollen. Das wäre Antastung der Stellung, die nur „dem Herrn" gebührt[70]. Wenn Paulus es aber weit von sich weist, als „Herr" vor den Korinthern zu stehen, was ist er dann für sie? Wieder kommt Paulus von der Situation des Augenblickes her zu einer wunderbaren, umfassenden Aussage. Apostel, Missionare, Evangelisten, Prediger, Seelsorger — was sind sie? Nicht „Herren" über das Innerste von Menschen, über ihren Glauben. Sie sind überhaupt nicht **„Herren"**, sondern **„Mithelfer"**. Und wozu? Wir sind **„Mithelfer eurer Freude"**. Dazu ist der ganze Dienst der Boten Jesu da, daß Menschen zur Freude kommen! So ernst wird im NT die „Freude" genommen, so wesentlich ist sie im Christsein, daß sie geradezu als das Ziel aller Bemühungen um Menschen genannt werden kann. Das „Evangelium" ist in vollem Ernst eine „frohe" und „gute" Botschaft, ein erlösendes

[69] Es wird an dieser Stelle deutlich, wie die Worte und Weisungen Jesu nicht gesetzlich verstanden und angewendet wurden. Mt 5, 33—37 hindert den Apostel Jesu Christi nicht, in besondern Stunden den Eid als Hilfe in Anspruch zu nehmen und nicht bei dem „Zeugnis seines Gewissens" **stehen zu bleiben.**

[70] Für diese „Freiheit" der Glaubenden hat Paulus gekämpft, vor allem in den galatischen Gemeinden (Gal 5, 1), aber auch in Korinth gegen die neuen Lehrer, die sich zu „Herren" der Gemeinde machen wollten (11, 20). Diese „Freiheit" von Menschen in der alleinigen Herrschaft Jesu ist in der Gemeinde immer wieder gegen falsche Herrschaftsansprüche von Menschen zu wahren.

und unerhört reich beschenkendes Wort, das darum froh macht[71]. Mußte diese Kennzeichnung apostolischen Wirkens nicht lösend und befreiend hineinklingen in alle Verkrampfungen und Spannungen in Korinth? Paulus will nur eines: ihre helle, freie Freude, die sie jetzt in Streit, Mißtrauen und Bitterkeit verloren haben. Die neuen Lehrer versprachen den Korinthern, sie auf die Höhe vollkommenen Christentums zu führen; aber die Freude haben sie ihnen weggenommen. **„Mithelfer ihrer Freude"** waren sie jedenfalls nicht. Paulus aber ist es.

„Herr" über den Glauben anderer können wir gar nicht sein; es widerspricht dem Wesen des „Glaubens". Paulus spricht es auch den Korinthern ausdrücklich zu: **„Denn durch den Glauben steht ihr".** Wirklicher Glaube an Gott in Christus gibt Menschen den festen klaren Stand und die Festigkeit des Bestehens in allen Kämpfen, Leiden und Nöten des Lebens[72]. Aber kann Paulus das denn noch den Korinthern zubilligen, deren ganze Not und Zerrissenheit und Verkehrtheit vor ihm liegt? Er wird die Korinther freilich am Schluß des Briefes auffordern zu prüfen, ob sie noch im Glauben stehen (13, 5). Und er hat sie bereits im ersten Brief (3, 1—3) als kindisch und fleischlich bezeichnet. Aber es ist dennoch ein Kennzeichen des ganzen Briefes von seinen ersten Worten an, daß Paulus trotz allem daran festhält: die Korinther sind „Gemeinde Gottes", sie sind der Ausweis seines Apostelamtes (3, 1—3), sie sind mit Gott Versöhnte, sie sind „Glaubende" und **„stehen durch den Glauben"**[73].

1 Aber diese Zuversicht des Apostels ist kein billiger Trost, der die ganze Not in Korinth zu leicht nimmt. Paulus sieht die Lage in Korinth in aller Klarheit. In der Gemeinde ist Sünde und Unrecht geschehen, und die Gemeinde hat das geduldet und die Umkehr verweigert. Paulus hat schon im ersten Brief fragen müssen: Was wollt ihr? Soll ich mit der Rute zu euch kommen oder mit Liebe und „sanftmütigem Geist" (1 Ko 4, 21)? Wer mit der „Rute" kommt, kann nicht „Mithelfer der Freude" sein. Da gibt es statt Freude viel mehr „Betrübnis". „Unter Betrübnis" war der Apostel zu seinem kurzen „Zwischenbesuch" nach Korinth gekommen. Nach seiner Rückkehr von dort war jener böse Zwischenfall geschehen, von dem Paulus gleich

[71] Darum ist bei jeder Erweckung in aller Welt das jubelnde Lied ein wesentliches Kennzeichen. Wo die Verkündigung nicht zur Freude führt, ist sie nicht volles Evangelium. Daß der Zugang zu dieser „Freude des Heiligen Geistes" (1 Th 1, 6) durch schmerzhafte Selbsterkenntnis und inneren Zusammenbruch geht, gibt der Freude ihre Tiefe.

[72] Diesem Tatbestand wird zu allen Zeiten widersprochen; „Glauben" gilt als unreif, unselbständig, sklavisch. Theoretisch läßt sich darüber nicht streiten. Man muß es selber erfahren, was es um das „Stehen durch den Glauben" ist.

[73] Es ist auch in unserer Seelsorge unter Umständen eine entscheidende Hilfe für Glaubende, die von ihren Schwierigkeiten und ihrem Versagen angefochten sind, wenn wir es ihnen in dieser Weise zusprechen, daß sie dennoch „durch den Glauben stehen".

sprechen wird. Wenn er danach, seinem Plan gemäß, direkt von Ephesus nach Korinth gekommen wäre, dann wäre sein Besuch noch ganz anders „unter Betrübnis" geschehen und hätte in Korinth zu härtesten Auseinandersetzungen und schmerzlichen Vorgängen geführt. Das aber hatte Paulus „aus Schonung für sie" nicht gewollt. So kann er im Rückblick auf die abermalige Änderung seines Reiseplanes schreiben: **„Ich habe aber für mich das als recht erkannt, nicht noch einmal unter Betrübnis zu euch zu kommen."**

Die deutsche Wiedergabe dieses Satzes ist nicht ganz einfach, weil sie zugleich ein Stück „Auslegung" ist. Menge übersetzt: „Ich habe aus Rücksicht auf mich selbst diesen Beschluß gefaßt". Wollte der Apostel nicht nur die Korinther, sondern auch sich selbst „schonen"? Aber das Wort „Rücksicht auf mich selbst" steht so nicht im Text. Und das Wort, das wir freilich mit „sich entschließen, einen Beschluß fassen" übersetzen können, hat doch den Sinn eines „Urteils" in sich; es handelt sich um einen Beschluß von einem berechtigten Urteil aus. So haben wir die Übersetzung vorgezogen: „Ich habe für mich als recht erkannt."

Freilich denkt Paulus bei der „Betrübnis", die er nicht über die 3
Korinther bringen wollte, auch an sich selbst! Das gehört gerade zu seiner echten Liebe zu der Gemeinde. Er kann nicht als kalter Richter in Korinth sein, dem es einerlei ist, wie die Gemeinde auf sein Handeln reagiert. Und er schämt sich nicht zu gestehen, daß auch er als Apostel die „Freude" ebenso dringend braucht wie die Gemeinde. **„Denn wenn ich selber euch betrübe, ja, wer ist dann, der mich erfreut, wenn nicht der, der von mir in Betrübnis versetzt wird?"** Ist er für die Gemeinde der „Mithelfer zur Freude", so sollte das umgekehrt auch die Gemeinde für die Boten sein, die an ihr arbeiten[74]. Darum sagte er damals seinen Besuch mit einem Brief ab, den Titus der Gemeinde zu überbringen hatte[75]. **„Und so schrieb ich denn eben dies, um nicht bei meinem Kommen Betrübnis zu empfangen von seiten derer, an welchen ich mich doch freuen sollte."** Das ist kein Widerspruch zu dem, was er von seiner „Schonung" für die Gemeinde sagte. Er traut es der Gemeinde zu, daß in ihr noch die Liebe lebt, die in so notvoller Situation nicht nur an die eigene Betrübnis denkt, sondern auch an die Rückwirkung ihrer Not auf ihren Apostel und Vater

[74] Auch „große Männer" stehen nicht in Überlegenheit über den andern. Auch sie brauchen den Bruder, brauchen „den, der sie erfreut". Das sollte in der Gemeinde nicht vergessen werden, da sie leicht von denen, die ihr dienen, fort und fort Freude empfangen will, ohne an das zu denken, was auch diese ihre Diener an Freude und Stärkung nötig haben.

[75] Dieser Brief war der dritte nach Korinth, von dem wir wissen, während unser 2 Ko dann der vierte dorthin ist.

(1 Ko 4, 15). Er schrieb seinen Absagebrief **„in dem Vertrauen zu euch allen, daß meine Freude die euer aller ist".** Echte Liebe traut auch den andern Liebe zu, trotz aller bitteren Erfahrungen, wie sie Paulus mit den Korinthern gemacht hatte und wie sie in unserm Brief immer von neuem sichtbar werden. Er wendet sich nicht enttäuscht und verbittert von den Korinthern ab. Er gibt sie nicht auf. „Meine Freude ist die von euch allen", so tief hält er die Verbundenheit der Gemeinde mit ihm fest. Der „Tränenbrief", der notwendig harte Forderungen an die Gemeinde stellen mußte, hat wohl gerade darum so mächtig in Korinth gewirkt (7, 7. 11), weil in ihm dieses Vertrauen, diese festhaltende Liebe des Apostels zu spüren war[76].

4 Wir kennen jenen Brief nicht, den Paulus damals der Gemeinde anstatt seines persönlichen Erscheinens sandte. Die Gemeinde hat ihn mit Recht nicht aufbewahrt, nachdem durch die geschehene Umkehr der Anlaß dieses Briefes beseitigt war. Aber eben diese gründliche Umkehr verlangte der Brief. Die Gemeinde mußte sehr bestimmte Schritte tun, mußte Gericht halten und Strafen vollstrecken. Erst wenn diese Bereinigung geschehen war, bei der es ohne tiefen Schmerz nicht abging, wollte Paulus die Gemeinde wiedersehen, damit es dann ein Besuch in Freude sein konnte. So war der damalige Brief hart und ernst. Er hatte die Gemeinde schwer getroffen und sollte das auch tun. Aber die Gemeinde muß das recht verstehen! Auch dieser Brief kam nicht von oben herab. **„Denn aus viel Bedrängnis und Beklemmung des Herzens schrieb ich euch unter vielen Tränen, nicht damit ihr betrübt wurdet, sondern damit die Liebe ihr erkenntet, die ich in besonderem Maße gerade zu euch habe."** Schon seine äußere Lage in Ephesus machte es Paulus unmöglich, als der Überlegene ein Strafgericht zu fordern. Er stand in **„viel Bedrängnis"!** Nicht umsonst hat er am Anfang seines Briefes von der überschweren Drangsal in der Asia gesprochen (1, 8—11). Dazu kam die **„Beklemmung des Herzens"** in der heißen Sorge um die Gemeinde in Korinth. Würde Sünde und Unrecht, verbunden mit Irrlehre und Entstellung des Evangeliums, in ihr siegen und die Gemeinde von Paulus trennen? Wäre alle Arbeit in Korinth, alles Wirken des Herrn dort umsonst gewesen? Paulus stand wahrlich der weiteren Entwicklung seiner Gemeinden nicht unbeteiligt und kühl gegenüber. „Nun leben wir, wenn ihr steht im Herrn", schreibt er den Thessalonichern (1 Th 3, 8). So ist entsprechend der Niedergang einer Gemeinde für ihn ein Sterben. Darum schreibt er den harten Brief **„unter vielen Tränen"**[77]. Das sollten die

[76] Für viele Situationen unseres Lebens miteinander, unseres Dienens aneinander ist uns hier ein lebendiges Vorbild gegeben.

[77] Von den Tränen des Apostels ist auch Phil 3, 18; Apg 20, 19; 20, 31 die Rede. Wenn ein leiderprobter, gegen sich selbst harter Mann weint, dann ist das erschütternd.

Korinther wissen: Er schämt sich dieser Tränen nicht. Sein Brief mußte die Korinther in Trauer versetzen. Das war auch die Absicht, mit der er geschrieben wurde. Nur eine mächtige Erschütterung der Gemeinde konnte ihr aus ihren Bindungen und Verkehrtheiten heraushelfen. Aber darum war auch die Betrübnis nicht als solche das Ziel seines Schreibens. Er wollte die Gemeinde nicht aus eigener Gereiztheit heraus verwunden, um dann an ihrem Kummer ein heimliches Wohlgefallen seines gekränkten Herzens zu haben. Er kann mit Wahrheit formulieren: **„Nicht damit ihr betrübt wurdet."** Diese „Betrübnis", so unvermeidlich sie war, war für Paulus nur das Mittel zur Befreiung und Zurechtbringung der Gemeinde, die dann den Apostel und die Gemeinde in neuer Freude verband. Paulus wird das in Kap. 7, 6—11 noch einmal ausführlicher darlegen. Jetzt hebt er nur hervor, daß die Gemeinde gerade an dem Ernst des Briefes und an den Tränen, mit denen er geschrieben wurde, die Liebe erkennen sollte, **„die ich in besonderem Maße gerade zu euch habe"**. Mit allen Gemeinden ist Paulus in „Agape", in geistgewirkter Liebe, nicht in menschlich-seelischer Sympathie, verbunden. Kann er den Korinthern wirklich sagen, daß er diese Liebe ihnen gegenüber **„in besonderem Maße"** besitzt? Wir müssen nicht nach rationalen Gründen dafür suchen. Es wird bei einem liebenden Menschen immer so sein, daß er bei einem Brief oder Gespräch in der herzlichen Aufgeschlossenheit für sein Gegenüber die Liebe zu ihm **„in besonderem Maße"** empfindet und darum auch einen solchen Satz sagen und schreiben kann, ohne unwahr zu sein. Er will nicht objektiv die Stärke seiner Liebe zu den verschiedenen Partnern abmessen. Darauf kommt echte Liebe überhaupt nicht. Der Liebende kann nur dem Ausdruck geben, was sein Herz in diesem Augenblick erfüllt. Und wenn der andere uns das Leben besonders schwer macht durch seine Art und sein Verhalten, dann werden wir uns im erneuten Durchbruch der Liebe zu ihm bewußt, daß wir ihn auch „besonders" lieben. Es ist die Erfahrung der Liebe: „Sorgenkinder", die viel Not machen, wachsen einem besonders ans Herz.

DIE BEHANDLUNG EINES SCHULDIGEN IN DER GEMEINDE ZU KORINTH

2. Korinther 2, 5—11

5 **Wenn aber jemand Betrübnis verursacht hat, so hat er nicht mich**
betrübt, sondern zum Teil — um nicht eine Last dazu aufzulegen
6 (oder: um nicht zu viel zu sagen) — **euch alle. * Genug ist für den**
Betreffenden diese Strafe, die von der Mehrzahl [ihm zuerkannt

Zu Vers 5:
1 Ko 5, 1
Gal 4, 12
Zu Vers 6:
2 Ko 7, 11

Zu Vers 7:
Kol 3, 13
Zu Vers 9:
2 Ko 7, 15
10, 6
Zu Vers 10:
Mt 10, 40 f
Jo 20, 23
Zu Vers 11:
Lk 22, 31
1 Pt 5, 8

7 ist], * so daß ihr im Gegenteil vielmehr vergeben und zusprechen
solltet, damit nicht irgendwie durch die übergroße Betrübnis der
8 Betreffende verschlungen wird. * Darum ermahne ich euch, euch
9 zu entscheiden gegen ihn für Liebe. * Zu dem Zweck hatte ich ja
auch geschrieben, um zu erfahren eure Bewährung, ob ihr in
10 jeder Hinsicht gehorsam seid. * Wem ihr aber etwas vergebt,
[dem] auch ich. Denn auch ich meinerseits, was ich vergeben habe,
wenn ich etwas vergeben habe, [habe es getan] um euretwillen
11 vor dem Angesicht des Christus, * damit wir nicht übervorteilt
werden vom Satan; denn dessen Gedanken verkennen wir nicht.

5 Von **„Betrübnis"** hat Paulus gesprochen und zwar von einer Betrübnis, die ihn und die Gemeinde in gleicher Weise betroffen hat und bei einem „früheren" Besuch des Apostels in noch stärkerem Maße betroffen hätte. Was konkret in der Zeit zwischen dem 1 und 2 Ko geschehen ist, erfahren wir nicht. Aber das hören wir jetzt doch, daß ein einzelner in der Gemeinde zu dieser **„Betrübnis"** besonders beigetragen hat. **„Wenn aber jemand Betrübnis verursacht hat, so hat er nicht mich betrübt, sondern zum Teil —** (oder: um nicht zu viel zu sagen) **— euch alle."** Wer dieser **„jemand"** war, der **„Betrübnis verursacht hat"**, kommt nicht zu unserer Kenntnis; Paulus nennt aus Schonung seinen Namen nicht[78]. Auch auf den Inhalt seiner betrübenden Tat geht Paulus nicht ein. Böses muß in seiner Häßlichkeit nicht immer neu beschrieben werden, wenn es mit Ernst gestraft und von dem Täter bereut ist (V. 6 u. 7).

An den Schuldigen von 1 Ko 5, 1—5 ist bei diesem **„Jemand"** nicht zu denken. Unmöglich kann Paulus den Mann, den er damals aus der Gemeinde ausgestoßen und dem Satan übergeben hat, jetzt wieder in der Gemeinde dulden und die Gemeinde sogar auffordern, ihm zu vergeben und zuzusprechen. Seine Sünde durch die Eheschließung mit seiner Stiefmutter war nicht gutzumachen. Man müßte im besten Fall eine lange und umständliche Geschichte konstruieren, um auch nur einigermaßen verständlich werden zu lassen, wie die Sätze in unserer Stelle auf den Mann von 1 Ko 5, 1—5 zutreffen könnten[79].

Nein, es muß in der Zwischenzeit, wahrscheinlich bald nach jenem kurzen Besuch des Paulus in Korinth, geschehen sein, was den Apostel

[78] In 1 Ko 5, 1—5 hat er aus Zorn und Abscheu den Namen des Übeltäters nicht genannt.

[79] Die Gemeinde müßte damals dem Urteil des Apostels widersprochen und den Mann nicht ausgeschlossen haben; der Schuldige aber müßte seine Sünde tief bereut und die Vergebung gesucht haben. Daraufhin hätte die Gemeinde eine andere Strafe für ihn festgesetzt. Und nun müßte sich Paulus unter Preisgabe seines damaligen Vorgehens mit diesem Urteil der Gemeinde einverstanden erklären, ja noch zu Milde und Liebe raten. Welch unwahrscheinliche Konstruktion, die im Text selber keinerlei Anhalt hat.

tief getroffen hat. Paulus rechnet aber damit, daß nicht nur er allein von dem Geschehen erschüttert ist, sondern daß es die ganze Gemeinde bewegt und bekümmert hat. Aus Kap. 7, 12 geht soviel hervor, daß ein einzelnes Gemeindeglied „Unrecht getan" hat und daß der, dem Unrecht angetan wurde, ebenfalls ein einzelner ist. Das kann aber nicht, wie wir zunächst denken mögen, der Apostel selbst gewesen sein. Paulus hat am Ende des Zwischenbesuches den Korinthern sein baldiges Wiederkommen versprochen, und er hat seinen Besuch dann erst in dem „Tränenbrief" aus Ephesus aufgrund dieses bösen Zwischenfalles abgesagt. Es kann also Paulus nicht in eigener Person in Korinth beleidigt worden sein. Wir werden das Betroffensein des Apostels am besten verstehen, wenn ein führender Mann des treu zu Paulus haltenden Gemeindeteiles von einem einzelnen Gegner schwer angegriffen worden ist, wobei beleidigende Worte gegen Paulus selbst gefallen sein werden. Dadurch war die Gefahr eines endgültigen Bruches zwischen Apostel und Gemeinde heraufbeschworen. Es lag Paulus dringend daran, daß dies nicht eine „Privatsache" zwischen zwei Männern in der Gemeinde blieb, sondern daß die Gemeinde als ganze darin den Angriff auf ihren Apostel sah, der sie als Gemeinde mitbetraf. Wenn er der Gemeinde zutraut, daß seine Freude ihrer aller Freude sei (V. 3), dann mußte er von dieser Einheit mit der Gemeinde auch verlangen, daß ein ihm angetaner Schimpf **„sie alle"** traf. Paulus fügt eine Einschränkung hinzu, die so knapp gefaßt ist, daß sie verschieden verstanden werden kann. Der Apostel will **„nicht eine Last dazu auflegen"**. Wem nicht? Denkt der Apostel an die Belastung, die der ganze Vorfall für die Gemeinde bedeutete? Will er diese Last nicht noch vergrößern? Oder denkt er an den Schuldigen, der inzwischen in **„übergroße Betrübnis"** zu geraten drohte (V. 7), und will er ihm nicht **„eine Last dazu auferlegen"?** Vielleicht hat aber das Wort **„eine Last dazu auferlegen"** eine abgeblaßte Bedeutung. Der Apostel will nicht **„zu viel sagen"** und nicht „übertreiben"; er will nicht behaupten, daß die ganze Gemeinde tief betrübt an jenes Vorkommnis denkt. Nur **„zum Teil"** sind **„alle"** betrübt worden. **„Zum Teil"** und **„alle"** kann dann ruhig in einem gewissen Widerspruch zueinander stehen, der die Undurchsichtigkeit der Lage widerspiegelt.

Paulus wird in dem Schreiben, das Titus überbrachte, von der Ge- 6
meinde die Bestrafung des Schuldigen als Vorbedingung eines Besuches in Korinth gefordert haben. Diese Bestrafung (7, 11) ist geschehen. Worin sie bestand, erfahren wir nicht. Aber Paulus kann versichern: **„Genug ist für den Betreffenden diese Strafe, die von der Mehrzahl [ihm zuerkannt ist]."** Die **„Mehrzahl"** hat diese Strafe beschlossen, während eine Minderheit ein anderes, wahrscheinlich

noch härteres Vorgehen verlangt zu haben scheint. Paulus schloß sich der Mehrheit an. Die von ihr verfügte Strafe war notwendig; aber
7 sie ist auch **„genug"**. Und nun warnt Paulus die Gemeinde, diese Bestrafung — vielleicht ist es der Ausschluß von den Zusammenkünften der Gemeinde — einfach weitergehen zu lassen. Strafe ist niemals Selbstzweck, vor allem nicht in der Gemeinde Jesu. Strafe will zur Erkenntnis der Schuld und zur Reue führen. Diesen Zweck hat die Bestrafung des Schuldigen in Korinth erreicht. Er, der „Betrübnis verursacht" hat, ist nun selber geängstigt und bedrückt. Wir dürfen vermuten, daß nicht nur die Strafe als solche ihn tief getroffen hat, sondern daß auch eigene Reue über sein Unrecht ihn quälte. Nach den Nachrichten, die Paulus empfangen hat, drohte seine Betrübnis **„übergroß"** zu werden. Paulus weiß, wie ein Mensch in solcher inneren Trauer zur Verzweiflung getrieben und **„verschlungen"** werden kann. Dies darf nicht geschehen. Jetzt ist Zeit für das wirkliche „Vergeben": **„So daß ihr im Gegenteil vielmehr vergeben und zusprechen solltet, damit nicht irgendwie durch die übergroße Betrübnis der Betreffende verschlungen wird."** Das Vergeben ist nicht ein bloßes „die Sache gut sein lassen" oder eine bloße Aufhebung der Strafe, sondern wird zum „parakalein", zum **„Zusprechen"**, das auch hier wieder das „Trösten", „Ermutigen", „Aufrichten" in sich schließt.

8 Paulus fügt einen sehr eigenartig und eindrucksvoll formulierten Satz hinzu: **„Darum ermahne ich euch, euch zu entscheiden gegen ihn für Liebe."** Für **„entscheiden"** wählt er das Wort „kyrosai", das Fachwort für eine amtliche Rechtsentscheidung. Die Gemeinde muß nach vollzogener Bestrafung des Übeltäters über ihre weitere Stellung zu ihm klar werden. Ein neuer „Rechtsentscheid" ist nötig. Aber diese Rechtsentscheidung soll auf **„Liebe"** lauten. Beschließt neue Liebe gegen diesen Bruder!

9/10 Die Gemeinde soll seinen Brief auch hier wieder recht „verstehen" (1, 13 f!). Nicht um die Bestrafung jenes Mannes ging es dem Apostel. Nein, **„zu dem Zweck hatte ich ja auch geschrieben, um zu erfahren eure Bewährung, ob ihr in jeder Hinsicht gehorsam seid"**. Gerade durch den notvollen Vorgang war die Gemeinde auf die Probe gestellt. Würde sie die Beleidigung ihres Apostels hinnehmen oder würde sie zur Besinnung kommen, die Forderung des Apostels nach Bestrafung des Schuldigen als recht anerkennen und **„in jeder Hinsicht gehorsam[80] sein"**? Es stand damit Entscheidendes auf dem Spiel.

[80] Es geht im Verhältnis der Gemeinde zum Apostel tatsächlich um „Gehorsam", so fremd uns das sein mag. Es ist ernst mit dem Grundsatz „Der Gesendete ist gleich dem Sendenden". Im „Apostel" ist der „Herr" selbst auf dem Plan. So hatte es Jesus in Mt 10, 40; Lk 10, 16 gesagt. Darum hat Paulus auch von der ihm so herzlich verbundenen Gemeinde in Philippi „Gehorsam" verlangt (Phil 2, 12).

Es ging um die **„Bewährung"** der Gemeinde. Der Apostel hat diese Bewährung sehen dürfen. Das ist ihm das Wesentliche. Sein eigenes Vergeben ist keine Frage. Er hat die Gemeinde selber aufgefordert, dem Schuldigen jetzt die Vergebung zu schenken. Darin ist notwendig sein eigenes Vergeben eingeschlossen. **„Wem ihr aber etwas vergebt, [dem] auch ich."** Freilich geht es dabei nicht nur um sein persönliches Verzeihen dessen, was ihm selbst an Kränkung zugefügt wurde. Sein persönliches Vergeben ist ihm so selbstverständlich, daß er ihm in seiner Aussage jedes besondere Gewicht nimmt. Darum formuliert er: **„Was ich vergeben habe, wenn ich etwas vergeben habe."** Das **„wenn"** soll nicht sein Vergeben unsicher machen, sondern soll betonen, daß er an diesem Vergeben nicht als an einer besonderen Leistung hängen bleibt. Aber auch in seinem Vergeben bleibt er der Apostel, der verantwortlich für die Gemeinde handelt[81]. Das sagt er nun sehr eindrücklich: **„Wenn ich etwas vergeben habe, [habe ich es getan] um euretwillen vor dem Angesicht des Christus."**

So wie Paulus alles in seinem Leben und Dienst „in Christus" erlebt und getan hat, so geschieht auch sein Vergeben nicht für sich selbst in seinem Herzen, sondern „vor dem Angesicht des Christus". Vor ihm, der unsere Sünden trug und unsere Feindschaft gegen Gott hinwegnahm, ist das ganze Vergeben unsere Pflicht. Im Aufblick zu dem Christus, der für Gottlose, Sünder und Feinde starb, wird unser Vergeben möglich und wird es ein solches, das die Schuld eines Menschen, also jetzt in Korinth auch die des Übeltäters, wirklich ausgelöscht sein läßt. **„Vor dem Angesicht des Christus"** kann ich nur völlig und von ganzem Herzen vergeben[82]. Paulus verwendet hier für **„Vergeben"** ein Wort, das an diese Gnade Gottes in Jesus erinnert und das **„Schenken"** der Schuld meint. Wo wir dem andern die ganze Schuld „schenken", da ist sie völlig aus dem Weg getan. Das kommt in unserm Brief dadurch zum Ausdruck, daß der Apostel das geschehene Unrecht nicht noch einmal beschreibt; er „gedenkt" der Schuld nicht mehr, wie auch der allwissende Gott in seinem Vergeben es tut (Jes 43, 25).

Der Gemeinde aber gilt die Sorge des Paulus bei seinem Vergeben 11
aus einem besonderen Grund, den wir so leicht außer acht lassen.

[81] Vergeben als Privatperson und Vergeben im Amt, ist etwas sehr Verschiedenes. Gerade auch Gott ist bei seinem Vergeben nicht „Privatperson", sondern handelt darin im „höchsten Amt" als Herr und Richter der Welt. Darum ist sein Vergeben keine „einfache" Sache, sondern muß in klarer Gerechtigkeit geschehen und kann nur durch das Gericht von Golgatha hindurch dem Schuldigen zuteil werden.

[82] Wieviel Not und Lähmung ist in Gemeinden, Werken und Häusern der Christenheit, weil wir dieses Vergeben „vor dem Angesicht des Christus" nicht mehr üben. Die Schuld wird nicht wahrhaft ausgelöscht, sondern bleibt unvergessen und schwelt im Verborgenen weiter und vergiftet die Gemeinschaft.

Vergeben werden muß, **„damit wir nicht übervorteilt werden vom Satan; denn dessen Gedanken verkennen wir nicht".** Die Gemeinde hat einen Todfeind. Wo Unrecht getan, wo gekränkt und Betrübnis angerichtet wird, da ist er auf dem Plan. Diesem Todfeind liegt nichts an dem Unrecht als solchem. Er hat ganz andere **„Gedanken"**, die ein Paulus **„nicht verkennt".** Satan will das Gemeindeleben selbst angreifen, lähmen und wenn möglich zerstören. Das ist die Gefahr bei solchen Vorkommnissen wie in Korinth, daß böse Dinge nicht durch Vergebung und neue Liebe wirklich ausgeräumt und geheilt werden, sondern in Bitterkeit und Mißtrauen verborgen weiterschwelen und das Gemeindeleben vergiften[83]. Dann findet Satan immer neue Möglichkeiten seines Einwirkens in seinem eigensten, bösen Wesen[84]. Darum lag es Paulus an der gründlichen Bereinigung dieses ganzen Falles und darum war ihm alles persönliche Leid dabei unwichtig.

Zu Vers 12:
Apg 14, 27
20, 6
1 Ko 2, 4
16, 9
Zu Vers 13:
2 Ko 7, 5 f
8, 6
12, 18
16, 23
Apg 20, 1
Zu Vers 14:
1 Ko 15, 57
Eph 3, 8 f
2 Tim 4, 10
Tit 1, 4
Zu Vers 15:
1 Mo 8, 21
2 Mo 29, 18
1 Ko 1, 18
Zu Vers 16:
Lk 2, 34
Rö 1, 16
Zu Vers 17:
2 Ko 1, 12
4, 2
11, 13
12, 19
1 Pt 4, 1

DER APOSTEL IN GOTTES SIEGESZUG

2. Korinther 2, 12—17

12 **Als ich aber nach Troas gekommen war zu dem Evangelium des**
13 **Christus und als sich mir eine Tür öffnete im Herrn, * bekam ich**
keine Ruhe für meinen Geist, weil ich meinen Bruder Titus nicht
fand; ich nahm vielmehr Abschied von ihnen und zog weiter nach
14 **Makedonien. * Gott aber [sei] Dank, der allezeit uns im Triumph-**
zug mit sich führt in dem Christus und den Geruch seiner Er-
15 **kenntnis offenbar macht durch uns an jeden Ort. * Denn ein**
Christusduft sind wir für Gott unter denen, die gerettet werden,
16 **und unter denen, die verloren gehen; * für die einen ein Geruch**
vom Tode her zum Tod, für die andern ein Geruch vom Leben
her zum Leben. Und zu diesen [Wirkungen], wer ist [dazu] tüch-
17 **tig? * Wir sind ja nicht wie die vielen, die mit dem Wort Gottes**
Handel treiben, nein, als aus Lauterkeit, nein, als aus Gott heraus,
vor Gottes Angesicht, in Christus, reden wir.

Der frühere Reiseplan war nicht durchführbar gewesen. Warum er es nicht war, das hat Paulus der Gemeinde mit Ernst und Liebe gezeigt. Er hatte den „Tränenbrief" (V. 4) durch Titus nach Korinth

[83] Vgl. die Warnung in Hbr 12, 14 f.
[84] Es ist gut, wenn wir heute neu auf die okkulten Bindungen achten lernen und auf das weitgreifende Unheil, das durch sie geschieht. Aber wir dürfen nicht vergessen, daß „Hader, Neid, Zorn, Zank, üble Nachrede, Ohrenblasen, Aufblähen, Aufruhr" (12, 20) ebenso gefährliche und zerrüttende Wirkungen Satans sind.

gesandt und mußte nun abwarten, wie die Korinther auf diesen Brief antworten würden und mit welchen Nachrichten Titus zurückkam. 12
Paulus hatte in seinem Brief offenbar so bestimmte Forderungen an die Gemeinde gestellt, daß Titus ohne längere Verhandlungen die Entscheidung der Korinther erfahren konnte. Der Abschluß der Arbeit des Apostels in Ephesus und sein Aufbruch von dort mußte Titus Zeit genug lassen[85], die Lage in Korinth zu klären und auf dem Landweg über Makedonien Paulus bis Troas entgegenzukommen. Voll gespannter Erwartung traf Paulus in Troas[86] ein. Doch Titus fand er nicht dort vor, wohl aber eine fruchtbare Wirksamkeit: **„Als ich aber nach Troas gekommen war zu dem Evangelium des Christus und als sich mir eine Tür öffnete im Herrn, bekam ich keine Ruhe für meinen Geist, weil ich meinen Bruder Titus nicht fand."**

Evangelisationsarbeit in Troas hatte Paulus offenbar von vornherein eingeplant; er war ausdrücklich **„zu dem Evangelium des Christus"** dort hingekommen. Die Formulierung ist beachtlich. Paulus sagt es nicht so, wie es die LÜ wiedergibt: Ich „kam zu predigen das Evangelium Christi". Nicht auf sein eigenes „Predigen" legt er wert. Wichtig ist ihm die feste, objektive Größe *„das Evangelium des Christus"*. Es ist das Evangelium, daß Christus gehört und in welchem Christus sich selber bezeugt. Dem Wirken dieses Evangeliums in Troas hat Paulus zu dienen[87]. Weil es **„das Evangelium des Christus"** und nicht eine menschliche, religiöse Weltanschauung ist, reicht keine menschliche Kraft und Kunst aus, dieser Botschaft die Tür zu öffnen. In der Formulierung **„es öffnete sich mir eine Tür"**, gibt Paulus anschaulich wieder, wie der Bote Jesu nichts selber machen, sondern nur staunend mit ansehen kann, wie Türen **„sich öffnen"**[88]. Sie tun es **„im Herrn"**. Hier geschieht ein geheimnisvolles Wirken Gottes, über das auch ein Apostel nicht verfügt[89].

[85] Zur Frage der Zeitbestimmung im Blick auf unsern Brief vgl. die „Einleitung" S. 17.

[86] Dies ist das alte „Troja". Hier war Paulus bereits auf der 2. Missionsreise gewesen. Von dort rief ihn sein Herr durch ein nächtliches Gesicht nach Europa. Daß damals Zeit blieb, in Troas selbst zu arbeiten und den Grund zu einer Gemeinde zu legen, ist unwahrscheinlich. In Apg 16, 8—10 finden wir keine Andeutung davon. Dagegen treffen wir Apg 20, 6 dort eine sehr lebendige Gemeinde, der Paulus einen Besuch von 7 Tagen gönnt. Das wird die Frucht des hier im Brief erzählten Aufenthaltes gewesen sein. 2 Tim 4, 13 wird noch einmal ein Besuch des Paulus in Troas erwähnt.

[87] Solche „objektive" Betrachtung der Dinge ist ein großer Trost für jede Verkündigung und weckt doch zugleich die Anspannung aller eigenen Kraft.

[88] Gerade einem eifrigen Prediger droht die Gefahr, daß er durch seelische Gewalt, durch das Geschick seiner Sprache oder durch Anpassung an seine Hörer die Tür selber zu öffnen versucht. Solche Versuche können nur vorübergehende, menschliche Wirkung haben.

[89] Das entbindet den Hörer der Botschaft nicht von der Verantwortung, „die Tür aufzutun", wenn Jesus bei ihm anklopft (Offb 3, 20)! Immer stellt die Heilige Schrift die Wirksamkeit Gottes und die volle Verantwortung des Menschen ohne Ausgleich nebeneinander. Vgl. Phil 2, 12. 13.

13
Aber mußte Paulus dann nicht länger in Troas bleiben, wenn der Herr selber hier am Werk war? Paulus scheut sich nicht zu sagen, daß er es trotz allem, was er in Troas erlebte, dort nicht aushielt. Er **„bekam keine Ruhe für seinen Geist, weil er seinen Bruder Titus nicht fand"**. Die Wirksamkeit des Paulus wird sicherlich einige Zeit gedauert haben. Täglich wartet er auf das Eintreffen des Titus[90]. Aber Titus erschien nicht. Was war in Korinth geschehen? Paulus hatte keine Ruhe bei der Arbeit in Troas. Er **„nahm vielmehr Abschied von ihnen und zog weiter nach Makedonien"** Titus entgegen. Wie können die Korinther daran erkennen, wie sehr sie ihrem Apostel am Herzen liegen! Auch hier sehen sie die Liebe, die Paulus „in besonderem Maße" gerade zu ihnen hat (2, 4). Eine vom Herrn selbst beglaubigte Arbeit gab Paulus auf, um nur schneller Nachrichten aus Korinth zu erhalten. Auch Korinth gegenüber gilt es, daß er erst wieder „lebt", wenn die Gemeinde dort klar im Herrn steht (1 Th 3, 8)[91]. Es wird zugleich deutlich, wie Paulus nicht einem starren Schema des Dienstes folgt, sondern der lebendige Mensch bleibt, der sich dieser seiner Menschlichkeit nicht schämt.

Es ist für unsern Brief kennzeichnend, daß Paulus an dieser Stelle nicht sofort seine Schilderung von 7, 5 ff anschließt, sondern die langen, grundlegenden Ausführungen über sein Apostelamt einschiebt, die die Kap. 3—6 füllen. Die Klärung dieser Fragen zwischen ihm und der Gemeinde ist ihm wichtig. Andererseits spüren wir daran auch die ganze innere Entlastung des Apostels. Die Not in Korinth ist soweit behoben, daß er Zeit und Ruhe für solche grundsätzlichen Erörterungen hat und daß er auch bei den Korinthern selbst mit Aufmerksamkeit und Verständnis dafür rechnen kann.

Paulus hat eine vom Herrn selbst geschenkte Arbeit abgebrochen
14 und ist „voll Not durch Makedonien weitergewandert", „in allem bedrängt: von außen Kämpfe, von innen Ängste", wie er in 7, 5 sagen wird. Ist das nicht wieder, wie die Korinther urteilen, ein klägliches Bild für einen Gesandten des Königs aller Könige? Mußte

90 Titus ist nach Gal 3, 1 f reiner Heidenchrist. Er wird in der Apg nicht erwähnt und ist auch sonst nicht als Begleiter des Paulus genannt. Er wird aber von dem Apostel für besonders schwierige Aufgaben eingesetzt (2 Ko 2, 13; 7, 6—15; 8, 6; 8, 16. 23; 12, 18). Er ist der Überbringer unseres Briefes nach Korinth. Nach Gal 2, 3 war er mit auf dem „Apostelkonzil" und hatte das Zustandekommen der Beschlüsse dort miterlebt. Er konnte darum mit besonderer Autorität den Korinthern sagen, wie die Apostel einmütig über die Frage des Verkehrs mit der Dirne und über die Teilnahme an heidnischen Mahlzeiten („Götzenopferfleisch") dachten.

91 Auch wir dürfen nicht einseitig auf neue Bekehrungen ausgerichtet sein und das Ergehen der früher Bekehrten darüber vergessen. Die Sorge um die Erhaltung und Festigung des Glaubens, die Zurüstung der Glaubenden zum rechten Gemeindeleben und zum Dienst ist eine wesentliche Aufgabe, die oft einen weit größeren Einsatz fordert, als die Gewinnung neuer Menschen.

dessen Weg nicht eigentlich ein „Triumphzug" sein? Das ist er auch, erwidert Paulus, nur freilich völlig anders, als die Korinther denken, weil sie das Verhältnis von Mensch und Gott nicht richtig sehen. Nicht um des Menschen Größe und Sieg geht es[92], sondern ganz und gar um Gottes Triumph. **„Gott aber [sei] Dank, der allezeit uns im Triumphzug mit sich führt in dem Christus."** Also Gott ist es, der in Christus seinen Siegeszug durch die Welt nimmt[93]. Der Apostel aber und seine Mitarbeiter werden in diesem Triumphzug mitgeführt wie gefangene und gekettete Feinde beim Einzug eines siegreichen römischen Feldherrn in die Hauptstadt. Paulus kann sich selbst in voller Wahrheit mit einem besiegten Feind vergleichen. Er hatte Jesus verfolgt, die Gemeinde Gottes nach Kräften zerstört und in dem allen gegen Gott angetobt, der in einem gekreuzigten Messias die Rettung verlorener Menschen wirkte. Nun aber war Paulus überwunden und zum Träger gerade dieser Botschaft von dem gekreuzigten Christus geworden. Mit Staunen und Dank sieht Paulus die totale Wandlung seines Lebens. Als Verfolger war er eigenmächtig und nach eigenem Plan dahingestürmt (Apg 9, 1). Jetzt wird er als ein Gefangener und Leibeigener des Kyrios Jesus von Ort zu Ort **„mitgeführt"**. Sein von Leiden erfülltes Leben (1, 3–11; 11, 23–33), an dem die Korinther sich stießen, ist in Wahrheit Siegeszug Gottes. Der triumphierende Glanz liegt aber nicht auf dem mitgeführten Gefangenen, sondern allein auf dem siegreichen Feldherrn. **„Allezeit"** ist das so, wie immer Leben und Dienst des Apostels im einzelnen aussehen mag. Auch der Weg des Apostels in Sorgen und Bangen von Ephesus nach Makedonien auf Korinth zu gehört in diesen **„Triumph Gottes"** hinein[94].

Wieso triumphiert denn Gott im Leben des Paulus? Nicht in äußerlichen Siegen und Erfolgen. Das entspräche nicht der „Torheit" und „Schwachheit" Gottes am Kreuz des Christus (1 Ko 1, 23–25). Gott siegt dadurch, daß er **„den Geruch seiner Erkenntnis offenbar macht durch uns an jedem Ort"**. Das überraschende und zunächst befremdende Bild vom **„Geruch der Erkenntnis Gottes"** ist dem Apostel hier besonders brauchbar, weil ein **„Geruch"** nichts äußerlich Mächtiges

92 Die LÜ „der uns allezeit Sieg gibt" kann dieses Mißverständnis leider bestärken.

93 Paulus hat das gleiche Wort wie hier auch in Kol 2, 15 verwendet. Er bezeugt dort, daß Gott in Christus über die feindlichen, überirdischen Mächte „triumphiert". Der Sieg und Triumph Gottes ist ein wesentliches Stück der biblischen Botschaft.

94 In irgendeiner Weise gilt uns allen, was Paulus hier von sich selbst sagt. Es geht auch bei uns in unserm Verhältnis zu Gott um Feindschaft gegen Gott in der Tiefe unseres Wesens, nicht um gedankliche Irrtümer, die durch bessere Belehrung zurechtgerückt werden könnten. Unsere Feindschaft wird aufgedeckt, vergeben und überwunden durch die rettende Liebe Gottes in der Hingabe seines Sohnes für uns. Aber auch wir werden dabei nicht nur persönlich errettet, sondern zugleich in den Siegeszug Gottes durch diese Welt mit eingereiht zum Dienst. Auch wir dürfen darum in der Gewißheit leben, daß Nöte, Enttäuschungen, Niederlagen und Leiden dennoch Triumph Gottes sind.

und Großartiges ist und trotzdem eine eigentümliche Siegesmacht besitzt. Ein Geruch dringt überall unaufhaltsam ein; er verbreitet sich weit, und niemand kann ihm eine Grenze setzen. Ein Geruch bedarf keiner Beweise, sondern drängt sich einfach auf. So geht es auch mit der Erkenntnis Gottes überall, wo Paulus hinkommt[95]. Gottes Wirklichkeit, sonst ein „Problem“ für die Menschen und ein bloßes Gedankenbild, steht unabweisbar vor Menschen; Gottes Wesen, Gottes Heiligkeit und Liebe, wird Menschen unmittelbar und überwältigend deutlich. Nicht Denker dringen mit schwierigen Spekulationen bis zu „Gott“ vor, sondern der wahre lebendige Gott wird gerade auch von einfachen Menschen in ganzer Wirklichkeit erfaßt.

15 Wie Johannes in seinem Evangelium zeigt, daß Jesus zuerst etwas „ist“ und dann auch die entsprechenden Wirkungen von ihm ausgehen, so **„ist“** auch ein Paulus in seiner ganzen Person **„ein Christusduft“**, der nun überall wirksam wird, wohin immer der Herr seinen Boten führt. **„Denn ein Christusduft sind wir für Gott.“** Paulus schreibt nicht sich selbst eine besondere persönliche Qualität zu. Er faßt sich in einem „Wir“ ganz mit seinen Mitarbeitern zusammen und zeigt schon damit, daß es nicht um eigene Fähigkeiten oder Leistungen bei ihm geht. Jesus ist in seinen Boten gegenwärtig. Jesus aber ist selber ein „Wohlgeruch für Gott“. Das Wort erinnert an die Opfersprache (1 Mo 8, 21 und dann oft im AT) **und wird in Eph 5, 2** ausdrücklich so im Blick auf Jesus gebraucht. Nun macht er seine Boten zu einem **„Christusduft“**, weil er in ihnen wohnt und wirkt. Ganz folgerichtig sind sie darum zuerst ein Christusduft **„für Gott“**. Aber gerade darin offenbart Gott den Geruch seiner Erkenntnis durch diese Christusboten. Der **„Christusduft für Gott“** wird zur Offenbarung Gottes für die Menschen.

Dadurch werden die Boten Jesu unwiderstehlich wirksam. Werden sie es wirklich? Sind sie denn immer erfolgreich? Sieht es nicht auch bei einem Paulus oft sehr anders aus[96]? Mit einer ähnlichen Formulierung wie in 1 Ko 1, 18 spricht Paulus auch hier von einer zweifachen, radikal verschiedenen Wirkung des „Christusduftes“. Der Christusduft wirkt **„unter denen, die gerettet werden, und unter denen, die verloren gehen; für die einen ein Geruch vom Tode her**

[95] Das Bild vom Geruch entspricht dem Bild Jesu von „der Stadt auf dem Berge“, die niemand übersehen kann. Wenn wir die Geschichte von Erweckungsbewegungen oder von einzelnen Zeugen Jesu betrachten, steht dieses Bild vom Geruch überraschend deutlich vor uns. Es liegt da nicht an den Anstrengungen und Künsten von Menschen. Erkenntnis Gottes, Furcht Gottes, Heil Gottes, Freude an Gott verbreiten sich, wie der Lindenduft an Sommerabenden ganze Straßen erfüllen kann. Ob wir nicht oft viel zu viel „machen“ und mit immer neuen Mitteln zu erzwingen suchen und darüber versäumen, so in Gott zu leben, daß „Christusduft“ von uns ausgeht?

[96] In Kap. 4, 3 ff wird der Apostel auf diese Frage noch ausdrücklich eingehen!

zum Tod, für die andern ein Geruch vom Leben her zum Leben". Die negative, richtende und tötende Wirkung stellt er hier absichtlich voran, damit sie ja nicht übersehen werde. Gerade da, wo die Erkenntnis Gottes wie ein unwiderstehlicher Duft eindringt, bringt sie die Menschen nicht einfach von selbst zum Glauben, sondern stellt sie in letzte Entscheidungen. Es gibt dann nicht nur solche, „**die errettet werden**"; es gibt auch die, „**die verloren gehen**", weil sie zu der rettenden Botschaft nein sagen. Dem schweren Geheimnis, das uns hier anblickt, geht Paulus nicht nach. Wenn wir von Natur alle „Feinde Gottes" sind, warum überwindet Gottes Gnade nicht alle zu ihrem Heil? Liegt es nur an den Menschen selbst? Oder waltet hier ein verborgener Wille Gottes in einem grundlegenden „Erwählen"[97]? Auf diese Fragen geht Paulus nicht ein[98]. Er stellt nur die Tatsache in ihrer Herrlichkeit und in ihrem Ernst vor uns hin. Wirksam ist die Bot-
schaft immer. Aber sie kann „**Geruch vom Tode her zum Tod**" sein. 16
Mit dieser Formulierung kann Paulus darauf hinweisen, daß die vollmächtig verkündigte Botschaft „den Unglauben auslöst und ihn zum Bewußtsein und willentlichen Widerspruch erhebt und so eine vorher noch schlummernde Entscheidung aktualisiert"[99]. In der Feindschaft gegen Gott liegt der Tod bereits im Herzen des natürlichen Menschen, nun wird in der negativen Entscheidung gegen die gehörte Botschaft dieser „**Tod**" geweckt und reift jetzt vollends „**zum Tod**" aus. Wir können die Formulierung „**vom Tode her zum Tod**" und „**vom Leben her zum Leben**" aber auch entsprechend der Wendung „aus Glauben in Glauben" (Rö 1, 17) verstehen. Sie zeigt dann den unaufhaltsamen, den ganzen Menschen durchdringenden Fortschritt der Todeslinie wie der Lebenslinie als Wirkung der Christusbotschaft. Wer die Christusbotschaft abwies, geht nun von Tod zu Tode bis in das ewige Verderben hinein; wer sie annahm, geht von Leben zu Leben bis in die ewige Herrlichkeit.

Von so schwerem Ernst ist die Ausrichtung der Botschaft. Jeder Bote Jesu muß das wissen, daß Tod und Leben an seinem Wirken entstehen, ja ewiger Tod und ewiges Leben. Wer zu Gottes Liebe nein sagt, darf nicht meinen, er habe damit seine Überlegenheit über Gott bewiesen. Er hat damit nur für sich selber den Tod gewählt und den

[97] Vgl. dazu 1 Th 1, 4; Rö 9; Jo 6, 44; aber auch 2 Th 1, 8; 1 Pt 2, 8.

[98] Gerade wer selber errettet wurde, steht mit Furcht und Zittern vor diesem Geheimnis. Er weiß es so klar, daß er an seiner Errettung nicht das geringste Verdienst hat! Warum ist dann aber die Errettung nicht bei allen andern ebenso geschehen wie bei ihm? Die Reformatoren haben daran festgehalten, daß der Glaube immer die freie Gabe der grundlosen Barmherzigkeit ist, der Unglaube aber immer auf dem schuldhaften Widerstreben des Menschen beruht.

[99] So Bachmann a. a. O. S. 134. Die sachliche Parallele haben wir in Jo 3, 19—21 und 9, 39 vor uns. Vgl. die Auslegung in der W. Stb.

Gerichtsernst Gottes gegen sich besiegelt[100]. Wunderbar aber ist es, daß das Evangelium im Munde von Menschen **„Geruch vom Leben her zum Leben"** sein kann. In der von Gott geschenkten Lebensregung des „Hörens" und der Öffnung des Herzens für die Botschaft, empfangen Menschen den „Anstoß zu einer ewigen Bewegung"[101], die in letzte Lebenserfüllungen in der neuen Welt Gottes führt.

16/17 Im Blick auf beide Wirkungen aber stellt Paulus die Frage: **„Und zu diesen [Wirkungen], wer ist [dazu] tüchtig?"** Als Antwort formt er eine Aussage, die in ihrer gedrängten Kürze die Grundzüge einer „Homiletik"[102] des Apostels enthält: **„Wir sind ja nicht wie die vielen, die mit dem Wort Gottes Handel treiben, nein, als aus Lauterkeit, nein, als aus Gott heraus, vor Gottes Angesicht, in Christus, reden wir."**

Paulus grenzt sich zunächst gegen eine Art der Verkündigung ab, die er als eine wachsende Gefahr durch die ganze Kirche gehen sieht[103]. Es handelt sich nicht nur um einzelne Fälle verkehrter Verkündigung, sondern es sind **„die vielen"**, die die Verkündigung gründlich entstellen. Wodurch tun sie es? Indem sie **„mit dem Wort Gottes Handel treiben"**. Das von Paulus hier verwendete Wort meint speziell den unredlichen Handel damaliger Schankwirte, die den Gästen minderwertige Speise vorsetzten und den Wein panschten, um zu Geld zu kommen. Es liegt also auch der Vorwurf der Entstellung und „Verwässerung" der Botschaft in dem Wort. In Kap. 4, 2 wird Paulus darum direkt von dem „Verfälschen des Wortes" sprechen. Wie kann es bei **„den vielen"** zu einem solchen Verhalten kommen? Paulus hat in Phil 3, 17—19 in schärfster Weise die inneren Beweggründe solcher Männer enthüllt. Für sie ist „der Bauch ihr Gott" (vgl. Rö 16, 18), sie suchen ihr eigenes Wohlleben; und sie sind darum „Feinde des Kreuzes Christi". Dem Leiden um der Botschaft willen wollen sie aus dem Wege gehen. Ihr ganzer Dienst ist vom Ich und seinen Ansprüchen beherrscht. Das für Paulus Empörende und Schreckliche ist dabei, daß diese Männer das Wort Gottes, die über ewigen Tod und

[100] Vgl. dazu 1 Pt 2, 7 f; Jo 3, 18 f; 12, 37—40. 48.

[101] So Klaus Harms in seinem Rückblick auf sein Leben.

[102] „Homiletik" ist innerhalb der „praktischen Theologie" die „Lehre von der Predigt".

[103] Sein Wort hier ist verwandt mit seiner Warnung Phil 3, 17—19. Wenn Paulus schon „oft" Grund hatte, die Philipper so zu warnen, dann mag er gerade auf seiner jetzigen Wanderung durch die makedonischen Gemeinden dort die gleichen Gefährdungen des christlichen Botendienstes gesehen haben, die er in Korinth in einem erschreckenden Ausmaß vor Augen hatte. Von Korinth aus wird er die Gemeinde in Rom ebenso ernst warnen (Rö 16, 17. 18). An unserer Stelle spricht er wie in Phil 3, 18 von „vielen", die ihm größte Sorge machen. Es handelt sich also nicht um vereinzelte Ausnahmen! Wir müssen ein klares und nüchternes Bild der Urchristenheit haben.

ewiges Leben entscheidende Botschaft, ihren ichhaften Interessen dienstbar machen. Schon der Gastwirt ist verwerflich, der um seines Gewinnes willen die äußeren Nahrungsmittel verfälscht und seine Gäste betrügt; was aber ist erst von Männern zu halten, die mit dem Wort Gottes Handel treiben und ihre Hörer um das ewige Leben betrügen! Kein Wunder, daß Paulus sie in Kap. 11, 13—15 als Diener des Satans bezeichnet[104]. Paulus wird sich in 11, 21 f und 13, 1—4 noch einmal mit aller Schärfe und Entschlossenheit gegen sie wenden. Jetzt sagt er den Korinthern, die sich z. T. von ihnen hatten beeinflussen lassen: Wir sind nicht wie sie! Wir gehen heilig und lauter mit dem Wort Gottes um[105].

So fährt Paulus fort: **„Nein, aus Lauterkeit, nein, als aus Gott heraus, vor Gottes Angesicht, in Christus, reden wir."** Jede dieser vier Bestimmungen ist wichtig. Von dem eigentümlichen Begriff **„Lauterkeit"** sprachen wir schon bei Kap. 1, 12. Lauter ist Paulus in seinen Beweggründen und in seiner Absicht bei seiner Verkündigung; er kann sich durch und durch vom Licht richten lassen. Es wird sich keine versteckte Eigensucht bei ihm zeigen.

Ferner redet er nicht „über Gott", sondern **„aus Gott, von Gott her"**. Paulus weiß, daß der lebendige Gott niemals „Objekt" sein kann, „über" das ein kluger oder frommer Mensch redet. Als „Objekt" wäre Gott ein Stück Welt, über das der Mensch mit seiner Erkenntnis verfügt[106]. Gott aber ist immer „Subjekt", immer selber der Redende und Handelnde. Nur wenn er selbst uns hineinnimmt in sein Tun, können wir „aus ihm heraus", von seiner lebendigen Wirklichkeit her, reden und ihn dadurch bezeugen[107]. Darum ließ Paulus sich mit Freude im Triumphzug Gottes mitführen und konnte und

104 Wir müssen auch daran denken, daß es damals ein Heer von Wanderrednern gab, die ihre philosophische oder religiöse Lehre an den Mann brachten und dadurch Ansehen und Geld zu erlangen suchten. Es ist denkbar, daß solche Männer, das „Christentum" als eine neue und interessante Sache werteten, mit der sich „etwas machen" ließ. Daß sie dabei die Botschaft entstellten, von der sie selber gar nicht wirklich erfaßt waren, ist nur zu verständlich.

105 Eine rasche und billige Entrüstung über diese Männer ist fehl am Platze. In uns allen steckt der Hang zu einem angesehenen und behaglichen Leben und die Scheu vor dem „Kreuz", das aus einer klaren und eindeutigen Verkündigung der Kreuzesbotschaft erwachsen könnte. Passen wir uns nicht allzu rasch und gefällig den Wünschen und Bedürfnissen der Hörer an? Liegt nicht gerade darin die Unwirksamkeit der Verkündigung heute begründet? Wir wollen keinen „Anstoß geben" und darum auch keinen „Anstoß zu einer ewigen Bewegung".

106 Es ist die Gefahr aller Theologie, daß wir Gott zu einem solchen „Objekt" machen.

107 Hier ist die Frage an unsere Verkündigung bis in die verborgenste Seelsorge hinein gestellt: Sprechen wir „über Gott", oder spricht Gott selber durch uns zu den Menschen? Damit dies letztere geschehen kann, bedarf es freilich des Glaubens und des Gebetes!

wollte nur ein „Christusduft“ sein, durch den Gott selber seine Erkenntnis offenbar macht.

Paulus redet **„vor Gottes Angesicht“**. So wie Jesus selbst zuerst für Gott da war, auf Gott blickte und sich von da aus erst den Menschen zuwandte, so steht der Bote Jesu nicht „vor Menschen“, sondern **„vor Gott“**. Darum ist nicht das seine erste Frage, was Menschen zu seiner Verkündigung sagen, ob sie einverstanden sind oder nicht und wie sie sich etwa zu seiner Person stellen. Sein großer Zuhörer ist Gott selbst; Gottes Urteil ist ihm allein wichtig[108]. Paulus stand für Menschenaugen allein und wehrlos vor seinen Hörern. Aber er selber sah sich geborgen und eingehüllt in Christus. **„In Christus reden wir.“** Auch hier wieder ist Christus nicht der „Gegenstand“ seiner Verkündigung, wie könnte Christus ein „Gegenstand“ sein! Das **„in Christus“**, mit dem Paulus vielfach sein Verhältnis zu Jesus beschreibt, gilt für den Apostel gerade auch dann, wenn er seinen Dienst tut und redet. Ob Paulus dabei auch an die Bedeckung der Schuld, an das Kleid der „Gerechtigkeit Christi“, an die Schutzwehr gegen alle satanischen Gewalten gedacht hat, wissen wir nicht, weil er es hier nicht ausspricht. Es kann aber auch alles dies in seinem Wort liegen.

Paulus hat alle Redekunst verschmäht (1 Ko 2, 1 ff), die damals vor allem in der griechischen und römischen Welt so hoch im Kurs stand. Er kann es sich gefallen lassen, daß er darum in Korinth als Redner geringschätzig beurteilt wurde (10, 10). Empfehlende Zeugnisse brauchte er nicht; die Reihe der von ihm gegründeten Gemeinden, die Schar der durch sein Wort erretteten Menschen bezeugten seine Vollmacht. Diese Vollmacht aber besaß er, weil er **„als aus Lauterkeit, nein, als aus Gott heraus, vor Gottes Angesicht, in Christus“** sprach.

DIE GEMEINDE IN KORINTH — EIN BRIEF CHRISTI

2. Korinther 3, 1—3

Zu Vers 1:
2 Ko 5, 12
Zu Vers 2:
2 Ko 7, 3
1 Ko 9, 2
Zu Vers 3:
2 Mo 24, 12
Jer 31, 33
Hes 11, 19
36, 26

1 **Fangen wir schon wieder an uns selbst zu empfehlen? Oder brau-**
chen wir etwa wie gewisse Leute Empfehlungsbriefe an euch oder
2 **von euch? * Unser Brief seid ihr selber, hineingeschrieben in unser**
Herz, zur Kenntnis genommen und gelesen von allen Menschen,
3 *** indem es offenkundig ist von euch, daß ihr seid ein Brief Christi,**

[108] Wie schnell sind wir bewegt, wenn wir merken, daß der oder jener angesehene Mann unserer Predigt beiwohnt; wie wenig kümmern wir uns darum, daß jedes unserer Worte von Gott gehört wird.

durch unsern Dienst zustande gebracht, eingeschrieben nicht mit Tinte, sondern mit dem Geist des lebendigen Gottes, nicht auf steinerne Tafeln, sondern auf fleischerne Herzenstafeln.

Dem Apostel ist es, als höre er an dieser Stelle beim Verlesen des 1
Briefes in Korinth Zwischenrufe laut werden: Nun fängt er schon wieder an, sich selbst zu empfehlen! Schon in 1 Ko konnten Stellen wie 2, 2—12; 4, 4—13 als Selbstempfehlung empfunden werden. Der Zwischenbrief (2, 4) in seinem heißen Ringen um den Gehorsam der Korinther wird erst recht den Anspruch des Paulus auf sein Amt und auf seine Geltung vertreten haben. Seine Gegner mochten mit Entrüstung geäußert haben: Immer redet Paulus von sich selbst und hebt seine Vorzüge und seine Autorität hervor. Er sollte lieber gültige Zeugnisse, etwa aus Jerusalem von der Urgemeinde vorlegen. Paulus greift diesen Vorwurf auf und begegnet ihm mit einem Gegenangriff. **„Fangen wir schon wieder an uns selbst zu empfehlen? Oder brauchen wir etwa wie gewisse Leute Empfehlungsbriefe an euch oder von euch?"** Kommen die „Zwischenrufe" am Ende von Männern, die selbst Empfehlungsschreiben gebraucht haben, um in Korinth bei der Gemeinde Eingang zu finden, und die sich von den Korinthern wieder solche Schreiben ausstellen ließen?

Solche Empfehlungsschreiben waren an sich nichts Bedenkliches. Wir wurden schon daran erinnert, daß die Boten Jesu damals keineswegs die einzigen waren, die mit Vorträgen und Darbietungen wandernd von Stadt zu Stadt kamen. Es war günstig, wenn solche Wanderredner sich ausweisen und schriftliche Anerkennungen ihrer Leistungen vorzeigen konnten. Auch im Weltjudentum wurde viel gereist. Man gab Gliedern einer jüdischen Gemeinde schriftliche Zeugnisse mit, damit sie in der Ferne willig und ohne Verdacht aufgenommen wurden. In den jungen, vielfach bedrohten Gemeinden der ersten Christenheit mußte man sich erst recht durch **„Empfehlungsbriefe"** davon überzeugen, daß fremde Männer, die in der Gemeinde Aufnahme oder gar eine Wirksamkeit suchten, wirklich bewährte Christen waren. Auch ein Apollos war durch ein Schreiben der ephesinischen Brüder der Gemeinde in Korinth empfohlen worden (Apg 18, 27). Ein Zeugnis der Jerusalemer Apostel für Judas Barsabas und Silas finden wir in Apg 15, 27. Paulus selbst stellt in unserm Brief (8, 18—24) den beiden Männern, die er mit Titus nach Korinth sandte, eine entsprechende Empfehlung aus.

So war es nichts Ungewöhnliches und Unrechtes, wenn neue Pre- 2
diger in Korinth Empfehlungsschreiben an die Gemeinde oder von ihr wünschten. Ungewöhnlich und für die Größe der Arbeit des Paulus kennzeichnend war vielmehr die Tatsache, daß e r solcher Briefe

nicht bedurfte[109]. Er hat einen ganz anderen „Ausweis" seines Apostolates: Dieser Ausweis sind sie selbst, die von Paulus in Korinth gegründete Gemeinde[110]. **„Unser Brief seid ihr selber, hineingeschrieben in unser Herz, zur Kenntnis genommen und gelesen von allen Menschen."**

Paulus ist in der Verwendung von Bildern auffallend lebendig und beweglich. Er bindet sich nicht streng an sein Bild, sondern gewinnt ihm die verschiedensten Seiten ab, wie er es gerade nötig hat. Die korinthische Gemeinde ist „sein Empfehlungsbrief"[111]. Diesen „Brief" hatte der Apostel aber nicht auf Papier geschrieben bei sich. Er ist zuerst einmal **„in sein Herz hineingeschrieben"**. Er braucht den Brief auch zu seiner eigenen Vergewisserung und Stärkung. Wenn er in seinem Herzen alles vor sich sieht, was in Korinth durch ihn geschehen ist, dann ist das eine klare Bestätigung seines apostolischen Auftrages. Aber freilich, das wäre noch nicht genug. Ein „Empfehlungsschreiben" will gerade von andern gelesen werden. Mit froher Kühnheit stellt Paulus die Überlegenheit seines „Briefes" auch in dieser Hinsicht fest. Dieser sein Brief ist **„zur Kenntnis genommen und gelesen von allen Menschen"**. Daß es in Korinth eine Gemeinde des Christus gibt, das wissen alle, die mit dieser weit bekannten Hafen- und Handelsstadt in Berührung kommen. Dabei erfahren sie auch, daß die Gemeinde auf die Wirksamkeit des Paulus zurückgeht[112].

Paulus wendet sogleich das Bild und hebt eine neue Seite hervor, die weiter die ganze Überlegenheit seines „Briefes" zeigt. Selbst wenn Paulus eine schriftliche Anerkennung der Urgemeinde in Jerusalem aufweisen könnte, wäre sie doch nur von Menschen ausgestellt. Der Verfasser seines „Briefes" aber ist nicht eine Gemeinde, sondern Christus selbst. Es ist **„offenkundig von euch, daß ihr seid ein Brief**

[109] Schlatter sieht hinter den Sätzen des Paulus die Einsamkeit und Verlassenheit des Paulus, für den niemand mehr eintrat. Die verschiedensten Gegner, die ihn bekämpften, bestritten die Echtheit seines Apostolats und forderten von ihm den Ausweis, daß die andern Teile der werdenden Kirche ihn als Apostel anerkannten. Solche „Empfehlungsbriefe" aber habe Paulus nicht aufweisen können. Darauf bezögen sich abwehrend seine Sätze an dieser Stelle. Schlatter a. a. O. S. 500 f.

[110] Vgl. auch 12, 11 f und schon 1 Ko 9, 2.

[111] Wir werden darauf zu achten haben, daß einem Paulus nicht einzelne Christen als „Briefe Christi" vor Augen stehen, sondern daß er die Gemeinde als den einen Brief des Christus sieht. Gerade erst ihr gemeinsames Leben — im NT ist „Gemeinde" nie ein Haufe christlicher Individuen, die für sich selbst ihr Privatchristenleben führen — gibt Zeugnis von dem, was der Christus durch seine Boten schafft. Das schließt nicht aus, daß auch ein einzelner Christ ein wirksamer „Brief Christi" sein kann.

[112] Wie so oft bei Paulus ist auch hier das Wort „alle" nicht statistisch gebraucht. Paulus weist darauf hin, daß ein üblicher „Empfehlungsbrief" nur den wenigen bekannt wurde, die ihn gezeigt bekamen; von der Gemeinde in Korinth aber wußte „alle Welt" etwas.

Christi, durch unsern Dienst zustande gebracht". Zur Abwehr falscher, perfektionistischer[113] Vorstellungen von einem **„Brief Christi"** ist es gut, darauf zu achten, wie unbedenklich Paulus eine so schwierige Gemeinde wie die korinthische doch einen **„Brief Christi"** nennt. Nicht eine sittliche oder religiöse Vollkommenheit ist nötig, damit eine Gemeinde als Brief Christi gelten kann. Solange sie im Glauben steht[114], mit aufgedecktem Angesicht die Herrlichkeit des Herrn widerspiegelt und dem Wirken des Geistes Jesu Christi offenbleibt, sind die „Schriftzüge" des Christus an ihr sichtbar. Sie sind es dann vielleicht ganz besonders, wenn sich die Macht der Gnade und Treue Jesu an einer Gemeinde siegreich erweist, die von menschlichen Fehlern und irreführenden Strömungen ernstlich bedroht ist. In Korinth konnte niemand die Gemeinde Jesu kennenlernen, ohne auf die Wirklichkeit und Wirksamkeit des Christus zu stoßen.

Christus schreibt selber diesen „Brief", der von allen Menschen gelesen und zur Kenntnis genommen wird. Aber so sehr Jesus und nur er selber der eigentliche Verfasser dieses Briefes ist, so unentbehrlich ist doch zugleich der menschliche „Schreiber", der mit seinem Dienst den Brief faktisch zustande bringt. Das eigentümliche Zueinander von Christus und seinem Apostel bei der Herstellung dieses „Briefes" war für Menschen der damaligen Zeit ohne weiteres anschaulich. Man „schrieb" damals seine Briefe nicht mit eigener Hand, sondern diktierte sie einem „Schreiber", durch den der Brief erst als solcher faktisch zustande kam. So schreibt auch Christus seinen Brief in Korinth nur durch das Wirken des Apostels dort. Indem Paulus – mit Silvanós und Timotheus zusammen – in Korinth das Evangelium verkündigte und dabei unter Verzicht auf menschliche Weisheit und Redekunst in Erweisung des Geistes und der Kraft Juden und Griechen in ihrem Gewissen traf und überwand (1 Ko 2, 1–5; 2 Ko 4, 2) und zu einer Gemeinde Jesu zusammenschloß, entstand ein Christus-Brief. Der Dienst des Apostels ist dabei unentbehrlich. Darum wird dieser Christusbrief zugleich sein eigener „Empfehlungsbrief"[115].

Nochmals wendet Paulus das Bild, um die Eigenart dieses „Briefes" 3
zu zeigen und zugleich die von V. 4 an folgenden grundsätzlichen

[113] Unter „Perfektionismus" verstehen wir die Auffassung, daß der einzelne Christ und die rechte Gemeinde Jesu zu einer abgeschlossenen Vollkommenheit gelangen können und müssen.

[114] Die Gemeinde in Korinth ist freilich so gefährdet, daß sie ernstlich nachprüfen muß, ob sie das überhaupt noch tut (Kap. 13, 5).

[115] Es ist in der echten Verkündigung bis heute so, daß das Wirken des Herrn untrennbar mit dem Einsatz der menschlichen Boten verbunden ist. Diese Boten sind keineswegs nur mechanische Instrumente, sondern sind in ihrer ganzen Person mit Wissen und Willen tätig; dennoch geschieht darin das Werk des Christus selber.

Ausführungen über die Herrlichkeit des Alten und des Neuen Bundes in ihrem Gegensatz zueinander vorzubereiten. Der Christusbrief ist **„nicht mit Tinte, sondern mit dem Geist des lebendigen Gottes, nicht auf steinerne Tafeln, sondern auf fleischerne Herzenstafeln"** geschrieben. Paulus spricht von **„Tinte"**, weil er das Bild eines eigentlichen Briefes vor Augen hat, der auch damals mit „Tinte" – wörtlich „mit Schwarz" – auf Papyrus oder Pergament geschrieben wurde. Dazu paßt nicht das anschließende Bild, in dem bedeutsam von dem Material dieses Briefes gesprochen wird: **„nicht auf steinerne Tafeln, sondern auf fleischerne Herzenstafeln"**. Auf „Steintafeln" schreibt man nicht mit Tinte, sondern in sie **„gräbt man die Buchstaben ein"**, wie es in V. 7 gesagt wird. Paulus geht aber zu dem Bild der „Steintafeln" über, weil er in seinem Denken schon von dem bewegt wird, was er sogleich über die Herrlichkeit seines Dienstes im Vergleich zu der Wirksamkeit des Mose sagen will. Mose hatte es ja mit den steinernen Tafeln des Gesetzes zu tun. Das Wesentliche für Paulus ist aber zunächst, daß der Christusbrief im Gegensatz zu allen andern Briefen **„auf fleischerne Herzenstafeln"** geschrieben wird. Er besteht aus lebendigen Menschen, die miteinander die Christusgemeinde bilden. Welch ein Schreibmaterial ist dies! Wie aber kann man etwas in Menschenherzen hineinschreiben? Paulus weiß es: Tief in das Herz eindringende und im Herzen bleibende Schrift gibt es nur **„durch den Geist des lebendigen Gottes"**. Als der **„lebendige"** wird Gott hier bezeichnet, weil er nicht fern und starr im Himmel thront, sondern im Heiligen Geist nah und wirksam in Menschenherzen sein Werk tut und diesen Herzen dadurch ein völlig neues, ein göttliches Leben verleiht. Sie werden dadurch eine „neue Schöpfung" (5, 17) und sind als solche der „Brief Christi", den alle Menschen zur Kenntnis nehmen und lesen können[116].

Paulus spricht in Worten des AT und zeigt damit, wie vertraut auch eine „heidenchristliche" Gemeinde mit solchen Worten war. In 2 Mo 24, 12; 31, 18; 34, 1 lesen wir von den „steinernen Tafeln". Für einen „Neuen Bund" aber war von Gott durch Jeremia (31, 31–34) verheißen, daß dann sein Gebot nicht mehr auf Steintafeln stehen, sondern in das Herz gegeben und in den Sinn geschrieben sein werde. Hesekiel wiederum weiß, daß unser Herz von Natur selber „steinern" ist und erst durch ein neues, „fleischernes[117] Herz" ersetzt

[116] Echte Gemeinde als Brief Christi entsteht also noch nicht durch „reine Lehre", die richtig verstanden wird, so wesentlich die Reinheit der Lehre auch ist. Nur wo der lebendige Gott selbst mit seinem Geist seine unauslösliche Schrift in Herzen eingräbt, kommt „Gemeinde Gottes" zustande.

[117] „Fleischern" ist auch im NT etwas anderes als „fleischlich". Vgl. dazu 1 Ko 3, 1; 3, 3. Gegenüber einem „steinernen" ist das „fleischerne" Herz das lebendige und eindrucksfähige, das dem Geist Gottes ein wirksames Schreiben ermöglicht.

werden muß (Hes 11, 19 ff; 36, 26 ff). Das alles klingt mit in den Sätzen des Apostels[118].

DER DIENST DES MOSE UND DER DIENST DES PAULUS

2. Korinther 3, 4—11

4 **Eine derartige Zuversicht aber haben wir durch Christus zu Gott.**
5 *** Nicht, daß wir von uns selber aus tauglich wären, etwas zu er-**
denken als von uns aus; nein, unsere Tauglichkeit stammt von
6 **Gott. * Er ist es, der uns tauglich gemacht hat zu Dienern eines**
Neuen Bundes, nicht des Buchstabens (oder: der Schrift), **sondern**
des Geistes. Denn der Buchstabe (oder: die Schrift) **tötet, aber**
7 **der Geist macht lebendig. * Wenn aber der Dienst des Todes, in**
Buchstaben auf Stein eingegraben, mit Herrlichkeit angetan wur-
de, so daß die Söhne Israels nicht imstande waren, ihren Blick zu
heften auf das Angesicht des Mose wegen der Herrlichkeit seines
8 **Angesichtes, die doch wieder verging, * wie sollte nicht vielmehr**
9 **der Dienst des Geistes in Herrlichkeit sein? * Denn wenn der**
Dienst der Verurteilung Herrlichkeit [ist], weit mehr fließt der
10 **Dienst der Gerechtigkeit über von Herrlichkeit. * Ja, es ist über-**
haupt nicht verherrlicht das Verherrlichte in dieser Hinsicht (oder:
das in diesem Teilmaß Verherrlichte) **wegen der überragenden**
11 **Herrlichkeit [des Neuen Bundes]. * Denn wenn das Vergehende**
durch Herrlichkeit [hindurchging], vielmehr [steht] das Bleibende
in Herrlichkeit.

Zu Vers 5:
2 Ko 2, 16
Phil 2, 13
Zu Vers 6:
2 Ko 5, 18
Jer 31, 31
Jo 6, 63
1 Ko 11, 25
Rö 7, 6
Zu Vers 7:
2 Mo 34, 29—35
Zu Vers 8:
Gal 3, 2. 5
Zu Vers 9:
5 Mo 27, 26
Rö 1, 17
3, 21
Zu Vers 11:
Lk 22, 31
Hbr 7, 22

Wieder hat Paulus, wie bereits in 1, 12 mit großer Zuversicht ge- 4
sprochen. Er bedarf keiner Empfehlungsschreiben; die Gemeinde in Korinth selbst ist sein „Ausweis", weil sie trotz aller Mängel und Gefährdungen ein „Christusbrief" ist. Dem Apostel wird zugleich das vor Augen stehen, was er in Kap. 2, 14—17 von seinem gesamten Dienst „an jedem Ort" gesagt hat. Worauf gründet er eine **„derartige Zuversicht"**? Ist sie der Ausdruck eines großen Selbstvertrauens? Nein, **„eine derartige Zuversicht haben wir durch Christus zu Gott"**. In einem kurzen und noch ganz allgemein gehaltenen Satz sagt Paulus hier, daß er bei seiner Zuversicht seinen Blick nicht auf

[118] Paulus geht nicht auf die Tatsache ein, daß unser Herz vor der Begegnung mit Christus kein „unbeschriebenes Blatt" war und daß die tief eingedrungene Schrift von Satan und Sünden ausgelöscht werden muß, ehe die neue Christusschrift in unserem Herzen lesbar werden kann. Paulus hat aber die andere Bilderwelt: „steinerne Tafeln — fleischerne Herzenstafeln", „Tinte — Geist Gottes", „Alter Bund — Neuer Bund" vor Augen.

sich selbst oder auf andere Menschen und ihren Beifall richtet, son-
dern allein und völlig auf Gott. Aber er fügt sofort hinzu, daß er nur
„durch Christus" seinen Blick so zu Gott erheben kann, daß Gott für
ihn zum Grund solch kühner Zuversicht wird. Das Mißverständnis,
als handle es sich bei ihm um eine bedenkliche Selbstüberhebung,
5 weist Paulus nun ausdrücklich ab. **„Nicht, daß wir von uns selber aus
tauglich wären, etwas zu erdenken als von uns aus; nein, unsere Taug-
lichkeit stammt von Gott."** Fraglich ist, was Paulus mit dem Wort
„logisasthai = denken, erdenken, urteilen" an dieser Stelle meint.
Das Objekt dieses Denkens oder Beurteilens ist das ganz unbestimmte
„etwas". So will Paulus diesen Ausdruck offenbar möglichst allge-
mein und umfassend verstanden haben. Was immer er als Apostel
„denkt" oder „plant", was für „Urteile" er abgibt, nie liegt der Grund
dafür in ihm selber. Alle **„Tauglichkeit"** für seinen mächtigen Dienst
„stammt von Gott". Das ist nicht nur ein demütiges, sondern zugleich
auch ein sehr kühnes Wort, das man in Korinth wieder als unerhör-
ten „Hochmut" mißverstehen konnte. Aber das ist überall unver-
meidlich, wo immer ein Mensch in Gottes Auftrag redet und han-
delt[119].

Aber Paulus kann sich nicht damit begnügen, nur von der Vollmacht seines Dienstes zu sprechen, die in seiner völligen Selbstlosigkeit und Gottgebundenheit wurzelt. Er erstrebt das ganze Verstehen der Korinther (1, 13) für seinen Dienst. Darum muß die Gemeinde den Inhalt seines Dienstes in seiner Einzigartigkeit, Neuheit und Herrlichkeit klar erfassen. Die besondere Vollmacht seines Dienstes hängt mit diesem seinem Inhalt unlöslich zusammen. Darum widmet Paulus den ganzen folgenden Teil des Briefes, besonders Kap. 3, 4—18; 5, 11—21, der gründlichen, in die Tiefe gehenden Darlegung dessen, was er zu verkündigen und zu wirken hat. Gerade jetzt, wo die Verbundenheit zwischen ihm und der Gemeinde wieder hergestellt ist, ist ihm die Festigung und Vertiefung durch ein rechtes Verstehen seiner Botschaft wichtig.

Paulus macht die einzigartige Bedeutung seines Dienstes[120] dadurch klar, daß er den Blick der Korinther auf Mose richtet. Das kann seinen Grund darin haben, daß er mit herausfordernder Kühnheit seinen Dienst an dem Größten messen will, was es bisher in der Geschichte Gottes mit den Menschen gegeben hat. Wo überhaupt an den

[119] Darum wurde auch an Jesus die entrüstete Frage gerichtet „Was machst du aus dir selbst", gerade weil er nichts anderes sein wollte als der „Sohn", der völlig vom Reden und Geben des Vaters lebt (Jo 5, 18—20; 8, 55).

[120] Es ist zu beachten, daß Paulus in diesem Abschnitt von „uns" spricht. Er faßt sich mit seinen Mitarbeitern zusammen und betont dadurch, daß Eigenart und Größe des Dienstes nicht in seiner Person liegen, sondern allein in dem Inhalt dieses Dienstes selbst.

lebendigen Gott geglaubt wurde, da stand Mose in unvergleichlicher Hoheit da. Wir können heute kaum noch recht ermessen, wie damals Menschen der Atem stocken mußte, wenn sich hier ein Mann nicht nur neben Mose stellt, sondern zu behaupten wagte: Mein Auftrag von Gott ist unendlich größer und herrlicher als der, den Mose zu erfüllen hatte! Das aber gerade will Paulus mit allem Nachdruck sagen.

Paulus kann auch darum von Mose gesprochen haben, weil es in Korinth in der Gemeinde gewichtige Kreise gab, die von „judenchristlichen" Gedanken bestimmt waren. Schon in seinem ersten Brief erscheint eine Gruppe von Christen, die sich auf Petrus beruft (1 Ko 1, 12). Aus Apg 15 und aus dem Galaterbrief wissen wir, wie stark eine „judenchristliche" Strömung durch die junge Christenheit ging[121]. Es wurde in ihr der Glaube an Jesus als den „Christus" nicht bestritten. Aber Jesus war der „Messias Israels". Menschen aus den „Nationen" können zu Jesus und zum Heil nur kommen, wenn sie sich in das Bundesvolk aufnehmen lassen und das Gesetz halten. Mose bleibt auch für Jesusjünger die überrragende und maßgebende Gestalt. Hoch steht er über einem Paulus. Moses „Herrlichkeit" ist am Sinai und im ganzen AT sichtbar. Wo bleibt dagegen die Herrlichkeit eines Paulus, der so groß von sich zu reden weiß und doch eine so klägliche Figur macht? So ist Paulus gezwungen, den Unterschied seines Dienstes von dem Dienst des Mose in scharfen Antithesen herauszustellen. Er tut es nicht so, daß er gegen den Dienst des Mose polemisiert und Mose herabzusetzen sucht. Er erkennt die göttliche Herrlichkeit, die auf Mose liegt, voll an. Aber gerade dadurch tritt klar hervor, wie unendlich viel herrlicher der Dienst eines Apostels Jesu Christi ist. Paulus hilft damit der Christenheit aller Zeiten, in der Frage „Alter und Neuer Bund", „Gesetz und Evangelium", „Mose und Paulus", zu den notwendigen, entscheidenden Einsichten zu kommen.

Paulus stellt in einem kurzen Satz grundlegend die Einzigartigkeit des 6
Dienstes heraus, zu dem Gott ihn berufen und tauglich gemacht hat: **„Er ist es, der uns tauglich gemacht hat zu Dienern eines Neuen Bundes, nicht des Buchstabens** (oder: der Schrift), **sondern des Geistes. Denn der Buchstabe** (oder: die Schrift) **tötet, aber der Geist macht lebendig."** — Auf einem **„Bund"** Gottes ruhte die ganze Existenz des Volkes Israels. Nur durch diesen „Bund" war es aus allen Völkern der Welt herausgehoben, obwohl es in sich selbst ein kleines und geringes Volk war (5 Mo 7, 7). Das wußte jeder Jude; das wußte und bejahte auch Paulus. Das grie Wort für Bund — „diatheke = Testa-

[121] Zu der Frage nach den Gegnern des Paulus in Korinth, vgl. die Einleitung S. 13 ff.

ment" — zeigt dabei, daß es sich nicht um einen Bundesschluß zwischen gleichberechtigten Partnern handelt. Der „Bund" am Sinai ist eine freie, aus grundloser Gnade stammende Verfügung Gottes, die freilich einen verantwortlichen Partner ausdrücklich anerkennt und dessen eigenen Willen und Gehorsam für das von Gott Verfügte beansprucht. Das AT — ganz besonders das 5. Buch Mose — wird nicht müde, das Wunder dieses „Bundes" zu rühmen. Der Paulus, der Rö 9, 3—5 gerade in Korinth schreiben wird, stimmt jedem Juden und Judenchristen von Herzen zu, der staunend und dankend vor Gottes Handeln im Bundesschluß mit Israel steht. Und dennoch hat Gott selber schon durch den Propheten Jeremia von einem **„Neuen Bund"** sprechen müssen (Jer 31, 31—34). Dabei meint das hier verwendete Wort für „neu" zunächst das bisher Unbekannte, noch nicht Vorhandene mit dem Beiklang des Unerhörten, Wunderbaren. Zugleich drückt es den Gegensatz aus zu etwas „Altem", das sich überlebt hat und durch das „Neue" ersetzt werden muß. Diese Ablösung des bisherigen Bundes mit den „Vätern" durch den „Neuen" und ganz andersartigen Bund hat Gott schon lange angekündigt. Jetzt aber ist dieser „Neue Bund" da! Paulus und seine Mitarbeiter sind **„Diener eines N e u e n Bundes"**.

Warum ist ein „Neuer Bund" nötig, wenn doch der alte unzweifelhaft eine Stiftung Gottes war? Was kennzeichnet den **„Neuen Bund"** und macht ihn dem Sinai-Bund gegenüber so unendlich überlegen? Paulus sagt es in einem kurzen Satz mit dem Gegensatzpaar der Begriffe **„Buchstabe"** und **„Geist"**. Hier müssen wir uns von dem üblichen „idealistischen" Verständnis dieser beiden Worte ganz freimachen. Es geht nicht um „Geistigkeit" und „Geistesfreiheit" gegenüber einem engen „Kleben am Buchstaben". Das grie Wort **„gramma"** meint nicht **„Buchstabe"** in diesem besonderen Sinn, sondern bezeichnet ganz allgemein „das Geschriebene", „die Schrift"[122]. Paulus hat sofort **„die Schrift"** und zwar die Schrift als „Gesetz" vor Augen, wenn er den Alten Bund als **„gramma"** kennzeichnet. Es gehört zum Wesen des „Gesetzes", daß es schriftlich genau aufgezeichnet und festgelegt wird. Diese gebietende und fordernde „Schrift" stand in der Mitte des Sinai-Bundes. So sagen es auch seine schriftgelehrten Vertreter mit allem Nachdruck. Den „Neuen Bund" aber kennzeichnet der „Geist"; natürlich nicht der menschliche Geist, sondern der Geist Gottes, jener Geist, mit dem der lebendige Gott in Herzen hinein seine göttliche Schrift schreibt und Gemeinden zu „Christusbriefen" macht.

[122] Vgl. dazu Jo 5, 47; 7, 15, wo das gleiche Wort „grammata" verwendet ist. Von daher heißen die „Schriftgelehrten" in den Evangelien „grammateis".

Mit knappster Formulierung[123] kennzeichnet der Apostel sogleich die beiden Bünde in ihren Auswirkungen. Diese Kennzeichnung ist von herausfordernder Wucht und stellt beide Bünde in den stärksten Gegensatz. **„Denn der Buchstabe** (oder: die Schrift) **tötet, aber der Geist macht lebendig."** Die Schrift als „Gesetz" ist nicht der Weg zum Leben, wie es in allen Synagogen gelehrt wird und wie alles moralisch-religiöse Denken bis heute meint. Freilich war das Gesetz zum Leben gegeben, wie Mose wieder und wieder betont (5 Mo 4, 1–6; 5, 32. 33; 28, 1–14; 30, 15. 16; 32, 44–47). Das hat auch Paulus in Rö 7, 10. 12 eindeutig anerkannt: „Das Gebot ist heilig, recht und gut" und es „war mir zum Leben gegeben". Aber die in uns wohnende Sünde vereitelt dieses Ziel des Gesetzes und macht faktisch aus ihm ein Todeswort. Um der Sünde willen können sich die verheißenen Segnungen des Gesetzes nicht erfüllen; es erfüllt sich aber an jedem Übertreter der Gebote der Fluch, den Mose mit ganzem Ernst ausgesprochen hat (5 Mo 11, 26–32; 27, 11–26; 28, 15. 16. 45). Darum „tötet" die Schrift. So hat es Paulus selber an sich erfahren: „Als aber das Gebot kam, wurde die Sünde lebendig, ich aber starb; und es fand sich, daß das Gebot mir zum Tode gereichte, das mir doch zum Leben gegeben war" (Rö 7, 9. 10). Und den Galatern sagt er, daß es kein Gesetz gibt, das da lebendig machen kann (Gal 3, 21). So mußte von Gott ein ganz neuer Weg beschritten werden, wenn es noch Leben geben sollte. Diesen Weg hat Gott eröffnet im **„Neuen Bund"**. Dabei blickt Paulus jetzt nicht auf die Grundlagen dieses Bundes im Geschehen des Kreuzes. Das wird er in Kap. 5, 11–21 tun. Jetzt liegt ihm an der Feststellung, daß dieser Neue Bund das „Leben" bringt. Das geschieht durch den Geist, der die entscheidende und kennzeichnende Gabe dieses Bundes ist. Er wird darum in V. 8 „Dienst des Geistes" genannt.

Ist damit der Alte Bund, das „Gesetz", entwertet und bekämpft? 7
Ist Paulus ein „Antinomist", ein Feind des „Gesetzes"? Einen solchen sah man in ihm, wie vorher in Stephanus Apg 6, 11–14, mit wachsender Erbitterung (Apg 21, 28). So aber ist das Urteil des Paulus über das Gesetz nicht gemeint. Darum stellt Paulus sofort mit Nachdruck fest, daß **„der Dienst des Todes, in Buchstaben auf Stein eingegraben, mit Herrlichkeit angetan wurde[124]"**. Auch das

[123] Es ist fort und fort auf die gedrängte Sprache des Paulus zu achten, die bei der Übersetzung die vielen Zufügungen in Klammern nötig macht. Man sollte den Text einmal ohne diese zugefügten Worte lesen, um den Eindruck von der männlichen Wucht zu bekommen, mit der Paulus redet.

[124] Der grie Wortlaut legt zunächst die Übersetzung nahe: „in Herrlichkeit geschah". Aber der weitverbreitete Sprachgebrauch zeigt, daß mit diesem Wort auf den „Besitz" von Herrlichkeit hingewiesen ist. Dem entspricht die Formulierung „in Herrlichkeit sein" in V. 8.

Gesetz tut einen heiligen und notwendigen **„Dienst"**. Es ist freilich ein „Dienst des Todes" und nicht des Lebens. Das bringt den Tod über uns. Aber es „dient" der Ehre Gottes, wenn es unser Widerstreben gegen Gottes Willen unter ein tödliches Gericht stellt. Es **„dient"** aber auch uns, indem es uns nicht in unsern Sünden dahingehen läßt, sondern „Erkenntnis der Sünde" (Rö 3, 20) wirkt und die Sünde als todbringend zeigt[125]. Darum ist gerade in diesem tödlichen Ernst sein Dienst **„mit Herrlichkeit angetan"**, so wie über einer Schwurgerichtsverhandlung bei der Fällung eines Todesurteiles eine feierliche Erhabenheit liegen kann. Im „Gesetz" hat Gott selber seinen heiligen Willen ausgesprochen. Ist das nicht **„Herrlichkeit"?** Gott tut hier keine vorübergehende Meinung kund. Im „Gesetz" kommt Gottes heiliger, aus seinem eigenen Wesen stammender Wille zum Ausdruck[126]. Darum ist das Gesetz **„in Buchstaben auf Stein eingegraben"**, um seine Würde und seine Unverbrüchlichkeit zu dokumentieren. An den Geboten Gottes kann und darf nichts verändert, nichts gestrichen werden. Darum flammte auch um den Sinai die ganze Herrlichkeit Gottes. Und darum muß der Mensch sterben, wenn er diesen heiligen Willen Gottes in seinen Geboten antastet. In diesem Tode des Schuldigen wird erschütternd die **„Herrlichkeit"** Gottes offenbar.

Mose wurde zum menschlichen Träger dieses „Dienstes" erwählt, der Gottes Gesetz den Menschen brachte und ihnen die Todesdrohung des Gesetzes kundtat. Die **„Herrlichkeit"** dieses seines Dienstes aber wurde dadurch sichtbar, **„daß die Söhne Israels nicht imstande waren, ihren Blick zu heften auf das Angesicht des Mose wegen der Herrlichkeit seines Angesichtes"**. Im grie Text wird dieser Satz noch unmittelbar verständlich, weil das Wort für „Herrlichkeit = doxa" zunächst geradezu „Lichtglanz" bedeutet. Der „Lichtglanz" von der Begegnung mit Gott her lag auf Moses Angesicht nach 2 Mo 34, 29. 30 so stark, daß die Israeliten in dieses göttliche Strahlen nicht hineinzublicken wagten.

8 Aber Paulus fügt sofort hinzu: **„der doch wieder verging"**. Er will ja an der Würde des alten Bundes die überragende Größe des neuen Bundes klar machen, dem sein Apostelamt gehört. So weist

[125] Die Gemeinde in Korinth kennt offenbar die Lehre des Paulus vom Gesetz, wie er sie besonders in Rö 7 von Korinth aus den Römern dargestellt hat. So kann sich Paulus an unserer Briefstelle mit kurzen Sätzen begnügen.

[126] Wie wenig wissen wir bei dem Wechselspiel unserer theologischen Ansichten und Meinungen noch, was „Gesetz Gottes" ist! Wie verwechseln wir es mit ethischen Anschauungen, die unsern jeweiligen Auffassungen ausgeliefert sind. Wie unfähig sind wir geworden, wirklich „Gesetz zu predigen". Wie schwer ist uns durch diese Entwertung des Alten Bundes der Zugang zu dem Neuen Bund im Kreuz und Blut des Sohnes Gottes gemacht. Der Apostel Paulus ist an dieser Entwertung nicht schuld!

er darauf hin, daß Moses Herrlichkeit keine bleibende, sondern eine vergehende war. Und nun beachten wir den Satzbau. Paulus hat den Dienst des Mose nicht einfach beschrieben, sondern seine Beschreibung zu einer Schlußfolgerung a minore ad majum, „vom Geringeren auf das Größere", benutzt. Wenn schon der Dienst des Todes mit Herrlichkeit angetan wurde, **„wie sollte nicht vielmehr der Dienst des Geistes in Herrlichkeit sein"**. Paulus setzt dabei dem „Dienst des Todes" auffallender Weise nicht den „Dienst des Lebens" entgegen. Er verdeutlicht sofort, um welches „Leben" es sich handelt: um das wahre, göttliche, „ewige Leben", wie es der Geist Gottes verleiht. Darum spricht Paulus vom **„Dienst des Geistes"**[127]. Dieser Dienst **„ist in Herrlichkeit"**. Das ist am Apostel freilich nicht wie bei Mose äußerlich sichtbar. Paulus ist — zum Kummer und zum Teil zur Entrüstung der Korinther — keine „glänzende Gestalt". Auf seinem Angesicht liegt kein „Lichtglanz", den man nicht anzusehen vermag. „Seine leibliche Gegenwart ist schwach und seine Rede verächtlich", sagte man von ihm in Korinth (10, 10). Nur im wahren Verständnis seines Dienstes als solchem ist diese **„Herrlichkeit"** zu finden. Erst in der Zukunft wird das „Schwergewicht an Herrlichkeit" (4, 17) vor aller Augen erscheinen. Jetzt haben die Korinther sich klar zu machen, daß der **„Dienst des Geistes"** seinem Wesen nach wichtiger, einzigartiger und darum „herrlicher" ist als ein **„Dienst des Todes"**.

Noch einmal setzt Paulus zu einem solchen Schluß an, der die un- 9
endlich überlegene Größe des neuen Dienstes sichtbar werden läßt über alles hinaus, was Mose mit seinem Dienst im Alten Bund wirken konnte. **„Denn wenn der Dienst der Verurteilung Herrlichkeit [ist], weit mehr fließt der Dienst der Gerechtigkeit über von Herrlichkeit."** Paulus erklärt seine vorige Aussage näher. Warum ist das Gesetz „Dienst des Todes"? Darum, weil es zuerst **„Dienst der Verurteilung"** ist. Der Mensch widerstrebt in seinem innersten Wesen und darum auch in seinen einzelnen Handlungen dem Willen Gottes. In keiner Weise fürchtet, liebt und vertraut er Gott über alle Dinge (1. Gebot). Sein ganzes Denken und Streben ist bestimmt von seinem eigenen Ich. Er übertritt ständig alle Gebote Gottes. Dagegen

[127] Paulus verwendet hier ständig das schlichte Wort „Diakonie = Dienst". Luthers Wiedergabe dieses Wortes mit „Amt" — auch in der LÜ beibehalten — hatte nicht nur ein geschichtliches Recht vom Sprachgebrauch der damaligen Zeit her, sondern hebt auch sachlich ein wichtiges Element heraus. Was Mose einerseits und die Diener des Neuen Bundes andererseits tun, ist nicht eine „Privatsache", sondern hat tatsächlich „amtlichen" Charakter, und dies von Gott her. Hinter diesem „Dienst" steht die höchste und unbedingte Autorität, die Macht Gottes selbst. Dagegen ist die Formulierung der LÜ „Amt, das den Geist gibt" eine etwas verengende Auslegung. Sicher vermittelt der Dienst des Neuen Bundes den Geist als seine große Gabe, aber dieser Dienst geschieht auch im Geist und ist selber vom Geist Gottes getragen und erfüllt.

wendet sich notwendig Gottes Gericht. Darum steht Mose als der große Ankläger vor Israel und vor der Welt[128]. Gottes Gesetz mit seinen klaren Forderungen und Verboten **„verurteilt"** unser Tun und Lassen, weil es dem allein guten Willen Gottes widerspricht. So wird der Dienst des Gesetzes zum **„Dienst der Verurteilung"**. Als solcher aber ist er ein unentbehrliches Stück der Offenbarung des heiligen Gottes. Gott selbst vollzieht durch das Gesetz diese Verurteilung, um darin seine Gerechtigkeit zu erweisen, „auf daß aller Mund verstopft werde und alle Welt vor Gott schuldig sei" (Rö 3, 19). Darum hat auch dieser Dienst seine göttliche Herrlichkeit[129].

Aber nun kann der Apostel auch hier, ja noch mächtiger als in den Versen 7 und 8, die weit größere Herrlichkeit des Neuen Bundes ins Licht stellen. Dieser Neue Bund **„fließt über von Herrlichkeit"**, wie Paulus mit einem gern von ihm gebrauchten Wort[130] schreibt. Denn dieser Bund tut einen Dienst, der nach dem „Dienst der Verurteilung" ein unbegreifliches Wunder ist: Er ist **„Dienst der Gerechtigkeit"**. Er gibt dem Menschen, gerade dem schuldigen, von Gottes Gesetz selbst verurteilten Menschen eine **„Gerechtigkeit"**, mit der er vor Gott bestehen kann. Wie das möglich ist, wie diese Gerechtigkeit für Verlorene, für Feinde Gottes zustande kommen kann, welcher Preis dafür von Gott selbst gezahlt werden mußte, darüber spricht Paulus jetzt nicht. Nur die wunderbare Tatsache stellt er vor uns hin: **„Der Dienst der Gerechtigkeit"**[131] ist da. Im Wirken der Apostel Jesu, dieser Diener des Neuen Bundes, kommt er zu den Menschen. Paulus muß nicht ausdrücklich versichern, daß ein solcher **„Dienst der Gerechtigkeit"** nicht gegen Gottes Gerechtigkeit verstoßen kann. In diesem Dienst tut vielmehr gerade Gottes erstaunliche Gerechtigkeit ihr wunderbares Werk. So wird es Paulus in seinem Brief an die Römer vielfältig, besonders an Stellen wie Rö 1, 17 und 3, 26 sagen.

10 Paulus steigert seine Aussagen nochmals in einem Satz, dessen Wortlaut in seiner Kürze schwierig, dessen Sinn aber eindeutig ist. **„Ja, es ist überhaupt nicht verherrlicht das Verherrlichte in dieser**

[128] Vgl. das Wort Jesu in Jo 5, 45. Gerade der fromme und moralische Mensch, der sich des Gesetzes rühmt, fällt unter die Anklage des Gesetzes. Paulus hat das in Rö 2, 17—24 dargelegt.

[129] Die Handschriften weichen hier voneinander ab. Der Nestle-Text formuliert, daß dieser Dienst „Herrlichkeit ist". Andere wertvolle Handschriften sagen, daß dem „Dienst" Herrlichkeit „eignet". Paulus würde dann in V. 7. 8. 9 einen deutlichen Unterschied zwischen den beiden Bünden auch darin machen, daß der Dienst des Evangeliums stärker von Herrlichkeit erfüllt und durchdrungen ist als der Dienst des Todes, dem die Herrlichkeit mehr von außen „angetan" wird.

[130] Rö 5, 15; 15, 13; 1 Ko 14, 12; 15, 58; 2 Ko 1, 5; 4, 15; 8, 7; 9, 8. 12; Phil 1, 9. 26; Kol 2, 7; 1 Th 3, 12.

[131] Die LÜ „Dienst, der die Gerechtigkeit predigt" ist zu schwach. Der Dienst des Neuen Bundes „predigt" nicht nur, sondern gibt wirksam die Gerechtigkeit, die vor Gott gilt.

Hinsicht (oder: das in diesem Teilmaß Verherrlichte) **wegen der überragenden Herrlichkeit [des Neuen Bundes].“** Paulus hat die Herrlichkeit des Alten Bundes und des Gesetzes gepriesen. Wenn man sie aber im vollen Licht der Herrlichkeit des Neuen Bundes und des Evangeliums ansieht, dann verblaßt ihr Glanz. Dann **„ist überhaupt nicht verherrlicht das Verherrlichte“.** Nur in einem solchen Widerspruch kann man von der Herrlichkeit des Alten Bundes reden. Der Zusatz **„in diesem Teil“** gehört entweder zu der Satzaussage und muß dann mit **„in dieser Hinsicht“** wiedergegeben werden. Oder er gehört unmittelbar zu dem Wort „das Verherrlichte“ und kennzeichnet es als ein **„nur in diesem Teilmaß Verherrlichtes“.** An den Schluß des Satzes muß jedenfalls in Klammern eine Ergänzung gestellt werden, die angibt, wem die **„überragende Herrlichkeit“** zukommt. Sie eignet dem Neuen, was Gott in Christus schenkt, dem „Neuen Bund“, dessen Diener Paulus ist. Sie ist so gewaltig, daß alle Herrlichkeit des Mose und des Sinaibundes, vor der jeder Israelit und Proselyt mit erschauernder Ehrfurcht stand, dagegen verschwindet. Noch einmal müssen wir dabei bedenken, daß an den Aposteln Jesu, an Petrus so wenig wie an Paulus, irgendwelche „Herrlichkeit“ zu sehen war. Und im Zentrum dieses Neuen Bundes war seine Herrlichkeit gerade nur im Angesicht eines „Gekreuzigten“ zu schauen[132], der von Gott und Menschen verlassen den Verbrechertod stirbt.

Der Schluß vom Geringeren auf das Größere wird noch einmal 11
gezogen, gestützt auf die Tatsache, daß der Lichtglanz auf Moses Angesicht „wieder verging“ und dadurch den ganzen Alten Bund als etwas **„Vergehendes“** kennzeichnet, während der Neue Bund das **„Bleibende“** bis in die kommende Vollendung hinein ist. Paulus hat recht: **„Denn wenn das Vergehende durch Herrlichkeit [hindurchging], vielmehr [steht] das Bleibende in Herrlichkeit.“** Paulus hat auch hier wieder in Hauptworten gesprochen und keine Verben hinzugesetzt. Wir müssen sie im Deutschen ergänzen und dabei den beiden unterschiedlichen Formulierungen **„durch Herrlichkeit“** und **„in Herrlichkeit“** gerecht werden. **„Durch Herrlichkeit“** weist auf das „Vergehende“ hin, das durch Herrlichkeit nur **„hindurchging“**,

[132] Der Hebräerbrief hat in Kap. 12, 18—25 in anschaulichem Vergleich die beiden „Bünde“ nebeneinander gestellt und in seiner Weise ebenfalls die „überragende Herrlichkeit“ des Neuen Bundes dem Wolkendunkel, den Feuerflammen und den Posaunen des Sinai gegenüber festgestellt.

während **„in Herrlichkeit“** den festen, bleibenden Bestand[133] aussagt. Das Bleibende **„steht“** in Herrlichkeit. Der Apostel hat also das Verhältnis der beiden Bünde zur „Herrlichkeit“ bis in die sprachlichen Formulierungen hinein bewußt unterschieden[134].

FOLGERUNGEN FÜR DEN DIENST DES NEUEN BUNDES

2. Korinther 3, 12—18

Zu Vers 13:
2 Mo
34, 33—35
Zu Vers 14:
Jes 6, 10
29, 11 f
Rö 11, 23. 26
Eph 2, 14 f
Apg 28, 27
Zu Vers 16:
Rö 11, 23—26
2 Mo 34, 34
Zu Vers 17:
Rö 8, 2
1 Ko 15, 45
Zu Vers 18:
2 Ko 4, 6
Rö 8, 29

12 **Im Besitz solcher Hoffnung treten wir mit voller Offenheit auf**
13 *** und [machen es] nicht wie Mose, [der] eine Hülle auf sein Ange-**
sicht legte, damit die Söhne Israels nicht ihren Blick hefteten auf
14 **das Ende des Vergehenden. * Aber verhärtet wurden ihre Gedan-**
ken. Denn bis auf den heutigen Tag bleibt dieselbe Hülle auf der
Verlesung des Alten Bundes und wird nicht aufgedeckt, weil sie
[nur] in Christus abgetan wird (oder: ohne daß sich dabei ent-
15 hüllt, daß er in Christus abgetan wird). *** Sondern bis heute liegt,**
16 **sooft Mose vorgelesen wird, eine Hülle auf ihrem Herzen. * So-**
bald es sich aber bekehrt zum Herrn, wird die Hülle weggenom-
17 **men. * Der Herr aber ist der Geist; wo aber der Geist des Herrn**
18 **[ist, da ist] Freiheit. * Wir aber alle, mit enthülltem Angesicht**
die Herrlichkeit des Herrn widerspiegelnd, werden in dasselbe
Bild umgestaltet von Herrlichkeit zu Herrlichkeit, demgemäß
wie vom Herren-Geist (oder: vom Geist des Herren) **her.**

12 Paulus hat in Kap. 3, 4—11 den sachlichen, inhaltlichen Unterschied zwischen dem Neuen und dem Alten Bund dargelegt und dabei die ganze, überragende Herrlichkeit im Wesen des Neuen Bundes hervorgehoben. Jetzt zeigt er den Korinthern, wie sich daraus bestimmte Folgerungen für den Dienst dieses Neuen Bundes ergeben. **„Im Besitz solcher Hoffnung treten wir mit voller Offenheit auf und [machen es] nicht wie Mose, [der] eine Hülle auf sein Angesicht legte, damit die Söhne Israels nicht ihren Blick hefteten auf das**

[133] Der Wille Gottes, der in seinen Geboten zum Ausdruck kommt, ist freilich auch von „bleibender“ und ewiger Gültigkeit! Darum bleibt auch das Gesetz als „Dienst der Verurteilung und des Todes“ in Kraft und wird im letzten Gericht über alle, die Gottes Versöhnung in Christus nicht annahmen, seine ganze Gültigkeit erweisen. Vergehend und vergangen ist nur der „Alte Bund“, der auf die Erfüllung des Gesetzes durch den unmittelbaren Gehorsam von Menschen ausgerichtet war. Solche Gesetzeserfüllung als Weg des Heils und des Lebens ist an der menschlichen Sünde gescheitert. Darum mußte der „Alte Bund“ als solcher „vergehen“ und einem „Neuen Bund“ Platz machen, wenn es Leben für uns geben sollte.

[134] Vgl. dazu Anm. Nr. 129.

Ende des Vergehenden." Den wunderbaren Vorzug des Neuen Bundes nennt Paulus jetzt eine **„Hoffnung"**. Ist das Abschwächung? Wir müssen zunächst daran denken, daß „elpís = Hoffnung" im NT nicht die subjektive Tätigkeit des Hoffens, sondern das objektive Hoffnungs g u t bezeichnet[135]. Paulus sagt ausdrücklich, daß er bereits „im Besitz" dieses Hoffnungsgutes ist. Auf der andern Seite machten wir uns schon klar, daß die „Herrlichkeit" des Neuen Bundes jetzt noch keineswegs sichtbar erstrahlt; sondern erst in der kommenden Welt ihren ganzen Glanz zeigen wird (Kap. 4, 17–18). Es wird in der gesamten Botschaft des Apostels, bis in die Rechtfertigungslehre hinein, überall deutlich, daß der gegenwärtige Besitz des Heils zugleich Hoffnungsgut der großen Zukunft ist[136].

Wenn Paulus den Hoffnungscharakter in der Herrlichkeit des Neuen Bundes hervorhebt, schränkt er die Gewißheit so wenig ein, daß er gerade an dieser Stelle die „parrhesia" seines ganzen Auftretens und seiner Verkündigung betont. „Parrhesia" meint entweder objektiv die „Freiheit", die „Offenheit" im Auftreten, die nichts verbirgt und versteckt, oder mehr subjektiv die innere „Freimütigkeit" und Zuversicht. Beides hängt eng miteinander zusammen; Paulus wird für seinen Dienst beides in Anspruch nehmen.

Und darin tritt wieder die ganze Überlegenheit des Neuen Bundes über den Alten Bund, die Überlegenheit des Paulus über Mose hervor, in scharfem Gegensatz zu den judaistischen und judenchristlichen Stimmen, die Mose hoch über den Apostel erheben. Paulus unterscheidet sich bewußt von Mose. **„Wir machen es nicht wie Mose."** 13
Mose konnte (und durfte vielleicht) diese „volle Offenheit" nicht haben. 2 Mo 34, 33. 35 wird berichtet, daß er „eine Hülle auf sein Angesicht legte". Warum tat er das? Die atst Stelle selbst sagt es nicht ausdrücklich. Aber nach 2 Mo 34, 30 konnte die Absicht Moses zunächst nur die sein, die Furcht der Israeliten vor dem erschreckenden Gotteslicht auf seinem Angesicht zu mildern. Paulus aber versteht es anders und tiefer. Die Erzählung in 2 Mo 34, 34. 35 deutet an, daß der Glanz auf Moses Angesicht bei jedem Umgang mit Gott erneuert wurde, dementsprechend also in der Zwischenzeit verging. Paulus sieht darin den vergänglichen Cha-

[135] Vgl. Kol 1, 5 und die Auslegung in der W. Stb. — Vgl. auch die entsprechenden Artikel im „Lexikon zur Bibel" und im „Theologischen Begriffslexikon".

[136] Besonders sehen wir das in Gal 5, 5: „Wir warten im Geist durch den Glauben auf die Gerechtigkeit, auf die man hoffen muß." Ebenso Rö 8, 23: Wir „haben" des Geistes Erstlingsgabe, aber wir „sehnen uns nach der Kindschaft und warten auf unseres Leibes Erlösung".

rakter des Mose-Dienstes und das Ende des Alten Bundes zeichenhaft ausgesprochen. Das aber sollten die Israeliten wenigsten jetzt noch nicht sehen. Darum legte Mose die Hülle auf sein Angesicht, „damit die Söhne Israels nicht ihren Blick hefteten auf das Ende des Vergehenden". Paulus wird schwerlich meinen, daß Mose eigenmächtig und aus persönlichen Gründen das Schwinden des Glanzes auf seinem Angesicht nicht sehen lassen wollte. Hinter dieser Handlung des Mose sah Paulus den Willen Gottes, der Israel jetzt noch nicht erkennen lassen wollte, daß der eben am Sinai geschlossene Bund nur ein vorläufiger und vorübergehender war. Israel mußte diesem Bund erst einmal vorbehaltlos zugewendet sein. Paulus spricht das aber in seinen kurzen Sätzen nicht aus. Ihm ist jetzt allein die Tatsache dieser „Hülle" auf Moses Angesicht bedeutsam. Diese seine Auslegung der atst Erzählung in V. 13 steht in einer eigentümlichen Spannung zu dem, was er in V. 7 schrieb, und zeigt unter Verwendung der gleichen Worte einen ganz andern Sinn des Vorganges. In beiden Versen geht es um „das Heften des Blickes auf das Angesicht Moses". Nach V. 7 war dieser Blick den Israeliten nicht möglich, weil das Angesicht Moses zu erschreckend strahlte. Aber indem Mose sein Angesicht verhüllte, trat eine ganz andere Wirkung ein: Nun konnte der Blick Israels nicht wahrnehmen, wie der Glanz auf Moses Angesicht ein vergehender war und dadurch auch den Dienst von Mose selbst als einen solchen kennzeichnete, der sein Ende finden soll. Die „Hülle" auf Moses Antlitz unterstreicht im Unterschied zu der Aussage in V. 7 jetzt nicht die Größe des Glanzes seiner Herrlichkeit, sondern weist in eigentümlicher Art auf die Vergänglichkeit dieses Glanzes hin.

So hat es Mose damals vor vielen Jahrhunderten gemacht. Inwiefern hat das Bedeutung und Auswirkung nach Moses Tod in der weiteren Geschichte Israels? Wie verwirklicht sich dort das, was Mose mit der Verhüllung seines Angesichtes zeichenhaft sagen wollte? Der Fortgang der Ausführungen des Apostels zeigt, wie er die „Hülle" von Moses Angesicht gleichsam auf das Herz Israels hinüberwandern und sich dadurch auch auf das AT legen sieht. Paulus sagt das zu-
14 nächst in einem ganz kurzen Satz: **„Aber verhärtet wurden ihre Gedanken."** Das liegt als Tatsache vor aller Augen in den Klagen Gottes durch die Propheten (1 Sam 6, 6; Jes 6, 10; Jer 5, 6; Hes 2, 4; Sach 7, 11 und andere Stellen). Israel selbst kann es nicht leugnen[137]. In dieser „Härte" kann Israel nicht wirklich hören und sich nicht in

[137] Jesus sieht auch bei seinen Jüngern das „erstarrte Herz", das nicht „vernehmen" und „verstehen" kann (Mk 6, 52; 8, 17).

Buße beugen[138]. Gottes Reden bleibt vergeblich. Dadurch liegt bis in die Gegenwart hinein eine „Hülle" über dem, was Gott mit seinem Reden und Handeln im Alten Bund gewollt hat. **„Denn bis auf den heutigen Tag bleibt dieselbe Hülle auf der Verlesung des Alten Bundes und wird nicht aufgedeckt, weil sie [nur] in Christus abgetan wird** (oder: ohne daß sich dabei enthüllt, daß er in Christus abgetan wird)." Daß es so ist, ist Schuld derer, die das harte und verständnislose Herz haben. Aber indem Paulus diese Hülle vorgebildet sieht in der Decke, die Mose auf sein Angesicht legte, versteht er die eigentümliche „Verhärtung" Israels tiefer in einer heilsgeschichtlichen Sicht. Was ist denn den verhärteten Herzen „verhüllt", auch wenn Israel immer wieder die **„Verlesung des Alten Bundes"** hört[139]? Die zweite Satzhälfte, mit der Paulus diese Frage beantwortet, kann sprachlich verschieden aufgefaßt und übersetzt werden. Der Apostel kann bei einer allgemeinen Aussage über die Verhülltheit des AT stehen bleiben und betonen, daß diese **„Hülle"** nur und erst **„in Christus"** beseitigt wird. Gegen diese Fassung des Satzes erheben sich aber mancherlei sprachliche und grammatische Bedenken[140]. So wird ein bestimmteres, das Objekt der „Verhüllung" näher bezeichnendes Verständnis des Satzes vorzuziehen sein. Es bleibt Israel „verhüllt", daß der Alte Bund als solcher etwas „Vergehendes" (V. 7. 11. 13) ist[141], was in Christus abgetan wird. Schon Josua hatte es dem Volk vorgehalten: „Ihr könnt dem Herrn nicht dienen, denn er ist ein heiliger Gott, ein eifernder Gott, der eure Übertretungen und Sünden nicht vergeben wird" (Jos 24, 19). Ein beunruhigendes Geheimnis lag über dem Sinai-Bund. Er wies den Weg zum Leben, den Israel doch nicht zu gehen vermochte. Es sollte sich Israel mehr und mehr „enthüllt" haben, daß es auf dem Wege des „Gesetzes" nicht zum Leben, sondern zur Verurteilung und zum Tode kam. Das Verlangen nach einem ganz neuen, rettenden und erlösenden Handeln Gottes hätte aufbrechen müssen. Aber das ist nicht geschehen. Das

[138] Paulus hat die „Verhärtung" Israels nicht psychologisch erläutert, sondern nur als geschichtliche Tatsache festgestellt. Es ist aber beachtlich, wie gerade moderne Psychologie uns solche „Verhärtung" unter dem „Gesetz" aufzeigt. Das „Gesetz" erzeugt Schuldgefühl; aber dieses Schuldgefühl wird von uns „verdrängt". „Diese Verdrängung des Schuldgefühls aber führt zu einer Verhärtung des Herzens: Weil wir in unserer konventionellen Pflicht gefangen sind, sehen wir nicht mehr, was Gott von uns erwartet." — Tournier „Echtes und falsches Schuldgefühl", Zürich/Stuttgart 1959 S. 79.

[139] Da es zum Wesen des Alten Bundes gehört, „in Buchstaben geschrieben" zu sein, kann der Alte Bund „vorgelesen" werden. Paulus denkt dabei an die Tatsache, daß die „Thora", die 5 Bücher Mose, in einem dreijährigen Zyklus in den Synagogen zur Verlesung kommt. Immer wieder hört Israel auf diese Weise das Gesetz. Vgl. Apg 15, 21.

[140] Der in der grie Sprache geübte Leser sei auf die Ausführungen Bachmanns a. a. O. S. 168 hingewiesen.

[141] Vgl. die Anm. Nr. 133.

in allen Synagogen ständig verlesene AT bleibt bei aller Bekanntschaft mit ihm doch „verhüllt" und wird weiter als Weg zum Leben durch eigene Gesetzeserfüllung mißverstanden.

15/16 Eine von Gott selbst bis zur Christus-Zeit gewollte „Verhüllung" und eine schuldhafte „Verhärtung" Israels wirken hier zusammen, wie ja immer und überall Gottes Wirken und menschliche Freiheit in einer für uns nicht durchschaubaren, geheimnisvollen Weise ineinander greifen. Aber nun ist in Jesus der Christus gekommen, und der Neue Bund ist da. Jetzt mußte Israel doch klar erkennen, was bisher noch „verhüllt" war. Aber Paulus und die anderen Boten Jesu, auch ein gesetzestreuer Mann wie Jakobus, stehen vor der Tatsache, daß Israel als Ganzes nicht hört und nicht zum Glauben an Jesus kommt. Eigene Schuld und Gottes Leitung der Geschichte wirken auch jetzt wieder zusammen. „Blindheit ist Israel zum Teil widerfahren solange, bis die Vollzahl der Heiden eingegangen ist" (Rö 11, 25). So bleibt auch die „Hülle" über dem AT liegen: **„Sondern bis heute liegt, sooft Mose vorgelesen wird, eine Hülle auf ihrem Herzen."** Der Apostel ändert hier notwendig und bezeichnend die Formulierung. Nicht eigentlich auf Mose und dem Alten Bund liegt jetzt die Hülle. Gott selber hat sie dort fortgenommen in der Sendung seines Sohnes. Aber sie liegt auf dem Herzen Israels. Darum hilft alle Lesung der Schrift nichts. Kein eifriges Bibelstudium kann daran etwas ändern[142]. Allein die Bekehrung zu Jesus schafft den freien Blick für die wahre Erkenntnis des Alten Bundes. Wer in Jesus das Leben fand, muß nicht mehr stolz oder verzweifelt versuchen, im Gesetz das Lebenswort und den Lebensweg zu finden. Er kann erkennen und anerkennen, daß das Gesetz uns nicht zu frommen und Gott wohlgefälligen Menschen macht, sondern zu Verfluchten vor Gott (Gal 3, 10). Jesu Sterben am Fluchholz als unser Stellvertreter bekundet das von Gott her mit feierlichem Ernst. Der Alte Bund wird in seiner Herrlichkeit als Dienst der Verurteilung und des Todes bestätigt. Aber er wird in dem Sterben Jesu zugleich erfüllt und aufgehoben und durch den Neuen Bund ersetzt, in welchem jeder, der sich zu Jesus bekehrt, Gerechtigkeit, Heil und Leben findet[143].

[142] Vgl. dazu Jo 5, 39 f; 45–47 und das ganze Ringen Jesu um Israel nach der Darstellung des Johannes bis zu dem Abschluß in Jo 12, 36–41.

[143] Das alles sind entscheidende Ansichten auch für unsern Umgang mit dem AT und für unsere Gespräche mit allen, die noch irgendwie im „Gesetz" das Heil suchen. Wir ehren dankbar alles, was atst Forschung sprachlich und geschichtlich entdeckt hat, aber das wirkliche Verständnis des AT finden nur die Forscher, die zu Jesus bekehrt sind. Mag umgekehrt der an Jesus glaubende, schlichte Bibelleser viele Einzelheiten in den atst Büchern mißverstehen, was diese Schriften von Gott her eigentlich sagen wollen, das erfaßt er klar und richtig!

Auch Israel wird dieses alles finden, „sobald es sich zum Herrn bekehrt"; dann wird „die Hülle weggenommen". Israel erkennt und versteht zugleich Jesus und das AT mit Staunen und Dank. So hat es der Apostel an sich selbst und an manchen Juden erlebt. Es liegt hier eine eigentümliche Dialektik vor. Weil Israel nicht wahrhaft auf Mose hört, erkennt es Jesus nicht und bekehrt sich nicht zu ihm; aber weil es sich nicht zu Jesus bekehrt, kann es Mose nicht wirklich hören und verstehen. Der Durchbruch aus dieser Dialektik, die Israel in der Not des Unglaubens festhält, ist ein Wunder der Gnade Gottes. Dies Wunder geschieht jetzt nur in einzelnen Israeliten. Aber Paulus weiß, daß einmal Israel als ganzes erfahren wird, was er selbst vor Damaskus erlebte. Alle seine Aussagen über das Verhülltsein des AT und die Wegnahme der Hülle bei der Bekehrung zu Jesus sind für Paulus eigenste Erfahrung seines Lebens, auch wenn er hier nicht biographisch davon redet. So wurde Saul von Tarsus selber aus einem verblendeten Schriftgelehrten ein glaubender Jünger und Bote Jesu und las dadurch sein AT ganz neu. Das zeigen uns seine vielfältigen Berufungen auf die Schrift und seine atst Zitate.

Aber es erhebt sich an dieser Stelle sogleich eine Frage, deren dringenden Ernst Paulus spürt. Wenn unser Leben nicht mehr vom Gesetz bestimmt und geleitet wird, ist es dann nicht der Willkür und einer falschen Freiheit ausgeliefert? Wie kann man überhaupt das Leben ordnen und gestalten ohne Gesetz? Wie kann man ohne Gesetz so leben, daß unser Leben dem Willen Gottes entspricht[144]? Hier erweist sich der Neue Bund als ganz neuer Weg. Nicht umsonst hat Paulus den Neuen Bund sogleich in V. 6 den „Dienst des Geistes" genannt. Wie dieser „Dienst des Geistes" unser Leben erneuert und ihm die göttliche Gestalt gibt, das zeigt der Apostel in den mächtigen Aussagen der letzten Verse unseres Abschnittes, die den Korinthern und auch uns die „überragende Herrlichkeit" des Neuen Bundes abschließend vor Augen stellen.

Grundlage und Mitte des Neuen Bundes ist Christus. Wie aber 17
verhält sich **„Christus"** zu dem **„Geist"**? Paulus macht darüber eine überraschende Aussage: **„Der Herr aber ist der Geist; wo aber der Geist des Herrn [ist, da ist] Freiheit."** Diese Aussage über Jesus kann nicht einfach ein Gleichheitszeichen zwischen „Jesus" und „Geist" setzen wollen. Denn es ist im nächsten Augenblick von **„dem Geist des Herrn"** die Rede, wodurch der Geist als „Besitz" des Herrn bezeichnet ist. Allerdings besitzt der Herr den Geist nicht als eine bloße „Auswirkung" zum Dienst, als eine unpersönliche „Kraft". Dazu ist

[144] Das ist die große Frage, die sich angesichts der „Rechtfertigung allein durch den Glauben" unausweichlich stellt. Das 6. Kap. des Römerbriefes geht von dieser Frage aus und gibt ihr die Antwort. Vgl. die Auslegung von Rö 6 in der W. Stb.

der Geist Gottes zu groß und sein Verhältnis zu Jesus zu personal[145]. Wir sehen, wie ein Paulus das Geheimnis der heiligen Dreieinigkeit zwar nicht dogmatisch lehrt, aber tief kennt und bezeugt. So wie der Geist allein Jesus verherrlicht und alles aus Jesus nimmt (Jo 16, 14)[146], so lebt und wirkt umgekehrt Jesus allein im Heiligen Geist. Jesus und der Geist sind dabei nicht voneinander zu trennen. So meint Paulus die Aussage: **„Der Herr ist Geist[147].“** Darum verleiht die Bekehrung zu Jesus zugleich den Heiligen Geist. Wo Jesus der Herr wird, macht der Geist Wohnung im Menschen[148]; und im Heiligen Geist „wohnt“ wiederum Jesus in unserem Herzen (Jo 14, 23; Eph 3, 17). Darum ist Paulus als Bote Jesu weit über Mose erhöht, der nur „den Buchstaben“, das in Stein geschriebene und den Tod bringende Gesetz, zur Verfügung hatte. Darum ist auch das, was Jesus wirkt und verleiht, etwas völlig anderes als das, was durch Moses Wirken erschreckend sichtbar in Israel entstanden ist. Unter dem Gesetz ist man ein „Sklave“ (Gal 4, 1 f); man lebt in der ständigen, ängstlichen Scheu vor Gesetzesübertretung und Versündigung[149]. Es ist auch nicht zufällig, daß gerade in den strengen Kreisen Israels die „Heuchelei“ entstand, das Gegenteil der freien Offenheit und Sonnendurchsichtigkeit, die Paulus mit Freude rühmen kann. Er kann das, weil gerade er, der ehemalige Pharisäer, die wunderbare Befreiung durch Jesus und den Heiligen Geist erfahren hat. So weiß er: **„Wo aber der Geist des Herrn [ist, da ist] Freiheit.“** Es ist die „Freiheit“ von den Zwängen der Ichhaftigkeit und dem Kreisen um das eigene Ich. Es ist die Freiheit zum Lieben. Die Liebe erfüllt das Gesetz (Rö 13, 10; Gal 5, 14), aber nicht mehr in Leistungen, die sie sich unter dem Druck des

[145] Im Zeugnis des NT erscheint der Geist Gottes deutlich als „Person“. Er leitet, er lehrt, er erinnert (Jo 14, 26; 16, 13). Er verherrlicht Jesus und schöpft dabei aus Jesu Eigentum (Jo 16, 14). Man kann ihn anlügen (Apg 5, 3. 9), man kann ihn betrüben (Eph 4, 30). Er spricht und gibt Anweisungen (Apg 13, 2), er hindert Paulus bei der Durchführung eigener Missionspläne (Apg 16, 6), er setzt Menschen zu bestimmten Diensten ein (Apg 20, 28). Er „wohnt“ in den Glaubenden (Rö 8, 9; 1 Ko 3, 16). In allem handelt der Geist personhaft. Die Gemeinde Jesu hatte recht, den Geist lehrhaft als „die dritte Person der Trinität“ zu bezeichnen.

[146] Es ist darum irreführend und gefährlich, wenn der „Geist“ in falscher Weise verselbständigt und in seinem Wirken über Jesus erhöht wird. Der Geist führt nicht über Jesus empor zu neuen, eigenen Höhen. Darum gibt es auch nicht über dem „schlichten Glaubensstand“ in Jesus ein „Geistchristentum“ höherer Art. Und darum kennt das NT auch kein Gebet zum Heiligen Geist, sondern nur das Beten im Heiligen Geist (Ju 20).

[147] Eine sprachlich und inhaltlich parallele Stelle finden wir in 1 Ko 15, 45. Es ist zugleich zu beachten, wie auch an andern Stellen Christus und der Geist als Subjekt gleicher Wirkungen erscheinen: Gal 4, 4—6; Rö 8, 9—11; 1 Ko 6, 11; 6, 17; 12, 12 f.

[148] So lehrt es Petrus am Pfingsttage: Apg 2, 38, so zeigt es Paulus den Ephesern (Eph 1, 13). Darum sind die Apostel überall davon überzeugt, daß Menschen „in Christus“ zugleich den Heiligen Geist haben: Rö 9, 9—11. 15. 16. 23; 1 Ko 3, 16; 6, 19; 1 Jo 2, 27 u. a. Stellen.

[149] Auch an die „Sklaverei der Todesfurcht“ (Hbr 2, 16) ist hier zu denken.

Gesetzes abquält, sondern in Freiheit und Freude. Sie ist darin das völlige Gegenteil zu einem Leben unter dem Gesetz, obwohl in ihr gerade zur Erfüllung kommt, was Gott in seinen Geboten wahrhaft gemeint hat. Dieses Lieben ist „Frucht des Geistes" und in der Schilderung Gal 5, 22 nicht zufällig sofort mit „Freude" und „Friede" verbunden[150].

Läßt sich das als Wirklichkeit zeigen? Und wie sieht ein Leben in 18
dieser „Freiheit" konkret aus? Paulus antwortet: **„Wir aber alle, mit enthülltem Angesicht die Herrlichkeit des Herrn widerspiegelnd, werden in dasselbe Bild umgestaltet von Herrlichkeit zu Herrlichkeit, demgemäß wie vom Herren-Geist** (oder: vom Geist des Herren) **her."** In diesem Satz ist sofort das betont hervorgehobene **„wir"** mit dem hinzugefügten **„alle"** besonders zu beachten. Diese „wir" sind die Glieder des Neuen Bundes, die jetzt Mose und Israel entgegengestellt werden. Gegenüber den bedrohlichen Strömungen in Korinth und an andern Orten heißt das sofort: Sollen **„wir"** das vollkommene Christsein, das die neuen Lehrer verheißen, ausgerechnet dadurch gewinnen, daß wir zu Mose, zum Gesetz, zur Unfreiheit, zur Verhüllung zurückkehren? Nein, **„wir"** besitzen etwas ganz anderes! Und zwar **„wir alle"**! Im Alten Bund lag ein Glanz von Herrlichkeit allein auf Mose, vor dem die „Gemeinde" Israels nur erschrak. Jetzt aber hat die „Gemeinde Gottes" mit ihren Aposteln und Mitarbeitern zusammen den vollen Anteil an der Herrlichkeit des Neuen Bundes. Es ist in der neutestamentlichen Gemeinde also nicht wie in Israel[151], aber auch nicht wie in den Mysterien-Religionen der hellenistischen Umwelt, wo nur ein kleiner Kreis besonders erlesener Menschen zur Schau der Gottheit gelangt und die lebenspendende Wirkung erfährt. **„Wir alle"**, diese ganze Gemeinde meist einfacher und in der Welt nicht viel bedeutender Menschen (1 Ko 1, 20 ff), hat Teil an der Herrlichkeit, die Paulus jetzt beschreibt.

Von diesen „wir" sagte der Apostel, daß wir **„mit enthülltem Angesicht die Herrlichkeit des Herrn widerspiegeln[152]"**. Auch von Mose ging ein Abglanz göttlicher Herrlichkeit durch seinen Umgang mit Gott aus. Aber Mose mußte diesen Glanz verhüllen, und für Israel

[150] Luther hat eine seiner schönsten Schriften dem Thema der „Freiheit eines Christenmenschen" gewidmet. Luther hat erkannt, daß das Kennzeichen des wahrhaft guten Werkes die „hilaritas", die Fröhlichkeit ist, mit der es in Freiheit getan wird.

[151] Kennzeichnend ist Jo 7, 49. Das „Volk des Landes" „weiß nichts vom Gesetz" und ist darum von den „Pharisäern und Schriftgelehrten" verachtet und „verflucht".

[152] Das Wort „katoptrizomai" nur an dieser Stelle im NT vorkommend, heißt zunächst „einen Spiegel benutzen" oder „eine Spiegelung bilden". Die mediale Form bringt eine Rückbeziehung auf das handelnde Subjekt hinein. Die grie Ausleger verstanden es als „Abspiegeln" (wie Silber die Strahlen der Sonne). Der Gebrauch des Wortes an unserer Stelle muß sich aus dem ganzen Satz mit seinen näheren Bestimmungen ergeben.

bleibt er vollends verhüllt und verdunkelt. Die Gemeinde Jesu aber ist gekennzeichnet durch die „parrhesia"; mit **„unverhülltem Angesicht"** steht sie frei vor dem Herrn und spiegelt so die Herrlichkeit des Herrn wider. Das Bild des „Spiegels" ist also hier völlig anders verwendet, als in 1 Ko 13, 12. Es geht nicht um unser Erkennen des Herrn, das im jetzigen Äon nur unvollkommen wie in einem Metallspiegel erfolgen kann. Es geht um das „Widerspiegeln", das Ausstrahlen des Lichtes, das der Spiegel aufgenommen hat und zurückwirft. An uns ist göttliches Leben und Lieben zu sehen, das aber nicht aus uns selber stammt und nicht durch eigene Bemühungen unter dem Gesetz von uns hervorgebracht wird. Das ergäbe immer nur „Heuchelei". Es ist der zurückgestrahlte Glanz des Lichtes, das vom Herrn her auf uns fällt[153]. Aber Paulus überschreitet die Grenze des Bildes und mutet dem „Spiegel" etwas zu, was er als solcher gar nicht leisten kann: Die Verwandlung in das Bild, das er widerspiegelt. Der Glanz der Herrlichkeit bei uns ist nicht nur ein bleibender und dauernder, im Gegensatz zu dem vergehenden Licht auf Moses Angesicht. Nein, diese Dauer führt zu einer tiefen Einwirkung auf uns, die Empfänger und Träger des Glanzes. Das Hinschauen auf Jesus, wobei wir wie ein Spiegel sein Bild aufnehmen, gestaltet uns um **„in dasselbe Bild"**, eben in das Bild, das wir aufnehmen, und damit in das Bild des Herrn selbst. Das große Ziel Gottes, das er in der Schöpfung des Menschen zu seinem Bilde, zum Bilde Gottes (1 Mo 1, 27), festgesetzt hatte und das vom Sündenfall durchkreuzt war, wird in dieser „Umgestaltung in dasselbe Bild" neu aufgenommen. Diese „Umgestaltung" geschieht nicht mit einem Mal bei unserer Bekehrung und Wiedergeburt. Dort erhalten wir „die Gerechtigkeit, die vor Gott gilt". Dort werden wir voll und ganz „Kinder Gottes" (Jo 1, 12; 1 Jo 3, 1. 2; Rö 8, 15 f). Aber unsere tatsächliche Umwandlung in das Bild Jesu geschieht **„von Herrlichkeit zu Herrlichkeit[154]"** oder „aus Herrlichkeit in Herrlichkeit", also in einer unaufhaltsamen und uner-

153 Damit das in unserm Leben Wirklichkeit wird, bedürfen wir der Stille und Sammlung, in der wir mit aufgedecktem Angesicht die Herrlichkeit des Herrn in uns aufnehmen. Hier liegt die Unentbehrlichkeit ausreichender „Stiller Zeit". Das Wort des Apostels gibt unserer „Andacht" die entscheidende Richtung. Die Herrlichkeit Jesu haben wir im Wort der Schrift zu finden und ihr unser offenes Angesicht zuzuwenden. Aber auch mitten im Getriebe des Alltags dürfen wir Augenblicke des widerspiegelnden „Wegblickens auf Jesus" haben.

154 Wir dürfen dabei nicht vergessen, daß nach Kap. 4, 6 die „Herrlichkeit Gottes" gerade „in dem Angesicht Jesu Christi", also in dem Angesicht des Geschmähten, Angespieenen, am Kreuz Sterbenden zu sehen ist. Jesus selbst sah seine „Erhöhung" in seiner Kreuzigung (Jo 12, 22; 17, 1). So ist auch unsere „Umgestaltung von Herrlichkeit zu Herrlichkeit" unsere Verwandlung in das „Lammesbild", fort von aller ichhaften „Herrlichkeit" und „Größe"! In der Fähigkeit zum leidenden und liebenden Gehorsam wird echte Herrlichkeit nach „demselben Bild" an uns sichtbar.

schöpflichen Bewegung, die in die kommende Vollendung hineinführt[155].

Im Gesetz wird uns freilich auch schon gezeigt, wie der Mensch nach Gottes Willen sein sollte. Glanz Gottes lag darum auch auf Mose, der diese Forderung Gottes zu uns brachte. Aber als „Forderung" hilft uns die Kenntnis des göttlichen Willens nichts. Im Gegenteil, als „Forderung" verurteilt sie uns und überliefert uns dem Tode. Jetzt aber ist es anders. Jetzt ist **„der Herr"** da, der **„der Geist ist"** und im Geist die Schrift Gottes in unser Herz schreibt und das Bild Gottes in uns einprägt. Darum setzt Paulus seiner Schilderung unserer Umwandlung in das Christusbild von Herrlichkeit zu Herrlichkeit einen kurzen Satz hinzu, den wir etwas ausführlicher so wiedergeben können: „Ihr versteht recht: das geschieht von dem Herrn her, der als Geist in euch zu wirken vermag." Der Text lautet in der kurzen Knappheit des Urtextes: **„demgemäß wie vom Herren-Geist her".** Dabei können im grie Satz die beiden Genitive als voneinander abhängig gemeint sein; Jesus würde dann **„der Herr des Geistes"** genannt. Wahrscheinlich aber stehen sie gleichgeordnet nebeneinander und erläutern sich gegenseitig. Es handelt sich um den **„Herrn"**, der nicht in der Höhe fern über uns bleibt, sondern der im Heiligen Geist in uns zu wohnen und zu wirken vermag. Und es handelt sich umgekehrt um den **„Geist"**, der nichts Unbekanntes und Fremdes ist, sondern der allein den **„Herrn"** verherrlicht, alles aus dem Herrn schöpft. So ist der Geist der „Geist des Herrn", der „Christusgeist" (Rö 8, 9; 1 Ko 2, 16). Und Jesus ist der „Herr im Geist", der uns durch den Geist in sein Bild umgestaltet. So leben die Glieder der Gemeinde Jesu „ohne Gesetz" und gewinnen dennoch göttliches Leben in Wahrheit und Kraft und erreichen „ohne Gesetz" das eigentliche Ziel des Gesetzes.

Es wird in diesen Aussagen erneut der totale Unterschied zu allem Leben unter dem „Gesetz" deutlich. Nicht wir heiligen uns selbst. Nicht wir suchen nach bestimmten Regeln und Gesetzen das Bild Gottes in uns herzustellen. Paulus gebraucht betont das Passiv: **„Wir werden umgestaltet."** Der eigentlich Handelnde dabei ist der Herr, der der Geist ist[156].

155 Das ist ntst „Heiligung". Hier wird es wachstümlich wahr: „Ihr sollt heilig sein, denn ich bin heilig" (1 Pt 1, 15 f). Hier verwirklicht sich das Wort Jesu im Hohenpriesterlichen Gebet: „Ich heilige mich selbst für sie, auf daß auch sie geheiligt seien in der Wahrheit" (Jo 17, 19). Darum konnte in Hbr 10, 10 bezeugt werden: „In diesem Willen sind wir geheiligt ein für allemal durch das Opfer des Leibes Jesu Christi."

156 Die Bibel kann darum Gott mit dem Künstler vergleichen, der in ein Stück Ton ein Bild hineinformt: Rö 9, 21; Jer 18, 1—6; Jes 45, 9; 64, 7.

Dieses Handeln Gottes an uns führt schon jetzt **„von Herrlichkeit zu Herrlichkeit“**. Es hat aber seine harte Grenze an unserm Leib, der jetzt noch tot ist und bleibt (Rö 8, 10). Aber es kommt bei der Parusie des Herrn auch die Umwandlung unseres jetzigen „Leibes der Niedrigkeit“ in die Gleichgestaltung mit seinem „Leibe der Herrlichkeit“ (Phil 3, 21). Dann ist die große Verordnung Gottes erfüllt, daß wir „gleich sein sollen dem Ebenbilde seines Sohnes, auf das derselbe der Erstgeborene sei unter vielen Brüdern“ (Rö 8, 29). „Wir wissen aber, wenn es erscheinen wird, daß wir ihm gleich sein werden ...“ (1 Jo 3, 2). Mit völliger Zuversicht und voller Offenheit darf Paulus seinen Dienst tun. Das wird Paulus im folgenden noch weiter ausführen.

Exkurs: ALTER UND NEUER BUND

Die „Rechtfertigungsbotschaft“ steht im Mittelpunkt alles Denkens und Lehrens des Apostels Paulus. Es ist wichtig, daß Paulus das „verhärtete Herz“ Israels seinerseits aus eigener Erfahrung kannte. Er hat das Gesetz keineswegs unmittelbar als „Dienst der Verurteilung und des Todes“ erlebt! Rö 7, 14 ff ist nicht Selbstbiographie. Wie er selber sein Leben in seiner pharisäischen Zeit empfand, sagt er in Phil 3, 6: „Nach der Gerechtigkeit im Gesetz gewesen unsträflich.“ Sein Weg ist also ein ganz anderer als der Martin Luthers. Wenn Paulus in unserm Abschnitt versichert, erst durch die Bekehrung zu Christus werde die Hülle über dem Alten Bund abgetan, so entspricht das genau seiner Erfahrung. Auf dem Weg nach Damaskus mußte Paulus als unausweichliche Wirklichkeit erkennen, der von Israel verworfene und an das Fluchholz ausgelieferte ist der Auferstandene, ist der „Kyrios“ und der Messias Israels! Paulus mußte sich vor ihm beugen und sich ihm ausliefern. Aber da brach die Frage auf: Warum wurde „der Herr der Herrlichkeit“ (1 Ko 2, 8) zu dem, der von Gott preisgegeben am Kreuz starb? Die Jünger Jesu sagten, „daß Christus gestorben ist für unsere Sünden nach der Schrift“ (1 Ko 15, 3). War denn nun auch er, der strenge Pharisäer Saulus, der „unsträfliche“ Gerechte, ein „Sünder“, für den der Sohn Gottes sterben mußte? Jetzt ging Paulus der volle und tödliche Ernst des Gesetzes auf. „Die mit des Gesetzes Werken umgehen, die sind unter dem Fluch“ (Gal 3, 10). Er erfaßte das Gesetz als „geistliche Größe“ (Rö 7, 14): Es fordert in allen seinen Geboten die Liebe und wird nur durch die Liebe erfüllt (Rö 13, 8—10; Gal 5, 14). Auch die genaueste Befolgung aller Vorschriften des Gesetzes um der eigenen Gerechtigkeit willen (Rö 10, 3) ist gerade nicht „Liebe“. Der Eifer für Gott in der Verfolgung der Gemeinde Jesu enthüllt sich als Feindschaft gegen Gott. Der gerechte

Pharisäer Saul von Tarsus war in Wahrheit ein „Kind des Zornes von Natur" (Eph 2, 3), ein Verfluchter vor Gottes heiligem Gesetz. Nun fiel die Hülle vom Alten Bund und dem Gesetz. Seine erschrekkende Herrlichkeit als „Dienst der Verurteilung und des Todes" wurde sichtbar. Aber zugleich wurde der am Fluchholz Sterbende als der von Gott selbst geschenkte Erretter offenbar. Die Herrlichkeit Gottes im Neuen Bund strahlte in dem Angesicht Jesu Christi (2 Ko 4, 6), in dem Angesicht des Gekreuzigten. Das befreiende Evangelium war das „Wort vom Kreuz", und Paulus war entschlossen, nichts anderes mehr zu wissen als allein Jesus Christus und ihn als Gekreuzigten (1 Ko 1, 18; 2, 2). Es ist das Wort von der „Gerechtigkeit Gottes", die dem Glauben als freies Geschenk der unbegreiflichen Liebe Gottes zuteil wird (Rö 1, 17).

Wir haben aber zu beachten, daß Paulus in unserm Kapitel dem Gesetz und seinem Todesurteil nicht die Botschaft von der rettenden Kraft Gottes im Kreuz seines Sohnes entgegenstellt, sondern das Zeugnis vom Wirken des Geistes, der das neue Leben in Freiheit schafft. Im „Dienst des Geistes" sah der Apostel die überragende Herrlichkeit des Neuen Bundes, während das „Gesetz" nicht „lebendig machen" (Gal 3, 21), sondern nur „töten" kann. Paulus hat auch in Rö 8 gesagt, daß „das Gesetz des Geistes des Lebens mich frei gemacht hat vom Gesetz der Sünde und des Todes". Aber im Römerbrief war das „Wort vom Kreuz" in Kap. 3 und Kap. 5 bereits vorhergegangen. In unserm Brief folgt die mächtige Darlegung über die Versöhnung der Welt mit Gott erst in Kap. 5, 14–21 nach. Aber stets gehört in die Verkündigung des Apostels das Dreifache zusammen: das Todesurteil Gottes über uns alle von seinem Gesetz aus, die Rettung durch den Glauben an den für uns zum Fluch gewordenen Gottessohn und das erneuernde Wirken des Leben schaffenden Geistes. Nur in diesem dreifachen Zeugnis ist die Rechtfertigungsbotschaft in ihrer Ganzheit und Wirkungsmacht da.

DIE BEWÄHRUNG DES APOSTEL-DIENSTES

2. Korinther 4, 1–6

1 **Deswegen, weil wir diesen Dienst haben, wie uns Barmherzigkeit**
2 **widerfahren ist, werden wir nicht müde** (oder: mutlos), *** sondern**
haben uns von aller schändlichen Heimlichtuerei losgesagt, indem
wir nicht in Verschlagenheit wandeln und auch nicht das Wort
Gottes verfälschen, sondern mit der offenen Verkündigung der
Wahrheit bei uns selbst bei jedem Gewissen von Menschen emp-

Zu Vers 1:
2 Ko 3, 6
1 Ko 7, 25
1 Tim 1, 13. 16
Zu Vers 2:
2 Ko 2, 17
5, 11
1 Th 2, 5

Zu Vers 3:
2 Ko 2, 15 f
1 Ko 1, 18
Zu Vers 4:
Jo 12, 31
Eph 2, 2
Kol 1, 15
Hbr 1, 3
Zu Vers 5:
2 Ko 1, 24
Zu Vers 6:
1 Mo 1, 3
Eph 1, 18 f
2 Pt 1, 19

3 **fehlen vor den Augen Gottes. * Wenn aber unser Evangelium tat-**
sächlich verhüllt ist, so ist es bei den Verlorengehenden verhüllt,
4 *** bei welchen der Gott dieser Weltzeit die Gedanken der Ungläu-**
bigen blind gemacht hat, damit sie nicht sehen den Lichtglanz
(oder: damit ihnen nicht aufleuchte der Lichtglanz) **des Evangeli-**
ums von der Herrlichkeit des Christus, welcher ist das Bild Gottes.
5 *** Denn nicht uns selber verkündigen wir, sondern Christus Jesus**
6 **als Herren, uns selber aber als eure Sklaven um Jesu willen. * Denn**
Gott, der da sprach: Aus Finsternis soll Licht aufleuchten, der hat
es in unsern Herzen aufleuchten lassen (oder: der ist aufgeleuchtet
in unsern Herzen) **zum Lichtglanz der Erkenntnis der Herrlichkeit**
Gottes im Angesicht Jesu Christi.

Der Apostel hat das Wesen des „Evangeliums" in seinem ganzen Gegensatz zum Wesen des „Gesetzes" objektiv dargelegt. Er hat sofort gezeigt, wie daraus eine ganz verschiedene Haltung bei Mose, dem großen Diener des Alten Bundes, und bei ihm, dem Apostel Jesu im Neuen Bund, notwendig erwachsen muß. Nun wendet er das unmittelbar auf die Fragen an, die zwischen der korinthischen Gemeinde und ihm trennend sind. Sein Brief wird hier wieder ganz persönlich, weil sein Verhalten von den neuen Lehrern in Korinth und von Kreisen der Gemeinde selbst angegriffen und verdächtigt worden ist. Es kann das wie eine „Verteidigung" gegen bestimmte Vorwürfe klingen (Kap. 12, 19!) und enthält auch tatsächlich solche Verteidigung und ist doch weit mehr „Angriff" auf die Männer, die in Korinth (und anderswo) Verwirrung gestiftet haben und auch jetzt noch ihren Einfluß festhalten möchten. Könnten wir einige Tage im damaligen Korinth zu Gast sein und das Gemeindeleben mit eigenen Augen beobachten, wie anders würden wir unsern Brief lesen und bestimmte Wendungen und Ausdrücke in ihm verstehen! Wir können es leider nicht und sind auf Rückschlüsse aus unserm Brief angewiesen, wenn wir uns die Lage in der Gemeinde und die Art der dort gegen Paulus gerichteten Bewegungen klarmachen wollen. Dabei bleibt notwendig vieles fraglich. Aber wichtig ist es, daß wir die Sätze unseres Briefes als echte, geschichtlich bestimmte Briefsätze lesen und nicht als akademische, neutrale Darlegungen über die Regeln und Normen rechter Verkündigung. Wir brauchen keine Sorge zu haben, daß die Beachtung der geschichtlichen Situation die Ausführungen des Apostels weniger aktuell für uns machen könnte. Gerade wenn wir sie in ihrer lebendigen Bezogenheit auf sehr konkrete Vorgänge in Korinth lesen, werden wir ihre ganze Aktualität auch für uns spüren.

1 **„Deswegen, weil wir diesen Dienst haben, wie uns Barmherzigkeit**

widerfahren ist, werden wir nicht müde (oder: mutlos)." Vom „Rühmen" hatte Paulus gesprochen, von seiner „Zuversicht" und seiner „Hoffnung". Nun bestätigt er dies alles durch die Abweisung und Verneinung des Gegenteiles, des „Müdewerdens" oder „Mutloswerdens[157]", so lange dauerten schon die Spannungen mit Korinth; sie waren nach seinem kurzen Besuch noch schärfer geworden. Der Apostel, der mit ernster Liebe um diese Gemeinde rang, wurde beargwöhnt, mißverstanden, gekränkt und abgelehnt. Mußte nicht der Zeitpunkt kommen, wo er alles dessen „müde wurde", den Mut verlor und Korinth sich selbst überließ? Nein, **„wir werden nicht müde"**. Paulus wird dies Wort in V. 16 im Blick auf sein ganzes Apostelleben und Apostelleiden noch einmal wiederholen und damit unterstreichen.

Aber warum kann er so „unermüdlich" in allen diesen Nöten stehen? **„Deswegen, weil wir diesen Dienst haben, wie uns Barmherzigkeit widerfahren ist." „Diesen Dienst"** — Paulus blickt auf das zurück, was er soeben vom „Dienst des Neuen Bundes" und von seiner einzigartigen Herrlichkeit geschrieben hat. Auch an das, was er in 2, 14—17 von Gottes Wirken bezeugte, wird er noch einmal denken. **„Diesen Dienst"**, diesen einzigartigen und kostbaren Dienst darf er tun; da gibt es kein „Ermüden", keine Mutlosigkeit. Dies umso weniger, als ihm in der Berufung zu diesem Dienst **„Barmherzigkeit widerfahren ist"**. So hat es Paulus immer angesehen (1 Tim 1, 12—17). Dem großen Glück der Errettung folgte nicht die harte Last eines schwierigen Dienstes, die er mit Seufzen auf sich nehmen mußte. Nein, es war die Höhe der freien Gnade Jesu, daß er seinem Feind und Verfolger „diesen Dienst" anvertraute, an dem der Fortgang des eigenen Werkes des Herrn in der Welt und das ewige Leben von Menschen hing[158].

Wie führt der Apostel seinen Dienst aus? Was für ein Verhalten 2
setzt er aller Versuchung zu Ermüdung und Mutlosigkeit entgegen? **„Sondern haben uns von aller schändlichen Heimlichtuerei losgesagt, indem wir nicht in Verschlagenheit wandeln und auch nicht das Wort**

[157] Das grie Wort hat viele Bedeutungsnuancen. Aber auch unser deutsches Wort „müde" kann „Mutlosigkeit", „Überdruß", ein „Nicht-mehr-mögen" einschließen. Wir sagen: „Ich bin einer Sache müde."

[158] Das „Müdewerden" ist die große Gefahr unserer Zeit, bei den Predigern wie bei den Gemeindegliedern. Paulus zeigt uns den Weg zur Überwindung dieser Müdigkeit. Wir müssen neu erfassen, welch ein Dienst es ist, den der Herr auch uns anvertraut hat. Wir müssen neu begreifen, daß nicht die Härte des Herrn, sondern seine wunderbare Barmherzigkeit es ist, die uns an seinem Werk auf Erden Anteil gibt (Vgl. 1 Th 2, 4 und die Auslegung in der W. Stb.). Aber wir müssen auch sehen, ob die Müdigkeit nicht von einer falschen Aktivität auf eigenen Wegen und in eigenmächtigen Bemühungen kommt. Wer viel arbeitet und wenig betet, darf sich nicht wundern, wenn er müde und mutlos wird.

Gottes verfälschen." Der grie Wortlaut „Wir haben uns von den Verborgenheiten der Schande losgesagt" hat vermuten lassen, daß der Apostel von „verborgenen Schändlichkeiten" spreche. Aber mußte ein Paulus sich davon erst „lossagen"? Nein, wir haben hier eine ähnliche Wortbildung vor uns wie in Rö 1, 26 bei dem Wort über die „schändlichen Lüste". Nach seinem hebr Sprachempfinden vermeidet Paulus die Eigenschaftsworte und ersetzt sie durch den Genitiv eines Hauptwortes. Er formuliert in Rö 1, 26 wörtlich „Leidenschaften der Ehrlosigkeit" und meint damit „ehrlose Leidenschaften". Das im Genitiv stehende zweite Hauptwort muß also im deutschen zu einem entsprechenden Eigenschaftswort führen. „Verborgenheiten der Schande" sind dann „schändliche Heimlichtuereien". Das ist das Gegenteil zu der vollen „Offenheit" und „Durchsichtigkeit" im Leben und Wirken des Paulus. Er „schämt sich des Evangeliums nicht" (Rö 1, 16) und arbeitet nicht versteckt und heimlich. Aber seinen Gegnern in Korinth wirft er offenbar gerade diese verborgen wühlende Tätigkeit vor. Paulus und seine Mitarbeiter **„wandeln nicht in Verschlagenheit"**. Das grie Wort meint die üble Schlauheit und Gerissenheit, mit der man einfältige Menschen zu fangen und irrezuführen weiß. Paulus weist das von seinem eigenen Verhalten ab; er hat es schon in 1, 12 versichert, daß sein ganzes Verhalten in der Welt „nicht von fleischlicher Weisheit, sondern von der Gnade Gottes bestimmt sei". Er hat keine selbstsüchtigen Ziele, ihm geht es um die Botschaft, die er zu bringen hat, um das Wort Gottes und das Heil der Menschen. Bei den Männern aber, die in Korinth die große Rolle spielten, sieht er diese **„Verschlagenheit"**, mit der sie sich in das Vertrauen der Gemeinde eingeschlichen haben, um nun die Gemeinde zu beherrschen und auszunützen (Kap. 11, 15; 11, 20). Ihnen hat er schon in 2, 17 vorgeworfen, sie trieben mit dem Wort Gottes Handel. Wir sahen, daß da an den „Weinpanscher" gedacht war, der um des eigenen Gewinnes willen minderwertige Speisen und Getränke lieferte. Nun erhebt der Apostel direkt den Vorwurf gegen sie: **„sie verfälschen das Wort Gottes"**[159]. Er aber tut das nicht, er redet ja „aus Lauterkeit, aus Gott, vor dem Angesicht Gottes, in Christus" (2, 17).

Und nun spricht Paulus positiv dieser gefährlichen Art gegenüber den Grundsatz seiner evangelistischen Arbeit aus. Er macht es nicht wie jene andern, er kann versichern: **„mit der offenen Verkündigung**

[159] Zu solcher Antastung des Wortes Gottes können mancherlei Motive führen. Wir können in falscher Freundlichkeit den Hörern den ganzen Ernst der Botschaft ersparen wollen. Wir möchten den Menschen angenehm sein und uns bei ihnen beliebt machen. Wir mögen nicht „rückständig" und „unmodern" erscheinen. Jede Verfälschung des göttlichen Wortes belädt uns mit schwerster Verantwortung. Denn an der klaren, unverfälschten Ausrichtung der biblischen Botschaft hängt das ewige Heil von Menschen.

der Wahrheit bei uns selbst bei jedem Gewissen von Menschen empfehlen vor den Augen Gottes." Die in 3, 12 genannte „volle Offenheit" wird jetzt als **„offene Verkündigung"** deutlich. Der Bote Jesu weiß, daß er nicht „Wahrheiten" bringt, vielleicht interessante Wahrheiten, wichtige Wahrheiten, sondern **„die Wahrheit", die eine, entscheidende Wahrheit, Gottes Wahrheit**[160]. Wie sollte er diese „Wahrheit" nicht mit voller Überzeugung in aller Klarheit und Offenheit verkündigen[161]. Mit dieser Verkündigung wendet er sich nicht an den Verstand der Hörer, obwohl Paulus auch das Denken der Menschen ernsthaft in Anspruch nahm. Er sucht auch nicht Erregung von Gefühlen, obwohl bei der Verkündigung der Wahrheit Gottes in ihrem Ernst und ihrer Freude kein echter Hörer unbewegt bleiben wird. Aber der Zielpunkt der Verkündigung ist ein anderer: das Gewissen! Wenn Paulus dabei von **„jedem Gewissen von Menschen"** spricht, vermeidet er von vornherein den Schein, als meine er tatsächlich bei „jedem Menschen" das Gewissen treffen zu können. Die Formulierung „jedes Gewissen" denkt an die ganze Verschiedenheit im Stand, in der Wachheit, in der Tiefe der Gewissen. Aber wie immer es mit dem Gewissen in Menschen bestellt sein mag, an das Gewissen wendet sich die Botschaft[162]. Das Gewissen ist nicht „Gottes Stimme"; aber es ist das Organ im Menschen, das Gottes Forderung und Gottes Urteil aufzunehmen vermag. Allein im Gewissen wird der Mensch personhaft von der Verkündigung erreicht und getroffen. Paulus hat sich auch bei einem gewissenlosen Mann wie Felix dennoch an sein Gewissen gewandt und hat es nicht vergeblich getan Apg 24, 24 f. Hier spricht er dieses Zielen auf das Gewissen als Grundsatz seiner ganzen Verkündigung aus.

[160] Vgl. dazu die Verwendung des Wortes „Wahrheit" im Johannesevangelium. Vgl. W. Stb. 1. Halbbd. S. 56 und 281.
In der Bibel meint das Wort „Wahrheit" nicht so sehr das subjektive Wahrsein, sondern die objektive „Wirklichkeit". Die grundlegende, entscheidende Wirklichkeit aber ist der lebendige Gott. „Die Wahrheit" ist darum zuletzt Gottes Wirklichkeit.

[161] Weil wir nicht Märchen erzählen und auch nicht nur von allerlei interessanten Dingen reden, sondern letzte entscheidende Wahrheit zu sagen haben, ist uns der ganze Einsatz zur Pflicht gemacht, um Menschen unter diese „offene Verkündigung der Wahrheit" zu bringen. Wir werden alle Mittel und Möglichkeiten unserer Zeit ausnützen, wie Paulus die Gegebenheiten seiner Umwelt gebrauchte.

[162] Zu dem rechten Verständnis des „Gewissens" vgl. den Artikel im „Lexikon zur Bibel" und die Schrift von Hallesby „Vom Gewissen" R. Brockhaus-Verlag. Siehe auch die Ausführungen zu Kap. 1, 12 S. 36 und die Auslegung zu Rö 2, 15; 9, 1 in der W. Stb. S. 74 heißt es: „Es ist eine tiefe und geheimnisvolle Sache um das Gewissen. Der Grieche nannte es das ‚Mitwissen'. Wir tragen in uns den verborgenen ‚Mitwisser' unseres Lebens, der sein Urteil über unser Leben abgibt. Dieses Urteil ist merkwürdig unabhängig von unseren Wünschen. Es steht nicht in des Menschen Macht, das Gewissen zu wekken. Es steht aber auch nicht in seiner Macht, es zum Schweigen zu bringen. Es bleibt ein unbestechlicher Zeuge, dessen Stimme nicht ungestraft überhört werden darf."

Paulus ist überzeugt, sich mit dieser offenen Verkündigung **„bei jedem Gewissen von Menschen zu empfehlen"**. Er greift noch einmal auf, was er in 3, 1 schrieb. Ohne „Empfehlung", ohne „Ausweis", kann niemand arbeiten und bei den Menschen Zugang finden. Auch die neuen Männer in Korinth waren mit „Empfehlungsschreiben" in die Gemeinde gekommen. Solche „Empfehlungen" braucht Paulus nicht. In der Tat, er **„empfiehlt sich selbst"**, wie man in Korinth murrte, und doch ganz anders, als man dort dachte. Wo der Bote Jesu mit rückhaltloser Verkündigung der Wahrheit Gewissen trifft und zur Erkenntnis der letzten, entscheidenden Wahrheit führt, da wird ihm das Vertrauen der Herzen zuteil, da erweist er sich als echter Bote Gottes. Mit starkem Nachdruck fügt Paulus hinzu: **„Vor den Augen Gottes"**. Nun stehen beide, Verkündiger und Hörer, vor dem lebendigen Gott. Vor seinen durchdringenden Augen schwindet alles, was Heimlichkeit, Schein und Unwahrheit ist. Es wird alles klar und hell. Paulus wird das noch einmal am Schluß dieses Abschnittes mit dem Bild vom „Licht" sagen, das Gott im Herzen aufleuchten läßt zum Lichtglanz der Erkenntnis der Herrlichkeit Gottes im Angesicht Jesu Christi. Geschieht das „in unsern Herzen", so geschieht es im Gewissen. Das gesamte atst Schrifttum kennt den Begriff „Gewissen" nicht, sondern gebraucht stattdessen das Wort „Herz"[163]. Dieses Stehen vor den Augen Gottes ist das volle Gegenteil zu dem ganzen Tun und Treiben der in Korinth eingedrungenen Männer.

3/4 Paulus macht sogleich einen ernsten Einwand. Geschieht es denn immer und überall so, wie er es eben geschrieben hat? War überall in seiner Wirksamkeit dieser wunderbare Erfolg da? Blieb eine „Hülle" nur auf Moses Dienst, nur auf dem Herzen Israels? Muß nicht auch der Bote Jesu erleben, daß sein Evangelium **„verhüllt"** bleibt? Paulus gibt Antwort. **„Wenn aber unser Evangelium tatsächlich verhüllt ist, so ist es bei den Verlorengehenden verhüllt, bei welchen der Gott dieser Weltzeit die Gedanken der Ungläubigen blind gemacht hat, damit sie nicht sehen den Lichtglanz** (oder: damit ihnen nicht aufleuchte der Lichtglanz) **des Evangeliums von der Herrlichkeit des Christus, welcher ist das Bild Gottes."**

Paulus hatte in 2, 12 vom „Evangelium des Christus" gesprochen und damit gesagt, daß das Evangelium Christus selbst gehöre, der als Subjekt, nicht als Objekt des Evangeliums, selber als der eigentliche „Evangelist" am Werke ist. Jetzt aber nennt er die Botschaft **„unser Evangelium"**, weil er nun auf sein eigenes Wirken blickt. Indem Christus das Evangelium ihm anvertraut (V. 1), wird es „sein"

163 An der einzigen Stelle, wo in der LÜ im AT das „Gewissen" vorkommt (Hio 27, 6), spricht der hebr Text ebenfalls von „meinem Herzen".

Evangelium. Darum ist die Frage, warum die offene Verkündigung der Wahrheit oft unwirksam bleibt, besonders ernst. Ist es die Schuld des Paulus? Der Apostel hat schon in 2, 15 f auf die doppelte Wirkung gerade vollmächtiger Verkündigung hingewiesen. Sie ist „Geruch vom Leben her zum Leben", aber sie ist auch „vom Tode her zum Tode". Darum gibt es durch das Evangelium nicht nur „Gerettete", sondern auch solche, „die verlorengehen". Diese scheinen die Überlegenen zu sein, die den Boten Jesu die Niederlage bereiten und sogar mit Gott fertig werden. In Wahrheit erweisen sie sich dadurch selber als die **„Verlorengehenden"**. Bei ihnen ist das Evangelium **„tatsächlich verhüllt"**.

Das ist freilich ein erschütterndes Geschehen. Wir stehen hier vor 4
dem Rätsel des Unglaubens. Das Evangelium ist nichts Finsteres und Schweres. Es ist helles Licht und strahlt von der **„Herrlichkeit des Christus, welcher ist das Bild Gottes"**. Wie ist es möglich, daß dieses Licht nicht gesehen wird oder doch nicht lockt und erleuchtet? Wie kann diese Botschaft, die lauter Heil und Leben bringt, zurückgestoßen werden? Liegt das nur am menschlichen Stolz und Trotz? Damit werden wir dem Ernst des Geschehens nicht gerecht. Paulus erklärt das Rätsel des Unglaubens weit tiefer und erschreckender. Was ist geschehen bei denen, die verloren gehen, obwohl es eine so wunderbare und einfache Errettung gibt? Paulus antwortet: **„bei welchen der Gott dieser Weltzeit die Gedanken der Ungläubigen blind gemacht hat, damit sie nicht sehen den Lichtglanz"**. Es ist also ein unheimlicher Feind unserer Errettung auf dem Plan. Paulus will gerade hier die ganze Größe des Feindes hervorheben und nennt ihn darum den **„Gott dieser Weltzeit"**. Auch die, die den lebendigen Gott und seine Liebe in Jesus abweisen, vielleicht sogar leugnen, haben einen „Gott", einen dunklen und harten Gott, den „Fürsten dieser Welt", wie Jesus ihn genannt hat. Satans stolzes Wort bei der Versuchungsgeschichte Jesu: „Alle diese Macht will ich dir geben und ihre Herrlichkeit; denn sie ist mir übergeben und ich gebe sie, welchem ich will" (Lk 4, 6), ist nicht ohne Grund und Recht. Für **„diese Weltzeit"** ist dem Satan tatsächlich eine Macht über die Erde belassen, die er beim Sündenfall des Menschen gewonnen hatte. Und diese „Macht" trägt darin etwas von Gottes Art an sich, daß sie nicht nur äußere Gewalt ist, sondern von innen her im Herzen der Menschen zu wirken vermag. Satans Ziel dabei ist nicht in erster Linie die Verführung zu einzelnen Sünden. Satan weiß, daß dafür die Vergebung in Jesus da ist. Darum liegt ihm alles an dem einen, daß Menschen nicht in Jesus ihren Retter und Herrn finden. So **„macht er die Gedanken der Ungläubigen blind, damit sie nicht sehen den Lichtglanz** (oder: damit ihnen nicht aufleuchte der Lichtglanz) **des Evangeliums von der Herr-**

lichkeit des Christus, welcher ist das Bild Gottes." Die sprachliche Auffassung des Satzes kann verschieden sein, wie die beiden Übersetzungen zeigen. Der Inhalt des Satzes ist eindeutig. Durch Satans Wirkung tritt bei Menschen jener schreckliche Zustand ein, daß das Evangelium im hellen Glanz leuchtet und die Herrlichkeit des Christus in ihrer ganzen Größe strahlt, Menschen aber von alledem nichts sehen. Sie „können" es tatsächlich nicht sehen, sie sind **„blind"**. Da hilft keine Verkündigung mehr, auch nicht Verkündigung mit apostolischer Vollmacht. Das Evangelium ist dann wirklich **„verhüllt"**.

Wir merken, wie der Apostel noch immer von seinen Ausführungen in Kap. 3, 12–18 bestimmt ist. Wieder geht es um **„Lichtglanz"** der **„Herrlichkeit des Christus"**. Während die, die sich retten lassen, mit „enthülltem Angesicht" diesen Lichtglanz widerspiegeln, ist bei den Verlorengehenden wieder eine „Hülle" da, die jetzt nicht das AT, sondern das Evangelium selbst verhüllt. Ja, hier handelt es sich nicht mehr um eine „Hülle", die weggenommen werden könnte, sondern hier ist die „Verhüllung" vielmehr „Verblendung, Blindmachung", die das Sehen radikal verhindert. Die Lage ist in der Zeit des Evangeliums noch ernster als in der Zeit des Alten Bundes für Israel. So meint es auch der Hebräerbrief in 10, 28. 29; 12, 25.

Ist dann aber nicht der Mensch ein Spielball zwischen Gott und Satan? Ist er nicht jeder eigenen Verantwortung entnommen? Und muß nicht hinter solchem Geschehen dann eine „doppelte Prädestination" stehen, da es doch undenkbar ist, daß Satan bei einzelnen Menschen „stärker" sein könnte als Gott?

Die Bibel ist bei ihrer Botschaft nicht so wie wir darauf aus, alles zu „erklären". Ihr sind die Tatsachen selbst das Wichtigste. So stellt auch Paulus hier zunächst nur fest, was vor sich geht, wenn seine Botschaft vergeblich bleibt. Aber nun ist dabei doch zu beachten, daß Paulus das blindmachende Wirken Satans sich vollziehen läßt an **„den Gedanken der Ungläubigen".** Das AT unterscheidet sehr klar die „Ungläubigen" von den „Unkundigen" (1 Ko 14, 23 f). **„Ungläubig"** kann erst der werden, der die rettende Botschaft hört und versteht, aber sie nun ablehnt und zurückweist, aus welchen Gründen das immer geschehen mag. Hier liegt klare Schuld des Menschen vor. Nun erst kann Satan bei diesen **„Ungläubigen"** sein Werk tun und sie blind und sehunfähig machen. Wenn sie vorher nicht glauben „wollten", so „können" sie jetzt nicht mehr glauben. Blind stehen sie vor dem Lichtglanz des Evangeliums und nehmen nichts mehr von der Herrlichkeit des Christus wahr[164].

[164] Es geschieht hier etwas, was der „Verhärtung des Herzens" in Israel entspricht (vgl. Kap. 3, 14). Aber es ist zugleich der Unterschied deutlich. Die „Blindheit" Israels hat ihren Platz im Heilsplan Gottes (Rö 11, 25); sie liegt vor der Bekehrung zu Jesus, die

Worin besteht die **„Herrlichkeit des Christus"**? Paulus faßt sie in einem einzigen Ausdruck zusammen: Christus ist **„das Bild Gottes"**. Paulus steht hier nahe bei dem, was Jesus selbst von sich gesagt hat: „Wer mich sieht, der sieht den Vater" (Jo 14, 9). Der Mensch, wie er jetzt ist, kann freilich Gott nicht sehen, ohne zu sterben (2 Mo 33, 30). Darum hat Gott sein **„Bild"** geschenkt, den Christus, den Sohn, den Gott-Menschen. Hier darf der suchende Mensch Gott wirklich finden und „sehen"[165] und darin zur Gewißheit kommen. Ja, er wird unter diesem „Sehen" und „Widerspiegeln" selber in dieses Bild umgestaltet von Herrlichkeit zu Herrlichkeit, wie wir eben lasen (3, 18). So gewiß, so mächtig ist das Evangelium! Umso schrecklicher aber, wenn Menschen für dieses alles blind wurden und dadurch notwendig in den Tod gehen. Ein so schweres Geschehen kann man Paulus nicht entgegenhalten, um ihn und seinen Dienst herabzusetzen. Hier tun sich ganz andere Hintergründe auf.

Es geht überhaupt nicht um Paulus! Wie schief wird alles, wenn in 5
Korinth um seine Person gestritten wird. **„Denn nicht uns selber verkündigen wir, sondern Christus Jesus als Herren, uns selber aber als eure Sklaven um Jesu willen."** Paulus spricht von sich; er wird es den ganzen Brief hindurch immer wieder tun. Aber dazu zwingen ihn die Korinther gegen seinen Willen (12, 1. 11). In seiner eigentlichen Verkündigung redet er nicht von sich selbst. Da ist er der Herold des Herrn Jesus Christus. Das Wort **„Herr"** hat dabei wieder seinen vollen Klang[166]. Wie ein neuer römischer Kaiser seinen Herold sandte, um ihn als den Herrn des Reiches, als den Herrn der Welt überall be-

für Israel noch kommen wird (Rö 11, 26 f). An unserer Stelle handelt es sich aber um eine Abweisung der rettenden Botschaft. Diese Abweisung macht Menschen zu Gefangenen Satans und zu Verlorenen. Auf die Frage, ob der Ungläubige in jedem Falle schon ein endgültig Verlorener sein muß, geht der Apostel hier nicht ein. Eine Stelle (1 Ko 14, 25 f) zeigt aber, daß Paulus mit der Möglichkeit rechnet, daß auch „Ungläubige" noch weiter nach der Botschaft fragen und von vollmächtiger Verkündigung in der Gemeinde überwunden werden können.

[165] Welchen Reichtum verschiedener Ausdrücke verwendet Paulus, um die Wirkung des Evangeliums zu beschreiben und das Erfassen der Botschaft zu schildern! Die Botschaft ist dazu da, „gehört" zu werden. Aber Paulus sah in ihr auch einen weithin dringenden „Duft", den wir wahrnehmen. Und jetzt sagt er uns, daß im Evangelium auch etwas zu „sehen" ist. So hell, so klar, so gewiß ist das Evangelium! Haben wir es nicht einseitig akustisch und intellektuell aufgefaßt?

[166] Unser Wort „Herr" ist abgegriffen und entwertet. Die Korinther dachten bei dem Wort „Herr = Kyrios" entweder an ihre grie Übersetzung des AT, die den Gottesnamen mit „Kyrios" wiedergibt, oder an die mancherlei Göttergestalten, die den Ehrentitel „Herr" trugen (vgl. 1 Ko 8, 5 und die Auslegung in der W. Stb.). Auch der Kaiser in Rom wurde als göttergleicher Weltherr „Kyrios" genannt (Apg 25, 26). So ist es eine inhaltlich erfüllte und mächtige Aussage, wenn Jesus von der Gemeinde als „Kyrios, Herr" bezeichnet wird. Wir sollen uns dessen ganz neu bewußt werden, wenn wir „der Herr Jesus" sagen.

kannt zu machen, so sagt Paulus es überall, daß der wahre **„Herr"** im Himmel und auf Erden Jesus ist. Paulus und seine Mitarbeiter sind nur **„Sklaven"**. Aber wie bewegend sagt es Paulus nun den Korinthern, die über seine Geltung als Apostel streiten. Paulus formuliert nicht wie zu erwarten wäre: „Uns selber aber als seine Sklaven", als Sklaven dieses Herrn[167]. Nein, er führt den Satz weiter: **„Uns selber aber als eure Sklaven."** Für die Korinther ist er da, für sie hat er sich drangegeben von seinem ersten Kommen nach Korinth an bis heute. In seinem heißen Sorgen und Ringen um sie ist er gerade ihr **„Sklave"**, nicht ihr „Herr", der sie beaufsichtigte und nach seinem eigenen Willen formte. Ihr „Sklave" ist er freilich **„um Jesu Willen"**! Er steht nicht in einer menschlichen Abhängigkeit von ihnen. Sie können nicht beliebig mit ihm umgehen. **„Wir sind eure Sklaven"** heißt nicht „ihr seid unsere Herren"! Denn **„Herr"** ist Jesus allein. Der hingegebene Dienst des Apostels für die Korinther ist begründet und begrenzt durch Jesu Herrschaft.

6 Und nun rühmt Paulus noch einmal die Herrlichkeit seines Dienstes. Es geht um die „Erleuchtung" der Menschen. Wie kommt es dazu? Wie sehen sie den **„Lichtglanz des Evangeliums"**? Paulus hatte schon gesagt, wie auf Moses Angesicht der Glanz Gottes lag, freilich ein begrenzter und vergehender Glanz. In der viel größeren Herrlichkeit des Neuen Bundes aber leuchtet der Lichtglanz nicht mehr nur auf einem einzelnen Angesicht. Nun strahlt er **„in unsern Herzen"** auf und führt zu der bleibenden **„Erkenntnis der Herrlichkeit Gottes im Angesicht Jesu Christi"**. Dieser Vorgang göttlicher Erleuchtung der Herzen kann nur mit der Gottestat der Erschaffung des Lichtes am Anfang der Schöpfung verglichen werden. **„Denn Gott, der da sprach: Aus Finsternis soll Licht aufleuchten, der hat es in unsern Herzen aufleuchten lassen** (oder: der ist aufgeleuchtet in unsern Herzen) **zum Lichtglanz der Erkenntnis der Herrlichkeit Gottes im Angesicht Jesu Christi."** Es war das Schöpfungswunder Gottes, als auf Gottes Befehlswort aus der Finsternis dieses total andere aufleuchtete: das Licht, die Grundlage aller Weltgestaltung und alles Lebens. Jetzt geschieht aufs neue ein solches Wunder, jetzt nicht draußen in der Welt, sondern **„in unsern Herzen"**. Gott **„hat es in unsern Herzen aufleuchten lassen"**, oder nach anderer Fassung der Textworte: Gott selbst **„ist aufgeleuchtet in unsern Herzen"**. Wie das im einzelnen geschehen ist, deutet Paulus nicht an. Er faßt sich hier mit seinen Mitarbeitern und – entsprechend 1, 21 f – doch wohl auch mit allen Glaubenden zusammen und spricht von **„unseren Herzen"**. Das **„Aufleuchten Gottes"** darin geschieht nicht nach einem Schema und

[167] So kann Paulus ein andermal auch reden: Phil 1, 1!

kann bei jedem Menschen wieder anders erfolgen. Aber es ist das Wunder, das im Menschen sich ereignen muß, wenn es wirklich zur **„Erkenntnis der Herrlichkeit Gottes"** kommen soll. Mit allem eigenmächtigen Erkenntnisstreben der Theologen und Philosophen ist hier nichts zu erreichen. Hier bleibt auch die höchste Vernunft der größten Denker völlig untauglich und verfehlt den lebendigen Gott. Gott wohnt in einem Lichte, da niemand zukommen kann (1 Tim 6, 16); Gott muß dieses Licht in uns aufstrahlen lassen, wenn es zur Erkenntnis Gottes kommen soll.

Welche Fassung des grie Satzes vorzuziehen ist, ist schwer zu sagen. Aber auch dann, wenn die Fassung **„Gott ist aufgeleuchtet in unseren Herzen"** die zutreffende ist, hat dieses „Aufleuchten" nichts mit dem „inneren Licht" der Mystik zu tun. Die Gotteserkenntnis geschieht nicht unmittelbar in den Herzen. Sie geschieht so, daß die Herrlichkeit Gottes **„im Angesicht Jesu Christi"** und dort allein sichtbar wird. Das „subjektive" Geschehen im Herzen und die „objektive" Offenbarung in Christus gehören unlöslich zusammen. Eins kann und darf nicht vom andern getrennt werden. Jesus ist in objektiver Tatsächlichkeit uns als „Bild Gottes" geschenkt worden. Auf seinem Angesicht, gerade auf dem „Haupt voll Blut und Wunden, voll Schmerz und voller Hohn", liegt die Herrlichkeit Gottes. Aber sie wird dort nur erkannt, wenn das Licht Gottes in das Herz des Menschen gefallen ist.

Paulus wird bei seinen Aussagen nicht nur daran gedacht haben, daß er selbst und seine Mitarbeiter auf diese Weise zur Erkenntnis Gottes gekommen sind, wie es bei ihm vor Damaskus geschah[168]. Es geht Paulus in allen seinen Ausführungen um seinen Dienst. Luthers Übersetzung: „Daß durch uns entstünde die Erleuchtung zur Erkenntnis der Herrlichkeit Gottes im Angesicht Jesu Christi" trifft den eigentlichen Sinn des Satzes, wenn der Satz im grie auch kürzer gefaßt ist. Dabei wird Paulus noch einmal das Gegenbild des Mose vor Augen haben. Mose mußte den Widerschein des göttlichen Lichtes verhüllen. Aber das Licht, das Gott in das Herz des Paulus geworfen, das strahlt frei heraus und bringt vielen Menschen den Lichtglanz des Evangeliums, auch wenn der Todfeind Gottes und der Menschen einige blind zu machen vermag. Auch die Korinther müssen es in mächtiger Tatsächlichkeit sehen: Menschen an den ver-

[168] Es ist ganz im Sinn unseres Textes, wenn Paulus in Gal 1, 15 f ebenfalls von einem Offenbaren des Sohnes Gottes „in" ihm spricht. Vor Damaskus sah Paulus nicht nur das blendende Licht vom Himmel her, sondern das Licht brach zugleich in seinem Inneren hervor.

schiedensten Orten, „von Jerusalem an und umher bis Illyrien" (Rö 15, 19) hat der Lichtglanz erreicht, der vor Damaskus in das Herz des Paulus drang und ihm auf dem Angesicht des am Fluchholz Hingerichteten die Herrlichkeit Gottes zeigte.

STERBEN UND LEBEN JESU WIRD AN SEINEN BOTEN OFFENBAR

2. Korinther 4, 7—15

Zu Vers 7:
2 Ko 5, 1
1 Ko 4, 11—13
2 Ko 11, 23—27
Zu Vers 8:
2 Ko 1, 8
6, 4 f
7, 5
Zu Vers 10:
Rö 6, 8
Gal 6, 17
1 Ko 15, 31
Zu Vers 11:
Rö 8, 36
1 Ko 4, 9
Zu Vers 12:
2 Ko 13, 9
Zu Vers 13:
Ps 116, 10
Zu Vers 14:
Rö 8, 11
1 Ko 6, 14 f
Zu Vers 15:
2 Ko 1, 6. 11

7 **Wir haben aber diesen Schatz in tönernen Gefäßen, damit die**
8 **überragende Größe der Kraft sei Gottes und nicht aus uns. * Allent-**
halben bedrängt, aber nicht in die Enge getrieben; in Verlegen-
9 **heit gebracht, aber nicht in Verzweiflung; * verfolgt, aber nicht**
10 **verlassen; niedergeworfen, aber nicht umkommend; * allezeit**
die Tötung Jesu am Leibe herumtragend, damit auch das Leben
11 **Jesu an unserm Leibe offenbar werde. * Denn immer werden wir,**
die Lebenden, in den Tod preisgegeben um Jesu willen, damit
auch das Leben Jesu offenbar werde an unserm sterblichen Fleisch.
12 *** So wirkt sich der Tod in uns aus, das Leben aber in euch.**
13 *** Da wir aber denselben Geist des Glaubens haben gemäß dem**
Schriftwort „Ich glaubte, darum redete ich", so glauben auch wir,
14 **darum reden wir auch, * indem wir wissen, daß der, der den Herrn**
Jesus auferweckt hat, auch uns mit Jesus auferwecken wird und
15 **darstellen wird zusammen mit euch. * Das alles [geschieht] ja**
um euretwillen, damit die Gnade reich wirkend durch eine immer
größere Zahl die Danksagung überströmen lasse zur Verherr-
lichung Gottes.

7 Von der Herrlichkeit seines Dienstes, der das Amt des Mose noch weit überragt, hat Paulus gesprochen. Aber er hört aufs neue die Einwände aus Korinth. Sie wollen dort ihren Apostel recht „herrlich" haben, imponierend, erfolgreich, mächtig. Aber Paulus ging ständig den Leidensweg, er war arm, unansehnlich, machtlos. Wie stimmte das zu seinen großen Behauptungen von seiner „Herrlichkeit"? Paulus will und kann die notvolle Gestalt seines Lebens nicht leugnen. Aber nun hilft er dem Unverstand der Korinther mit einem eindrucksvollen Bild nach. **„Wir haben aber diesen Schatz in tönernen Gefäßen, damit die überragende Größe der Kraft sei Gottes und nicht aus uns."** Dieses Bild vom Schatz im Tongefäß war den Korinthern ganz anders vertraut als uns. Damals wurden tatsächlich äußerst

wertvolle Dinge in Tonkrügen verwahrt, z. B. kostbare Buchrollen[169]. Das Tongefäß ist wertlos, zerbrechlich, vielleicht schon abgeschabt und rissig. Wer es nur von außen sieht, bemerkt nichts von dem Schatz, den es in sich birgt. So sieht auch Paulus mit seinem Leben äußerlich betrachtet wie ein solches Tongefäß aus. Von „Herrlichkeit" ist da nichts zu sehen. Und doch liegt in diesem „Tongefäß" der unermeßliche Schatz des Evangeliums. Das ist aber nicht zufällig so. Es hat seine ganz positive Bedeutung. Jetzt ist keine Verwechslung von **„Schatz"** und **„Gefäß"** möglich! Das Wirken des Paulus zeigte eine **„überragende Größe der Kraft"**. Aber weil zugleich Paulus selbst dieser unansehnliche, von Leiden gezeichnete Mann ist, wird es unübersehbar deutlich: Diese Kraft stammt nicht aus ihm selbst, sie gehört allein Gott und bezeugt darum nur Gottes Herrlichkeit. Die Männer, die in Korinth die Herrschaft an sich zu reißen suchten, stellten ihre eigene Kraft und Größe aus und verdunkelten dadurch Gott. Dagegen Paulus, der in 1, 11. 20; 2, 15; 4, 6 die Verherrlichung Gottes als das letzte und höchste Ziel alles Geschehens ansieht, hat damit auch in seinem eigenen Leben und Wirken ernst gemacht. In der Herrlichkeit seines Dienstes soll nicht seine, sondern Gottes Herrlichkeit offenbar werden.

Darum muß sein Leben und sein Dienst so aussehen, wie er tat- 8/9
sächlich ist. **„Allenthalben bedrängt, aber nicht in die Enge getrieben; in Verlegenheit gebracht, aber nicht in Verzweiflung; verfolgt, aber nicht verlassen; niedergeworfen, aber nicht umkommend."** Jetzt wird uns anschaulich, was Paulus in 1, 5 aussagte. **„Bedrängt, in Verlegenheit gebracht, verfolgt, niedergeworfen"**, das sind die „Leiden", von denen er am Anfang des Briefes nur allgemein gesprochen hatte. Doch da ist auch der „Trost", die „Ermutigung" in dem allen durch das „aber", das Paulus jeder Not entgegensetzen kann: **„Nicht in die Enge getrieben, nicht in Verzweiflung gebracht, nicht verlassen, nicht umkommend."** So real, so wirksam ist der „Trost" gemeint, der nicht nur in einer tröstlichen Beruhigung des Gemütes besteht[170]. Paulus hält dabei das **„nicht in Verzweiflung gebracht"** fest, obwohl er in 1, 8 der Gemeinde erzählte, wie er in der Asia „ganz verzagte, sogar am Leben". Denn auch da wurde er zu einem neuen und völligeren Vertrauen auf den Gott, der die Toten auferweckt, gebracht und erfuhr die „Rettung aus so großer Todesnot".

Wenn er schon am Anfang seines Briefes die unmutigen Korinther 10
darauf hinwies, daß seine Leiden, an denen sie sich stießen, doch „Leiden des Christus" seien (vgl. S. 29 zu 1, 5), so sagt er es ihnen

[169] Vgl. die Funde in den Höhlen von Qumran. Die bekannten Abbildungen zeigen uns sehr anschaulich die Handschriftenrollen in großen Tongefäßen.

[170] Vgl. o. S. 27 f zu 1, 4.

hier noch einmal mit tiefem Ernst. Warum sieht sein Leben so aus, wie es den Korinthern erschreckend vor Augen steht? Paulus geht durch sein Leben, **„allezeit die Tötung Jesu am Leibe herumtragend"**. **„Die Tötung Jesu"!** Dies Wort ist uns ungewohnt. Wir sprechen lieber vom „Sterben Jesu". Aber „sterben" kann ein natürlicher Vorgang sein, der sich von innen her an uns vollzieht. Darum wählte der Apostel das Wort „Tötung", weil in ihm die Gewaltsamkeit zum Ausdruck kommt, mit der von der Feindesmacht des Teufels und der Welt her Jesus, dem „Fürsten des Lebens", der Tod angetan wurde. Dabei kann Paulus nicht nur das unmittelbare Tötungsgeschehen am Kreuz meinen. Ein „Sterben" in diesem äußersten Sinn hatte Paulus noch nicht zu erleiden; aber auch bei Jesus vollzieht sich die „Tötung", das „Sterben", nicht nur in den wenigen Stunden am Kreuz. Auf Golgatha faßt sich nur in äußerster Konzentration zusammen, was dem ganzen Leben Jesu von seiner Krippe an[171] die Todesgestalt gab. Immer war er das Lamm Gottes, das die Sünde der Welt trug. Fort und fort lastete auf ihm die Todesnot der Welt in den Kranken und vom Teufel Geplagten, in den Zöllnern und Sündern. Fort und fort ging es durch ein „Sterben" in dem völligen Verzicht auf alles Eigenleben, in der ständigen Hingabe an sein Werk. Seine **„Tötung"** steht immer drohend über ihm in dem wachsenden Haß seiner Feinde und in der Ablehnung durch die maßgebenden Männer Israels. Ständig ist Jesus der für Gott und die Menschen Geopferte und sich Opfernde. Darum konnte Paulus danach verlangen, seinem Tod gleichgestaltet zu werden (Phil 3, 10), obwohl er mit höchster Aktivität lebte und wirkte. Auch er trägt gerade in seinem Einsatz als Apostel **„die Tötung Jesu am Leibe herum"**. Der Ausdruck **„am Leibe"** will darauf hinweisen, daß seine Leiden nicht nur „innerliche" sind und daß es sich nicht nur um ein „mystisches Sterben" in seiner Seele handelt. Nein, die „Tötung Jesu" wirkt sich in seinem „leibhaftigen", tatsächlichen Leben aus. In Kap. 11, 23–33 wird er uns ein sehr anschauliches Bild davon geben. Darum hat sein Satz auch nichts mit „asketischen" Gedanken, mit irgendwelcher Freude an der „Abtötung seines Leibes" zu tun. Das Leiden widerfuhr ihm, wie es Jesus widerfuhr. Auch ihm wurde das Sterben „angetan", er suchte es nicht selbst. Es ist nicht Selbstzweck, sondern dient einem großen positiven Ziel:
11 **„damit auch das Leben Jesu an unserem Leibe offenbar werde."** Darum betont er, daß es gerade **„wir, die Lebenden"**, die voll im Leben und Wirken stehenden Boten Jesu sind, die um Jesu willen fort und fort diesen Sterbensweg zu gehen haben und die Todesgestalt an sich tragen. **„Denn immer werden wir, die Lebenden, in den Tod preis-**

[171] Maler haben bei der Darstellung der Geburt des Heilandes das Kreuz oft schon erscheinen lassen.

gegeben um Jesu willen." Nicht zufällig stellt sich hier das Wort **„preisgegeben"** ein. Es ist ein schwerwiegendes Wort, das über der **„Tötung Jesu"** steht. Diese „Tötung" konnte nur geschehen, weil Jesus „preisgegeben wurde"; zuerst von Gott selbst (Rö 4, 25; 8, 32), dann aber auch von Menschen (Mt 20, 18; 20, 19; 27, 2. 26; Apg 3, 13) und speziell von dem Jünger, der ihn „verriet, preisgab". Jesus selbst vollzog darin zugleich in eigener Freiheit seine „Preisgabe" (Gal 2, 10; Eph 5, 2)[172]. Und nun darf ein Apostel Paulus seine Leiden so sehr als Anteil an dem Christusleiden (Phil 3, 10; 2 Ko 1, 5) ansehen, daß er dieses Wort „preisgegeben" auch auf sich selbst anwendet. Auch er ist mit seinen Mitarbeitern **„in den Tod preisgegeben um Jesu willen"**. Aber er unterstreicht sofort das mächtige, positive Ziel, dem dieses „Sterben" dient: **„damit auch das Leben Jesu offenbar werde an unserm sterblichen Fleisch."** Hier walten unabdingbare Notwendigkeiten, die dem Apostel an Jesus selbst aufgegangen sind. Gerade diese Tötung Jesu am Fluchholz, gegen die sich Paulus leidenschaftlich empört hatte, war das Heil der Welt und brachte den Verlorenen Rettung und ewiges Leben. Darum kann **„das Leben Jesu"** an unserm sterblichen Fleisch nicht anders offenbar werden als so, daß dieses Fleisch leidet und stirbt. Paulus stellt das einfach als Tatsache vor uns hin. Hier waltet ein inneres Gesetz, das nicht rational einsichtig zu machen, sondern nur im Leben zu erfahren und im Einsatz des Lebens zu bezeugen ist. Jesus selbst hat dieses Gesetz nur im Bild deutlich machen können, wenn er von dem Weizenkorn sprach, das erst Frucht bringt, wenn es in die Erde fällt und erstirbt (Jo 12, 24. 25). Alles Bewahrenwollen unseres „Fleisches" ist vergeblich; das Fleisch ist **„sterblich"** und dem Tode verfallen. Aber welch wunderbare Frucht darf nun dieses **„sterbliche Fleisch"** bringen: An diesem Fleisch, das an sich selbst für Gott völlig untauglich ist, wird jetzt **„das Leben Jesu"**, das Leben Gottes, **„offenbar"**! Wollten die Korinther stattdessen dieses Fleisch schmücken und groß machen, so daß es dem Leben Jesu nicht mehr dienen kann? Paulus hat damit zugleich den ersten Satz dieses Abschnittes in besonderer Weise verdeutlicht. Das **„sterbliche Fleisch"** ist das „Tongefäß"; der „Schatz" darin ist das **„Leben Jesu"**, das im leidenden Einsatz der Boten zur Wirkung kommt.

Das sind keine theoretischen Sätze, das ist lauter Wirklichkeit und Erfahrung. Ein unaufgebbarer Wesenszug echten Dienstes für Jesus wird hier vor die Korinther hingestellt, die sich diesen Dienst ganz

[172] In den Einsetzungsworten des Herrenmahles sollten wir darum auch sagen: „. . . in der Nacht, da er preisgegeben ward." Der „Verrat" ist nur ein einzelner Zug dieser totalen Preisgabe durch Gott und Menschen.

anders dachten[173]. Was an Jesus in seinem ganzen Leben geschah an Ablehnung, Feindschaft, Schmach, an Tragen von Schmerzen, Krankheit und Sünde, das muß auch an seinen Zeugen und Dienern in irgendeinem Maß geschehen, wenn das **„Leben Jesu"**, sein rettendes, helfendes, Gott verherrlichendes Wirken durch seine Zeugen und Boten in die Welt dringen soll.

12 Dabei findet eine seltsame Teilung statt: **„So wirkt sich der Tod in uns aus, das Leben aber in euch."** Wie muß das die unzufriedenen Korinther beschämen! Das Schwere und Harte in diesem Lebensgesetz echten Dienstes trifft nicht sie, das trifft Paulus und seine Mitarbeiter. Die Korinther haben durch die Leiden und Nöte und Kämpfe ihres Apostels das Leben empfangen[174], das Leben Jesu, das ewige Leben. Warum murren sie[175]?

13 Auch an dieser Stelle weist Paulus jedes „mystische" Verständnis dieses „Sterbens und Lebens" ab. Ein solches Mißverständnis konnte damals nahe liegen, weil auch in den Mysterienkulten jener Zeit viel vom „Sterben mit der Gottheit" und von der dadurch erlangten „Gewinnung des Lebens" die Rede war. Um eine mystische oder sakramentale Einung mit einer sterbenden und auferstehenden Gottheit handelt es sich im Evangelium nicht! Nicht im Strom der „Religionen" mit ihrer „Mystik" steht der Apostel Jesu Christi. Er gehört hinein in die Reihe der „Glaubenden", von denen die Schrift auf allen ihren Blättern Zeugnis gibt. Er hat **„denselben Geist des Glaubens gemäß dem Schriftwort"**. Der Geist Gottes hat auch in ihm den Glauben geschaffen und ihn mit dem **„Geist des Glaubens"** erfüllt. Dieser **„Geist des Glaubens"** treibt den Apostel zum Reden und trägt seine ganze Wirksamkeit mitsamt allen Leiden, die daraus erwachsen und Paulus „dem Tode Jesu gleichgestalten". Das spricht der Apostel nun sehr nachdrücklich aus. **„Da wir aber denselben Geist des Glaubens haben gemäß dem Schriftwort ‚Ich glaubte, darum redete ich', so glauben auch wir, darum reden wir auch."**

Wenn Paulus hier ein Wort aus dem 116. Psalm anführt, so meint er nicht nur diesen einzelnen Satz für sich, sondern hat den ganzen

[173] Auch wir sind gefragt, ob nicht in unserem Dienst von dem „Leben Jesu" so wenig zu sehen ist, so wenig wirksam wird, weil wir uns scheuen, die „Tötung Jesu" an uns geschehen zu lassen, und die unlösliche Verbindung von Leiden und Vollmacht nicht erfaßt haben.

[174] Auch dies ist nicht als erbauliche Redewendung, sondern in einfacher Tatsächlichkeit zu verstehen. Der ganze Leidensweg des Paulus mit seinem steten „Sterben" (Philippi, Thessalonich, Athen) war nötig, damit die Botschaft von Jesus nach Korinth kam. Das Ausharren des Apostels unter Druck und Last in Korinth war nötig, damit die Korinther zum Glauben kamen und das Leben fanden.

[175] Wenn wir die Missionsgeschichte studieren oder Lebensbilder von Männern und Frauen lesen, die in gesegnetem Dienst standen, immer steht es erstaunlich vor uns: „Der Tod für uns, das Leben für euch!"

Psalm vor Augen. Dieser Psalm spricht von Leiden und Bedrängnissen, von tödlichen Gefahren und rühmt die Errettung und fordert auf zum Lobpreis Gottes, der den Tod seiner Heiligen wert achtet und der so wunderbar zu helfen weiß. So redet der Psalm von all dem, was auch das Herz des Apostels beim Diktat dieses seines Briefes nach Korinth bewegte. Paulus empfindet das ganze Beten des Psalmisten als sein eigenes Denken und Reden mit Gott. Er hat **„denselben Geist des Glaubens"** wie der, der im 116. Psalm seine Erfahrung mit Gott bezeugt. Darum läßt sich Paulus durch alle Bedrängnisse und Nöte nicht den Mund verschließen: **„So glauben auch wir, darum reden wir auch."** Wirkliches Glauben will aus sich herauskommen. Und das erste und das nächste dabei ist das Herauskommen in Wort und Bekenntnis[176]. **„Glauben"** und **„Reden"** hat einen engen Zusammenhang, den schon der Psalmist erfahren hat und den auch der Apostel kennt. Dieses Redenmüssen aus dem Glauben heraus zeigt seine innere Macht bei Paulus besonders deutlich, weil es diese aus dem Glauben kommende Verkündigung Jesu ist, die den Apostel sehr real in immer neue Todesgefahr stürzt. Aber Paulus hat dabei gerade in seinem Glauben einen starken Trost. Im Glauben „weiß"
er etwas Entscheidendes für sein Leben und Sterben: **„indem wir** 14
wissen, daß der, der den Herrn Jesus auferweckt hat, auch uns mit Jesus auferwecken wird und darstellen wird zusammen mit euch." Schon in Kap. 1, 9 hatte Paulus bezeugt, wie der Blick seines Glaubens auf den Gott gelenkt wurde, der die Toten auferweckt. In der Auferweckung Jesu ist dieser Gott ganz konkret und herrlich offenbar geworden. Darum ist für den Glaubenden im Neuen Bund, der Ostern sieht, weit überschritten, was der Glaubende des Alten Bundes, der Beter des 116. Psalms, besaß. Dieser sah Gott wesentlich in der Geschichte seines eigenen Lebens. Paulus aber schaut auf Gottes Taten in Jesus. Diese Taten aber gelten allen denen, die an Jesus glauben. Paulus weiß mit voller Gewißheit, daß der Gott, der Jesus auferweckt hat, **„auch uns mit Jesus auferwecken wird[177]"**. Weil Jesus „für uns" kam und „für uns" dahingegeben wurde, darum gilt dieses verklammernde **„mit Jesus"** für jeden, der sich zum Eigentum Jesu teuer erkaufen ließ. Darum kann Paulus „an seinem sterblichen Fleisch" alles Leiden für Jesus und seine Gemeinde ertragen und sein irdisches Leben in den Tod geben. Vor ihm steht eine unverlierbare

[176] Das stumme Glauben nach Jo 12, 42 ist noch nicht der wirkliche, biblische Glaube.
[177] Auch uns helfen nicht philosophische Beweise für die Unsterblichkeit der Seele, nicht weltanschauliche Begründungen für hoffnungsvolle Gedanken. Auch wir finden Gewißheit angesichts der ganzen Macht und Wirklichkeit des Todes nur im Blick auf den heiligen Gott, der den Herrn Jesus auferweckt hat. Wir hören das Wort der Zeugen Gottes, und der Heilige Geist versiegelt uns die Wahrheit dieses Zeugnisses.

Zukunft in ihrer ganzen Herrlichkeit. Die Auferweckung aus dem Tode führt zu einem wunderbaren Triumph: Gott wird Paulus **„darstellen zusammen mit euch."** Diese **„Darstellung"** ist ein feierlicher Akt, vergleichbar einer Siegesparade nach gewonnenem Krieg. In dieser Darstellung kommt zur Vollendung, was jetzt schon in der Mitführung der zum Glauben Überwundenen im Triumphzug des Christus begonnen hat (Kap. 2, 14). Der Triumph des Christus ist jetzt noch „verborgen" „sub cruce tecta", unter dem Kreuz verborgen, wie Luther oft gesagt hat. Dann aber bei jener **„Darstellung"** wird es vor dem Weltall und vor den himmlischen Mächten offenbar sein. Dann, aber auch erst dann, werden die Korinther die „Herrlichkeit" ihres Apostels sehen, die sie jetzt vermissen und an seinem leidensvollen und zerschlagenen Leben nicht sehen können.

Dabei ist es bewegend und ein Zeugnis für das, was echte Liebe ist, daß Paulus den Korinthern nicht warnend sagt: Uns leidbewährte Zeugen wird Gott auferwecken und herrlich darstellen, aber werdet ihr Korinther überhaupt mit dabei sein, die ihr die Leiden nicht teilt, ja, mich der Leiden wegen noch tadelt und überhaupt eine so schwierige und vielfach versagende Gemeinde seid? Nein, er weiß es nicht anders und will es nicht anders wissen: Gott wird uns darstellen **„zusammen mit euch"**[178]. Auch hier gilt ein **„zusammen mit"**, das aus dem unlöslichen **„zusammen mit Jesus"** seine Wahrheit und seine Kraft empfängt. „Was in dem Herrn sich findet, das währt in ihm auch fort." Dieses Band zerreißt nicht, nicht einmal durch so viel Undank und Untreue, wie sie als Schuld auf der Gemeinde lag. Pau-
15 lus unterstreicht das sogleich noch einmal. Sein ganzer Weg der Leiden und Nöte hat sein Ziel nicht in seiner eigenen Verherrlichung, sondern im Leben der Gemeinde. **„Das alles geschieht ja um euretwillen."** So denkt, arbeitet, leidet die Liebe. Aber auch hier bleibt Paulus nicht bei diesem **„um euretwillen"** stehen. Seine Liebe gehört nicht nur der Gemeinde. Seine Liebe gehört dankend und anbetend Gott, der in allem der Schaffende, Wirkende, Gebende ist. Von seiner Gnade in Jesus kommt alles, was den wunderbaren Dienst des Neuen Bundes füllt. Darum muß auch alles sein letztes Ziel finden in der Verherrlichung Gottes, **„damit die Gnade reich wirkend durch eine immer größere Zahl die Danksagung überströmen lasse zur Verherrlichung Gottes"**. Hier sind Apostel und Gemeinde im Tiefsten zusammengeschlossen. Arbeit und Leiden des Apostels lassen „Gemeinde" entstehen und ständig wachsen. Aber diese Gemeinde ist nicht für sich selbst da. Sie lebt und wächst, damit **„durch eine immer**

[178] Wie tröstlich ist das auch für uns, die wir uns vor dem Leiden und Leben eines Paulus schämen müssen.

größere Zahl" die Danksagung **„überströmt"** und Gottes unaussprechliche Gnade preist. Diese Gnade hat aus verlorenen Menschen unter „dem Gott dieser Weltzeit" in der Tötung und Auferweckung Jesu und durch die Sendung der Diener des Neuen Bundes errettete Kinder des lebendigen Gottes gemacht. Wie muß nun Gott in dieser seiner reichwirkenden Gnade in wachsendem Maße erkannt und von immer mehr Menschen in anbetendem Dank verherrlicht werden! Wenn die Gemeinde in Korinth dieses große Ziel erfaßt und wirklich von Danksagung überströmt, dann kommt sie auch selber dadurch zurecht. Dann liebt sie ihren Apostel, durch dessen Leidensweg die rettende Gnade Gottes zu ihr kam. Dann will sie auch nicht mehr auf irgendwelchen eigenen „Höhen" stehen und kann nicht mehr in eifersüchtigem Personenkult ihre Gemeinschaft zerreißen. Der Blick auf Gottes Heiligkeit und der dankbare Lobpreis Gottes eint und verbindet. Dahin möchte der Apostel die Gemeinde in Korinth bringen.

IM STERBEN DES ÄUSSEREN MENSCHEN GESCHIEHT DIE ERNEUERUNG DES INNEREN MENSCHEN

2. Korinther 4, 16–18

16 **Darum werden wir nicht müde** (oder: mutlos), **sondern wenn auch**
unser äußerer Mensch aufgerieben wird, so wird doch unser inne-
17 **rer erneuert Tag um Tag. * Denn das augenblickliche Leichtgewicht**
der Drangsal wirkt im Übermaß zum Übermaß ein ewiges Schwer-
18 **gewicht an Herrlichkeit für uns, * die wir unsern Zielblick nicht**
richten auf das Sichtbare, sondern auf das Nicht-Sichtbare. Denn
das Sichtbare ist vorübergehend (zeitlich), **aber das Nicht-Sichtbare**
ist ewig.

Zu Vers 16:
Rö 8, 17. 18
Eph 3, 16
1 Pt 1, 6 f
Zu Vers 18:
Rö 8, 24 f
Hbr 10, 34
11, 1

Paulus sieht auf sein Leben und Wirken, das „die Tötung Jesu" 16
in voller Wirklichkeit an sich trägt. Er weiß, es handelt sich nicht um einzelne Notzeiten, die überwunden werden und dann ruhigen und glücklichen Abschnitten Platz machen; nein, die Kette der Bedrängnisse und Verfolgungen reißt nicht ab. Muß ihn das nicht doch endlich **„müde"** und mürbe machen? Paulus aber wiederholt gerade jetzt nach seinem Blick auf die notwendige Leidensgestalt seines Lebens, was er den Korinthern in 4, 1 versichert hatte: **„Darum werden wir nicht müde** (oder: mutlos)." **„Darum"** werden wir es nicht, weil der Blick auf das Leben, das er führt, zum Blick auf die kommende Herrlichkeit wurde. Im neuen Auferstehungsleben werden sie mit der geliebten Gemeinde zusammen „dargestellt" vor dem Angesicht des lebendigen

Gottes — wie könnte es vor diesem Ziel ein Ermatten und Verzagen geben?

Das macht Paulus noch einmal sich selbst und den Korinthern klar. Es ist schon jetzt seine Erfahrung mitten in allem Leiden: **„Wenn auch unser äußerer Mensch aufgerieben wird, so wird doch unser innerer erneuert Tag um Tag."** Gewiß, es ist bei Paulus und seinen Mitarbeitern deutlich zu sehen, ihr **„äußerer Mensch"** wird **„aufgerieben".** Dieser ständige Einsatz, diese immer neuen Kämpfe und Bedrängnisse verzehren die Kraft, und wahrlich nicht nur die körperliche, sondern auch die geistige und seelische Kraft. Auch sie gehört mit zu dem, was Paulus den **„äußeren Menschen"** nennt[179]. Aber mitten darin erfährt Paulus, wie sich sein **„innerer Mensch"** Tag um Tag erneuert. Dieser **„innere Mensch"** ist nicht einfach der Mensch nach seiner geistigen Innenseite. Wer selber in anhaltendem Leiden gestanden hat, der weiß, wie gerade auch sein naturgegebenes „Innenleben" mit zermürbt wird und in Verzagtheit, Müdigkeit und Bitterkeit zu versinken droht. Nein, Paulus meint den Menschen, der „denselben Geist des Glaubens hat", den Menschen, der „mit unverhülltem Angesicht die Herrlichkeit des Herrn widerspiegelt und in dasselbe Bild umgestaltet wird" (3, 18; 4, 13). Dieser **„innere Mensch"**[180] wird Tag um Tag **„erneuert"**, so wie er und darum weil er von Tag zu Tag „umgestaltet" wird. Immer neu und immer gründlicher und erprobter ist der Glaube da. Immer neu wird der „Trost" Gottes in Ermutigungen und Errettungen erfahren. Dieser Mensch des Glaubens ermüdet nicht, sondern ist unermüdlich und immer freier und williger bereit zu dienen, zu leiden, zu sterben, damit durch ihn das Leben Jesu in andern wirksam wird.

17/18 Schon in V. 14 wandte sich der Blick zu dem großen Ziel der kommenden Herrlichkeit, zu der Auferweckung und der „Darstellung" zusammen mit der Gemeinde. Nun schildert der Apostel diesen Zielblick noch einmal in einer mächtigen Weise. Die Schau der Zukunft ist dabei ganz auf die Gegenwart bezogen. Und gerade durch diesen Bezug wird das ganze Bild so großartig und läßt Gegenwart und Zu-

179 Es ist wichtig, daß wir hier ebenso wie in Kap. 3, 6 bei den Ausdrücken „Buchstabe" und „Geist" die Worte des Apostels nicht „idealistisch" und „platonisch" mißverstehen. Seine aufreibenden Nöte sind nicht nur „äußerliche", denen ein unangetastetes „Innenleben" geistiger Art gegenübersteht. Er kommt nicht „innerlich überlegen" durch alle „äußere Not" hindurch.

180 Karl Barth hat gern formuliert: das sei der Mensch, „der ich nicht bin." Damit wird scharf ausgesprochen, daß ich in der Tat diesen neuen Menschen nicht als eine vorfindliche Größe mir selbst und andern zeigen kann. Unser „Leben" ist „verborgen mit Christus in Gott" (Kol 3, 3). Barths Formel darf aber nicht dazu führen, daß der „innere Mensch" im Sinne des Paulus eine unsichere und eine unwirkliche Sache wird! Paulus spricht von der Erneuerung des inwendigen Menschen mit großer und froher Bestimmtheit.

kunft in einem völlig neuen Licht und in unerwarteten Größenmaßstäben sehen. **„Denn das augenblickliche Leichtgewicht der Drangsal wirkt im Übermaß zum Übermaß ein ewiges Schwergewicht an Herrlichkeit für uns, die wir unsern Zielblick nicht richten auf das Sichtbare, sondern auf das Nicht-Sichtbare. Denn das Sichtbare ist vorübergehend** (zeitlich), **aber das Nicht-Sichtbare ist ewig."**

„Das augenblickliche Leichtgewicht der Drangsal", das können wir nicht mehr mißverstehen, nachdem wir vom „Überströmen der Christusleiden" (1, 5), vom Belastetwerden „im Übermaß, über Vermögen" (1, 8) und von der konkreten Gestalt und Schwere der Leiden in 4, 8—10 gelesen haben. Nicht ein unerfahrener Neuling macht in unverantwortlicher Weise fromme Worte über die Leichtigkeit der Leiden, die von ernstlich Leidenden nur mit Empörung gelesen werden könnten. Nein, ein Mann, der uns die ganze Last seiner Leiden in 11, 23—33 schildern wird, wagt es auszusprechen, daß alles Leiden doch nur **„leichtes Gewicht"** habe. Das ist schon deshalb so, weil es immer nur **„augenblicklich"** ist, nur jeweils diesen Augenblick erfüllt und mit der ganzen Zeitlichkeit vergeht. Dabei ist das Bild vom **„Gewicht"** so hilfreich. Ein „Gewicht" ist in sich selbst immer etwas Relatives. Ist ein Zentner „leicht" oder „schwer"? Das ist immer nur zu sagen im Vergleich zu andern Gewichten. Gegen ein Pfund ist freilich ein Zentner sehr „schwer"; aber für ein Schiff von 10 000 Tonnen ist ein Zentner eine Kleinigkeit. Gemessen an der eigenen Kraft des Paulus war „die Drangsal in der Asia" unerträglich schwer. Nun aber mißt er sein Leiden für Jesus[181] am **„Schwergewicht der Herrlichkeit"**, das schon darum dem Gewicht der Drangsal unendlich überlegen ist, weil es Ewigkeit besitzt. Gegenüber der Größe von „Unendlich" ist jede noch so große Zahl verschwindend klein. Göttliche „Herrlichkeit" überragt aber auch in sich selbst alles Leiden. „Die Leiden der Jetztzeit sind nicht der Rede wert gegen die Herrlichkeit, die an uns offenbar werden soll", wird der Apostel bald den Römern von Korinth aus schreiben (Rö 8, 18). Jesus hat es am Bild der gebärenden Frau klargemacht: wenn sie das Kind geboren hat, denkt sie nicht mehr an die Angst um der Freude willen, daß ein Mensch zur Welt geboren ist (Jo 16, 21). Wenn das Vollkommene kommt und das Stückwerk aufhört (1 Ko 13, 10), wenn Gott alles neu macht und selber die Tränen von unsern Augen wischt, wenn in einer erneuten Schöpfung ohne Leid und Geschei und Schmerz alles von Gottes Herrlichkeit leuchtet und strahlt (Offb 21), dann werden

[181] Es ist auch hier wieder daran zu erinnern: Paulus spricht von „thlipsis", von der „Drangsal", also vom Leiden um Jesu und der Gemeinde willen! Wie Paulus die „Schwere" langer, qualvoller Krankheit oder seelischer Leiden in einer notvollen Ehe und Familie bewertet hätte, wissen wir nicht.

die Leiden nur noch ein Schatten sein, der das Licht umso heller für uns macht.

Und nun stehen **„Drangsal"** und **„Herrlichkeit"** nicht nur so nebeneinander, daß man ihr Gewicht gegeneinander abwägen kann. Nein, **„Drangsal** wirkt **Herrlichkeit"**. Paulus hat das an Jesus gesehen. Weil Jesus sich entäußerte und den Leidensweg ging, gehorsam bis zum Tode, ja zum Tode des Kreuzes, „darum" hat Gott ihn „übererhöht und ihm den Namen über jeden Namen gegeben" (Phil 2, 5—11). Die „Tötung Jesu" führte zum wunderbaren „Leben Jesu". Dann aber kann es nicht anders sein bei denen, die Jesus gehören, die ihm dienen und darin an seiner „Tötung" und an seinem „Leben", an seiner „Erniedrigung" und an seiner „Erhöhung" teilhaben. Dabei unterstreicht Paulus noch einmal das unendliche „Übergewicht" der Herrlichkeit. Die Drangsal wirkt Herrlichkeit **„im Übermaß zum Übermaß"**. So steht es vor Paulus: Die wenigen Gramm kurzer Drangsal erwirken uns ganze Zentner ewiger Herrlichkeit.

Worin hat für Paulus dieses **„ewige Schwergewicht an Herrlichkeit"** bestanden? Er sagt es uns nicht. Aber da er in V. 14 auf seine Darstellung zusammen mit den Korinthern wartet und sich ebenso mit den Thessalonichern zusammen vor dem Angesicht Jesu in der Vollendung sah, und darin seine Freude oder Krone des Ruhmes erblickte (1 Th 2, 19), kann er auch hier bei der „Herrlichkeit" mit an die ganze Frucht seiner Arbeit und seiner Leiden im Dienst für Jesus gedacht haben. Die **„Zentner ewiger Herrlichkeit"** wären dann „Ernte" einer mühevollen Sämannsarbeit (vgl. Gal 6, 9).

Aber können auch wir das so sehen? Leben wir in dieser Haltung[182]? Paulus hebt es selbst mit Nachdruck hervor, daß es freilich nicht für jedermann so ist, sondern nur **„für uns"**, die wir eine bestimmte, grundlegende Bedingung erfüllen. Der „natürliche Mensch" kann das, was Paulus sagt, nur für Unsinn, für eine seltsame Überspanntheit halten. Es wird gerade hier deutlich, daß der „Glaubende", der Mensch in Christus, tatsächlich eine „neue Schöpfung" (5, 17) ist und sich radikal vom fleischlichen Menschen unterscheidet. Ein total neues „Sehen" ist ihm geschenkt. Es ist das freilich ein „Sehen" eigenster Art. Der paradoxe Ausdruck: „Sehen auf das Unsichtbare" (LÜ) macht uns das klar. Paulus verwendet hier aber nicht das einfache Wort für „Sehen", sondern den Ausdruck „skopeo". Darin klingt ein Hinweis

[182] Wie vielen „Christen" ist schon die kleinste Schwierigkeit, der geringste Nachteil um Jesu willen zu viel. Gern nehmen wir das Opfer Jesu an, wenn es nur uns kein Opfer kostet. Diese Lage in heutigen Gemeinden weist auf schwere Versäumnisse und Schäden in der Verkündigung der Botschaft hin. Die „billige Gnade" erweckt keinen Willen zu der „Säearbeit", die allein solche „Ernte" bringt, und zu einem Dienst unter Leiden, der „Dank für Golgatha" ist.

auf den „Skopus", auf jene Säule in der antiken Rennbahn, die als „Ziel" umrundet werden mußte und auf die darum der Blick des Läufers oder des Rennfahrers angespannt gerichtet war. Es geht um den **„Zielblick"**. Wohin richten wir ihn? Wo sehen wir das „Ziel" unseres Lebens[183]?

Nun ist Paulus wieder kein „Platoniker", der die Welt in zwei Stockwerken sieht und eine „obere", unsichtbare, geistige und allein wertvolle Sphäre von der sichtbaren, körperlichen, wertlosen Wirklichkeit unterscheidet. Die ganze Bedeutung, die der Leib und die Leibhaftigkeit für Paulus und seinen Lebenseinsatz hat (4, 10 f), macht das ebenso deutlich wie die Zusammenfassung seiner ganzen Hoffnung in dem Wort „Auferstehung". Es ist beachtlich, daß er an unserer Stelle nicht das Wort „ablepomena = Unsichtbares" bildet und auch nicht „ou blepomena" sagt, sondern auch hier die Verneinung durch das Wort „me" ausdrückt[184]. Das **„Nicht-Sichtbare"** ist also nicht seinem Wesen nach einfach „unsichtbar", sondern es ist das, was jetzt aus mancherlei Gründen noch nicht gesehen werden kann und soll. Es ist das, was sich dem Auge jetzt nicht darbietet. Daß die Realität der Ewigkeit nicht einfach „unsichtbar" an und für sich ist, zeigt 4, 4—6, wo Paulus von dem „Lichtglanz" spricht, der die Herrlichkeit Gottes „sehen" läßt. Ja, nach 3, 16 spiegeln wir diese Herrlichkeit so wirksam mit enthülltem Angesicht wieder, daß umwandelnde Kraft davon ausgeht. Aber **„noch nicht zu sehen"** ist die kommende Vollendung[185]. Paulus hat es den Korinthern schon im ersten Brief (13, 12) geschrieben: „Wir sehen jetzt durch einen Spiegel in einem dunklen Wort; dann aber von Angesicht zu Angesicht." Das „Zukünftige", nicht das „Jenseitige" als solches meint Paulus. Aber gerade dort im Zukünftigen liegt für die Glaubenden der „Skopus", das Ziel, gerade dorthin ist ihr Blick gerichtet. Sie können wirklich „durch den Horizont sehen[186]". Ihr Blick bleibt nicht hängen bei alledem, was jetzt für jedermann in Sicht ist und sich den Augen und

[183] Paulus hat in Phil 3, 13 f sein Leben als „Christ" unter diesem Bild des Läufers im Stadion gezeichnet. Nach vorwärts ausgestreckt läuft er um den kostbaren Siegespreis, die Augen auf den „Skopus", auf das Ziel gerichtet. Hat unser Christsein damit überhaupt eine Ähnlichkeit? Es ist doch wohl bezeichnend, daß wir vom „Christenstand" sprechen!

[184] Die grie Sprache kennt für unser deutsches Wort „nicht" zwei Ausdrücke der Verneinung: „ou" und „me". Das „ou" stellt lediglich eine Tatsache verneinend fest. Das „me" aber hat ein Streben der Verneinung in sich; es soll willentlich etwas verneint werden.

[185] Es ist für das rechte Verständnis unserer Stelle wichtig, daß der Apostel selbst diese „unsichtbare" Welt kennen lernte, als er „bis in den dritten Himmel" und „bis in das Paradies" entrückt wurde (12, 2—4). Das „Unsichtbare" ist also nicht im geringsten etwas mehr oder weniger „Unwirkliches"!

[186] Dies anschauliche Wort ergab sich in der Mission in der Südsee als Wiedergabe des Begriffes der „Hoffnung".

den Herzen der Menschen von selbst aufdrängt und sie völlig beschlagnahmen will. Paulus spricht ausdrücklich aus: **„Wir richten unsern Zielblick nicht auf das Sichtbare."** Natürlich „sehen" wir „das Sichtbare"; es ist auch nicht einfach bedeutungslos. Das „Ziel" aber unseres Lebens finden wir nicht darin. Unser **„Zielblick"** geht auf das **„Nicht-Sichtbare"**. Zu solchem Zielblick hilft den Glaubenden die Erkenntnis, daß alles Sichtbare nur für eine kurze Zeit besteht, „zeitweilig" ist und darum **„vorübergehend"**. Das jetzt **„Nicht-Sichtbare"** ist das Bleibende, das **„Ewige"**, das „Äonische", das den neuen Äon erfüllt. Der Glaubende durchschaut die seltsame Täuschung, der die Menschen von Natur unterliegen. Ihnen gilt die sichtbare Welt als das einzig Sichere und Lohnende; Gott und sein Reich erscheinen ihnen nebelhaft und ungewiß; wer dort sein Ziel sucht, ist in ihren Augen ein törichter Träumer. In Wirklichkeit ist es genau umgekehrt. Alles das, worum Menschen in dieser Welt mit allem Einsatz kämpfen, zerfällt und vergeht. So ist gerade der ein Tor, der hier mit Leidenschaft die Erfüllung seines Lebens sucht[187]. Der Glaubende ist der wirkliche Realist, der mit den endgültigen und bleibenden Realitäten rechnet. So steht der Apostel mit diesem Zielblick in seinen Arbeiten, Kämpfen und Leiden. Die Korinther werden ihn verstehen, wenn sie den gleichen realistischen Blick für die eigentliche Wirklichkeit haben.

DIE GEWISSHEIT DES PAULUS IM BLICK AUF SEIN STERBEN

2. Korinther 5, 1—10

Zu Vers 1: 2 Pt 1, 13 f; Hbr 9, 11; 11, 10
Zu Vers 2: Rö 8, 23
Zu Vers 3: Mt 22, 11; Eph 4, 24; Offb 3, 18
Zu Vers 4: Rö 8, 19—22; 1 Ko 15, 51—53
Zu Vers 5: 2 Ko 1, 22; Rö 8, 14—16. 23; Eph 1, 13 f

1 **Denn wir wissen, wenn unser irdisches Haus, das Leibeszelt, ab-**
gebrochen wird, daß wir einen von Gott [stammenden] Wohnbau
haben, ein nicht mit Händen gemachtes, ewiges Haus in den Him-
2 **meln. * Und auch in diesem [Zustand] seufzen wir ja, da wir**
unsere Behausung, die aus dem Himmel stammt, darüber anzu-
3 **ziehen begehren, * wenn wir auch wirklich als solche, die sich**
4 **angezogen haben, nicht nackt erfunden werden. * Denn als die**
im Leibeszelt Befindlichen seufzen wir voll Beschwernis, um des
willen, weil wir nicht entkleidet, sondern überkleidet werden wol-
len, damit das Sterbliche verschlungen werde von dem Leben.
5 *** Der uns aber eben dazu bereitete, ist Gott, der uns das Unter-**

[187] Jesus hat diesen „Toren" im Bild des reichen Kornbauern dargestellt, der sich mit seinen großen Neubauten an Vorratshäusern so klug und überlegen vorkommt und der doch ein „Narr" ist. „Diese Nacht wird man deine Seele von dir fordern, und was wird sein, was du bereitet hast" (Lk 12, 13—21).

6 **pfand** (oder: das Angeld) **des Geistes gab. * Da wir nun jederzeit**
guten Mut haben und wissen, daß wir, solange wir unsere Heimat
7 **im Leibe haben, fern vom Herrn in der Fremde sind; * denn durch**
Glauben gehen wir unsern Weg, nicht durch den Anblick der
8 **Gestalt; * so haben wir doch guten Mut und wollen lieber aus-**
wandern aus dem Leibe und einwandern zu dem Herrn (oder:
9 unsere Heimat haben bei dem Herrn). *** Darum setzen wir auch**
unsere Ehre darein, ob wir daheim sind oder in der Fremde, ihm
10 **wohlgefällig zu sein. * Denn wir alle müssen vor dem Richterstuhl**
des Christus offenbar werden, damit ein jeder empfange, was er
durch den Leib gewirkt hat, nach dem, was er tat, es sei etwas
Gutes oder etwas Schlechtes (Untaugliches).

Zu Vers 6: Rö 8, 23 f; Hbr 11, 13
Zu Vers 7: 1 Ko 13, 12; 1 Pt 1, 8
Zu Vers 8: Phil 1, 23
Zu Vers 9: Ps 39, 13; Kol 1, 10 f
Zu Vers 10: Apg 17, 31; Rö 2, 16; 14, 10; 1 Ko 4, 5; Eph 6, 8

Wir stehen mit diesem Abschnitt vor Aussagen des Apostels, deren Auslegung und Verständnis sehr umstritten ist. Das hängt damit zusammen, daß wir es auch hier nicht mit einer grundsätzlichen theologischen Abhandlung zu tun haben, die ein Thema nach allen Seiten entfaltet, sondern mit einem Brief, der nur in Kürze andeutet und mancherlei Fragen offenläßt.

Es ist möglich, daß der Apostel jetzt mit auf Fragen eingeht, die in Korinth zu seinen Ausführungen 1 Ko 15 gestellt wurden[188]. Aber nach der ganzen Haltung des Briefes ist es doch wahrscheinlicher, daß unser Text die einfache Fortsetzung der Darlegung ist, die Paulus seinem Dienst widmet. Der Dienst des Neuen Bundes ist voll Herrlichkeit. Aber er ist ebenso voll Leiden und Gefahren. In der Asia sah Paulus sich erst vor kurzem unmittelbar dem Tode gegenüber. Jeden Tag kann ihn ein gewaltsames Sterben vor der Wiederkunft Jesu treffen. Dieses sein Sterben faßt er ins Auge und spricht von ihm als einem „Abbruch des Zeltes", einem „Entkleidetwerden", einem „Auswandern aus dem Leibe". Was wird dann aus ihm? Wie sieht er dem Sterben entgegen?

Der Apostel hat im Blick auf sein Sterben ein ganz festes und siche- 1
res **„Wissen"**. Er teilt es offenbar mit seinen Mitarbeitern, mit denen er auf gefahrvollen Wegen oft über das Sterben gesprochen haben wird. **„Denn wir wissen, wenn unser irdisches Haus, das Leibeszelt, abgebrochen wird, daß wir einen von Gott [stammenden] Wohnbau haben, ein nicht mit Händen gemachtes, ewiges Haus in den Himmeln."** Was immer der Tod zerstören und fortnehmen mag, wir **„haben"** weit Besseres und Größeres! War unsere jetzige Wohnung

[188] Vgl. Schlatter in seinen „Erläuterungen" zu dieser Stelle.

nur ein **„Leibeszelt[189]"**, leicht zerbrechlich, vergänglich und zerstörenden Gewalten ausgeliefert, so steht vor unserm „Zielblick", der auf das Nicht-Sichtbare gerichtet ist (4, 18!) ein **„von Gott stammender Wohnbau"**. Dieser Bau ist nicht wieder zum Abbruch bestimmt. Hier schafft Gott etwas „Ewiges". Er gehört auch nicht der irdischen, vergänglichen Welt an, sondern ist **„in den Himmeln"**. Wenn Paulus hinzufügt **„nicht mit Händen gemacht"**, dann kann er vielleicht daran gedacht haben, daß wir unsern irdischen Leib nicht ohne menschliche Mitwirkung in Zeugung und Geburt empfangen. Wahrscheinlich aber ist der Ausdruck einfach durch das Bild des Hauses veranlaßt: alle Häuser werden mit „Händen gemacht"; aber dieses **„Haus in den Himmeln"** ist von völlig anderer Art[190].

Dieses Haus, zum ewigen Wohnen bestimmt, befindet sich **„in den Himmeln"**. So wird im NT auch von der neuen Gottesstadt Jerusalem gesprochen (Gal 4, 26; Offb 21, 2). Die neue Stadt und unser neuer Wohnbau werden nicht erst am Ende der Zeit erschaffen, sondern sind schon im „Himmel", also in der ewigen Welt Gottes, vorhanden. Welch eine Gewißheit ist das! Welch ein Trost für das Sterben liegt darin!

In welchem Sinne aber **„haben"** wir das neue **„Haus"**? Anders ausgedrückt: Wann bekommen wir es? Wird es sofort nach dem Sterben, nach dem Abbruch des „Zeltes" unsere dauernde Wohnung? Ist zur Erklärung unserer Stelle Jo 14, 2. 3 das Wort Jesu von dem Vaterhaus mit den vielen Wohnungen heranzuziehen? Der einfache Wortlaut des Satzes scheint es beim unbefangenen Lesen klar zu sagen: „Wenn das Zelt abgebrochen wird, *dann* haben wir ..." Der Apostel schreibt nicht: „Wenn das Zelt abgebrochen wird, trösten wir uns damit, daß wir später einmal haben werden ..." Gestützt wird ein solches Verständnis durch das, was Paulus in 12, 2–4 schreiben wird: Er hat „die Himmel" als volle Realität gesehen und war in das Paradies entrückt. Warum sollte dann eine solche Entrückung in die himmlische Welt nicht auch beim Sterben des Glaubenden geschehen? Und warum sollte er dann nicht dort den neuen **„Wohnbau"**, das **„ewige Haus in den Himmeln"** vorfinden? Hinzu treten Aussagen wie Phil 1, 23, die von einem „Sein bei Christus" sofort nach dem Sterben sprechen.

189 Paulus nimmt hier einen grie Sprachgebrauch auf, der den Leib so sehr als „Zelt" ansieht, daß das Wort „Zelt" unmittelbar als Wort für „Leib" empfunden wird. Das Bild des „Zeltes" für den Leib findet sich aber auch in Jes 38, 12.

190 Vgl. dazu aber auch Hbr 9, 11, wo „nicht mit Händen gemacht" bedeutet: nicht dieser vergänglichen Schöpfung zugehörig. Paulus kann das Wort auch an unserer Stelle ähnlich empfunden und gebraucht haben.

Aber wir achten auch auf Aussagen wie 2 Tim 4, 8: Die Krone der Gerechtigkeit liegt für den Apostel „hinfort bereit"; aber der Herr wird sie ihm doch erst „an jenem Tage" geben, wenn er sie auch allen andern verleiht, die seine Erscheinung liebhaben. Können wir so nicht auch das himmlische Haus zwar „haben" und es doch erst an „jenem Tage" wirklich „bekommen", sei es in der „Auferstehung", sei es im „Überkleidetwerden"?

Sehr ernst zu nehmen ist die Frage: Wenn wir sofort nach dem Sterben das neue **„Haus"** erhalten, wo bleibt dann überhaupt die „Auferstehung", die wir sonst immer als Beschenkung mit dem neuen „Herrlichkeitsleib" verstehen? Ist etwa in V. 1 anders als in V. 2 mit dem „Wohnbau" nicht der persönliche Leib gemeint, sondern tatsächlich das „Vaterhaus mit den vielen Wohnungen"? Daß der Apostel seine Bilder rasch wandeln und anders wenden kann, haben wir vielfach beobachtet[191]. Oder hat er im Laufe der Zeit seine ganze Anschauung selber geändert und erwartet jetzt, in der Nähe des eigenen Sterbens, das Geschenk des neuen Leibes nicht erst bei der Parusie, sondern sogleich nach dem Sterben? Hängt das damit zusammen, daß er des „Zusammenseins mit Christus" unmittelbar nach dem leiblichen Tod gewiß ist (Phil 1, 23), sich aber einen „leiblosen" Lebenszustand gar nicht vorstellen kann? Hat er im Paradies Kinder Gottes in ihrem neuen Leibe gesehen? Wir können alle diese Fragen nicht beantworten. Die Aussagen des Apostels sind in unsern Versen und an andern Stellen viel zu knapp. Immer sind es ja „Briefsätze" und keine Abschnitte eines theologischen Lehrbuches, die wir vor uns haben.

Eine „Auferstehung der Toten" wäre jedenfalls dadurch noch nicht ausgeschlossen, daß wir den neuen Leib gleich nach dem Sterben empfingen. Es ist hier bedeutsam, daß Jesus selber den Sadduzäern gegenüber in der Auferstehungsfrage auf das *gegenwärtige* „Leben" der Väter bei Gott hinweist und darin keinen Widerspruch gegen die „Auferstehung" sieht (Lk 20, 37. 38). Die „Auferstehung der Toten" würde dem „Herabkommen" des neuen Jerusalem aus der Himmelswelt entsprechen. Auch diese wunderbare Stadt Gottes ist ja bereits im Himmel vollendet da; aber zur lebendigen Wirksamkeit gelangt sie erst durch ihr Herabkommen auf die neue Erde. Die „Auferstehung der Toten[192]" wäre so das Geschenk einer neuen, lebendigen Anteilnahme an der Vollendung der Gottesgeschichte in den großen Taten des kommenden Herrn.

In keiner Weise zutreffend ist der Einwand, daß eine solche Fassung der Hoffnung die ganze Eschatologie überflüssig mache, auf die der Apostel doch sonst das ganze Gewicht lege. Es wird gesagt: Wenn

191 Vgl. 1 Ko 3, 10. 11; 2 Ko 3, 2. 3; 5, 2; 5, 3.
192 Natürlich nur, soweit sie „Tote in Christus" (1 Th 4, 16) sind.

Paulus nach dem Sterben sogleich den neuen Bau im Himmel habe, in dem er wohnen darf, hätte er dann nicht „alles" und kann auf Parusie, Auferweckung, Entrückung verzichten? So könnte Paulus aber nur denken, wenn er „Individualist" wäre, der lediglich nach seinem persönlichen Ergehen und seiner eigenen Seligkeit fragt[193]. Paulus war von solchem Denken völlig getrennt. Er war durch Jesus ein von sich selbst Befreiter geworden, der „für Gott lebte" (Rö 6, 11; 7, 4). Wir sahen, wie sehr auch in unserm Brief die Ehre Gottes für ihn immer wieder das letzte Ziel war, auf das sein Blick gerichtet blieb. „Dein Name werde geheiligt, dein Reich komme, dein Wille geschehe wie im Himmel, so auf Erden", dies Verlangen lebte in ihm. Wenn Paulus nun beim Sterben den neuen Bau im Himmel vorfand, war damit das Reich Gottes hereingebrochen? Waren die gewaltigen Pläne Gottes mit seiner Schöpfung und Menschheit zum Ziele gekommen? War dadurch Jesus verherrlicht und sein in Kreuz und Auferstehung begründetes Werk vollendet[194]? Die persönliche Hoffnung im Sterben macht die große eschatologische Hoffnung nicht im geringsten überflüssig! Darum steht auch im Philipperbrief beides nebeneinander: Phil 1, 23 und Phil 3, 20 f, ohne daß das eine das andere entwertet und verdrängt.

2 Aber wird nicht die „eschatologische Auslegung" des 1. Verses unvermeidlich, wenn wir die nächsten Verse ins Auge fassen? Sogleich in V. 2 bekennt der Apostel ein tiefes „Seufzen" im Blick auf sein etwaiges Sterben vor dem Kommen des Herrn. Könnte er noch „seufzen", wenn er gewiß wäre, durch das Sterben hindurch sofort zu seinem Herrn zu gelangen und dort sogar den neuen Wohnbau vorzufinden? Wird sein „Seufzen" nicht nur dann verständlich, wenn er sich vor einem „nackten", d. h. „leiblosen" und öden Zustand fürchtet, dem er beim Sterben vor der Parusie anheimfallen muß? Sagt das nicht gerade der 2. Vers? Wenden wir uns seiner Auslegung zu.

„Und auch in diesem [Zustand] seufzen wir ja, da wir unsere Behausung, die aus dem Himmel stammt, darüber anzuziehen begehren." Paulus kennt im Blick auf das Sterben ein Seufzen. Wie tröstlich ist das für uns, die wir es wahrlich auch kennen! **„Auch in diesem Zustand"**, auch wenn wir den neuen, ewigen Wohnbau mit Gewißheit vor uns sehen, **„seufzen wir"**. Warum? Paulus antwortet eindeutig: **„da wir unsere Behausung, die aus dem Himmel stammt, dar-**

[193] Freilich ist solcher Individualismus gerade auch in gläubigen Kreisen zur Herrschaft gekommen und hat hier tatsächlich die große biblische Hoffnung verdrängt. In Grabreden kann es so klingen, als habe der gläubig Verstorbene wirklich „alles" und sei im Sterben sofort zur „Herrlichkeit" gelangt.

[194] Es ist in diesem Zusammenhang beachtenswert, daß Jesus selbst, der mit seiner Erhöhung zur Rechten Gottes wirklich „alles hat", dennoch ein „Wartender" ist, weil auch er nicht nach sich selbst fragt. Vgl. Hbr 10, 12 f.

über anzuziehen begehren." Paulus sträubt sich gegen das „**Ausgezogenwerden**" und begehrt statt dessen, das neue Haus „**darüber anzuziehen**". Er wandelt dabei sein eben gebrauchtes Bild: Aus dem „Haus" wird vielmehr ein „Gewand", das man über eine andere Kleidung anziehen kann, wie aus dem „Zelt" ein „Kleid" wird, das einem – im Sterben – ausgezogen wird. Das ersehnte „**darüber anziehen**" würde an Paulus geschehen, wenn er die Parusie seines Herrn noch auf Erden miterlebte. Danach verlangt er.

Wir lassen den zwischen eingeschobenen, kurzen Satz in V. 3 zu- 4
nächst beiseite. In V. 4 wiederholt und unterstreicht der Apostel noch einmal, was er in V. 2 schrieb. „**Denn als die im Leibeszelt Befindlichen seufzen wir voll Beschwernis, um des willen, weil wir nicht entkleidet, sondern überkleidet werden wollen, damit das Sterbliche verschlungen werde von dem Leben.**" Paulus wehrt sich gegen das Sterben als solches! Denn das Sterben ist schwer und hart, ganz einerlei, was danach auf uns wartet. Es geht dabei hindurch durch einen „Abbruch", durch ein „Ausziehen"; es ist ein „Auswandern" aus dem Leibe und damit aus der ganzen gewohnten und vertrauten Existenz. Keine Sorge, daß wir mit der Gewißheit einer neuen, lebendigen Existenz sogleich nach dem Tode dem Sterben seinen Ernst nehmen[195]! Solange wir in diesem vergänglichen Zelt leben, „**seufzen wir voll Beschwernis**". Der Tod bleibt der „**Feind**". Wir leiden darunter, daß ein vom Glauben und Heiligen Geist erfülltes Leben nicht „plötzlich in einem Augenblick" (1 Ko 15, 52) unmittelbar in die volle Herrlichkeit einer neuen Existenz übergehen kann, sondern den oft langen und mühsamen Prozeß des Zeltabbaus mit seinen Lasten, Beschwerden, Schmerzen erdulden muß[196]. Wenn wir die Parusie des Herrn erlebten, dann bliebe uns das alles erspart. Das Sterbliche würde „**verschlungen von dem Leben**". Das „darüber angezogene" neue Gewand ließe das alte einfach verschwinden. Das ersehnen und wünschen wir! Aber es ist ungewiß, ob wir es erlangen. Paulus muß damit rechnen, die Wiederkunft seines Herrn nicht mehr auf Erden zu erleben, sondern schon vorher den Tod zu schmecken. Das ist und bleibt ihm schwer und ein Grund zum Seufzen.

Wie aber ist in diesem Zusammenhang der kurze Satz in V. 3 zu 3
verstehen? Die Vertreter der rein eschatologischen Auslegung unse-

[195] Es haben daher auch die Gläubigen, die in ganzer Hoffnung auf ein sofortiges Daheimsein beim Herrn starben, das Sterben keineswegs verharmlost und als eine leichte Sache empfunden. Der Ernst des Sterbens liegt nicht im Versinken ins „Nicht-sein" oder in einen „nackten" Zustand. Er liegt im Durchleben des Zerbrechens und Ausgezogenwerdens und in den Anfechtungen, „wenn der Feind wird das Leben verklagen".

[196] Man vergesse nicht die oftmals großen Nöte des Alterns, die den kraftvollen Zeugen zu einem Bündel von Schwachheit und Kümmerlichkeit machen und gerade auch seine geistigen Fähigkeiten erschütternd zerstören können.

res Abschnittes finden hier eine entscheidende Bestätigung ihrer Auffassung und übersetzen: „da wir ja nur dann, wenn wir diese (Behausung) angezogen haben, nicht werden nackt erfunden werden[197]." Aber das für solche Auslegung und Übersetzung entscheidende Wort „diese Behausung" steht nicht im Text[198]. Und was soll das gewichtige Wort „erfunden werden", wenn Paulus hier nur von seiner eigenen Scheu vor einem „nackten", „leiblosen" Zustand spräche? Ein **„Erfunden werden"** ist das Ergebnis eines richterlichen Prüfens. Es ist der Herr selbst, der uns bei seiner Parusie „bekleidet" oder „nackt" **„findet"**. Paulus hat hier, wie er es gern tut, sein zuerst gebrauchtes Bild vom „Anziehen" anders gewendet[199]. Er denkt an jenes „Anziehen", das für die vom Schlaf Erwachten notwendig ist, das „Anziehen des Herrn Jesus Christus", das er Rö 13, 14 ebenfalls in eschatologischem Zusammenhang nennt, das er Gal 3, 27 zum grundlegenden Kennzeichen des wirklichen Christseins macht und das in Eph 4, 22–24; Kol 3, 9 f die umfassende Grundlage des Existenzwandels beim Gläubigen ist. Die Sehnsucht, bei der Parusie, unsere Behausung vom Himmel „darüber anzuziehen", kann sich nur dann erfüllen, **„wenn wir wirklich als solche, die sich angezogen haben, nicht nackt erfunden werden"**. Würden wir „nackt" und voll Scham und Furcht (1 Mo 3, 10) das Auge des Herrn scheuen müssen, wäre unser Hoffen vergeblich[200].

5 Wir wissen nicht, wie es mit uns und unserm Leben und Sterben wird. Darum hob Paulus noch einmal das Schwere in unserer Lage in V. 4 hervor. Dabei dürfen wir aber wissen, daß unser Sehnen, ohne Sterben in unmittelbarer Verwandlung zum Leben zu gelangen, von Gott selbst in uns hineingelegt und darum unser „Seufzen", unser Bangen vor dem Sterben, nichts Sündliches ist. **„Der uns aber eben dazu bereitete, ist Gott, der uns das Unterpfand** (oder: das Angeld) **des Geistes gab."** Menschen, in denen der Geist Gottes wohnt und die darum Anteil an Gottes Leben haben, empfinden den Tod nicht weniger, sondern noch viel mehr als Feindesmacht. Darum war gerade Jesus, dem Sohn Gottes, der Tod nicht etwas Leichtes, sondern etwas, mit dem er aufs schwerste zu ringen hatte. Es darf doch nicht vergessen werden, daß der Tod nichts „Natürliches" ist, sondern Gericht Gottes, das in die Verfügungsgewalt des Teufels gegeben ist (Hbr

[197] So NTD Band 7 S. 168, 7. Auflage.

[198] Zu beachten ist auch, daß das im Satz stehende „ei ge kai" niemals „da ja", sondern an allen Stellen (Eph 3, 2; 4, 21; Kol 1, 23 und vor allem Gal 3, 4) „wenn anders", „wenn wirklich" bedeutet.

[199] Vgl. Anm. Nr. 191.

[200] A. Pohl erinnert in seiner Auslegung der Offb zu 3, 17 daran, daß im Altertum Verurteilte entkleidet wurden (W. Stb. S. 155). Dem entspräche die Verwendung des Wortes **„nackt"** an unserer Stelle. Wenn wir „nackt" sind, sind wir Verurteilte.

2, 14). Muß denn ein Kind Gottes diesen Tod noch durchleiden? Schon in Kap. 1, 22 hatte Paulus den Geist in unsern Herzen ein „Unterpfand" oder eine „Anzahlung" genannt. **„Pfand"** und „Anzahlung" sind noch nicht die volle Summe, sondern nur ein kleiner Teil davon; aber sie garantieren uns, daß wir die ganze Summe erhalten werden. Der Geist Gottes in unsern Herzen ist schon „ewiges Leben", aber nur in seinem ersten Anfang. Aber „wenn nun der Geist des, der Jesus von den Toten auferweckt hat, in euch wohnt, so wird derselbe, der Jesus Christus von den Toten auferweckt hat, auch eure sterblichen Leiber lebendig machen durch seinen Geist, der in euch wohnt" (Rö 8, 11). So erweckt und bereitet uns Gott selbst zu dem sehnenden Verlangen nach der vollen Erfüllung, nach dem Verschlungenwerden des Sterblichen von dem Leben.

Mit den nächsten Versen nimmt unser Abschnitt eine deutliche und 6
überraschende Wendung. Eben noch lasen wir vom „Seufzen voll Beschwernis". Nun spricht der Apostel auf einmal von **„jederzeit guten Mut haben"**. In V. 2—5 war der Blick des Paulus auf das „Überkleidet-werden" bei der Parusie gerichtet. Ein innerstes Seufzen war in ihm, wenn er an ein Sterben vor dem Kommen Jesu dachte. Jetzt aber beherrscht in V. 6—8 vielmehr das Wort vom **„guten Mut"** die Aussagen des Apostels. Wie kommt es dazu? Wie wird das **„Seufzen"** durch **„guten Mut"** überwunden? Das ist von V. 5 her wohl zu verstehen. Der Blick ging hier zu Gott, der uns **„dazu bereitet"**, das Überkleidetwerden zu begehren. Ist es dann nicht ebenso Gott, der Paulus in das Sterben führt und ihn auch dazu „bereitet"? Und bleibt das „Unterpfand des Geistes" nicht gültig, auch wenn der leibliche Tod durchlitten werden muß? So kann Paulus neu einsetzen: **„Da wir nun jederzeit guten Mut haben."** In diesem guten Mut wird der Blick frei für ganz entscheidende Tatbestände, die den Blick auf den Tod verändern und dem „Seufzen" ein Gegengewicht entgegenstellen. Wir **„wissen, daß wir, solange wir unsere Heimat im Leibe haben, fern vom Herrn in der Fremde sind."** Wie so oft im biblischen Zeugnis stoßen wir auf einen scheinbaren „Widerspruch" in den Aussagen des Apostels. Hat uns Paulus nicht nachdrücklich eingeprägt: „Christus lebt in mir"? Geht nicht der Ausdruck „in Christus" und „zusammen mit Christus" durch seine Briefe vielfältig hindurch? Hat er uns nicht eben (3, 18) gesagt, daß wir mit unverhülltem Angesicht die Herrlichkeit des Herrn so widerspiegeln, daß wir dadurch in dasselbe Bild verwandelt werden? Und nun heißt es auf einmal: **„fern vom Herrn**
in der Fremde"? Aber auch dies ist volle Wahrheit. Paulus erklärt 7
uns das selbst sogleich mit dem hinzugefügten Satz: **„Denn durch Glauben gehen wir unsern Weg, nicht durch den Anblick der Gestalt."** Wohl konnten wir zu Kap. 4, 4—6 feststellen, daß es im Evangelium

nicht nur etwas zu „hören" gibt, sondern daß da auch im hellen Licht etwas zu „sehen" ist. Aber es ist nicht der **„Anblick der Gestalt"**[201]. So real der Herr als der Geist in uns wohnen und wirken mag, so sehr wir alles „in Christus" tun dürfen, wir sehen ihn dennoch jetzt nicht, „wie er ist". Wir haben ihn nicht so, wie wir ihn zu haben verlangen, und erleben das **„in der Fremde sein"**, das **„fern vom Herrn sein"** oft genug in voller Schwere. Darum ist ja die Gemeinde erfüllt von der brennenden Sehnsucht nach der neuen „Anwesenheit" („parusia") ihres Herrn! Jetzt ist sie an das **„Glauben"** gewiesen und muß so existieren, wie es im großen Glaubenskapitel des Hebräerbriefes von den Vätern des Glaubens geschildert ist (Hbr 11, 13). Das Leben im Glauben ist kostbar und reich, und es ist doch zugleich schwer und
8 voll Entbehrung. Darum fährt Paulus fort: **„So haben wir doch guten Mut und wollen lieber auswandern aus dem Leibe und einwandern zu dem Herrn** (oder: unsere Heimat haben bei dem Herrn)." Damit tritt das Sterben in ein neues Licht. Wir gewinnen dadurch einen ganz neuen und **„guten Mut"**. Es ist nicht mehr nur eine Sache des Seufzens, sondern wird etwas, das wir **„lieber wollen"**. Diese Betrachtung des Sterbens entspricht genau dem, was Paulus einige Jahre später den Philippern schreiben wird (Phil 1, 23).

In diesem 8. Vers spricht Paulus unzweifelhaft und klar von einem Kommen zum Herrn sogleich bei seinem Sterben. **„Aus dem Leibe auswandern**[202]**"** ist nicht Beschreibung der „Verwandlung" bei der Parusie, des „Überkleidetwerdens", sondern des Sterbens. Dieses **„Auswandern aus dem Leibe"** führt dazu, daß wir **„unsere Heimat haben bei dem Herrn"**. Diese Aussage entspricht genau der von Phil 1, 23. In beiden Stellen faßt Paulus den „Gewinn" des Sterbens ins Auge und kommt von da aus zu einer Bejahung des Sterbens, die das „Seufzen" überwindet und geradezu ein **„lieber wollen"** des Sterbens begründet. Dabei muß Paulus aber die Aussage der Verse 2—4 nicht zurücknehmen! Was der Apostel in diesen Versen gesagt hat, das ist wahr und bleibt bestehen. Der scheinbare „Widerspruch" zwischen dem ersten und dem zweiten Teil unseres Abschnittes ist nur der Ausdruck für die Lebendigkeit unseres inneren Lebens, der sich nicht logisch und gradlinig aussprechen läßt. Es ist wirklich so, daß wir das Sterben als ein hartes Zerbrechen, Entkleidet-werden, Auswan-

[201] Das hier von Paulus gebrauchte Wort „eidos" heißt zunächst einfach „eine Gestalt"; erst von da aus kann es auch die Bedeutung des „Schauens" annehmen, wobei aber immer das Schauen einer sichtbaren Gestalt hindurchklingt.

[202] Schon die Verwendung des Bildes vom „Zelt" in V. 1 zeigt mit völliger Deutlichkeit, daß der Apostel nicht an den totalen Tod des ganzen Menschen beim leiblichen Sterben dachte. Wenn ein Zelt „abgebrochen wird", sind doch damit die Bewohner des Zeltes nicht vernichtet! Die Schilderung des Sterbens in V. 1 spricht vom Ende des „Leibeszeltes", nicht vom Ende des ganzen Menschen.

dern fürchten und es zugleich dennoch als ein Heimkommen aus der Fremde zu unserem Herrn begrüßen[203]. Es bleibt trotzdem bei dem Sehnen, die Parusie des Herrn zu erleben und ohne Sterben unmittelbar in die Lebensfülle der neuen Existenz einzugehen.

Aber auch hier ist die ganze innere Haltung kennzeichnend, die wir 9
bei allen Aussagen des Paulus über die kommenden Dinge wahrnehmen können. Nie bleibt Paulus bei der Ausmalung der Zukunft als solcher stehen. Nie liegt ihm daran, ein fugenloses System von Anschauungen zu gewinnen, in das wir uns rein theoretisch vertiefen könnten. Immer zeigt uns der Apostel die Bedeutung der Zukunftsgewißheit für unser Handeln in der Gegenwart. Das gewaltige Auferstehungskapitel 1 Ko 15 schließt mit dem Zuruf: „Nehmt immer zu in dem Werk des Herrn!" Und der an unserer Stelle gegebene Ausblick auf das Geschehen bei seinem Sterben erweckt im Apostel einen „Ehrgeiz", den Ehrgeiz, dem Herrn zu gefallen. **„Darum setzen wir auch unsere Ehre darein, ob wir daheim sind oder in der Fremde, ihm wohlgefällig zu sein."** Die eben gebrauchten Worte „Einwandern" und „Auswandern" werden jetzt ohne Objekt verwendet und bezeichnen dadurch stärker den Zustand des **„Daheimseins"** oder des Lebens **„in der Fremde"**. Paulus gibt ja gern einem eben verwendeten Bild sogleich eine andere Richtung[204]. Jedenfalls möchte er beim „Einwandern" nicht vor den Augen seines Herrn sich fürchten müssen, sondern gern mit einem Blick des „Wohlgefallens" willkommen geheißen werden. Dann aber ist es nötig, jetzt schon **„in der Fremde"** nach dem Willen des Herrn zu fragen und die Zufriedenheit des Herrn zu erlangen.

„Denn wir alle müssen vor dem Richterstuhl des Christus offenbar 10
werden, damit ein jeder empfange, was er durch den Leib gewirkt hat, nach dem, was er tat, es sei etwas Gutes oder etwas Schlechtes (Untaugliches)." In den Kirchen wird weithin gelehrt, Paulus spreche hier vom Weltgericht, vor dem auch wir Christen offenbar werden müssen, um nach unsern Werken gerichtet zu werden. Wirklich seltsame theologische Künste sind dann nötig, um dieses Gericht nach den Werken mit der Botschaft von der Rechtfertigung allein durch den Glauben ohne Werke zu vereinen! Der Irrtum stammt aus der Blindheit für den radikalen Unterschied von „Gemeinde" und „Welt". Solange man der Illusion unterlag, alle Welt sei „christlich", weil im „christlichen Abendland" die meisten Menschen irgendwie einer Kirche an-

[203] Dieses eigentümliche Ineinander von Fürchten und Verlangen durchlebt jeder sterbende Christ in seiner Weise, wobei jeweils das eine oder das andere stärker hervortreten kann. Aber kein Christ wird ganz ohne Bangen und keiner ganz ohne Freude dem Sterben entgegengehen.

[204] Vgl. Anm. Nr. 191.

gehörten, solange konnte man auch das Gericht über die Gemeinde mit dem „Weltgericht" zusammenwerfen. Dabei hätte man schon aus 1 Ko 6, 2 f wissen können, daß im „Weltgericht" die „Heiligen" auf seiten des Herrn als Richter mitwirken und darum nicht als „Gerichtete" dort stehen können. Ein Apostel Paulus hätte niemals die „Welt" mit der „Gemeinde" in einem **„wir alle"** zusammengefaßt! Wie klar stellt er in 1 Ko 5, 12 „die draußen" der Gemeinde gegenüber. Nein, **„wir alle"**, das sind gerade nur wir Glaubenden, wir Erretteten, wir, die wir einmal mit Jesus die Welt richten werden. Aber gerade **„wir"** müssen **„offenbar werden vor dem Richterstuhl des Christus"**. Warum denn? Wir sind doch schon gerechtgesprochen und errettet? Bei diesem Gericht über die Gemeinde geht es nicht um Verlorengehen oder Errettetwerden. Das wird bei der Schilderung dieses Gerichtes in 1 Ko 3, 11 ff in V. 15 deutlich. Auch der, dessen Lebenswerk an jenem Tage im Feuer Gottes verbrennt, ist und bleibt selber ein Erretteter. Aber über unser Lebenswerk, über unsere Mitarbeit beim Bau der Gemeinde, ergeht das Gericht mit großem Ernst. Es erfolgt, **„damit ein jeder empfange, was er durch den Leib gewirkt hat, nach dem, was er tat, es sei etwas Gutes oder etwas Schlechtes** (Untaugliches)". Hier empfängt jeder etwas, nicht für das, was er in seinem Herzen wünschte, plante, dachte – obwohl freilich nach 1 Ko 4, 5 gerade die „Ratschläge des Herzens" vom Herrn offenbar gemacht werden –, sondern für das, was er **„durch den Leib gewirkt hat"**, was er also konkret und leibhaftig verwirklichte. Paulus fügt ausdrücklich hinzu, **„es sei Gutes oder etwas Schlechtes** (Untaugliches)". Es geht hier nicht um das moralisch Gute oder Böse, sondern um das im Gemeindeaufbau Gute oder Schlechte, um das, was mit „Gold, Silber, kostbaren Steinen", und das, was mit „Holz, Stroh, Rohr" zu vergleichen ist (1 Ko 3, 12). Darum verwendet der Apostel hier auch nicht das Wort für „böse", das er etwa in Rö 12, 21 gebraucht, und auch nicht jenes Wort, das in Jo 3, 19 die „bösen Werke" als mit „dem Bösen" in Verbindung stehend bezeichnet. Was Glaubende „durch den Leib wirken", ist sicher nichts „Böses"; aber es kann „Untaugliches" und in diesem Sinne „Schlimmes" sein. Wer als Glaubender rühmt und mit Recht rühmt, daß er nicht ins Gericht kommt, sondern einmal die Welt mitrichten wird, der stelle sich doch den Ernst dieses Gerichtes über sein Lebenswerk deutlich vor Augen. Es kann das auch für Errettete durch tiefen Schmerz und Beschämung gehen! Jeder Glaubende muß daher wie ein Paulus „seine Ehre darin suchen", Jesus „wohlgefällig zu sein".

EXKURS: DAS NTST ZEUGNIS ÜBER UNSER STERBEN

Was sagt das ntst Zeugnis über unser Sterben? Der Abschnitt 5, 1–10, den wir recht zu verstehen suchten, ist für uns alle von unmittelbarer Wichtigkeit. Wir alle sind Sterbende. Noch eine kurze Zeit, und wir müssen in das Sterben hinein. Wie wird es dann mit uns?

Wie immer wir den 1. Vers des Abschnittes verstehen mögen, eindeutig ist, daß der Apostel in den Versen 5–8 vom Sterben als einem „Auswandern aus dem Leibe" und „Einwandern zum Herrn" spricht. Ist das aber vielleicht eine vereinzelte Aussage, die wir nicht überbewerten dürfen? Wie steht es mit dem Zeugnis des ganzen NT? Wird von andern, wesentlichen Stellen her bestätigt, was Paulus in unserm Abschnitt positiv von unserm Sterben sagt?

1. Paulus war sicher kein „Platoniker". Aber das Wissen um eine „Seele", die nur für eine Zeit mit dem Leibe verbunden ist, ist nicht nur „platonische Philosophie". Es ist ein Wissen der Menschheit. Aus Kap. 12, 2–4 sehen wir, wie selbstverständlich der Apostel damit rechnet, daß er mit seiner Person und ihrem Erleben „außer dem Leibe" gewesen sein könne. Eine verbreitete Übersteigerung der Verbundenheit von Leib und Seele zur völligen Einheit ist nicht biblisch.

Die nächste Parallele zu unserm Abschnitt haben wir in Phil 1, 21–23. Daß Paulus hier nicht an ein späteres „bei dem Herrn sein" nach der Parusie denkt, sondern an ein sofortiges Kommen zu Jesus, geht aus der Tatsache hervor, daß er das Sterben einen „Gewinn" nennt. Das könnte er niemals tun, wenn das Sterben ihn gänzlich vernichtete. Dann wäre es ein totaler Verlust, der erst bei der Parusie durch eine totale Neuerschaffung wieder wettgemacht würde.

Sehr wesentlich ist Rö 14, 7–9. Es gibt genau so ein „dem Herrn sterben" wie es ein „dem Herrn leben" gibt. Ein „dem Herrn sterben" kann schwerlich in der Katastrophe einer gänzlichen Auslöschung oder einer Versenkung in ein bewußtloses Schattendasein bestehen. Der Apostel zeigt uns darum auch sogleich, daß Jesus durch sein eigenes Sterben und Auferstehen der „Herr über die Lebenden und die Toten" ist. Die „Toten" müssen also so „lebendig" sein, daß Jesus eine „Herrschaft" über sie ausüben kann. Paulus versichert uns, daß wir „dem Herrn gehören", ob wir irdisch leben oder leiblich sterben.

In 1 Ko 12 wird uns gesagt, daß wir als Glaubende „Glieder am Leib des Christus" geworden sind. Ist es denkbar, daß dem Herrn ständig Glieder durch den leiblichen Tod entrissen werden? In Rö 8 hat der Apostel mit tiefem Jubel gerühmt, daß nichts uns von der Liebe Gottes in Christus Jesus trennen kann. Und er hat dabei ausdrücklich den „Tod" genannt als eine Macht, die das auch nicht vermag. In unserm Brief wird Paulus in 12, 4 berichten, wie er in das

Paradies entrückt wurde. Für den Israeliten Paulus war das Paradies der Aufenthaltsort der entschlafenen Gerechten. Mochte das früher für ihn nur eine theoretische Lehre gewesen sein, jetzt war es für ihn volle Realität geworden; und dies Paradies war nicht ein Ort des Schlafes, sondern ein Raum voll heiliger, mächtiger Worte.

2. Aber vielleicht ist das alles nur „paulinisch"? Vielleicht rechtfertigt Jesus selbst eine Theologie, die das Sterben des ganzen Menschen nach Leib, Seele und Geist lehrt, als rechte Lehre?

Das Gegenteil ist der Fall. Jesus hat grundlegend zu unserer Frage Stellung genommen in seinem Gespräch mit den Sadduzäern über die „Auferstehung" (Mt 22, 23—33; Lk 20, 27—40). Merkwürdigerweise spricht Jesus hier gerade nicht von einer kommenden Auferstehung beim Anbruch des Reiches Gottes, sondern zeigt aus 2 Mo 3, 6 die Väter Abraham, Isaak und Jakob als jetzt schon vor Gott Lebende. Er formuliert dabei den Grundsatz, daß Gott nicht ein Gott von Toten, sondern von Lebenden ist. Das unmittelbare „Leben nach dem Tode" steht also für Jesus nicht im Gegensatz zur „Auferstehung", sondern bestätigt diese.

Wir haben darin die volle Parallele zu dem Gespräch Jesu mit Martha in Jo 11, 23—26. Martha „weiß" von der „Auferstehung am jüngsten Tage". Jesus aber bezeugt ihr ein „Leben", das der Glaubende in Christus jetzt schon hat und durch das leibliche Sterben hindurch behält. Wir haben von hier aus alle Stellen zu beachten, in denen dem Glaubenden jetzt schon der Besitz „ewigen Lebens" zugesprochen wird. Kann „ewiges Leben" wieder „sterben", wenn und weil der irdische Körper vergeht? Sollen wir wirklich glauben, daß der, der „aus dem Tode in das Leben durchgedrungen ist" (Jo 5, 24), nun im leiblichen Sterben wieder „aus dem Leben in den Tod" zurücksinkt? Der Gewißheit von Rö 8 entspricht in Jesu eigenem Wort die Zusicherung über die Seinen: „Niemand wird sie mir aus meiner Hand reißen" (Jo 10, 28). „Niemand" — also auch der Tod nicht. Aber auch den Bericht Jesu über den Lazarus und den reichen Mann haben wir nicht als „Gleichnis" abzutun, sondern ernst zu nehmen als das Wort dessen, der alle Dinge weiß, auch die Lage derer, die durch den leiblichen Tod gegangen sind.

Nicht unwesentlich ist es, daß bei den Totenerweckungen, von denen wir hören, diese Toten von der vollmächtigen Stimme ihres Herrn oder seines Apostels erreicht werden, diese Stimme hören und ihr gehorchen können. Sie sind keineswegs total gestorben, sondern ihre Person lebt weiter und kann angerufen werden.

3. Wie verhält sich dieses „Leben bei dem Herrn" zur „Auferstehung"? Wir können wenig darüber sagen, weil die Aussagen des NT über den Zwischenzustand zwar im Grundsätzlichen von eindeutiger

Gewißheit sind, aber uns keine anschauliche Schilderung geben. Das freilich ist gewiß: In der „Herrlichkeit" sind wir nach unserm Sterben noch nicht. Wir werden auch dann im „Wartestand" sein, wie unser Herr selber zur Rechten Gottes „hinfort wartet" (Hbr 10, 13; 1 Ko 15, 25 f). Es geht nicht einfach nur um uns selbst und um unsere Seligkeit! Es geht uns um die großen Dinge Gottes; und sie sind damit in keiner Weise am Ziel, wenn wir ein Leben bei dem Herrn nach unserm leiblichen Sterben finden. Die „Herrlichkeit" kommt erst durch die Parusie, durch das Friedensreich des Herrn im letzten Jahrtausend dieser Erdengeschichte, durch das Weltgericht, durch die Schaffung des neuen Himmels und der neuen Erde, in welchem Gerechtigkeit wohnt. Erst im Miterleben dieser großen Ereignisse erhalten auch wir Teil an der „Herrlichkeit", die uns mit Gewißheit zugesagt ist (Rö 5, 2; 8, 17 f; 2 Ko 4, 17 f; Kol 3, 4; 1 Th 2, 12; Jo 17, 24). Darum warten wir in der Tat nicht eigentlich auf das Sterben und auf unser Weiterleben im Paradies, sondern auf die „Auferstehung", auf „unseres Leibes Erlösung" (Rö 8, 11; 8, 23) und wissen, daß wir bis in eine herrliche Leiblichkeit hinein unserm Herrn gleich sein werden, wenn wir ihn sehen, wie er ist (Phil 3, 21; 1 Jo 3, 2).

ABWEISUNG VON MISSVERSTÄNDNISSEN DER ARBEIT DES PAULUS

2. Korinther 5, 11—13

11 Da wir also die Furcht des Herrn kennen, suchen wir Menschen zu
gewinnen; für Gott aber sind wir offenbar. Ich hoffe aber auch in
12 eurem Gewissen offenbar geworden zu sein. * Nicht empfehlen
wir uns schon wieder selber bei euch, sondern geben euch einen
Anlaß zum Rühmen über uns, damit ihr [ihn] habt denen gegen-
über, die sich ihres Gesichtes rühmen und nicht ihres Herzens.
13 * Denn waren wir von Sinnen, [so waren wir es] für Gott; und
sind wir besonnen, [so sind wir es] für euch.

Zu Vers 11:
1 Ko 9, 19—22
Gal 1, 10
1 Pt 1, 17
Zu Vers 12:
2 Ko 3, 1
10, 12
Zu Vers 13:
Rö 6, 3 f

Das, was Paulus eben vom Gericht über die Glaubenden schreibt, ist 11
nicht ein allgemeiner Lehrsatz, den er als Theologe aufstellt. Es gehört hinein in die Auseinandersetzung, die der Apostel über seine Arbeit in Korinth mindestens mit bestimmten Kreisen der Gemeinde führen muß. Das zeigt sofort der nächste Satz. Offenbar hat man ihm vorgeworfen, „er suche ja nur Menschen zu gewinnen", natürlich für seine Person. Die Gegner des Apostels sehen unwillkürlich bei ihm das, was sie von sich selber kannten. Ja, antwortet Paulus, ich suche

allerdings **„Menschen zu gewinnen"**! Aber nicht für mich selbst und nicht aus den Motiven, die ihr mir unterstellt. Ich weiß doch, daß ich vor dem Gericht meines Herrn mit meiner Arbeit stehen werde. Ich kenne die heilige **„Furcht"** vor dem, der mein Herr ist und der mein Werk mit seinen Flammenaugen prüfen wird. Gerade darum arbeite ich unermüdlich mit ganzem Einsatz an der Gewinnung von Menschen. Gott weiß es; ich stehe dabei in seinem Licht, ich bin **„für Gott offenbar"**, auch wenn ihr mich verkennt. Wenn ihr Korinther euch nicht gegen mich aufwiegeln laßt, sondern nach eurem Gewissen urteilt, erkennt ihr dann nicht auch, worum es mir in meiner Arbeit geht? **„Ich hoffe aber auch in euren Gewissen offenbar geworden zu sein."** Wieder ist das **„Gewissen"** für Paulus eine entscheidende und unbestechliche Instanz[205]. Allerlei ichhafte Wünsche und Stimmungen mögen die Korinther den verleumderischen Angriffen auf Paulus zugänglich machen. Aber ihre Gewissen werden ihnen still und fest sagen, wie unwahr alle diese Angriffe auf ihren Apostel sind und wie klar und redlich sein ganzer Einsatz geschieht.

12 Paulus fürchtet, daß sofort wieder der Einwand kommt, nun preise er sich aufs neue selber an. Aber mit den Feststellungen, die er über seine Arbeit trifft, will er etwas ganz anderes: nicht sich selber loben, sondern die Gemeinde in Korinth veranlassen, sich an ihrem Apostel zu freuen und sich mit Überzeugung zu ihm zu bekennen, und dies gerade den neuen Männern gegenüber, die Paulus in Korinth verdrängen wollen. **„Nicht empfehlen wir uns schon wieder selber bei euch, sondern geben euch einen Anlaß zum Rühmen über uns, damit ihr [ihn] habt denen gegenüber, die sich ihres Gesichtes rühmen und nicht ihres Herzens."** Wir merken, welche Rolle der Vorwurf steter „Selbstempfehlung" in Korinth spielte (vgl. 3, 1; 10, 12). Gerade die neuen Männer waren es, die **„sich rühmten"**, die sich für bedeutende Leute hielten und den Korinthern versicherten, daß erst sie imstande seien, die Gemeinde zur eigentlichen Blüte und zum vollkommenen Christentum zu bringen. Dabei hoben sie hervor, woher sie kämen, wessen Empfehlung sie schriftlich vorweisen könnten, welches Ansehen sie in andern Teilen der Christenheit genössen. Paulus nennt das hier **„sich seines Gesichtes rühmen"**. Das Gegenteil dazu wäre **„sich seines Herzens rühmen"**. Dazu waren nach dem Urteil des Apostels seine Gegner nicht imstande. Aber was ist damit gemeint? Soll ein Mensch sich **„seines Herzens rühmen"**, indem er sein gutes oder frommes Herz hervorhebt? Das wäre doch noch viel fataler als der Hinweis auf das Ansehen, das man bei andern Menschen genießt. So kann es Paulus sicher nicht gemeint haben. Das „Trachten des Herzens", das

[205] Vgl. die Ausführungen auf S. 95 f.

im Gericht des Christus offenbar wird, war dem Apostel schon im ersten Brief (4, 5) wichtig. Es lag ihm in 2 Ko 1, 12 entscheidend an dem „Zeugnis seines Gewissens", daß er in Heiligkeit und Lauterkeit sein Leben geführt habe, gerade auch in Korinth. Dieses Zeugnis seines Gewissens nannte er dabei ausdrücklich „seinen Ruhm". Und an unserer Stelle hatte er davon gesprochen, daß er „für Gott offenbar sei" und auch „im Gewissen der Korinther offenbar geworden sei". Diese innere Gewißheit, vor Gott und Menschen lauter und klar dazustehen, wird er als ein **„Rühmen des Herzens"** im Gegensatz zum Pochen auf äußere Vorzüge bezeichnen. Ein solches Rühmen konnten seine Gegner nicht wagen, weil sie nicht lauter sind, sondern von ichhaften Motiven getrieben werden. Sie flüchten sich darum in das **„Rühmen ihres Gesichtes"**.

Paulus schließt mit einem **„denn"** einen Satz an, in dem er wieder 13
auf Vorwürfe und Anklagen in Korinth eingehen wird. Auch in diesem Satz ist erneut der knappe Ausdruck bemerkenswert, wenn wir ihn ohne die im Deutschen notwendigen Zufügungen lesen. **„Denn waren wir von Sinnen, für Gott; und sind wir besonnen, für euch."** Die **„Besonnenheit"**, die „sophrosýne" war eine im Altertum ganz besonders geschätzte Eigenschaft. In allem besonnen, maßvoll, ruhig, verständig auftreten, alles Extreme, Unnüchterne, Erregte meiden, das machte einen Mann vertrauenswürdig[206]. So können wir verstehen, daß bei der Rede des Paulus vor Festus und Agrippa gerade der hohe römische Beamte sein berühmtes „Paulus, du rasest" dazwischen rief (Apg 26, 24). Was Paulus sagte, schien ihm maßlos, phantastisch, völlig überspannt. Auch in Korinth scheint man dem Apostel vorgeworfen zu haben, er durchbreche die Grenze der „Besonnenheit" und sei in manchen Stunden wie **„von Sinnen"**. Worauf Paulus dabei anspielt, wissen wir nicht. Vielleicht hat man sein heißes Ringen um die Gemeinde und etwaige Ausbrüche seines Kummers und seines Zornes bei seinem kurzen Zwischenbesuch ironisch damit abgetan und als „krankhafte Erregung" bezeichnet. Wir wissen im einzelnen viel zu wenig von den Vorgängen in Korinth, um den kurzen Satz des Textes mit Sicherheit richtig deuten zu können[207]. Paulus muß allerdings bestimmte Vorfälle und Vorwürfe vor Augen haben, da er hier in der Form der Vergangenheit schreibt: **„Waren wir von**

[206] Im NT finden wir das Wort auch Mk 5, 15; Rö 12, 3; Tit 2, 6; 1 Pt 4, 7 gebraucht.

[207] Es ist aber auf jeden Fall bemerkenswert, daß man schon dem Apostel vorwarf, was dann so oft in der Kirchengeschichte die Anklage gegen einzelne Männer und ganze Bewegungen war, überspannt, schwärmerisch, enthusiastisch zu sein. Die Erkenntnis und Unterscheidung wirklichen Schwarmgeistes und Schwärmertums bleibt freilich eine ernste und schwere Aufgabe!

Sinnen . . .[208]". Paulus läßt es unentschieden, ob sein Verhalten, worin immer es bestand, tatsächlich das Maß besonnener Haltung sprengte. Wenn es so war, dann hat er jedenfalls nicht an sich selbst gedacht und nicht um sich selbst geeifert, sondern **„für Gott"** gebrannt.

Aber das andere müssen die Korinther ihm auch zugeben, daß er besonnen, klug und verständig zu handeln und in rechter Weise Gemeinde zu leiten vermag. Freilich, so klug für sich selbst zu sorgen, wie seine Gegner in Korinth es taten (11, 20), nein, so **„besonnen"** und geschickt ist er nicht! Seine Klugheit und Besonnenheit kam allein der Gemeinde zugute. **„Sind wir besonnen, [so sind wir es] für euch."**

Paulus möchte von den Korinthern ganz verstanden werden, nicht nur in einzelnen Zügen seines Lebens und Dienens, darum will er jetzt zusammenfassend vor die Gemeinde hinstellen, was der tragende Grund und die bestimmte Macht in seinem ganzen Wirken ist. Erfassen und verstehen sie das, dann haben sie das volle Verständnis für ihren Apostel, welches alles Mißtrauen überwinden muß. Was also leitet und erfüllt ihn bei allem, was er tut, was ihn bald heiß erregt, überspannt, extrem erscheinen lassen kann, bald wieder maßvoll und verständig? Paulus sagt es den Korinthern in einem Abschnitt, der zu dem Größten und Grundlegendsten gehört, was er überhaupt geschrieben hat.

Zu Vers 14:
Jo 11, 50
1 Pt 4, 1
Zu Vers 15:
Rö 7, 4
14, 7—9
Gal 2, 20
1 Tim 2, 6
Zu Vers 16:
Jo 20, 14
Rö 6, 11
Kol 1, 22
Tit 3, 15
Zu Vers 17:
Jes 43, 18
65, 17
Rö 6, 4
8, 1
Gal 6, 15
Offb 21, 5
Zu Vers 18:
Apg 20, 24
Rö 5, 10

DAS KREUZ JESU ALS QUELLE UND MASSSTAB FÜR DES APOSTELS GANZEN DIENST

2. Korinther 5, 14—21

14 **Denn was uns bestimmt, das ist die Liebe des Christus, indem wir**
dieses Urteil fällten: Einer starb für alle, also sind sie alle gestor-
15 **ben. * Und für alle starb er, damit die Lebenden nicht mehr für**
sich selbst leben, sondern für den, der für sie gestorben und auf-
16 **erweckt worden ist. * Daher kennen wir von jetzt an niemand**
nach Fleischesart; wenn wir auch nach Fleischesart Christus ge-
17 **kannt haben, aber jetzt kennen wir ihn nicht mehr [so]. * Also,**
wenn jemand in Christus [ist, so ist er] neue Schöpfung! Das Alte
18 **verging; siehe, Neues ist geworden. * Das alles aber von Gott her,**
der uns mit sich selbst versöhnte durch Christus und uns den
19 **Dienst der Versöhnung gegeben hat. * Wie denn ja Gott in Chri-**
stus war, die Welt mit sich versöhnend, nicht anrechnend ihnen

208 Das grie Wort bezeichnet seiner Wortbildung nach das „außer sich sein". Es kann darum auch abgeschwächt für ein starkes Erstaunen gebraucht werden. Vgl. Apg 2, 7; 2, 12; 8, 13; 9, 21; 10, 45.

ihre Übertretungen und hinlegend in uns das Wort der Versöh-
20 **nung. * Für Christus also tun wir Botschafterdienst, indem Gott**
durch uns mahnt. Wir bitten für Christus: Werdet versöhnt mit
21 **Gott** (oder: Laßt euch versöhnen mit Gott). *** Den, der Sünde nicht**
kannte, hat er für uns zur Sünde gemacht, damit wir würden Ge-
rechtigkeit Gottes in ihm.

Zu Vers 19: Jo 14, 10 Rö 3, 24 f Kol 1, 19 f 1 Jo 3, 20
Zu Vers 20: Jes 52, 7 Jo 20, 21 Eph 6, 20
Zu Vers 21: Jo 8, 46 Rö 1, 17 8, 3 f Gal 3, 13 1 Ko 1, 30 1 Pt 2, 22—24 3, 18 Hbr 4, 15

Wie verschieden war Paulus in Korinth beurteilt worden. Was unterschob man ihm alles. Welche Motive argwöhnte man hinter dem, was er tat, sagte oder schrieb. Paulus hat sich gegen diese Verdächtigungen in den bisherigen Teilen des Briefes gewehrt und auf ein volles Verständnis seiner Korinther gehofft (1, 13 f). Jetzt spricht er positiv aus, was es denn ist, was sein gesamtes Verhalten, seinen ganzen Dienst bis in die einzelnen Entschlüsse hinein formt und auch sein Ringen um die Gemeinde in Korinth bestimmt. **„Denn was uns bestimmt, das ist die Liebe des Christus."** Jesus wird hier nicht mit seinem persönlichen Namen genannt. Sein gewaltiger, alle umfassender Christusdienst in seinem Sterben steht vor dem Apostel. Dieser Dienst war die Tat seiner Liebe. Diese Liebe hat Paulus erkannt; sie hat ihn überwältigt; sie ist es, von der er umfangen, gehalten, getrieben[209] ist. Wenn die Korinther das begreifen, dann haben sie den einheitlichen Schlüssel zum Verständnis ihres Apostels in allem. Unser Verstehen eines Menschen hängt sehr davon ab, daß wir eine klare Einheit in seinem ganzen Denken und Reden, seinem Tun und Lassen finden. Diese umfassende Einheit seines Lebens und Wirkens ist vorhanden. Sie liegt in der Liebe des Christus. **„Was uns bestimmt, das ist die Liebe des Christus."** Diese Aussage ist von zentraler Bedeutung, für den Apostel und für uns. Das NT ist zurückhaltend im Reden von „Liebe"[210]. Um so gewichtiger ist ein Zeugnis, welches **„die Liebe des Christus"** so beherrschend in den Mittelpunkt stellt. Paulus wird in unserm Abschnitt die Botschaft entfalten, die wir als „Rechtfertigungslehre" zu bezeichnen pflegen. Er kann — etwa in Rö 3 und 4 — wirklich „lehrhaft" davon reden, ohne ein Wort von „Liebe" zu sagen. Hier aber ordnet er das ganze Geschehen unserer Errettung dem Wort von der „Liebe des Christus" unter und lehrt uns, es als das Werk dieser Liebe zu verstehen[211]. Wohl schließt der Abschnitt mit dem für Paulus kennzeichnenden Begriff der „Gerechtigkeit Gottes". Aber diese „Gerechtigkeit" wird uns zuteil durch die 14

[209] Alle diese Bedeutungen klingen in dem Wort „synechein" mit.
[210] Vgl. die Auslegung in der W. Stb. Johannesevangelium Bd. II S. 18 und 72.
[211] Wir stehen in der Gefahr, die „Rechtfertigung" nur sachlich und intellektuell, ohne Wirkung auf unser Leben, zu erfassen. Unser Abschnitt ist darum ein besonderes Geschenk an uns.

Liebe des Christus. Was der Apostel hier schreibt, ist Zeugnis seiner eigenen frommen Erfahrung. Das war die totale Wende im Leben des Pharisäers Saulus, des Mannes eiserner Gesetzeserfüllung, als ihm gerade im Fluchtod Jesu am Kreuz, in diesem rätselhaften, empörenden, abschreckenden Geschehen, die „Liebe" aufging und ihm ein völlig neues Dasein erschloß. Da wurde ihm „die überragende Größe der Erkenntnis Christi Jesu, seines Herrn" zuteil, die alles andere in seinem Leben zum „Schaden", ja zum „Kot" werden ließ (Phil 3, 8). Seitdem war es so, wie er es hier den Korinthern schreibt: **„Was uns bestimmt, das ist die Liebe des Christus[212]."**

Paulus schließt sofort seine Mitarbeiter in diese Grundhaltung seines Lebens und Dienens mit ein. „Wir", also Paulus und seine Mitarbeiter, sind von der Liebe des Christus bestimmt. Wieso sind wir es? Worin zeigt es sich? Paulus antwortet: **„Indem wir dieses Urteil fällten: Einer starb für alle, also sind sie alle gestorben[213]."** Für Paulus sind hier wie überall, nicht die Worte und Lehren Jesu das Entscheidende, auch nicht seine helfenden Wunder und Machttaten. Die Liebe des Christus offenbart sich in einer einzigen Tat: Der Christus starb! Wir sahen schon bei 4, 10, daß dieses „Sterben" durch das ganze Leben Jesu hindurchgeht. Aber es faßt sich dann entscheidend zusammen in seinem Sterben am Kreuz. Hier starb aber Jesus nicht als „einer von vielen", hier starb der Eine, Unvergleichliche, der Christus, der Herr der Menschheit[214]. Was aber einer in seinem Amt für andere mit Vollmacht tut, das gilt dann für diese andern, als hätten sie es selbst getan. Wenn ein Schüler sich für die Klasse entschuldigt, dann haben sich damit alle entschuldigt. Wenn der Präsident eines Staates für sein Land Frieden schließt, dann ist der Krieg für alle beendet und der Friedensschluß gilt grundsätzlich allen Bürgern des Landes. So fällte auch Paulus, als er zum Glauben kam, das klare und feste Urteil: Der Eine starb für alle; **„also sind sie alle gestorben"**. Das ist nicht eine Ansicht und eine Meinung, die Paulus hat, nicht ein geistvoller Gedanke, der sich erwägen läßt. Hier ist ein **„Urteil gefällt"**, das wie jedes echte „Urteil" praktisch bestimmende Auswirkungen hat. Dieses Urteil erhält besondere Wucht und tiefen Ernst, weil der Tod, um den es hier geht, Gerichtstod, Hinrichtung war. Nicht ein

212 An allen wirksamen Boten und Botinnen Jesu zu allen Zeiten und unter allen Völkern ist der gleiche, grundlegende Tatbestand zu sehen.

213 Die Handschriften, die der LÜ zugrunde liegen, schieben ein „wenn" in den Satz ein: „wenn einer für alle starb". Das schwächt die Wucht ihrer Aussagen in ihrer ganzen Realität ab.

214 Jesus tritt als der „letzte Adam" (1 Ko 15, 45) dem „ersten Menschen" gegenüber. Wie „Adam" das Wesen und das Geschick einer ganzen Menschheit bestimmte, so tut es nun auch Christus. Sein Handeln und Leiden schließt wesenhaft die Menschen ein, die zu ihm gehören. Vgl. dazu den Abschnitt Rö 5, 12—19.

natürliches Todesverhängnis nahm Jesus auf sich. Hier wurde vielmehr das unabdingbare und gerechte Todesurteil über uns Schuldige ausgesprochen, ja faktisch vollzogen. Das ist der Ernst von Golgatha! Hier wurde der Tod erlitten, der nicht nur Zerfall des irdischen Lebens, sondern Trennung von Gott und ewiger Tod ist[215]. In diesem letzten Sinn sind nun alle „Gestorbene", das heißt Hingerichtete. So sah Paulus sich und alle Menschen im Licht des Kreuzes. Wer konnte sich noch anmaßen, „leben" zu wollen, nachdem er sich in dem sterbenden Christus als einen zum Tode Verurteilten und Hingerichteten erkannt hat?

Aber nun leuchtet die Liebe des Christus auf, weil er, der Heilige, den Tod, diesen furchtbaren Gerichtstod stellvertretend **„für alle"** auf sich nahm[216]. In ihm selbst lag nichts, was Gottes Gericht auf sich gezogen hätte. Denn er war der Sohn, auf den Gott mit vollem Wohlgefallen sah[217]. Es ist ein stellvertretendes Sterben im Gericht und eben darum auch **„für alle"** in solcher Kraft gültig, daß die eigentlichen Schuldigen in Jesus gestorben sind und gerade darum leben dürfen. So gilt es gleichzeitig, daß sie „Gestorbene" und „Lebende" sind.

In welchem Sinne sind sie es? Wie wirkt sich das „Urteil" nun in 15
ihrem Leben aus? Paulus sagt: **„Und für alle starb er, damit die Lebenden nicht mehr für sich selbst leben, sondern für den, der für sie gestorben und auferweckt worden ist."** Wenn Paulus hier von **„den Lebenden"** spricht, denkt er zunächst an die einfache Tatsache, daß sie, die „alle gestorben sind", dennoch faktisch alle leben. Das auf Golgatha stellvertretend durchlittene Gericht wirkt sich darin aus, daß jetzt für alle Welt Gnadenzeit ist, daß wir noch am Leben gelassen sind und darum als **„die Lebenden"** die Botschaft hören und annehmen können. Aber wer die Botschaft annimmt, der wird ein **„Lebender"** in einem ganz neuen Sinne. Er erfaßt, daß er den ewigen Tod verdiente und nur durch die stellvertretende Tat Jesu das Leben hat, das ein ewiges Leben ist. Darin tut sich ihm sofort eine ganz neue Lebensrichtung auf. Ein Leben, das sich einzig dem Sterben eines andern verdankt, kann nicht mehr sich selbst gehören, sondern nur

[215] Darum Mt 27, 46!

[216] Auszudenken ist das nie. Wie entrüstet sind wir, wenn wir nur das kleinste Unrecht anstelle eines Schuldigen leiden sollen! Am Kreuz aber duldet der einzig Unschuldige das ganze Gottesgericht über eine Welt der Sünde.

[217] Darum kommt alles darauf an, daß Jesus tatsächlich nicht ein bloßer Mensch war, sondern der sündlose Gottessohn. Sonst würde auch Jesus unter die Feststellung von Ps 49, 8 f fallen. „Kann doch keiner einen andern auslösen oder für ihn an Gott ein Sühnegeld geben." Die Gottessohnschaft Jesu hat mit „Mythologie" nichts zu tun, sondern ist in ihrer Wirklichkeit das unentbehrliche Fundament der Erlösung von Sündern.

noch dem, der es durch sein Sterben überhaupt ermöglichte. Weil hier grundsätzlich „Gestorbene" leben, können sie nicht mehr sich selbst behaupten und nicht mehr Ansprüche stellen oder angebliche Rechte geltend machen. Das ist für „Gestorbene" vorbei. Aber als „Lebende" brauchen sie einen Inhalt und ein Ziel ihres ganzen Seins und Wirkens. Worin könnte dieses Ziel liegen als allein in dem, **„der für sie starb und auferstand"**? Seinem **„für sie"** antwortet ihr **„für ihn"**. Weil er **„auferweckt wurde"**, ist er als der Lebendige ihnen so gegenwärtig, daß sie für ihn, in der Hingabe an ihn, im Dienst für ihn leben können. Und dieses neue, selbst-lose, an Jesus hingegebene Leben ist das eigentliche Ziel der Liebe des Christus. Errettung aus dem gerechten Gericht Gottes ist freilich die gewaltige Voraussetzung, die mit einem solchen Einsatz geschaffen werden mußte. Aber der Apostel bleibt dabei nicht stehen. Die Beseitigung der Verlorenheit, ist ihm nicht das Letzte und Eigentliche. Er sieht auf das neue Dasein, das die eigentliche Frucht des Wirkens Christi ist[218]. Die Liebe des Christus in seinem rettenden Sterben für uns weckt und entzündet im Herzen der Erretteten die Gegenliebe und schenkt ihnen damit
16 eine neue Existenz (V. 17!), die überhaupt erst den Namen „Leben" verdient. Aus der großen Tatsache, daß „alle gestorben sind", weil der Eine für sie starb, ergibt sich eine grundlegende Folgerung für unsern Umgang miteinander. **„Wir"** wenigstens, wie Paulus mit Betonung hervorhebt, wir vom Kreuz des Christus her „Lebende", „wir" sehen alle Menschen mit einem völlig neuen Blick. **„Daher kennen wir von jetzt an niemand nach Fleischesart."** Mit **„Fleisch"** meint das NT unsere natürliche Wesensart, wie wir sie von Geburt her an uns tragen als ein Denken, Leben, Trachten aus dem Ich und für das Ich. Nach dieser ichhaften Art betrachten wir unwillkürlich und ganz instinktiv unsere Mitmenschen. Sie sind uns sympathisch oder unsympathisch, imponieren uns oder sind uns verächtlich, sind für unsere Interessen wichtig oder unwichtig, sie erfreuen oder ärgern uns. Das ist bei uns so bis zu der Stunde, in der die Liebe des Christus uns erfaßt und sein Sterben uns in seiner Bedeutung aufgeht. „Von jetzt an" betrachten und beurteilen wir die Menschen in völlig neuer und anderer Weise. Auch die Mächtigsten und Edelsten sind doch solche, für die der Christus den Gerichtstod durchleiden mußte. Und auch die Geringsten, Häßlichsten und Schlimmsten sind von der Liebe des Christus

[218] Wenn wir es so mit Paulus sehen, dann ist die „Heiligung" neben der „Rechtfertigung" kein Problem mehr. In dem knappen Satz des Paulus ist die „Heiligung" als das Ziel der „Rechtfertigung" unmittelbar mit dieser verbunden. Wir haben uns ernstlich zu fragen, ob wir nicht weithin in der dankbaren Freude an der kostbaren Errettung vom Gericht stehen geblieben sind und das mächtige, zielweisende „damit" in unserm Satz vergessen haben.

Gesuchte, denen in Christus der Zugang zu einem neuen Leben erschlossen ist. Fleischliche Menschenverehrung ist darum für uns ebenso vergangen wie Menschenfurcht und Menschenverachtung[219]. Auch hier haben wir es nicht mit einem allgemeinen theologischen Aufsatz zu tun, sondern mit einem echten Brief. Paulus wird zu diesen Sätzen getrieben, zu diesen Folgerungen aus dem Kreuzesgeschehen, weil er in den Nöten der zerrissenen Gemeinde in Korinth die ganze Gefahr des **„Kennens nach Fleischesart"** vor Augen hatte. Ihm, dem Apostel, warf man einen „Wandel nach Fleischesart" vor (1, 17; 10, 2), während gerade die fleischliche, ichhafte Art der Korinther und vor allem der neuen Lehrer zu dieser Verkennung des Apostels und zu den bösen Streitereien untereinander führte. So hatte es Paulus schon in 1 Ko 3, 3 der Gemeinde vorgehalten; jetzt stellt er ihr das Gegenbild rechten „Kennens" von Menschen vor Augen. Die Korinther werden Paulus in seinem ganzen Verhalten und Handeln nur verstehen, wenn sie diese völlig neue Art des „Kennens" von Menschen unter der bestimmenden Liebestat des Christus am Kreuz erfassen.

Paulus fügt hinzu, daß auch sein ganzes Denken über den Messias ein total anderes geworden sei. **„Wenn wir auch nach Fleischesart Christus gekannt haben, aber jetzt kennen wir ihn nicht mehr [so]."** Warum sagt Paulus das hier? Der Grund dafür wird in Vorgängen oder Anschauungen in Korinth gelegen haben, die wir nicht kennen. Es ist aber klar, daß Paulus hier nichts über ein etwaiges persönliches Kennen des historischen Jesus sagen oder auch ein solches Kennen als überflüssig und wertlos abtun will. Das wird sofort daran deutlich, daß er in dieser Aussage nicht den Eigennamen „Jesus" gebraucht, sondern von „Christus", also von dem „Messias" spricht. Vor allem aber kann in diesem zweiten Satz das „Kennen nach Fleischesart" nicht einen andern Sinn haben als in dem Satz zuvor. Paulus hat sicher nicht sagen wollen, daß er von jetzt an keinen Menschen mehr persönlich kennen lernen wolle. Entsprechend kann dann auch im zweiten Satzteil das „wenn wir auch nach Fleischesart Christus gekannt haben" nicht die persönliche Bekanntschaft mit Jesus im Auge haben. Paulus meint das ganze Denken über den Messias, die ganze Art, wie er sich früher den Messias Israels vorgestellt und ihn erwartet hatte. So streng und fromm und scheinbar schriftgemäß dieses Denken bei Saul von Tarsus gewesen war, es war dennoch blind

[219] Sind sie es wirklich? Paulus konnte es für sich und seine Mitarbeiter mit ruhiger Bestimmtheit feststellen: „Wir kennen niemand mehr nach Fleischesart." Dieses sein Wort wird zum Gericht aber über die Zustände der Christenheit heute, wo man einander so oft „nach Fleischesart" kennt und beurteilt.

und tief verkehrt, weil es von „Fleischesart", von ichhaft-jüdischem Denken regiert war. Darum hatte Saulus in der Botschaft der Christen von Kreuz und Auferstehung Jesu Lüge und Lästerung gesehen und die Christen mit Leidenschaft verfolgt. Aber das ist jetzt völlig anders geworden. Sah Paulus bei den neuen Männern in Korinth, die auf ihre Beziehung zu Jerusalem und zu den Uraposteln stolz waren, sich aufs neue eine „fleischliche Christologie" erheben? War ihm die Christusbotschaft judenchristlicher Kreise seinem eigenen früheren Denken über den Messias ähnlich? Wurde dabei gerade das Kreuz „entleert" (vgl. 1 Ko 1, 17)? Oder geschah dies in Korinth durch gnostische Gedankengänge? Wendet er sich hier gegen die Männer der „Christuspartei" (1 Ko 1, 12; 2 Ko 10, 7), die jede Abhängigkeit von den irdischen Zeugen Jesu, den Aposteln abstreiten und den Christus als Geistwesen auch ohne jede Beziehung zu dem irdischen Jesus und seinen geschichtlichen Worten und Taten unmittelbar im Geist erkennen wollen? Werfen sie Paulus vor, daß er noch viel zu „fleischlich" von Christus denke, viel zu sehr an dem irdischen Leben und Sterben des Christus hängen bleibe und darum der Gemeinde mit seinem „Wort vom Kreuz" ein viel zu dürftiges Evangelium biete? Dann würde Paulus sich hier dagegen verwahren, daß er seinerseits den Christus nur „nach Fleischesart kenne". Wir kennen die Vorgänge in Korinth und die Männer, die dort Einfluß gewonnen haben, zu wenig, um zu einem eindeutigen Urteil zu gelangen. Daß Paulus aber gerade in solchen Sätzen auf bestimmte Meinungen in Korinth anspielt, dürfte sicher sein[220].

17 Der Apostel hat seine neue Haltung zu den Menschen negativ formuliert: **„Nicht mehr nach Fleischesart"** sieht er die Menschen an. Wie sein Blick vom Kreuz Jesu her die Menschen positiv erfaßt, was er an den „Lebenden", an den Gliedern der Gemeinde, an den „Menschen in Christus" sieht, das sagt er nun in einem gewaltigen Satz. **„Also, wenn jemand in Christus [ist, so ist er] neue Schöpfung! Das Alte verging; siehe, Neues ist geworden."** Wir spüren die ganze Größe dieser Aussagen in einer unwillkürlichen Auflehnung gegen sie: Ist das denn wahr? Steht denn in den Gliedern der Gemeinde Jesu wirklich eine **„neue Schöpfung"** vor uns? Ist tatsächlich **„das Alte vergangen"**? Das hieße doch, daß sich hier schon ereignet habe, was wir sonst

[220] Das nimmt seinem Satz nicht die Aktualität für alle Zeiten, auch für uns heute. Immer sind wir in Gefahr, unsere Erkenntnis des Christus von „fleischlichen", eigensüchtigen Interessen mit bestimmen zu lassen. An den wechselnden „Christologien" von Theologen und Laien könnte man die „Fleischesart" aufzeigen, die unvermerkt und mehr oder weniger deutlich das Christusbild so oder so zeichnen läßt. Gerade der Theologe braucht die Leitung des Heiligen Geistes, der allein Jesus wahrhaft verherrlicht (Jo 16, 14).

erst von der Eschatologie, von der neuen Offenbarung Jesu, erwarten! Ist das möglich? Wird es nicht von der Wirklichkeit der Gemeinde, gerade auch der Gemeinde in Korinth, widerlegt?

Paulus selbst hat eine klare Bedingung für die Wahrheit seines Satzes festgestellt: **„Ist jemand in Christus."** Es ist keine bloße Formalität, wenn Paulus jetzt nicht schreibt: „Glaubt jemand an Christus, so ist er eine neue Schöpfung." Wohl gibt wirklicher Glaube dieses „Sein in Christus[221]". Aber es ist, als ob der Apostel schon mit jenen Mißverständnissen und Entleerungen des „Glaubens" rechnet — wohl gerade von seinen Erfahrungen in Korinth her —, die bis heute das evangelische Christentum schwächen und entstellen. „Glaube" wird — von der „reinen Lehre" her — verwechselt mit einem bloßen „gelernt haben", einem Besitz von richtigen Gedanken über Christus. Das kann natürlich nichts „Neues" in uns schaffen und nicht Altes vergehen lassen. Paulus geht es um einen „Glauben", der den Glaubenden mit Christus personal eint und ihm dadurch ein „Sein in Christus" schenkt.

Für die Aussage des Paulus ist es kennzeichnend, daß sie in lauter abgeschlossenen Feststellungen vor sich geht. Paulus stellt nicht in Aussicht, daß für den Glaubenden das alte Wesen mehr und mehr vergehen und eine neue Art des Lebens hervortreten wird. Paulus schildert aber auch nicht ein mystisches Geschehen, das der Mensch, der sich Christus zuwendet, erleben könnte, wenn er bestimmte Schritte einer frommen Praxis tue. Paulus bezeugt vielmehr eine vorhandene Wirklichkeit. Seine Aussagen hier entsprechen den Feststellungen in Kol 3: „Ihr seid gestorben", „ihr seid auferstanden". Aber dort wie nun auch hier ist eine Wirklichkeit gemeint, die ich nicht einfach an mir selber als eine Vorhandene feststellen kann, sondern die von Gott her in Christus und nur in Christus da ist. In seinem Tode ist das Alte vergangen. In seiner Auferstehung ist eine neue Lebenswirklichkeit da. Wer „in Ihm" ist, muß dadurch an dieser von Gott grundlegend geschenkten Wirklichkeit teilhaben. Er darf das Alte, das er noch mächtig genug an sich selber spürt, dennoch im Sterben des Christus als abgetan erfassen. Er darf das neue Leben in der Liebe des lebendigen Herrn als die ihm schon übereignete Lebensmöglichkeit ergreifen. Es wird beides, das Ende des Alten und das Hervorbrechen des Neuen, sich dann auch im faktischen Leben des Glaubenden immer wieder sichtbar realisieren. Und das umso

[221] Vgl. dazu Gal 2, 20. Mit einem ausdrücklichen „denn" wird das „Christus lebt in mir" erklärt durch ein „ich lebe im Glauben".

mehr, je mehr ein Christ das „Sein in Christus" im Glauben ergreift[222].

Jedenfalls aber geht es um **„neue Schöpfung"**. Nach dem Urteil des Paulus ist das „Alte", der alte Mensch und die alte Welt, nicht verbesserungsfähig[223]. Die Botschaft, die Paulus anvertraut ist, handelt nicht davon, wie der natürliche Mensch besser und frommer werden könne. Die Botschaft verkündigt den verdienten Gerichtstod des alten Menschen und das Ende der gesamten alten Schöpfung. Und das Evangelium sieht zugleich in Christus den Beginn einer neuen Schöpfung und einer neuen Menschheit von Gott in die Welt gestellt. Wer im Glauben sich diesem Christus anvertraut, erhält selber Anteil an diesem Vergehen des Alten und ist selbst schon „neue Schöpfung". Das „Angeld" davon, so lasen wir schon, ist der Geist Gottes, der in uns ist und durch dessen Kraft schon jetzt Christus „seinen Brief" auf lebendige Herzenstafeln schreibt. Wo der Geist des Herrn ist, da ist Freiheit, Freiheit von der Sklaverei des alten Wesens, Freiheit zur neuen Existenz in der Liebe. Wir dürfen nicht vergessen, daß das Wort von der „Liebe des Christus" beherrschend über unserm ganzen Abschnitt steht. Die wirkliche „Agape", die „Liebe" ist das „Neue", das geworden ist, so wie umgekehrt die Ichgebundenheit den alten Menschen kennzeichnet. Wo die Liebe des Christus uns „bestimmt", wo wir nicht mehr uns selber leben, sondern dem, der für uns gestorben und auferstanden ist, da ist es wirklich so, daß ein neues Leben begonnen hat.

18 Aber das ist in keiner Weise der Erfolg eigener religiöser oder sittlicher Anstrengungen! Es liegt Paulus alles daran, daß wir das Evangelium nicht in eine Reihe stellen mit den vielen religiösen Weltanschauungen, die den Menschen zu einer Verbesserung seines Wesens anleiten wollen. Paulus stellt es mit Nachdruck fest: **„Das alles aber von Gott her, der uns mit sich selbst versöhnte durch Christus."** Daß dieses „Neue" nicht von uns her, sondern allein **„von Gott her"**

[222] Paulus hat hier nicht beschrieben, wie dieses „Sein in Christus", dieses neue Leben aussieht und sich praktisch verwirklicht und zeigt. Darum ist auch hier in der Auslegung nichts darüber zu sagen. Es ist aber auf andere Ausführungen des Apostels zu verweisen, die konkreter davon sprechen. Grundlegend ist dabei das neue Verhältnis zu Gott, das „Abba Vater"-Schreien statt der Gottesferne (Rö 8, 15; Gal 4, 6). Das „mit Christus gestorben sein" realisiert sich in einem steten „Töten" oder „im Tode halten" der „Glieder auf Erden"; das „neue Sein in Christus" wird ein stetes „Anziehen von herzlichem Erbarmen, Freundlichkeit, Demut, Sanftmut, Geduld", und ein Leben aus der Vergebung und im Vergeben (Kol 3, 5—10; 3, 12 ff). Und dies wiederum ist ein „Anziehen des Christus" (Rö 15).

[223] Genau das gleiche hatte Jesus dem führenden Theologen in Jerusalem, Nikodemus, in harter Klarheit bezeugt (Jo 3, 3—6). Was Paulus „neue Schöpfung" nennt, ist hier von Jesus als „neue Geburt" bezeichnet.

stammt, gibt ihm seine Größe und gibt ihm vor allem seine ganze Gewißheit, seine Dauer und Unverlierbarkeit. Es bestimmt aber auch den Inhalt und die Art der neuen Existenz, die wir von Gott her haben. Wenn wir von einem „Neuen" hören, das da geworden sein soll, dann geht unser Blick unwillkürlich sofort auf das „Moralische". Wir sind von Natur so gott-los, daß wir an unserem Verhältnis zu Gott als an einer Nebensache vorbeisehen. Das „Alte" ist also nicht zuerst durch Unfreundlichkeit, Unwahrhaftigkeit, Unreinheit und dergleichen gekennzeichnet, sondern durch unsere Selbstherrlichkeit seit dem Sündenfall und durch die Feindschaft gegen Gott, zu der diese Selbstherrlichkeit sofort führen muß, sobald uns Gottes Wille und Gebot in seinem unbedingten Ernst begegnet. Damit stehen wir am Kernstück und am Kernproblem der menschlichen Existenz überhaupt. Was immer es an schweren menschlichen Nöten geben mag, sie quellen alle aus dieser letzten Not der Entzweiung des Menschen mit Gott. Was immer an Problemen nach Lösung ruft, es gibt zuletzt doch nur ein einziges Problem von absoluter Wichtigkeit, und das ist das Problem der Versöhnung mit Gott. Alle Religionen der Welt haben dieses Problem gesehen oder doch irgendwie gespürt. Aber sie meinen alle, die Gottheit müsse durch kostbare Gaben und „Opfer" „versöhnt" werden. Der absolute Ernst der Schuld wird nicht erkannt; der Unwille der Götter scheint als ein subjektiver Groll, der durch Einwirkung auf sie besänftigt werden kann. Im AT wird die unbedingte Notwendigkeit sichtbar, mit der der heilige Gott sich gegen die Sünde des Menschen wendet. Das wesentliche Wort für „Versöhnen" ist „kippär = zudecken, reinigen, sühnen". Nicht an Gott muß etwas geschehen; sein Nein gegen die Sünde ist unabänderlich. Vielmehr am Menschen muß die Sünde „bedeckt" oder „abgewaschen" und „gesühnt" werden, damit er vor Gott stehen kann. Dem entspricht die Botschaft der ntst Christuszeugen. Nicht Gott ist mit der Welt oder von der Welt her „versöhnt" worden, als ob er mit seiner bisherigen Unversöhnlichkeit an dem Riß zwischen Gott und Welt mit schuld sei. Nein, nun ist geschehen, was im Alten Bund immer erst andeutend oder unvollkommen durch blutige Tieropfer geschehen konnte. Nun hat Gott **„uns mit sich selbst versöhnt durch Christus"** wirksam und wirklich. Das Kernproblem der menschlichen Existenz ist gelöst, von Gott selbst gelöst, um den Preis der Dahingabe des Christus. Der Grund für diese Versöhnung ist allein die nie zu begreifende Liebe Gottes, die nicht etwa den „Zorn" Gottes, sein Nein gegen die Sünde, aufhebt und ablöst[224] (ein unmöglicher Gedanke!), aber die im Blut des geliebten Sohnes das kostbare Mittel fand, die Sünde

[224] Im Gegenteil! Das Kreuz zeigt die Schrecklichkeit des Zornes Gottes!

wahrhaft und gültig zu „bedecken“ und „abzuwaschen“, so daß der Zorn nun nicht mehr die so Versöhnten treffen muß. Da ist das „Alte“ in aller Tatsächlichkeit „vergangen“, die Selbstherrlichkeit gegen Gott, der Unfriede, die Feindschaft, die Einsamkeit. Und wirklich etwas völlig „Neues“ ist geworden, was es zuvor nicht gab: Mit Gott versöhnte, geliebte Kinder Gottes stehen in dieser Welt, die den Kindesruf „Vater“ im Herzen haben, Menschen, die von der Liebe des Christus bestimmt sind, Menschen die glauben, beten, hoffen und lieben können. Das ist „neue Schöpfung“. Paulus hat sie bereits in V. 15 gekennzeichnet. Nun gibt es Menschen, die bei aller Unvollkommenheit und Fehlerhaftigkeit „nicht mehr sich selber leben, sondern dem, der für sie gestorben und auferstanden ist“. Aber nicht wir haben dazu etwas getan. Nicht unsere religiöse Bemühung hat uns zu Gott gebracht. Es ist alles einzig **„von Gott her“**. Die Versöhnung mit ihm, auf der alles ruht, ist allein sein Werk, ohne uns, vor unserm Tun, in der Sendung des Sohnes und in der Kreuzestat Jesu geschehen, objektive, unumstößliche Tatsache. Zu uns aber kommt sie durch den **„Dienst der Versöhnung“**. Das ist jener Dienst, von dessen Herrlichkeit Paulus in 3, 4—11 gesprochen hatte. Nun rühmt er es noch einmal, daß Gott **„uns den Dienst der Versöhnung gegeben hat“**. So sollen die Korinther sein ganzes Tun verstehen, da, wo er ihnen „von Sinnen“ zu sein scheint, und da, wo er in ruhiger „Besonnenheit“ handelt (V. 13). In diesem Dienst „sucht er Menschen zu gewinnen“ (V. 11). Und darum kämpft er, daß die Gemeinde in Korinth auf diesem Grund bleibe.

19 Eine „neue Schöpfung“ hat begonnen. Nicht Menschen dringen mit ihrer Frömmigkeit zu Gott vor, wie es die frommen Heiden ebenso meinten wie die frommen Israeliten. Nein, Gott kam zu den verlorenen Menschen. **„Wie denn ja Gott in Christus war, die Welt mit sich versöhnend, nicht anrechnend ihnen ihre Übertretungen.“** Dieser Satz beginnt mit einer Konjunktion, die in den Briefen des Paulus nur dreimal vorkommt. Dem einfachen „hoti = daß, weil“ ist noch ein „hōs“ vorangestellt, das an dieser Stelle den Tatbestand besonders hervorhebt, den der Satz bezeugt. V. 19 ist eine begründende Parallele zu V. 18. Er wiederholt unterstreichend und erläuternd, was Paulus eben schrieb. Es liegt dem Apostel offensichtlich daran, seinen Korinthern es noch einmal tief einzuprägen, auf welchem Grunde ihre ganze Existenz als Glaubende und als „neue Schöpfung“ ruht. Gottes freies, aber auch nun sehr bestimmtes und einzigartiges Handeln steht vor Paulus. Es war wirklich Gott selbst, der **„in Christus war“**. Wir stoßen auf den lebendigen Gott, wenn wir Christus begegnen. Aber er war nicht in unbestimmter Weise und ganz allgemein als „Gott in Christus“ da. Sein Dasein in Christus war von bestimmtester Art,

nämlich **„die Welt mit sich versöhnend"**. Wie aber geschah dies sein Werk des Versöhnens? Paulus hebt hervor, daß Gott das größte Hindernis beseitigt, das einer „Versöhnung" im Wege stand. Da war in unserm Leben die ganze Last der Schuld, die ganze Fülle unzählbarer **„Übertretungen"**. Wenn Gott sie sieht und **„anrechnet"**, dann kann es keine Versöhnung geben. Paulus wird uns sofort sagen, wie denn der heilige Gott, der gerechte Richter der Welt, Übertretung seiner Gebote **„nicht anrechnen"** und sie dadurch als nicht geschehen behandeln kann. Hier stellt er zunächst nur die wunderbare Tatsache fest **„nicht anrechnend ihre Übertretungen"**. Wie ist das immer wieder erstaunlich und unbegreiflich! Wie gibt das vollen Frieden und klare Heilsgewißheit!

Wir haben noch einmal auf die Formung des ganzen Satzes zu achten. Sein Subjekt ist Gott! Es ist betont ausgesprochen: Gott, wirklich Gott, war in Christus. Es klingt in unserer Theologie, in unserer Verkündigung leicht so, als sei Jesus im Versöhnungswerk der einzig Aktive, und Gott läßt sich das Werk Jesu nur gefallen und nimmt es in Gnaden an. Damit wird der Ruhm und der Dank geschmälert, der Gott, dem Vater, gebührt. Gottes Wesen wird verkannt. „So hat Gott die Welt geliebt, daß er den eigenen Sohn gab", das hat Jesus einem Nikodemus bezeugt. Und genauso verkündigt es sein Apostel Paulus: **„Wie denn ja Gott in Christus war, die Welt mit sich versöhnend."** Jesus handelt nicht selbständig auf Gott und die Welt zu. Gott ist niemals „Objekt", auch nicht Objekt des Sohnes! Gott ist immer und unter allen Umständen der Freie, von sich aus Wollende und Handelnde. Er ist vollends hier, wo es um die Versöhnung der Welt geht. Es ist für unsere Verkündigung und für unser theologisches Denken wichtig, daß wir das festhalten. Dann aber muß freilich auch das andere mit aller Klarheit bezeugt werden: Nirgends anders als allein in Jesus begegnet uns dieser versöhnende Gott. Wer Gott außerhalb von Jesus, dem Gekreuzigten, sucht, trifft nur auf den unentrinnbaren Zorn Gottes. Versöhnung des Sünders mit dem heiligen Gott gibt es einzig in Jesus.

Dabei schreibt Paulus, daß Gott in Christus **„war"**. Er spricht in der Form der Vergangenheit, weil es sich um ein einmaliges, historisches Ereignis und dadurch um das völlig vollbrachte und zum Ziel gekommene Werk der Versöhnung handelt. Ein für allemal, wie der Hebräerbrief immer wieder sagt, kam Gott in Christus zur Welt; ein für allemal versöhnte er in dem einmaligen Geschehen von Golgatha die Welt mich sich.

Gottes Handeln durch Christus gilt **„der Welt"** in ihrer umfassenden Weite. Keine Rasse, kein Volk, kein Mensch ist grundsätzlich davon ausgeschlossen[225]. Zugleich dürfen wir im Verzagen unseres Herzens wissen, daß Gott bei dieser Versöhnung sich nicht über uns täuschte, sondern uns als **„Welt"** in unserer ganzen Verlorenheit, Verschuldung und Entstelltheit sah. Gerade die **„Welt"**, diese entsetzliche Welt voll Gottlosigkeit, Haß, Unrecht, Lüge und Ichsucht hat die Versöhnung nötig. Und darum ist das versöhnende Handeln Gottes in Christus auf sie gerichtet.

Noch eines ist zu beachten: Gott versöhnte die Welt **„mit sich"**, also mit ihm, dem lebendigen Gott. Das ist die Schöpfung neuer Gemeinschaft. Gott bleibt nicht stehen bei dem **„nicht anrechnen der Übertretungen"**. Er will mehr und er wirkt mehr: „Versöhnte" haben Frieden miteinander und Zugang zueinander. So gehen wir durch das Werk des Christus am Kreuz nicht nur straffrei aus, erlangen nicht nur für uns selber das Leben, sondern dieses neue Leben besteht gerade in der wunderbaren Gemeinschaft mit Gott, in der Kindschaft Gottes.

Aber nun wird es Paulus noch einmal wichtig, daß diese einmalige, versöhnende Tat Gottes in Christus uns doch nur dadurch erreicht, daß sie in der Botschaft, im Evangelium, zu uns kommt. Daß aber die Botschaft uns Feinde Gottes, uns selbstherrliche, trotzige, gegen Gott verschlossene Menschen trifft und bewegt und überwindet, das ist ganz und gar wieder Gottes Werk. Darum gehört es zum Versöhnungswerk unmittelbar und unbedingt hinzu: **„Hineinlegend in uns das Wort der Versöhnung."** Dabei wird Paulus zunächst daran denken, daß Gott das Wort der Versöhnung in seine Boten hineinlegt, so daß sie es mit Vollmacht Menschen bringen können. Wir dürfen aber auch an den Vorgang denken, der unter der Verkündigung und durch sie geschieht: nun wird das Wort auch in die Herzen der Hörer **„hineingelegt"** und eignet ihnen die Versöhnung zu und macht Menschen zu einer **„neuen Schöpfung**[226]**"**.

20 In dem Gespräch mit der korinthischen Gemeinde ist dem Apostel Paulus gerade diese Fortführung der Versöhnungstat in das Verkündigungsgeschehen hinein das Wichtige. Geht es doch im ganzen Brief um den Dienst des Paulus, um seinen Grund, sein Recht, seine ganze

[225] Eine „Allversöhnung" kann man aber nur daraus folgern, wenn man übersieht, was „wiederum geschrieben steht" in Jo 3, 18—21 ebenso wie in 2 Ko 2, 15 f und an vielen anderen Stellen.

[226] Luther sagt im großen Katechismus zum dritten Artikel Abschnitt 38: „Das Werk ist geschehen und ausgericht; denn Christus hat uns den Schatz erworben und gewonnen durch sein Leiden, Sterben und Auferstehen usw. Aber wenn das Werk verborgen bliebe, daß niemand wüßte, so wäre es umsonst und verloren. Daß nu solcher Schatz nicht begraben bliebe, sondern angelegt und genossen würde, hat Gott das Wort ausgehen und verkünden lassen, darin den Heiligen Geist geben, uns solchen Schatz und Erlösung heimzubringen und zueignen."

Art. Darum setzt Paulus noch einmal ein: **„Für Christus also tun wir Botschafterdienst, indem Gott durch uns mahnt. Wir bitten für Christus: Werdet versöhnt mit Gott** (oder: laßt euch versöhnen mit Gott)**." „Botschafterdienst"** tut Paulus. Damit ist schon von selbst klar, daß dieser sein Dienst von jeder Eigenmächtigkeit, von eigenen Ansprüchen und Zielen frei ist. Ein „Gesandter" handelt im Auftrag und richtet nur aus, was die ihn entsendende Macht gesagt haben will. Allen Mißverständnissen der „Selbstempfehlung", des „Menschengewinnens", des herrischen Gebarens gegenüber (1, 17) unterstreicht er es dreifach ganz ausdrücklich: **„Für Christus"** tun wir den Botschafterdienst; **„für Christus"** bitten wir, und es ist eigentlich **„Gott, der durch uns mahnt"**. Äußerste Selbstlosigkeit, die alles nur für einen andern, für den großen Auftraggeber tut, kennzeichnet den Dienst des Apostels und verleiht ihm gerade dadurch höchste Autorität. Das sollen die Korinther endlich begreifen[227].

Gerade in dieser höchsten Autorität kann Paulus mit seiner Botschaft dastehen als ein — Bittender. Das ist freilich erstaunlich! Hat ein Gesandter Gottes nicht zu befehlen? Muß das Angebot einer Versöhnung mit ihm nicht majestätisch herablassend sein, mit dem Hintergrund schwerer Drohungen, falls diese Gnade nicht sofort angenommen wird? Dieses Hoheitsvolle und Überlegene vermißten die Korinther an Paulus. Kann der Botschafter des Königs aller Könige und des Herrn aller Herren — „bitten"? Kann er darum bitten, daß Empörer gegen Gott die Versöhnung, die sie rettet, annehmen möchten[228]? Paulus versichert, er tue es **„für Christus"**, anstelle von Christus. So ist Paulus gewiß: Sein apostolisches „Bitten" ist völlig im Sinn dessen, der auch in seinem eigenen Verkündigen auf Erden als der Sanftmütige und Demütige, als der Einladende unter den Menschen stand, als der, der nicht sich dienen ließ, sondern diente und sein Leben zur Erlösung gab. Noch einmal klingt das an, was man Paulus in Korinth zum Vorwurf machte: Er suche Menschen zu ge-

[227] Das geht aber auch uns unmittelbar an. Es handelt sich um unser ewiges Heil, um die letzte Frage unseres Lebens und Sterbens. Wie könnten wir uns da bei irgendeiner menschlichen Ansicht, bei irgendeinem menschlichen Wort beruhigen, und wenn es das tiefsinnigste und großartigste wäre! Was immer die größten Denker, die berühmten Dichter gesagt haben, es ist für mich ohne Wert, wenn es um mein Verhältnis zu Gott und um mein ewiges Heil geht. Wirklich, hier muß Gott selber mahnen und in Christus sein Verhältnis zu mir bestimmen. Es müssen Boten zu mir reden, die es „für Christus" an Christi Statt, mit seiner ganzen Autorität tun. Darum ist uns das NT unentbehrlicher Grund der Gewißheit, weil nur hier diejenigen reden, die es in Gewißheit sagen können: Gott mahnt durch uns; wir sind Botschafter des Christus.

[228] Hbr 10, 28 f; 12, 25 f werden davon nicht berührt. Der Hebräerbrief richtet sich an Glaubende und warnt sie vor dem Abfall. Das ist eine völlig andere Lage als die des Apostels, der Menschen zum Glauben ruft.

winnen. Ja, der Apostel tut bittend und werbend seine Arbeit[229]. Er möchte mit herzlichem Bitten „gewinnen"; er will zu dem Kostbarsten, was es gibt, nicht drängen und zwingen. Aber im Inhalt seiner Bitte liegt der ganze Ernst und die ganze Größe der Sache: **„Werdet versöhnt mit Gott."** Es kann keine dringlichere Bitte geben[230].

Dabei zeigt die Form der Bitte: **„Werdet versöhnt mit Gott!"** wie „passiv" der Mensch hier zunächst ist und sein muß. Das aktive Versöhnen ist ganz und gar Gottes eigenes souveränes Werk, schon längst geschehen und vollendet, ehe wir den Blick dafür gewinnen. Darum gilt es für uns: **„Wir werden versöhnt."** Aber zugleich behandelt uns Gott auch hier als verantwortliche Personen. Wir werden nicht mechanisch, ohne unsern eigenen Willen mit Gott versöhnt. Das würde niemals echte Versöhnung sein[231]. Nein, Gott „mahnt" und „bittet" uns, sein Versöhnen anzunehmen, in die von ihm bereitete Versöhnung einzutreten. Uns ist von Gott die Freiheit eigener Entscheidung so ernstlich gelassen, daß wir uns der Bitte Gottes verschließen und sein Versöhnen abweisen können. Es ist unbegreiflich, sich vorzustellen: Der schuldige Mensch will die Versöhnung nicht haben, die Gott um solchen Preis ermöglichte und ihm frei und umsonst anbietet! Aber so unbegreiflich es ist, es geschieht wieder und wieder. Paulus ist im Kap. 4, 1–6 dieser dunklen Tatsache nachgegangen und hat sie nicht erklären können, ohne den „Gott dieser Weltzeit" mit seinem unheimlichen Wirken vor sich zu sehen. Abweisung der Versöhnung mit Gott – das ist teuflisch. Aber es zeigt sich freilich auch, wie gründlich die Verdorbenheit des Menschen ist, wie tief die Feindschaft gegen Gott in seinem Herzen sitzt[232]. Wo aber die Versöhnung angenommen wird, da beugt es den Menschen unter staunendem Lob und Dank aufs tiefste, daß Gott das Äußerste für uns tut und dann noch

229 In 1 Th 2, 7 hat es Paulus ausdrücklich geschildert, wie er seine apostolische Vollmacht nicht ausnützte: „Aber wir sind bei euch lind gewesen, gleich wie eine Mutter ihre Kinder pflegt."

230 Auch unsere Verkündigung heute muß beides an sich tragen. Sie kann und soll nicht mehr tun als „bitten"; aber es muß in ihr zugleich der letzte Ernst liegen, der deutlich macht, daß es um Tod und Leben geht. Wir werden beides zugleich nur dann in unserer Verkündigung haben, wenn wir wie ein Paulus davon durchdrungen sind: Gott vermahnt durch uns, wenn wir also „aus Gott, vor Gottes Angesicht, in Christus reden" (2, 17).

231 Darum wird uns die Versöhnung und die Gotteskindschaft auch nicht sakramental, etwa bei der Taufe als Säuglinge, übergestülpt. Eine solche mechanische Auffassung der Versöhnung durch den bloßen Vollzug einer sakramentalen Handlung widerspricht der gesamten Art des NT.

232 Diese Feindschaft in der Ablehnung der Versöhnung bleibt meistens hinter vielen geistvollen „Gründen" verborgen. Es gehört zum Dienst vollmächtiger Verkündigung, diese Gründe in ihrer Nichtigkeit zu entlarven und die Feindschaft gegen Gott zu einem offenen Aufbruch zu zwingen. Indem die Boten Jesu wehrlos bittend bleiben, wird die Tiefe des Gotteshasses offenbar, der solchem Bitten ins Gesicht schlägt.

„bittet", daß wir es doch in Freiheit annehmen möchten. Wie muß in Korinth alle Unzufriedenheit, alle Kritik verstummen, wenn die Gemeinde in dieser Weise den Botendienst ihres Apostels und die Größe der Botschaft verstehen lernt.

Aber noch hat Paulus uns nicht gesagt, wie denn von Gott her die Versöhnung zustande kommt, wie sie überhaupt möglich wurde. Wie konnte Gott „Übertretungen nicht anrechnen"? Wie konnte er bei seinem absoluten Nein gegen jede Sünde die Schuldbeladenen und Sündhaften mit sich versöhnen? Paulus zeigt uns in einem kurzen
Satz die Antwort auf die für uns unlösbare Frage: **„Den, der Sünde** 21
nicht kannte, hat er für uns zur Sünde gemacht, damit wir würden Gerechtigkeit Gottes in ihm."

Dieser Satz sagt in einer unerhört komprimierten Weise letzte Wirklichkeiten in knappster Form. **„Den, der Sünde nicht kannte"**, damit ist die Sündlosigkeit und Heiligkeit Jesu ausgesprochen. In Jesus steht der eine vor uns, der nicht etwa nur ganz anders als wir Sünde überwand, sondern der Sünde nicht einmal „kannte", der keinerlei innere Berührung mit ihr hatte. In ihm fand die Sünde nicht ihren Angriffspunkt im Gebot (Rö 7, 8) und konnte nicht das sündliche Begehren in ihm wecken[233]. Er ist „versucht allenthalben gleich wie wir, doch ohne Sünde" (Hbr 4, 15). Aber gerade ihn hat Gott **„für uns zur Sünde gemacht"**. Achten wir darauf, wie der Apostel unter der Leitung des Heiligen Geistes hier weit über die uns vertraute Aussage: „Jesus trug unsere Sünde" hinausgeht[234]. Gott behandelt Jesus, den einzig Reinen, wie die Sünde selbst. Das Gericht über die Sünde, das sich auf Golgatha vollzieht, ist unausdenkbar schrecklich. Der Schrei der Gottverlassenheit aus dem Mund des Gottessohnes kann uns eine Ahnung davon geben. Der ganze Zorn des heiligen, lebendigen Gottes ergießt sich über Jesus, der als unser Stellvertreter, ja zu unserer Sünde gemacht, vor Gott steht. Dabei ist auch hier Gott selber der Handelnde. Er, er selber **„hat den, der Sünde nicht kannte, zur Sünde gemacht"**. Jesus ist der Duldende, der es uns zugut an sich geschehen läßt in einem unbegreiflichen Erbarmen mit uns. Aber der am Kreuz das letzte Opfer bringt, ist Gott selbst! Was muß es den Vater gekostet haben, den reinen, sündlosen Sohn, der dem Vater nur den liebenden Gehorsam erwiesen, nun im Gericht wie die grauenhafte Sünde selbst zu behandeln! Begreifen wir es: *„So"* hat Gott die Welt geliebt. Es geschieht dies alles von Vater und Sohn **„für uns"**.

[233] Wer hier „Mythologie" sieht, nimmt dem Erlösungswerk die Grundlage und macht das Evangelium zunichte.

[234] Die genaue Parallele finden wir dazu in Gal 3, 13. Nach dem Zeugnis dieser Stelle trug Jesus nicht nur den auf uns liegenden Fluch, sondern „wurde zum Fluch für uns". Nur um diesen Preis konnte er uns rechtmäßig von dem Fluch freikaufen.

Durch das ungeheure Geschehen auf Golgatha ist das **„für uns"** von unerschütterlicher Gültigkeit. Alle Anklagen des Feindes, des Verklägers, zergehen davor in Nichts. Nun kann Gott „gerecht" sein, wenn er uns die Sünde vergibt (1 Jo 1, 9). Nun kann es triumphierend mit absoluter Gewißheit ausgerufen werden: „Ist Gott für uns, wer mag wider uns sein? Wer will die Auserwählten Gottes beschuldigen? Gott ist hier, der da gerecht macht" (Rö 8, 31. 33). Aber zugleich wird die Schwere unserer Sünde hier so aufgedeckt, wie nirgends sonst. Das also war nötig, damit das „Anrechnen" unserer Sünde aufhören konnte, das uns in die Hölle stürzen mußte! Für uns mußte Jesus zur Sünde werden. So schwer wiegt unsere Sünde!

Darum kann Paulus nun auch die Frucht des Geschehens von Golgatha hier so radikal wie nirgends sonst darstellen: **„Damit wir würden Gerechtigkeit Gottes in ihm."** In genauer Entsprechung dazu, daß Jesus nicht nur unsere Sünde zu tragen hatte, sondern geradezu zur Sünde wurde, ist nun auch die „Gerechtigkeit" nicht nur eine Gabe, die uns zuteil wird, nicht nur ein Kleid, das wir anziehen dürfen, nein, wir **„werden"** selber **„Gerechtigkeit Gottes"**! Ganz gewiß ist es die nie zu begreifende Liebe Gottes, die unsere Versöhnung mit ihm erdacht hat und für sie das äußerste Opfer in der Hingabe des Sohnes bringt. Es ist das unergründliche Erbarmen mit unserem Elend, das Gottes Handeln leitet. Aber es ist die **„Gerechtigkeit"**, die für uns beschafft werden muß. Es bleibt dabei: Nur Gerechte können vor dem gerechten Gott bestehen. Gott weicht nicht um Haaresbreite von seiner Gerechtigkeit. Aber er selber sorgt dafür, daß wir nun vor ihm zur **„Gerechtigkeit Gottes"** selber werden. Nur so ist unsere Stellung vor Gott unangreifbar fest. Nur so sind wir emporgehoben über alle Anschuldigungen des großen Verklägers. Dabei sagt der Ausdruck **„Gerechtigkeit Gottes werden"**, daß diese Gerechtigkeit unser ganzes Sein bestimmt und nicht nur eine einzelne Gabe Gottes an uns bleibt. Nur so wird sie zum „Panzer", der uns fugenlos gegen die Angriffe des Feindes deckt (Eph 6, 14). Die Botschaft von der „Gerechtigkeit" ist also nicht ein Rückfall in eine mindere Gedankenwelt, die hinter dem Evangelium von Gottes Liebe zurückbleibt. Nein, allein diese Botschaft führt auf die Höhe einer völligen, absolut ans Ziel gekommenen Gnade. Die Liebe Gottes ruht nicht, bis sie uns zur **„Gerechtigkeit Gottes"** selbst gemacht hat. Nun kann es an unserm Bestehen vor Gott keinen Zweifel mehr geben. Nur daß wir hier noch einmal an den Preis denken müssen, den es gekostet hat. Wir werden **„Gerechtigkeit Gottes"** nur dadurch, daß Jesus sich willig **„zur Sünde"** machen ließ. Es findet hier ein radikaler „Tausch" statt, der jene „Vertauschung" aufhebt, die das Wesen der Sünde ist. In der Ursünde vertauscht der Mensch die Wahrheit Gottes gegen die

Lüge, die Ehrung des Schöpfers gegen die Verehrung des Geschöpfes (Rö 1, 25). Nun „tauscht" Jesus in Gottes Auftrag mit uns: Er wird unsere Sünde und wir werden in ihm Gottes Gerechtigkeit[235]. Gott sieht auf Golgatha an Jesus nur noch Sünden; Gott sieht an uns nur noch Gerechtigkeit! Aber freilich, nicht in uns selber, nur **„in ihm"**, nur „in Christus" **„werden"** wir diese **„Gerechtigkeit"**. Hier ist die Rechtfertigungsbotschaft in letzter Radikalität ausgesprochen[236].

DIE BEWÄHRUNG DES APOSTELS IN SEINEM DIENST

2. Korinther 6, 1—10

1 **Als Mitwirkende aber ermahnen wir euch, daß ihr eurerseits**
nicht vergeblich (wörtlich: ins Leere) **die Gnade Gottes angenom-**
2 **men habt; * denn er sagt: „Zur willkommenen Zeit erhörte ich**
dich, und am Tage des Heils half ich dir" (Jes 49, 8). Siehe! Jetzt
3 **ist hochwillkommene Zeit; siehe, jetzt ist Tag des Heils — * keiner-**
lei Anstoß gebend in irgendeinem Stück, damit nicht der Dienst
4 **einen Makel erhalte, * sondern in allem uns empfehlend als Got-**
tes Diener: in vieler Standhaftigkeit, in Drangsalen, in Zwangs-
5 **lagen, in Nöten, * in Schlägen, in Gefängnissen, in Unruhen, in**
6 **Mühsalen, in durchwachten Nächten, in Fasttagen, * in Reinheit,**
in Erkenntnis, in Langmut, in Gütigkeit, in Heiligem Geist, in
7 **ungeheuchelter Liebe, * im Wort der Wahrheit, in der Kraft Got-**
tes, durch die Waffen der Gerechtigkeit zur Rechten und zur Lin-
8 **ken, * durch Ehre und Schande, durch bösen Ruf und guten Ruf,**
9 **als Verführer und doch wahr, * als unbekannt und doch wohl be-**
kannt, als Sterbende und siehe wir leben, als Gezüchtigte und doch
10 **nicht ertötet, * als Traurige, aber allezeit voll Freude, als Arme,**
aber viele reich machend, als nichts Habende und doch alles Be-
sitzende.

Zu Vers 1:
2 Ko 1, 24
5, 20
Hbr 12, 15
Zu Vers 2:
Jes 49, 8
Lk 4, 19. 21
Zu Vers 4:
1 Ko 4, 11—13
Zu Vers 5:
Apg 19, 29 f
21, 30
2 Ko
11, 23—27
Zu Vers 6:
Rö 12, 9
Gal 5, 22
1 Tim 1, 5
4, 12
1 Pt 1, 22
Zu Vers 7:
Rö 13, 12
15, 19
1 Ko 2, 4
2 Tim 2, 15
Zu Vers 8:
Mt 27, 63
2 Ko 4, 10 f
Zu Vers 9:
2 Ko 4, 10 f
Ps 118, 18
Apg 14, 19
Zu Vers 10:
2 Ko 8, 9
12, 10
1 Ko 3, 21
Phil 4, 12 f

[235] Luther hat es klassisch 1516 dem bekümmerten Mitmönch Georg Spenlein in Memmingen geschrieben: „Darum, mein lieber Bruder, lerne Christum, und zwar als den Gekreuzigten: Lerne ihm singen und, an dir selbst verzweifelnd, zu ihm sagen: Du, Herr Jesu, bist meine Gerechtigkeit, ich aber bin deine Sünde." (K. Heim: „Jesus der Weltvollender" 1952³ S. 131 Furche-Verlag).

[236] „Denn es besteht dann die genaueste Korrelation zwischen Hauptsatz und Nebensatz, indem Christus wurde, was er nicht war, und doch der blieb, der er war, umgekehrt aber wir werden, was wir nicht sind, und, indem wir das werden, doch bleiben, was wir waren: er der Sündlose, wir die Sünder; er die Sünde, wir die Gerechtigkeit." Bachmann a. a. O. S. 272/273.

1 Die ganze Größe dessen, was wir **„die Gnade Gottes"** nennen, hat Paulus uns vor Augen gestellt. Diese Gnade haben die Korinther angenommen. Aber wenn Paulus auf die Zustände in Korinth sieht, erfaßt ihn eine tiefe Sorge. War alles das, was sich unter der Verkündigung des Evangeliums in Korinth ereignet hatte, **„vergeblich"** geschehen? War es **„ins Leere"** gegangen? War es ohne wirkliche Auswirkung und Frucht geblieben? Gottes Gnade in ihrer unerhörten Größe – **„vergeblich"**? Der Dienst des Mose hatte nicht zum Ziel geführt. Sollte nun auch der so gerühmte „Dienst des Geistes" nicht wirklich das Leben gebracht haben? Gott ermahnt durch Menschen, die seine Botschafter sind. Paulus und seine Mitarbeiter hatten in Korinth **„mitgewirkt"**, daß dort Gemeinde entstand. So haben sie ein Recht, nach allem bisherigen Mahnen und Bitten nun den Korinthern zu sagen: **„Als Mitwirkende aber ermahnen wir euch, daß ihr eurerseits nicht vergeblich** (wörtlich: ins Leere) **die Gnade Gottes angenommen habt."** Die Formung des Satzes ist eigenartig. Kann ich jemanden ermahnen, etwas nicht vergeblich „angenommen zu haben"? Aber in dieser Formulierung kommt die Zuversicht zum Ausdruck, daß die Annahme der Gnade Gottes durch die Korinther doch gar nicht vergeblich gewesen sein „kann". Die Korinther müssen sich nur wieder darauf besinnen und der Gnade Raum zur vollen Wirksamkeit in der Gemeinde geben.

2 Es handelt sich bei Gottes Gnade nicht um eine ruhende Größe, die uns jederzeit zur Verfügung steht. Es geht um Gottes lebendige Geschichte, die ihre „Zeit" hat und darum unsere Zeit, unser „Jetzt", zu der entscheidenden Zeit macht, in der alles gewonnen oder alles verloren werden kann. Vor Paulus steht dabei ein Wort der Schrift aus Jes 49, 8[237]. Er sieht dieses Wort nicht historisch in seinem damaligen Zusammenhang. Gott **„sagt"** ihm darin etwas für die Korinther heute: **„Denn er sagt: ‚Zur willkommenen Zeit erhörte ich dich, und am Tage des Heils half ich dir.'"** Paulus wendet es sofort auf die Korinther an: **„Siehe! Jetzt ist hochwillkommene Zeit; siehe, jetzt ist der Tag des Heils."** Die Korinther können nichts aufschieben. Sie können sich nicht selber die Zeit aussuchen, in der sie Gottes Gnade sich auswirken lassen wollen. Gott hat in Korinth sein „Jetzt" gesetzt. Darum muß **„jetzt"** in Korinth alles geklärt und der Gnade Gottes

[237] Da der ursprüngliche grie Text keine Satzzeichen enthielt, wissen wir nicht eindeutig, wie Paulus das Gefüge seiner Sätze gemeint hat. Unserem Sprachempfinden nach werden wir den Hinweis auf das AT Wort am besten in Paranthese stellen, weil in V. 3 der Satz von V. 1 einfach in Partizipien weitergeht. Wir folgen darin dem Nestle-Text. Paulus zitiert das Wort übrigens nach der LXX.

„jetzt" der Weg zum völligen Sieg freigemacht werden[238]. Die „willkommene", ja sogar **„hochwillkommene"** Zeit ist das Jetzt, das Gott willkommen ist, auch wenn wir es nicht willkommen heißen. Dieses „Jetzt" ist **„Tag des Heils"**. Gottes rettende Liebe, wie sie der Apostel eben in ihrer ganzen Größe geschildert hat, ist heute in Korinth wirksam. Ob sie es „morgen" noch sein wird, das können die Korinther nicht wissen. Das „Heil" liegt nicht in ihrer, sondern einzig in Gottes Hand. Der **„Tag des Heils"** will ausgekauft sein[239].

Aber nun lenkt Paulus zu dem Thema seines ganzen Briefes zurück. Es geht um seinen Dienst als Apostel, als Botschafter für Christus. Vielleicht hört Paulus bei seiner ernsten Mahnung an die Korinther die Gegenwehr derer, die ihn in Korinth kritisieren, ja bekämpfen: Paulus solle lieber auf sich selber achten und auf das, was die Korinther ihm vorwerfen! Sieht denn sein Leben mit seinen ständigen Schwierigkeiten und Nöten, mit seiner ganzen Armut und Kümmerlichkeit wirklich nach einem **„Diener Gottes"** aus? Es geht noch einmal und noch verstärkt um das, was Paulus bereits in 1 Ko 4, 1—13 und in 4, 7—12 unseres Briefes mit der Gemeinde besprochen hatte.

Mit der Kühnheit, die ihm das Zeugnis des Gewissens verleiht 3
(vgl. 1, 12!), stellt er es allen Anklagen aus Korinth entgegen: **„Keinerlei Anstoß gebend in irgendeinem Stück, damit nicht der Dienst einen Makel erhalte."** Dabei müssen wir das Wort **„Anstoß geben"** in seinem ernsten und eigentlichen Sinn fassen[240]. Es bezeichnet den „Stoß", mit dem ich schuldhaft einen andern auf seinem Wege zum Heil in Christus aufhalte, ihn aus diesem Wege fortstoße in Zweifel oder Unglauben hinein. Mögen die Korinther an Paulus viel zu tadeln haben, solchen **„Anstoß"** hat der Apostel niemand gegeben. Sein Dienst hat **„keinen Makel erhalten"**, nämlich in den Augen seines Herrn und darum auch keinen berechtigten Tadel in den Augen redlicher Menschen. Nochmals klingt das Stichwort auf: „Sich selbst

[238] Es ist für uns von entscheidender Bedeutung, daß auch wir im persönlichen Leben und in unserm Dienst für Gott das jeweilige „jetzt" erkennen. Wir irren verhängnisvoll, wenn wir meinen, über Gottes Zeit verfügen zu können und nach unserm Belieben für alles Zeit zu haben. Unser kirchliches Leben mit seinen regelmäßigen Veranstaltungen verleitet uns zu der Meinung, es sei selbstverständlich immer Gottes Zeit da. In Wirklichkeit stellt Gott uns in Situationen, die so nie wiederkehren; er ordnet uns Möglichkeiten, die morgen schon verschlossen sein können. Wieviel Grade hat die Gemeinde in ihrer Geschichte unwiderbringlich versäumt!

[239] Vgl. Luthers bekanntes Wort vom „fahrenden Platzregen". Weimarer Ausgabe Bd 15 S. 31/32.

[240] Wir haben das Wort „Anstoß" wie das Wort „Ärgernis" gefährlich entstellt, indem wir den menschlichen „Ärger" über das Verhalten eines Christen oder eines Predigers und den „Anstoß", den wir daran „nehmen", zum Inhalt des Wortes machten. Als ob es darauf ankäme! Ein „Ärgernis" ist in Wahrheit ein „Anstoß" zum Fall eines Menschen in eine Sünde oder in den Unglauben.

empfehlen." Paulus hat den Mut, sich zu diesem Vorwurf zu beken-
4 nen. Ja, er und seine Mitarbeiter **„empfehlen sich als Gottes Diener"**,
aber nicht in leeren Worten, sondern **„in allem"**, in der ganzen Art ihres Lebens. Dabei stehen die Worte **„als Gottes Diener"** nicht im Akkusativ, sondern im Nominativ. Paulus rühmt sich und seine Gefährten also nicht als wahre Diener Gottes, sondern Paulus „empfiehlt sich" so, wie rechte Diener Gottes es allein tun können, nämlich mit der Fülle tatsächlicher Bewährung, wie er sie im folgenden aufzählt. Ähnlich wie in 1 Ko 4, 9—13; 2 Ko 4, 7—18 möchte er der murrenden Gemeinde in Korinth sagen, daß sein Weg mit der Fülle seiner Leiden und Nöte der Botschaft entspricht, die er zu verkündigen hat, der Botschaft vom Kreuz; und daß sein Bestehen in diesen Leiden, seine Siege durch alle Schwierigkeiten hindurch von der Kraft der Auferstehung seines Herrn Zeugnis geben. Gerade auf diese Weise gibt er **„keinerlei Anstoß in irgendeinem Stück"**, sondern hilft zum Glauben und macht seine Botschaft glaubwürdig bei denen, die ihn hören. In dem eigentümlichen Miteinander des Entgegengesetzten und menschlich Unvereinbaren spiegelt sich wider, daß der Herr, dem Paulus dient, zugleich der Gekreuzigte und der Erhöhte ist. „Als die Sterbenden und siehe wir leben", das ist nur eine neue Beschreibung dessen, was Kap. 4, 10 der Gemeinde als notwendige Gestalt apostolischen Dienstes, ja wahrhaft christlichen Lebens überhaupt, vor Augen gestellt war.

Paulus spricht zuerst von der Fülle der äußeren Nöte und Schwierigkeiten, durch die er mit seinen Begleitern hindurch muß; darin haben sie ihre **„viele Standhaftigkeit"** erwiesen. Zu den **„Drangsalen"**, von denen er gleich am Beginn des Briefes schrieb, stellt er **„Zwangslagen"** und **„Engen"**. Beide Worte weisen darauf hin, daß ein Mensch
5 sich nicht frei nach Wunsch bewegen kann, keinen freien Raum hat,
sondern sich in schwierige Lagen schicken muß. Paulus denkt sofort an sehr konkrete Dinge, an **„Schläge"** und **„Gefängnisse"**. Wie oft hat er solche brutalen Leiden durchmachen müssen. In 11, 23 ff wird er es uns noch genauer sagen. Das nächste Wort im Text kann auf **„Unruhen"** gehen, wie wir sie in der Apg vielfach geschildert finden: Apg 13, 50; 14, 5; 14, 19; 17, 5; 19, 23 ff. Es kann aber auch die ruhelose Lebensweise des Apostels meinen, das unstete Wanderleben, das er zu führen hat. Von den **„Mühsalen"**, von seiner „Arbeit mit den eigenen Händen" neben seinem ganzen Apostelldienst, hat er schon 1 Th 2, 9 gesprochen. Dadurch kam es zu den **„durchwachten Nächten"**, besonders wohl, um Zeit für das intensive Beten zu haben (Kol 4, 2). Vielleicht weist Paulus auch in diesem Zusammenhang auf die **„Fasttage"** hin; er kann aber auch daran denken, wie oft er einfach faktisch Hunger litt, wie er es den Korinthern schon in 1 Ko 4, 11

schrieb. Aber das ist es ja nun gerade, was in Korinth immer noch Befremden erregte. Sieht denn so das Leben eines Gottesmannes aus? Wie anders traten doch die Männer auf, die für fremde Gottheiten und Kulte warben. Wie anders auch die neuen Lehrer, die Korinth erst auf die wahre Höhe führen wollten! Paulus aber sagt, daß so, gerade so, der Bote Jesu leben müsse. Denn der Menschensohn war nicht gekommen, daß er sich dienen lasse, sondern daß er diene und sein Leben zur Erlösung gebe; er hatte nicht, da er sein Haupt hinlege; seine „Erhöhung von der Erde" geschah in den Stunden, da sein zerschlagener Leib an den Pfahl genagelt hing. So sieht der Apostel in der Kette seiner eigenen Leiden und Nöte gerade eine Fülle von „Empfehlungen", welche die Echtheit seines Dienstes beglaubigten. Gerade so **„empfehlen sich"** wahre **„Diener Gottes"**.

Nun folgen die persönlichen Eigenschaften und Fähigkeiten, die 6
Paulus im Dienst Gottes hat und haben muß. Bei der **„Reinheit"** muß
er nicht auf das sexuelle Gebiet blicken, obwohl für ihn als unverhei-
rateter Mann hier eine besondere Aufgabe lag. Paulus kann auch
allgemein die Lauterkeit seiner Motive meinen. **„Erkenntnis"** wurde
im grie Raum hoch geschätzt. Paulus besitzt sie (vgl. Kap. 11, 6). Er
stellt ohne systematische Gliederung seiner Aufzählung die **„Lang-
mut"** daneben, unentbehrlich für den Apostel unter allen Schwierig-
keiten und Enttäuschungen bei Mitarbeitern und Gemeinden. Die
„Gütigkeit" tritt hinzu, die im Umgang mit Fernstehenden, Fragen-
den und Kritischen so wichtig ist. Wie könnte er in der Fülle und
Verschiedenheit der Anforderungen im Dienst stehen, wenn er nicht
sagen könnte, er tue diesen Dienst **„im Heiligen Geist"**. Das bevoll-
mächtigte seinen Dienst überall und machte ihn wirksam, daß seine
Verkündigung des Evangeliums „nicht allein im Wort, sondern auch
in der Kraft und im Heiligen Geist" (1 Th 1, 5) zu den Menschen kam.
Zugleich ist die erste, grundlegende Frucht des Geistes die **„ungeheu-** 7
chelte Liebe". Paulus müht sich nicht, einen liebevollen Eindruck zu
machen; Paulus kann wahrhaft lieben. Echte Liebe aber ist von der
Wahrheit nicht getrennt. Paulus hat zum Arbeitsmittel das **„Wort der
Wahrheit"**, das er überall in Liebe sagen darf. Wir erinnern uns an
seinen grundlegenden Satz in 4, 2! Es ist eine große Sache, wenn wir
in dieser Welt der Lüge und des Scheins, des Irrtums und der Phrasen
das Wort sagen können, das im wahrsten Sinne **„Wort der Wahrheit"**,
nämlich der ewigen Wahrheit Gottes, ist. Wer dieses Wort bezeugt,
der erfährt „in Schwachheit und Furcht und großem Zittern" die
„Kraft Gottes", die allein den echten, beständigen Glauben in Men-
schen zu schaffen vermag (1 Ko 2, 1–5). Es ist „die Kraft Gottes zur
Rettung für jeden Glaubenden", von der Paulus von Korinth aus
den Römern schreiben wird. Es ist die „Kraft", die „in der Schwach-

heit zur Vollendung kommt" (12, 9) und den „schwachen" Paulus wunderbar „stark" macht.

Paulus blickt auf sein Wirken, wie es sich tatsächlich vollzieht. Es ist „Kampf", nicht nur und gar nicht wesentlich Kampf mit Menschen, „sondern mit Mächten und Gewalten", nämlich mit den Herren der Welt, die in dieser Finsternis herrschen (Eph 6, 12). Dafür hat er die „Waffenrüstung", **„Waffen der Gerechtigkeit"**. Waffen **„zur Rechten"** sind die Angriffswaffen, die man mit der rechten Hand führt. **„Zur Linken"** trägt man den Schild als Verteidigungswaffe. Paulus ist zu Angriff und Verteidigung gerüstet. Er geht aber bei sei-
8 nem Dienst **„durch Ehre und Schande, durch bösen Ruf und guten Ruf"**. Paulus hat es reichlich erfahren, daß Schande auf ihn gelegt und viel Böses über ihn geredet wurde. Sein Dienst wäre nicht echt, wenn ihm nicht auch dies widerführe[241]. Der Widerstand der Welt gegen die Botschaft zeigt sich auch darin, daß sie die Boten verleumdet und schmäht und ihren Ruf zu zerstören sucht. Aber es stände freilich um den Apostel schlecht, wenn nicht auch das andere da wäre, daß man ihn liebt und schätzt und Gutes von ihm weitersagt. Paulus aber geht wirklich durch beides „hindurch". Er hängt nicht an Ehre und scheut darum die Schande nicht. Wie schwankend der Ruf bei Menschen sein kann, weiß er und kümmert sich nicht zu viel darum. Was auch die Korinther an ihrem Apostel vermissen, das, was er hier aufzählt, das jedenfalls ist in seinem Leben und Dienst zu finden.

Und nun kommen von da aus jene gewaltigen Gegensätze seines Lebens, die er mit einem „aber" fest zusammenhält. Dieses gewichtige „Aber", das viele biblische Aussagen kennzeichnet[242], fanden wir schon in den Sätzen Kap. 4, 7—9. Die Nöte und Schwierigkeiten werden unverhüllt und unbeschönigt ausgesprochen. „Aber" ihnen entgegen wird bezeugt, was sie von Gott her so überwindet, daß sie nicht an ihr zerstörendes Ziel gelangen können. So zeigt es jetzt Paulus noch umfassender und tiefer. Sieben Antithesen stellt er vor die Korinther hin. Ob die Siebenzahl sich dabei zufällig ergibt oder für den Apostel bewußt bedeutsam war, läßt sich nicht feststellen.

Der böse Ruf schilt Paulus einen **„Verführer"**. O ja, er „sucht Menschen zu gewinnen" (5, 11) und führt sie vom Judentum und vom Heidentum weg. Das muß für andere wie „Verführung" aussehen. Aber Paulus weiß dabei mit ruhiger Gewißheit, daß er **„doch wahr"**

[241] Wir sind vom bürgerlich-moralischen Denken her allzu sehr darauf aus, daß Diener der Kirche nur einen guten Ruf haben und nur in Ehren stehen müssen. Schande und böser Ruf scheinen uns ganz unerträglich. Wir müssen Jesu Warnung neu lernen: „Wehe euch, wenn euch jedermann wohl redet" (Lk 6, 26).

[242] Vgl. z. B. Jes 54, 10; 40, 8; 1 Mo 39, 20. 21; 1 Sam 16, 7; Ps 2, 4; 27, 10; 33, 10. 11; 102, 12. 13; 103, 17 u. a. Stellen.

ist. Er führt die, die er gewinnt, nicht irre, sondern hilft ihnen im Gegenteil aus Irrweg und Untergang zur Wahrheit und zum Leben 9
(4, 2). Er ist kein berühmter Mann; er hat nicht Titel und Würden. In den Städten, in die er kommt, ist er einfach ein **„unbekannter"** und unansehnlicher Jude. Und doch, wie **„wohlbekannt"** ist er in der großen Schar seiner Freunde und in den Reihen seiner Gegner. Er konnte es schon den Thessalonichern schreiben: An allen Orten berichten sie selbst von uns, welchen Eingang wir bei euch gefunden haben (1 Th 1, 9).

Aber auch die ganze Gestalt seines Daseins vereint das in sich Unvereinbare in mächtiger Weite und kraftvoller Lebendigkeit. **„Als die Sterbenden"** sieht Paulus sich mit seinen Begleitern. So hat er es schon 1 Ko 15, 31 und jetzt im Brief in 4, 11 ausgesprochen. Es ist das in seinem Munde keine erbauliche Redensart, kein bloßes, frommes Bild, das nicht allzu ernst zu nehmen wäre. Es ist eine volle Realität, die den ganzen Menschen Paulus nach Leib und Seele betrifft[243]. Aber triumphierend kann er hinzusetzen **„und siehe, wir leben"**. Das heißt nicht nur, daß Paulus und seine Mitarbeiter immer wieder mit dem Leben davonkamen und ihr äußeres Dasein durch alle Bedrohung hindurch erhielten. Nein, sie „leben" wahrhaft, während andere, scheinbar sehr lebendige Menschen in Wahrheit „tot" sind, tot vor Gott. Bei den Bedrängnissen und Leiden aber sieht Paulus nicht nur menschliche Bosheit am Werk. Hinter dem Tun der Menschen, die ihm Schmerzen zufügen, sieht er die Hand Gottes. Gott „züchtigt" ihn. Paulus verwendet dabei das Wort „paideuomei", das wir noch im Fremdwort „Pädagogik" kennen. Es geht also um „Erziehung", die freilich im Altertum eine sehr harte war[244]. Gott „erzieht" den Apostel und nimmt ihn in Zucht, wenn Menschen ihm immer neue Leiden und Schwierigkeiten bereiten. Es ist eine harte Erziehung; aber sie führt nicht zum Tode, sondern zum Leben und zu noch vollmächtigerem Dienst. Bei seinem Satz wird Paulus als Mann, der in der Bibel lebt, an Ps 118, 18 denken: „Der Herr züchtigt mich schwer, aber er gibt mich dem Tode nicht preis." So formuliert er im Anklang an die Psalmenstelle die Aussagen über sein eigenes
Leben: **„Als Gezüchtigte und doch nicht ertötet."** Aber ist es dann 10
nicht ein leidvolles, bedrücktes Leben, was Paulus führt, ein Leben, das keine Freude aufkommen läßt? Ja, seine Leiden sind ernst. Er kennt Trauer und tiefen Schmerz in reichem Maß. „Große Traurig-

[243] Wir haben daran zu denken, wie ernsthaft Paulus den „Anteil an den Christusleiden" und die „Gleichgestaltung mit dem Tode des Christus" als ein unbedingtes Verlangen in sich trug (Phil 3, 10). Vgl. dazu die Auslegung in der W. Stb.

[244] Vgl. Gal 3, 24. Das Gesetz ist „paidagogós" zu Christus hin. Luther gibt es richtig mit „Zuchtmeister" wieder.

keit und Schmerzen ohne Unterlaß", hat er in seinem Herzen im Denken an Israel (Rö 9, 2). Und an seine geliebte Gemeinde in Korinth mußte er „aus großer Trübsal und Angst des Herzens mit viel Tränen" schreiben (2, 4). Er und seine Mitarbeiter sind oft **„Traurige"**. Aber wir hätten ein falsches Bild vom Leben des Apostels, wenn wir ihn von solchen Briefstellen her, als einen kummervollen und schwermütigen Mann dächten; nein, er ist als **„Trauriger"** doch **„allezeit voll Freude"**. Wie er es sein kann, wo die Quellen seiner Freude fließen, sagt er in der knappen Darstellung nicht ausdrücklich. Aber dieses **„als die Traurigen, aber allezeit voll Freude"** haben wir anschaulich vor Augen, wenn wir Rö 8, 31—39 und Rö 9, 1—2 unmittelbar nebeneinander stehen sehen. Der heiße Schmerz in Rö 9, 1 f zerstört die triumphierende Freude in Rö 8 nicht. Aber diese Freude hebt den Schmerz auch nicht einfach auf. Im Herzen des Apostels hat Freude und Schmerz in starker Lebendigkeit Raum; er ist **„traurig und voll Freude"** zur gleichen Zeit[245]. Es ist „Freude des Heiligen Geistes", wie sie auch die Thessalonicher mitten in vielen Drangsalen hatten (1 Th 1, 6).

Der Apostel ist **„arm"**. Das war in den Augen der Korinther eine Schande. Sie wünschten sich einen reichen Gesandten des großen „Kyrios". Aber sie sollen Augen haben für das Erstaunliche: Der **„arme"** Paulus ist doch **„viele reich machend"**. Was für ein Reichtum ist dem Leben des Paulus und seiner Mitarbeiter entströmt. Wieviele Menschen von Jerusalem bis Korinth danken es seinem Dienst, daß sie „reiche" Leute wurden, weil ihr Leben Inhalt, Sinn und Fülle in Jesus bekam[246]. Aber auch ein materielles „Reichmachen" ist nicht ausgeschlossen. Paulus wird in seinem Brief von der großen Sammlung in Jerusalem sprechen; wieviele „macht er dort reich". Wieviel Helfen und Schenken hat er durch seine Wirksamkeit in einer Welt entbunden, die vorher von einem liebevollen Denken an andere nichts wußte. Nun schließt er mit einer letzten, gewaltigen Paradoxie: **„als nichts Habende und doch alles Besitzende"**. Paulus ist wirklich ein „Habender", wenn er besitzlos durch die Welt wandert, den dürftigsten Lebensunterhalt mit eigenen Händen erarbeitend, ohne feste Stellung, ohne bleibenden Wohnsitz! Aber er hat das kühne Wort den Korinthern geschrieben: „Darum rühme sich niemand eines

[245] So darf es auch bei uns sein! Wir brauchen uns auch als Glaubende des Schmerzes und der Traurigkeit nicht zu schämen. Wir brauchen aber ebensowenig die Freude durch den Schmerz zu verlieren. Das „Halleluja unter Tränen" (Ps 126) ist uns geschenkt. „Des Christen Herz auf Rosen geht, wenn's mitten unter'm Kreuze steht."

[246] Die Gemeinde Jesu heute wagt es nicht mehr „arm" zu sein. Christen müssen alles mithaben, was die reiche Welt hat, sonst fühlen sie sich verlegen und rückständig. Vielleicht tritt darum der wahre Reichtum nicht mehr überzeugend hervor, den gerade nur die Gemeinde Jesu aufzuweisen hat.

Menschen; denn es ist alles euer" (1 Ko 3, 21). Er lebt selber in dieser Gewißheit, daß ihm in Christus alles gehört und alles ihm „zum Guten mitwirken muß" (Rö 8, 28). Er ist „Gottes Erbe und Miterbe des Christus". Dieses „Erbe" ist grundmäßig jetzt schon sein, auch wenn er es in voller Herrlichkeit erst bei dem Kommen seines Herrn erhalten wird. So führt er sein Leben unter der Fülle härtester Nöte (Schläge! Kerker! Hunger!) dennoch voll Freude als der **„alles Besitzende"**. Wenn doch auch die Korinther nicht hängen blieben an der einen Seite der Sache, die sich freilich dem Blick zuerst aufdrängt. Wenn sie doch das erstaunliche „Aber", das „und doch" verständen und sich darum nicht über ihren Apostel ärgerten, sondern mit tiefem Dank an ihm die Art echter Botenexistenz für den gekreuzigten und auferstandenen Herrn erfaßten!

Was Paulus in diesem ganzen Abschnitt schrieb, das bezeugt er als Tatsache in seinem Leben und in seinem Dienst. Er zeichnet nicht das „Ideal" eines christlichen Arbeiters, dem er näher zu kommen strebt. Er stellt nicht Gesetze und Regeln auf, wie das Leben eines Boten Jesu aussehen müßte. Wir haben es auch hier nicht mit einer theologischen Abhandlung, sondern mit einem echten Brief zu tun dessen Verfasser persönlich von seinem Leben Zeugnis gibt. Aber das läßt er die Leser seines Briefes – die damaligen wie die heutigen – allerdings merken, daß sein Dasein nicht zufällig diese Gestalt hat. Darum werden seine Sätze zur Frage an die Korinther, vor allem an die neuen Lehrer, und zur Frage an uns und an alle Diener Jesu Christi heute. Sind bei uns diese Linien zu sehen, können wir von uns und unserm Dienst in entsprechender Weise reden, wie Paulus es hier tut? Und wenn unser Dienst überhaupt nichts von dem erkennen läßt, was der Apostel von sich und seinen Mitarbeitern bezeugt, dann werden wir ernsthaft zu fragen haben, woran das liegt[247].

ABSCHLIESSENDE BITTEN AN DIE GEMEINDE

2. Korinther 6, 11–13

11 **Unser Mund hat sich aufgetan gegen euch, Korinther; unser Herz**
12 **ist weit geworden. * Ihr habt nicht engen Raum in uns; ihr habt**
13 **aber engen Raum in eurem eigenen Innern. * Aber zur entspre-**
chenden Vergeltung – wie zu [meinen] Kindern rede ich – werdet
doch auch ihr weit!

Zu Vers 11:
Ps 118, 18
Mt 12, 34
Apg 14, 19
Zu Vers 13:
1 Ko 4, 14

247 Grace Irwin hat in ihrem Roman „Der größere Reichtum" sehr anschaulich gezeigt, wie die Aussagen unseres Abschnittes sich heute in Leben und Dienst eines modernen Predigers realisieren können.

11 Paulus kommt zu einem Abschluß seines heißen Mühens, den Korinthern seine Lebensführung und die ganze Art und Herrlichkeit seines Dienstes verständlich zu machen. Dieses Mühen begann sofort im Reden von seinen Drangsalen in 1, 3 ff und ging in immer neuen Ansätzen und unter immer neuen Gesichtspunkten bis zu dieser Stelle des Briefes. Jetzt hält er ein und überschaut das, was er geschrieben hat. **„Unser Mund hat sich aufgetan gegen euch, Korinther; unser Herz ist weit geworden."** O ja, das haben wir im Lesen des Briefes gemerkt. Da war nichts Verhaltenes; da bestimmte keine vorsichtige Diplomatie die Darlegungen. Paulus sprach sich rückhaltlos aus. Die Korinther müssen nicht „zwischen den Zeilen lesen". Und es ging dem Apostel dabei nach dem Wort Jesu: „Wes das Herz voll ist, des geht der Mund über" (Mt 12, 34). Der so freimütig geöffnete Mund zeigt das weit gewordene offene Herz. Undank, Mißverständnisse, Verkennung und Verleumdung haben es nicht verschließen können. Ohne Bitterkeit hat er für die Korinther ein freies, weites Herz.

12 **„Ihr habt nicht engen Raum in uns."** Vielleicht waren auch solche Klagen der Korinther zu Paulus gedrungen, als stehe hinter der Änderung seines Reiseplanes ein Stück Geringschätzung der korinthischen Gemeinde, der nicht mehr das ganze Herz des Apostels gehöre. Oder man sah in dem Ernst, mit dem der Apostel gegen ungute Dinge in Korinth eintritt, „Engherzigkeit". Es ist aber umgekehrt: **„Ihr habt aber engen Raum in eurem eigenen Innern."** Sie sind engherzig in der Beurteilung ihres Apostels. Sie wollen ihn nicht mit einem weiten, dankbaren Herzen verstehen. Sie nehmen nicht Anteil an seinem schweren, leidensreichen Leben. Das schmerzliche Nichtverstehen zwischen Apostel und Gemeinde liegt nicht an einer Verschlossenheit und Lieblosigkeit auf seiner Seite, die kein Herz für die Korinther und ihre Probleme hätte. Aber schwer ist es dem Apostel, wenn man mit Vorurteilen und bestimmten Ansprüchen ihn verkennt und ihm, dem Gründer und Vater der Gemeinde, keinen Raum mehr im Herzen der Gemeinde geben will[248].

13 Darum muß der Apostel die Gemeinde bitten: **„Werdet doch auch ihr weit."** Tut das **„zur entsprechenden Vergeltung"**. Paulus hat sein ganzes, offenes Herz in diesen Brief hineingelegt; das müssen sie doch aus seinem Schreiben merken, daß er sie so sucht und um ihr Verständnis ringt. Nun soll die Gemeinde ebenso dem Apostel entgegenkommen und seine herzliche Offenheit mit der gleichen Bereitschaft erwidern, auf Paulus wirklich zu hören und alles, was er schreibt,

[248] Auch hier teilt der Diener die Leiden seines Herrn! Jesus kam in sein Eigentum, und die Seinen nahmen ihn nicht auf (Jo 1, 11). Er hatte mit seinen Eltern schon bei seiner Geburt „keinen Raum" in der Herberge.

nicht mißmutig abzuweisen, sondern aufzunehmen, mitzudenken, anzuerkennen und den Apostel wieder so zu sehen, wie er von der Liebe des Christus bestimmt in Wirklichkeit ist. Nicht mit apostolischer Autorität fordert er das, nein, **„wie zu [meinen] Kinder rede ich"**. Ganz ähnlich hatte er gerade bei der Erörterung seines apostolischen Lebens, an dem die Korinther sich stießen, schon in seinem ersten Brief (1 Ko 4, 14 f) geschrieben. So herzlich „bitten" kann nur ein „Vater".

DIE FORDERUNG GANZER REINIGUNG DER GEMEINDE

2. Korinther 6, 14 — 7, 1

14 **Laßt euch nicht an ein fremdes Joch spannen mit Ungläubigen**
(wörtlich: seid nicht fremd zusammengejocht mit Ungläubigen).
Denn welche Teilhaberschaft gibt es für Gerechtigkeit und Gesetz-
losigkeit? Oder welche Gemeinschaft gibt es für Licht gegenüber
15 **Finsternis? * Was für eine Übereinkunft hat Christus mit Belial,**
16 **oder welchen Anteil ein Gläubiger mit einem Ungläubigen? * Was**
für eine Vereinbarung hat Gottes Tempel mit Götzen(bildern)?
Denn wir sind der Tempel des lebendigen Gottes, wie Gott gesagt
hat: „Ich werde unter ihnen wohnen und wandeln und werde ihr
Gott sein, und sie werden mein Volk sein" (3 Mo 26, 11. 12).
17 *** Darum „geht aus ihrer Mitte heraus und sondert euch ab",**
spricht der Herr, „und rühret Unreines nicht an; so werde ich euch
18 **annehmen. * Und ich werde euch zum Vater sein, und ihr werdet**
mir zu Söhnen und Töchtern sein" (Jes 52, 11; Jer 31, 9), **spricht**
7, 1 **der Herr, der Allherrscher. * Da wir nun diese Verheißungen**
haben, Geliebte, so wollen wir uns von jeder Befleckung des Flei-
sches und Geistes reinigen, indem wir Heiligkeit vollenden in
Furcht Gottes.

Zu Vers 14: Eph 5, 7. 11; 5 Mo 22, 10
Zu Vers 15: Mt 11, 29; 1 Ko 10, 21
Zu Vers 16: 3 Mo 26, 11 f; 1 Kö 18, 21; Jer 31, 33; 32, 38; Hes 37, 27; Jo 14, 23; Apg 21, 3; 1 Ko 3, 16
Zu Vers 17: 4 Mo 16, 26; Jes 52, 11; Hes 20, 34; Apg 19, 9; Offb 18, 4
Zu Vers 18: 2 Sam 7, 14; Jes 43, 6; Jer 31, 9; Hos 1, 10; 2, 1; Offb 11, 17
Zu Vers 1: 2 Pt 1, 4; 1 Jo 3, 3

Ein geschlossener Abschnitt eigener Prägung unterbricht das Mühen des Apostels um volles Verstehen und volle Verbundenheit zwischen der Gemeinde und ihm. In 7, 2 geht dieses Mühen weiter, indem Paulus auf die Rückkehr des Titus aus Korinth und auf seinen so erfreulichen Bericht blickt. Man hat darum diesen Abschnitt als einen „Einschub" ansehen wollen, der den Zusammenhang des Briefes störend zerreiße und auch in seinem Inhalt befremdlich sei. Dem steht aber die Tatsache entgegen, daß diese Verse von sämtlichen Handschriften an dieser Stelle gebracht werden. Der „Einschub" müßte also schon sehr früh vorgenommen worden sein. Und gerade, wenn er den Zusammenhang „stört", wer hat ihn dann hier eingefügt und aus welchem Grund? Welchen Zweck hat er damit verbunden? Und woher hat ihn der Redaktor genommen? Alle Versuche, die Herkunft dieses Abschnittes aus dem „Tränenbrief" oder einem anderen, nicht aufbewahrten Brief des Apostels zu bestimmen, sind willkürlich und unsicher. Auch sprachlich läßt sich nicht erweisen, daß die Sätze und Darlegungen „unpaulinisch" seien. Wir werden den Abschnitt stehenlassen müssen, wie wir ihn in den Handschriften finden. So unverständlich es wäre, wenn ein Fremder einen Brief hier störend unterbrochen hätte, um ganz andere Sätze in ihn einzuschieben, so gute Gründe konnte der Briefschreiber selber haben, solche Mahnungen auszusprechen, ehe er den eigentlichen Gang des Briefes weiter verfolgte. Jedenfalls, „wir haben Paulus keine Vorschriften zu geben, wie er das, was er sagen wollte, ordnen müsse"[249].

Es liegt aber auch gar nicht so fern, daß Paulus bei der herzlichen Bitte an seine „Kinder" in Korinth sich mit Kummer die innere Bedrohung der Gemeinde erneut vor Augen stellt und sich zu dringenden Mahnungen getrieben fühlt. Wir erinnern uns, mit welcher Sorge Paulus, der Vertreter der „Freiheit eines Christenmenschen", vor den falschen Freiheitsparolen in Korinth stand. „Alles ist erlaubt", verkündigte man dort triumphierend, auch die Heirat der Stiefmutter, auch der Prozeß mit Brüdern vor heidnischen Richtern und auch der freie Geschlechtsverkehr und die Teilnahme am Festmahl im heidnischen Tempel. Hatten die Darlegungen des Apostels im ersten Korintherbrief die Gemeinde wirklich umgestimmt, wenn die Autorität des Paulus bis zum Eingreifen des Titus und den Wirkungen des „Tränenbriefes" so umstritten geblieben war? Bestand die Gefährdung der Gemeinde durch ein angeblich „überlegenes", in Wirklichkeit aber aushöhlendes Mitmachen mit der Welt nicht weiter fort? Konnte es zum herzlichen Verstehen zwischen Apostel und Gemeinde kommen, wenn die Korinther sich nicht zur klaren Trennung von der Welt rufen ließen? Paulus muß noch einmal davon sprechen, kürzer als im ersten Brief, aber auch schärfer und dringlicher.

14 **„Laßt euch nicht an ein fremdes Joch spannen mit Ungläubigen** (wörtlich: seid nicht fremd zusammengejocht mit Ungläubigen)." Das **„Joch"**, das mehrere Tiere zum gemeinsamen Ziehen zusammenspannt, wurde gern als Bild für das einträchtige Zusammenleben und Zusammenwirken von Menschen gebraucht. So konnten Eheleute als „Jochgenossen" bezeichnet werden oder auch gemeinsam unterrichtende Lehrer. Unter dem gleichen Joch können und sollen aber nur gleiche Tiere miteinander ziehen. Es war von Gott im Gesetz ausdrücklich

[249] Schlatter a. a. O. S. 580.

(3 Mo 19, 19; 5 Mo 22, 9—11) verboten, „zweierlei" Art unter dem Vieh sich paaren zu lassen. Die LXX braucht dabei das Wort „heterozygos", das Paulus in unserem Text für das fremde Joch verwendet, um die „fremde Art" zu bezeichnen, mit dem ein Tier nicht gepaart werden soll. Paulus greift auf diese Gesetzesbestimmung und auf den Willen Gottes zurück, der darin zum Ausdruck kommt. Was in seinem Wesen und in seiner Art nicht zusammengehört, das soll der Mensch nicht künstlich verbinden und in ein Joch spannen; und er soll sich auch nicht seinerseits in ein solches „fremdes Joch" spannen lassen[250]. Das geschieht aber überall, wo Glieder der Gemeinde Jesu sich auf Verbundenheiten mit denen einlassen, die „Ungläubige" sind und den Glauben an Jesus ablehnen. Der Apostel muß klare Trennung fordern. Die Glaubenden stellen sich sonst unter ein Joch, das ihnen fremd ist, und werden Mächten dienstbar, mit denen sie als Glaubende keine Gemeinschaft haben können. Diese Forderung beeinträchtigt in keiner Weise die erbarmende Liebe zu den Menschen und das herzliche und dringende Mühen um sie. Ein Paulus kann hier wohl nicht mißverstanden werden. Es geht in seiner Warnung um das gemeinsame Leben und Wirken unter dem gleichen „Joch"[251].

„Denn welche Teilhaberschaft gibt es für Gerechtigkeit und Gesetzlosigkeit?" In der heidnischen Welt herrscht jene „Freiheit", die „Gesetzlosigkeit" ist; die Welt ist dem Gesetz Gottes nicht untertan und kann und will es nicht sein (Rö 8, 7). Der Glaubende aber wurde in Christus „Gottes Gerechtigkeit" (5, 21). Kann diese **„Gerechtigkeit"** irgendwie teilhaben an der **„Gesetzlosigkeit"**? Die „Freiheit eines Christenmenschen" ist von ganz anderer Art. Sie erfüllt gerade in der vom Geist Gottes geschenkten Liebe das Gesetz. Sie lebt im „Christusgesetz"[252]. **„Oder welche Gemeinschaft gibt es für Licht gegenüber Finsternis?"** Der Apostel reißt nicht künstliche Klüfte auf. Es ist in sich selbst klar, daß es zwischen **„Licht"** und **„Finsternis"** keine **„Gemeinschaft"** geben kann. Wo das Licht eindringt, muß das Dunkel weichen. Wo die Finsternis herrscht, erlischt das Licht. Jeder Glaubende aber weiß es, daß er aus der Finsternis zum hellen Licht kam und nun „ein Licht in dem Herrn" ist. Wie könnten nun Glaubende als Kinder des Lichtes doch wieder Gemeinschaft haben mit den un- 14/15

[250] Das gilt auch für das Joch der Ehe.

[251] Vgl. dazu das Wort aus H. W. Tiele-Winckler-Verlagsbuchhandlung „Bethel" S. 45, was über ihn ausgesagt wird: „Sein weitgehender Allianzstandpunkt war vielen unverständlich. Er sah in jedem Gotteskinde, welcher Denomination es auch angehören mochte, seinen Bruder oder seine Schwester und handelte dementsprechend. Freilich wollte er Arbeitsgemeinschaft nur mit denen haben, mit denen er auf allen Punkten gleichdenkend war. Er konnte darin bis zur Schroffheit entschieden handeln."

[252] Vgl. dazu 2 Ko 3, 17; 1 Ko 9, 21; Gal 6, 2; 5, 14.

15 fruchtbaren Werken der Finsternis (Eph 5, 11; 5, 8; 1 Pt 2, 9). Beide, der Glaubende wie der Ungläubige, haben einen „Herrn", dem sie gehören und dessen Willen sie tun. Wer sich nicht von Jesus erretten ließ, steht noch unter dem „Fürsten dieser Welt", den Paulus hier „Belial"[253] nennt. Der Gläubige aber gehört Christus. Gibt es zwischen diesen beiden „Herren" irgend etwas wie eine „Übereinkunft[254]"? **„Was für eine Übereinkunft hat Christus mit Belial?"** Wie völlig verschieden ist aber auch alles, was der Gläubige und Ungläubige besitzt, was ihn erfüllt und bewegt und was einmal sein ewiges Teil sein wird. **„Welchen Anteil hat ein Gläubiger mit einem Ungläubigen?"** Paulus richtet nicht künstliche Schranken auf. Die Schranken sind im Lebensstand der Gläubigen und Ungläubigen selbst gegeben. Darum haben wir allen Grund, diesen Abschnitt nicht als fremden „Einschub" zu entwerten, sondern uns den wesentlichen Wahrheiten zu stellen, die der Apostel hier vor uns hinstellt, auch wenn diese Wahrheiten uns wenig lieb sind. Paulus führt die Sache auf den letzten, klaren Höhepunkt: **„Was für eine Vereinbarung hat**
16 **Gottes Tempel mit den Götzen**(bildern)**?"** Das war damals und ist heute der entscheidende Vorgang bei der großen Lebenswende aus dem Heidentum heraus: „Bekehrt zu Gott von den Götzen" (1 Th 1, 9)[255]. Dann aber dürfen die Götzen um keinen Preis in den Tempel Gottes einziehen! Gott kann seinem Wesen nach keine fremden Mächte in seinem Tempel dulden. Paulus wird bei diesem Satz besonders an den Leichtsinn denken, mit dem die „Freien" und die „Starken" in Korinth sich ruhig an Mahlzeiten in heidnischen Tempeln meinen beteiligen zu können[256]. „Fliehet den Götzendienst",

[253] Über diese Bezeichnung vgl. das „Lexikon zur Bibel" Sp. 198. Belial oder Beliar ist zunächst das hebr Wort für „Schlechtigkeit", „Bosheit" und wird so etwa in 1 Sam 25, 25; 30, 22 und sonst vielfach gebraucht. Nahum 2, 1 wird der Verderber, der Arge, so genannt. Von daher wird das Wort Name für den Satan. An ihn denkt Paulus in seinem Satz und nicht an den noch gar nicht in Erscheinung getretenen Antichristen.

[254] Dies Wort ist von Paulus auch 1 Ko 7, 5 für die Übereinkunft zwischen Mann und Frau gebraucht.

[255] Das gilt auch für uns, die wir nicht mehr äußerliche „Götzenbilder" haben. Jeder Mensch hat einen „Gott", etwas, worauf er vertraut, wofür er lebt. Und wenn dies nicht der wahre, lebendige Gott ist, hat er einen „Götzen". Das erste Gebot ist und bleibt darum auch für uns heute noch in seinem Wortlaut „nicht andere Götter haben" die grundlegende Forderung Gottes. Wer aber mit Ungläubigen zusammenwirkt, erkennt damit ihre Götzen praktisch an.

[256] Vgl. dazu 1 Ko 8, 4 ff; 10, 14—22. Wir wissen aus der Mission, wie schwer der Kampf mit dem Heidentum ist, das Menschen seit Jahrhunderten im Blut und Wesen steckt. Immer wieder greifen die heidnischen Gedanken, Empfindungen und Ängste nach den Menschen; immer wieder droht der Rückfall. Götzen sind nicht bloße Einbildungen und Gedankengespinste; hinter ihnen stehen jenseitige dämonische Mächte (1 Ko 10, 20). Gleiche Erfahrungen von heute lassen uns besser verstehen, wie angefochten die aus dem Heidentum stammenden Korinther waren, wie gefährlich darunter die falschen „Freiheitsgedanken" in Korinth sich auswirken mußten.

hatte er schon im ersten Brief warnend schreiben müssen (10, 14).

Aber er meint nicht nur solche einzelnen Vorgänge, er meint seine Warnung ganz umfassend im Blick auf alles, was sich mit dem lebendigen Gott und mit unserer Zugehörigkeit zu ihm nicht verträgt. Wir können nicht um so teuren Preis mit Gott versöhnt sein (5, 19–21!) und uns dann doch wieder mit „Götzendienst" im weitesten Sinn beflecken. **„Denn wir sind der Tempel des lebendigen Gottes, wie Gott gesagt hat: ‚Ich werde unter ihnen wohnen und wandeln und werde ihr Gott sein, und sie werden mein Volk sein.'"** Was Gott im Alten Bund dem Volk Israel in 3 Mo 26, 11 f versprochen und durch den Propheten Hesekiel (37, 27) nach der babylonischen Gefangenschaft erneut zugesichert hatte, das ist jetzt zur Erfüllung gekommen. So hatte Paulus in 1 Ko 3, 16 f die Gemeinde Jesu den heiligen Tempel Gottes genannt (vgl. dazu auch Eph 2, 19–22). Welch unerhörter Lebensstand ist dadurch der Gemeinde geschenkt! Tempel Gottes, Volk Gottes sein, den ewigen lebendigen Gott als „unseren" Gott so nahe haben in engster Gemeinschaft, auf welche Höhe sind wir damit gestellt! Aber wenn das nicht nur fromme Worte sein sollen, wenn das 17/18
ganze Wirklichkeit ist, dann hat das Konsequenzen. Der Prophet hat es in Gottes Auftrag den Gefangenen in Babylon gesagt, und Paulus nimmt den Ruf auf[257]: **„Darum ‚geht aus ihrer Mitte heraus und sondert euch ab', spricht der Herr, ‚und rühret Unreines nicht an; so werde ich euch annehmen.'"** Der ganze Ernst einer tief in das praktische Leben einschneidenden Scheidung und Entscheidung steht damit vor uns. Aber Gott zeigt gerade an dieser Stelle in seinem Wort, daß es dennoch um „Evangelium", um frohe Botschaft, um Leben und Freude geht. Gott nimmt angesichts der Schwere der Entscheidung seine große Verheißung noch einmal auf und führt in persönlichster Weise auf ihre Höhe. Nicht nur so allgemein „sein Volk" werden wir sein; Gott verspricht mehr: **„‚Und ich werde euch zum Vater sein, und ihr werdet mir zu Söhnen und Töchtern sein', spricht der Herr, der Allherrscher."** Welch ein Gegensatz ist das: Der **„Allherrscher"**, der Schöpfer und Lenker des Weltalls, und wir kleinen, vergänglichen Menschen! Aber dieser **„Allherrscher"** will uns zum **„Vater"** sein. Ihm dürfen wir das „Abba Vater!" entgegenjubeln. Und wir dürfen als Söhne und Töchter in inniger Verbundenheit mit ihm leben. Was ist das für ein unerhörtes Geschenk[258]. Muß es uns

[257] Er tut es hier wie auch an anderen Stellen mit großer Freiheit dem Text gegenüber. Der Leser wird das beim Nachschlagen und Vergleichen der atst Stellen feststellen. Es geht Paulus um den wesenhaften Willen Gottes, nicht um die einzelne Formulierung.

[258] Wir sind nicht selbstverständlich „Gottes Kinder"! Von Natur sind wir „Gottlose, Sünder, Feinde" (Rö 5, 5–10). Gottes Kinder „werden" wir erst durch das Werk des Sohnes am Kreuz und den Glauben, der dieses Werk annimmt.

nicht ganz und gar willig machen, mit unserer Lebenshaltung dieser Herrlichkeit zu entsprechen und uns von allem zu trennen, was zu solchem Dasein nicht paßt?

7, 1 Darum geht der Apostel in den abschließenden Sätzen dieses Abschnittes ausdrücklich von den **„Verheißungen"** und nicht von den Geboten und Forderungen aus und unterstreicht es: **„Da wir nun diese Verheißungen haben, Geliebte."** Gerade jetzt redet Paulus seine Korinther als **„Geliebte"** an, geliebt von ihm und geliebt von Gott. **„Diese Verheißungen"** nennt er sie um ihrer Größe und Schönheit willen. Sie sind lauter „Evangelium", lauter überströmende Gnade. Darum fordern sie nicht nur folgerichtig eine entsprechende Gestaltung unseres Lebens, sondern wirken in uns den Willen zur völligen Reinigung: **„So wollen wir uns von jeder Befleckung des Fleisches und Geistes reinigen, indem wir Heiligkeit vollenden in Furcht Gottes."** Der Apostel rechnet damit, daß auch die Korinther „wollen", aus eigener, klarer Einsicht und aus der eigenen Freude an dem hohen Lebensstand, den sie als „Söhne" und „Töchter"[259] des Allherrschers haben dürfen. **„Von jeder Befleckung des Fleisches und Geistes"** wollen wir uns reinigen. Die Worte „Fleisch" und „Geist" gebraucht Paulus hier nicht in dem besonderen Sinn, den sie sonst bei ihm haben können, wenn er mit „Fleisch" unser natürliches Ichwesen meint und bei „Geist" an den Geist Gottes denkt. Er verwendet sie jetzt ähnlich, wie er in 1 Ko 7, 34 von „Leib und Geist" und 1 Th 5, 23 von „Leib, Seele und Geist" spricht. Unser äußeres Leben und unser inneres Sein ist von Natur seit dem Sündenfall befleckt und wird immer aufs neue verunreinigt. Es ist wichtig, daß dabei ausdrücklich auch von der **„Befleckung des Geistes"** gesprochen wird. Der Idealismus meint, der „Geist" sei in sich selbst das Edle und Göttliche im Menschen. In Wahrheit aber kann gerade der menschliche Geist gefährlichste und böseste Befleckung an sich tragen, den Stolz, die lieblose Kälte, die Selbstüberhebung. Darum muß gerade auch unser Geist tiefgehend gereinigt werden. Denn vor dem heiligen Gott können nur Reine bestehen. Wer unreiner Lippen ist, kann in der Gegenwart Gottes nur rufen: Weh mir, ich vergehe (Jes 6, 5). Darum bedürfen wir der steten Reinigung[260], die mit unserer Bekehrung nicht schon ein für allemal vollzogen ist. Es geht um die Reinigung von

[259] Hier werden die Frauen als „Töchter Gottes" extra genannt!

[260] Wie diese Reinigung geschieht, hat Paulus hier nicht gesagt. Es ist aber aus 1 Jo 1, 7. 9 und Offb 7, 14 und an anderen Stellen des NT deutlich, daß dieses „Reinigen" nur durch die Macht des Blutes Jesu geschehen kann. Aber sie geschieht nicht ohne unseren Willen. Unsere Sache ist das „Bekennen", das Hineintreten in das Licht des Herrn und das Ausliefern aller Flecken an den, der allein reinigen kann. Der Rat des Jakobus (5, 16) dabei gegenseitige, brüderliche Hilfe zu suchen und zu gewähren, ist wichtig.

„jeder" Befleckung. Wir können hier nicht auswählen und nach unserer eigenen Meinung einzelne Befleckungen als unwichtig bestehen lassen. Der Wille zur Reinigung von **„jeder Befleckung"** wäre aber gelähmt, wenn wir von vornherein damit rechneten, daß die Reinigung nicht gelingt und die „Heiligkeit" nicht erreicht wird. Darum spricht Paulus davon, daß wir **„Heiligkeit vollenden"**[261]. Wir tun es **„in Furcht Gottes"**. Der Neue Bund unter der Gnade, das Leben in der Kindschaft Gottes, schließt die **„Furcht"** nicht aus, sondern ein, wie es uns die Apostelgeschichte gerade aus der ersten Zeit der Gemeinde zeigt (Apg 5, 5; 5, 11; 9, 31). Auch die gnadenvollste Nähe, die Gott als „Vater" seinen „Söhnen" und „Töchtern" schenkt, weckt als Nähe zu dem gegenwärtigen, heiligen Gott die **„Furcht"**[262], die jede Sünde als unverträglich mit Gott scheut und „die Heiligkeit vollendet". Einmütig hat das Petrus mit Paulus der Gemeinde gesagt: „Und da ihr den als Vater anrufet, der ohne Ansehen der Person richtet nach eines jeglichen Werk, so führet euren Wandel, solange ihr hier als Fremdlinge lebt, mit Furcht" (1 Pt 1, 17). Die Erlösung mit dem teuren Blut Christi macht das nicht überflüssig, sondern ist ein erneuter und mächtiger Grund zur Heiligung (1 Pt 1, 18 f), zu einer Heiligung, die mit ihrem Ernst wirklich „die Heiligkeit vollendet" und sich nicht mit bloßen Ansätzen zur Heiligung begnügt.

DIE VERSÖHNUNG MIT DER GEMEINDE IN KORINTH

2. Korinther 7, 2—7

2 **Gebt uns Raum. Niemand haben wir Unrecht getan, niemand ver-**
3 **derbt, niemand übervorteilt. * Zu einer Verurteilung sage ich das**
nicht. Denn ich habe schon vorher gesagt, daß ihr in unseren Herzen
4 **seid zum Mitsterben und Mitleben. * Ich habe volle Offenheit euch**

Zu Vers 2:
2 Ko 12, 17
Apg 20, 33
Zu Vers 3:
2 Ko 6, 11—13
Phil 2, 17
Zu Vers 4:
2 Th 1, 4
Phlm 7

[261] Das entspricht der Entschiedenheit, mit der Johannes das Sündigen aus dem Bleiben in Jesus total entfernt (1 Jo 3, 6). Mit „Perfektionismus" hat das nichts zu tun, da der Apostel die Gemeinde nicht zu einer einmaligen, vollendeten Reinigung aufruft, sondern den Willen zur ständigen neuen Reinigung in ihr erweckt. Die berechtigte Ablehnung des Perfektionismus darf nicht zur Lässigkeit in der Heiligung führen. Sterbende haben es im hereinbrechenden Licht der Ewigkeit mit erschreckendem Ernst erfahren, wie schwer vor Gott auch die „kleinen" Sünden unseres Lebens wiegen.

[262] Die abweichende Aussage des Johannes in 1 Jo 4, 17. 18 muß stehen gelassen werden, ohne daß sie ihrerseits die Stellen von der „Furcht" einfach ausstreichen dürfte. Das Wort, das ein Johannes wagen konnte, würde gefährlich, wenn es ein billiges und selbstverständliches Wort würde und die Anweisung eines Petrus und eines Paulus zur „Furcht Gottes" nicht mehr hörte. Wer von uns steht denn schon in der „völligen Liebe"?

Zu Vers 5:
2 Ko 2, 13
Apg 20, 1. 2
Zu Vers 6:
2 Ko 1, 3 f
2, 13
Jes 49, 13
Apg 28, 15
Zu Vers 7:
1 Th 3, 6—8

gegenüber, ich habe viel Rühmen über euch, ich bin erfüllt von
Tröstung, ich fließe über von Freude bei aller unserer Drangsal.
5 * Denn auch als wir nach Makedonien gekommen waren, gewann
unser Fleisch nicht Ruhe, sondern wir waren in allem bedrängt:
6 von außen Kämpfe, von innen Ängste. * Aber der, der die Nied-
rigen tröstet, Gott, tröstete uns durch die Ankunft des Titus.
7 * Nicht allein aber durch seine Ankunft, sondern auch durch den
Trost, mit dem er bei euch getröstet worden war, indem er uns
berichtete von eurer Sehnsucht, von eurem Wehklagen, von eurem
Eifer für mich, so daß ich mich viel mehr freute.

2 Paulus knüpft an sein Wort in 6, 13 an und bittet aufs neue: **„Gebt uns Raum"**, Raum in euren Herzen. Haben die Korinther Grund, diesen Raum zu verweigern? Nein, Paulus kann es in seinem Brief vor der Gemeinde öffentlich aussprechen: **„Niemand haben wir Unrecht getan, niemand verderbt, niemand übervorteilt."** Bezieht sich der Apostel darin auf konkrete Vorwürfe, die in Korinth laut geworden waren? Hatte man gemeint, mit seinem Vorgehen in 1 Ko 5, 3—5 habe er jenem Mann doch Unrecht getan und ein Glied der Gemeinde durch seine Auslieferung an Satan **„verderbt"**? War es ein allgemeiner Vorwurf seiner Gegner, mit seinem unvollkommenen Evangelium schädige er die Gemeinde und wirke verderblich auf sie ein? Auf den Vorwurf des **„Übervorteilens"** kommt Paulus in 12, 17 f ausdrücklich zurück. In diesem Punkt muß jedenfalls in der Gemeinde über ihn und seine Mitarbeiter geredet worden sein. Auch der nächste Satz setzt voraus, daß Paulus auf bestimmte Kritik mit ihrer ernsten
3 Zurückweisung antwortet. **„Zu einer Verurteilung sage ich das nicht."** Paulus will mit seinem klaren Satz die nicht verurteilen, die gegen ihn gemurrt und unwahre Behauptungen verbreitet haben. Sie haben damit Unrecht getan. Aber Paulus will jetzt nicht darauf eingehen und seine Kritiker nicht verklagen. Es darf das alles erledigt und abgetan sein, wenn die Gemeinde nur sieht, wie unbegründet alle solche Vorwürfe waren, und dem Apostel wieder mit vollem Vertrauen Raum bei sich gibt.

Von ihm aus steht nichts Trennendes zwischen der Gemeinde und ihm. Er kann der Gemeinde die engste und innigste Gemeinschaft zusagen: **„daß ihr in unseren Herzen seid zum Mitsterben und Mitleben."** Die Versicherung unlösbarer Verbundenheit hören wir in diesem Satz ohne weiteres. Aber was meint Paulus mit diesem **„Mitsterben und Mitleben"**? Wo und wie geschieht denn das beides wirklich? Das äußere Schicksal teilen Gemeinde und Apostel keineswegs miteinander. Jeden Tag kann Paulus das Sterben treffen, während

die Korinther noch relativ unangefochten weiterleben[263]. Aber der Apostel hat ja nach seinen Worten **„schon vorher gesagt"**, daß das Mitleben und Mitsterben sie verband. Er könnte sich dabei auf etwas beziehen, was er früher bei seiner mündlichen Verkündigung in Korinth ausgesprochen hat. Aber kann das jetzt so deutlich vor den Korinthern stehen, daß er in dieser kurzen Weise darauf anspielen darf? Müssen wir das „vorher Gesagte" so weit weg suchen? Der Apostel schreibt doch in unserem Brief in 4, 10–12; 14, 15 von einem „Sterben" und einem „Leben", daß beide, Apostel und Gemeinde, gemeinsam angeht. Er sieht nach 5, 14 f die Korinther wie auch sich und seine Mitarbeiter als „Gestorbene", und er begehrt für sie wie für sich selbst jenes echte „Leben", wo keiner mehr sich selber lebt, sondern dem, der für uns starb und auferstand. So denkt der Apostel an die Korinther, so trägt er sie glaubend, betend, hoffend in seinem Herzen, daß er sie mit sich selbst in das Sterben Jesu und in sein Leben hineingestellt sieht. Das ergibt in der Tat eine innerste und unauflösliche Gemeinschaft. Da muß man nicht mehr **„zu einer Verurteilung"** notvolle Vorgänge besprechen, sondern darf sie abgetan sein lassen. Da ist es möglich, den andern so gegenüberzutreten, daß
man sagen kann: **„Ich habe volle Offenheit euch gegenüber, ich habe** 4
viel Rühmen über euch, ich bin erfüllt von Tröstung, ich fließe über von Freude bei aller unserer Drangsal." Das Mißtrauen der Korinther, auf das Paulus schon am Anfang seines Briefes 1, 13 f sah, ist unnötig. Paulus versteckt nichts. Er hat Mund und Herz weit aufgetan. Die Korinther müssen auch nicht fürchten, daß er mit Groll oder Bitternis an sie denkt. Er hat **„viel Rühmen über sie"**. Er ist jetzt nach all den Anklagen und Mißverständnissen so **„erfüllt von Tröstung"**, daß er **„überfließt von Freude"**, obwohl seine Lage schwer und voll Drangsal ist.

[263] A. Schlatter gibt folgende Erklärung zu dieser Stelle in den „Erläuterungen" Bd VI: „Durch seine starke Liebe zu ihnen ist ihr Los und das seine in eins zusammengebunden. Verurteilte er sie, so träfe das ihn selbst. Stürben sie, so stürbe auch er; leben sie, so lebt auch er. Ihr Stand in Gottes Gnade ist auch sein Stand in Gottes Gnade; ihr Verlust derselben brächte auch ihm ihren Verlust. Aber auch das Umgekehrte gilt: Solange Paulus lebt, lebt auch die Gemeinde; fiele er dagegen unter die Verurteilung und wäre er ein toter Mann, dann wäre auch sie tot."
In „Paulus, der Bote Jesu" meint Schlatter: „Daß er nicht nur von ihrem gemeinsamen Leben, sondern auch von ihrem gemeinsamen Sterben spricht, dürfte weit mehr als Rhetorik sein. Da er in der nächsten Zukunft die große Versuchung kommen sah, die der Antichrist bringen wird I 10, 13; 2 Th 2, 8 , hatte es tiefen Sinn, wenn er sagte, daß auch das Sterben, das über die Gemeinde kommen wird, sie nicht trennen kann. Sie sterben, wenn die Notzeit kommt, miteinander, wie sie miteinander durch den Christus leben", a. a. O. S. 583.
Man sieht, wie ungewiß die Auslegung selbst bei dem gleichen Ausleger und bei einem Schrifttheologen wie Schlatter bleibt.

5 Warum kann der Apostel jetzt so reden? Was ist geschehen? Wir vermuten schon bei diesen seinen Worten eine wesentliche Wendung der Dinge. Sie ist in der Tat eingetreten. Mit tiefer Freude blickt der Apostel auf diese Wendung, indem er nun seinen Bericht wieder aufnimmt, den er in 2, 12 f unterbrochen hatte. Er hatte sich trotz fruchtbarer Arbeit in Troas voll Sorge um Korinth nach Makedonien aufgemacht, um desto eher Titus zu treffen und Nachricht aus Korinth zu erhalten. Aber er wurde zunächst bitter enttäuscht. **„Denn auch als wir nach Makedonien kamen, gewann unser Fleisch nicht Ruhe."** Paulus weiß wohl, daß es sein **„Fleisch"**, sein ganzer natürlicher Mensch ist, der sich um Korinth ruhelos sorgt. Wieder wie in 1, 8—10 zeigt uns Paulus daran, daß er nicht der vollkommene Geistesmensch ist, der in geistlicher Überlegenheit voll Ruhe durch alles hindurchgeht. Er ist noch **„Fleisch"**, und dieses sein Fleisch grämt und ängstet sich um die Korinther und hätte doch so gern wieder **„Ruhe"** durch gute und befreiende Nachrichten. Aber darauf wartet er auch in Makedonien — in welcher Gemeinde er war, erfahren wir nicht — zunächst vergeblich. Er bleibt auch dort in Unruhe und Not. **„Wir waren in allem bedrängt: von außen Kämpfe, von innen Ängste."** Die Kämpfe hatte er schwerlich in den Gemeinden selber, von denen er in 8, 1 ff mit herzlichstem Lob spricht. Es werden Anfeindungen aus der Umwelt sein, die er mit den Gemeinden zu erleiden hatte. Läßt doch auch der 2 Th erkennen, daß der feindselige Druck, der von Anfang an auf der Gemeinde lag, nur noch mehr zugenommen hatte. Des Apostels Lob der makedonischen Gemeinden in 8, 2 spricht auch von „vieler Bewährung in Drangsal". Die **„inneren Ängste"** aber galten vor allem Korinth! Wie hatte die Gemeinde auf den „Tränenbrief" (2, 4) reagiert? Wie hatte sie Titus aufgenommen? Ging diese Gemeinde nun vollends in die Irre? Es ist gut, daß wir anhand solcher Sätze eine Vorstellung davon gewinnen, wie hart und notvoll nach innen und außen das Leben des Paulus war. Durch welche Tage und Wochen ist er gegangen, Tage und Wochen voll von Ängsten und Kämpfen. Ein falsches, frommes Bild des Apostels wird hier zerstört. Der wirkliche Paulus steht vor uns, sehr zu unserm Trost. Er läßt die Korinther und uns freimütig die Wirklichkeit seines Lebens sehen.
6 Da endlich kam Titus! Welch ein Trost[264] wurde Paulus nach Wochen der Sorge und Ungewißheit zuteil. Er nimmt diesen Trost unmittelbar aus Gottes Hand. Wieder zeigt sich, wie völlig „theozentrisch" Paulus lebt und denkt. **„Aber der, der die Niedrigen tröstet, Gott, tröstete uns durch die Ankunft des Titus."** Gott ist ein „Vater

[264] Wir denken an das, was wir zu 1, 3 über die Worte „Trost", „trösten" sagten. Es steckt ein „ermutigen, stärken, aufrichten" darin.

der Erbarmungen und ein Gott alles Trostes", das hatte Paulus am Anfang seines Briefes gesagt. Nun erfuhr er es aufs neue. Gott tröstet die **„Niedrigen"**. Nur sie, die gebeugt, angefochten, wehrlos dastehen, brauchen Gottes Trost und schauen nach ihm aus. Und sie erfahren ihn, wie Paulus es jetzt mit tiefer Bewegung erlebt hatte. Wer nicht **„niedrig"**, sondern noch „oben auf" ist, hat an anderen Hilfsquellen genug. Paulus zählt sich nicht zu den „Großen", sondern zu den **„Niedrigen"**.

Freilich, die bloße Ankunft des Titus genügte zu solchem Trost 7
noch nicht, auch wenn es Paulus eine große Hilfe war, den bewährten Mitarbeiter wieder an seiner Seite zu haben. Wahrhaft von Gott getröstet wurde er **„nicht allein aber durch seine Ankunft, sondern auch durch den Trost, mit dem er bei euch getröstet worden war"**. Wäre Titus ergebnislos und darum bedrückt aus Korinth zurückgekommen, dann hätte Paulus keine entscheidende Hilfe empfangen. Nun aber war Titus selbst ein **„getrösteter"** Mann. Über Erwarten hinaus hatte er Gutes aus der Gemeinde zu erzählen, **„indem er uns berichtete von eurer Sehnsucht, von eurem Wehklagen, von eurem Eifer für mich, so daß ich mich viel mehr freute."** War die endgültige Entfremdung zwischen der Gemeinde und ihrem Apostel drohend gewesen, so war nun die **„Sehnsucht"** nach dem geistlichen Vater durchgebrochen. Das **„Wehklagen"** über den schweren Kummer, den man Paulus verursacht hatte, war zu hören. Ein neuer **„Eifer"** für den Apostel war entfacht. Es war nicht nur zu einer sachlichen Aussöhnung gekommen, bei der Vorwürfe zurückgenommen und ein freundliches Verhältnis angebahnt wurde. Nein, die Gemeinde als Ganze hatte sich ihrem Apostel wieder von Herzen zugewandt und wollte aufs neue mit Eifer und Einsatz hinter ihm stehen. Nun sind die bitteren Ängste bei Paulus verschwunden. Und er ist nicht nur „getröstet" und beruhigt, er kann der Gemeinde schreiben, daß er sich **„viel mehr freue"**. So hatte er schon in V. 4 von seinem „Rühmen" gesprochen und von dem „Überfließen" seiner Freude. Je ernster Sorge und Not um die geliebte Gemeinde gewesen war, umso heller und befreiender brach jetzt die Freude durch.

DIE WIRKUNG DES TRÄNENBRIEFES

2. Korinther 7, 8—12

8 **Denn wenn ich euch auch betrübt habe in dem Brief, so bereue ich** Zu Vers 8:
es nicht. Wenn ich es auch bereut habe — (denn) ich sehe, daß 2 Ko 2, 4
jener Brief, wenn auch [nur] für kurze Zeit, euch betrübt hat —

Zu Vers 10:
Mt 5, 4
26, 75
27, 3—5
Lk 15, 17—24
Hbr 12, 17
Zu Vers 11:
2 Ko 2, 5—11
Zu Vers 12:
2 Ko 2, 9

9 *** jetzt freue ich mich, nicht weil ihr betrübt wurdet, sondern weil**
ihr betrübt wurdet zur Sinnesänderung. Betrübt wurdet ihr nämlich
10 **Gott gemäß, damit ihr in nichts durch uns Schaden erlittet. * Denn**
die Gott gemäße Betrübnis wirkt eine Sinnesänderung zum Heil,
die man nicht bereut. Die Betrübnis der Welt aber wirkt Tod.
11 *** Denn siehe, eben dies Gott gemäße Betrübtwerden, welch eif-**
riges Bemühen hat es bei euch bewirkt, ja Entschuldigung, ja Un-
willen, ja Furcht, ja Sehnsucht, ja Eifer, ja Bestrafung. In jeder Be-
ziehung habt ihr bewiesen, daß ihr rein seid, gegenüber der [be-
12 **wußten] Sache. * Mithin, wenn ich euch auch geschrieben habe,**
so doch nicht wegen dessen, der Unrecht tat, und auch nicht wegen
dessen, dem Unrecht geschah, sondern damit euer Eifer, den ihr für
uns habt, bei euch offenbar werde vor Gottes Angesicht. Deshalb
sind wir getröstet.

8 Voll Freude sieht Paulus auf den Umschwung in Korinth. Wodurch ist er gekommen? Er ist die Auswirkung jenes **„Briefes"**, von dem schon in 2, 4 die Rede war und den wir nach dieser Stelle den „Tränenbrief" nennen. Er war in tiefer, schmerzlicher Erregung von Paulus geschrieben und hatte auch die Gemeinde schmerzvoll getroffen. Der Apostel hatte offenbar mit rücksichtslosem Ernst geschrieben und eine klare Entscheidung der Gemeinde verlangt. Näheres wissen wir nicht. Zwischen Briefschreiber und Briefempfänger genügen Andeutungen. Sie müssen diesmal umso mehr genügen, als Paulus im Rückblick auf die Geschehnisse in Korinth und auf jenen Tränenbrief alles vermeiden möchte, was die Korinther erneut beschämen und schmerzlich berühren könnte. Wie sehr er dabei selber bewegt ist und nach dem rechten Wort sucht, zeigt sich an dem mehrfach gebrochenen Satzbau. **„Denn wenn ich euch auch betrübt habe in dem Brief, so bereue ich es nicht. Wenn ich es auch bereut habe —** (denn) **ich sehe, daß jener Brief, wenn auch [nur] für kurze Zeit, euch betrübt hat — jetzt freue ich mich."** Da die grie Handschriften keine Zeichensetzung kennen, wissen wir nicht einmal mit Sicherheit, wie Paulus die einzelnen Satzteile zueinandergeordnet haben wollte. Das in runden Klammern stehende „denn" vor „ich sehe" ist zwar vielfältig bezeugt, kann aber doch glättender Einschub sein. Jedenfalls ist aber der Satz **„Ich sehe . . ."** in Parenthese oder in Klammer zu setzen. Der Brief, den Paulus wahrscheinlich durch Titus hatte überbringen lassen, hat die Gemeinde getroffen und **„betrübt"**. Titus hat Paulus auch erzählt, welche Trauer bei der Verlesung des Briefes über die Gemeinde kam. Hatten vielleicht gerade die treuen Anhänger des Paulus gemeint, so hart habe er doch nicht zu schreiben brauchen? Sollte er jetzt etwas mit Bedauern zurücknehmen? Nein, der Brief reut den Apostel nicht.

„Denn wenn ich euch auch betrübt habe in dem Brief, so bereue ich es nicht." Freilich, er muß sofort hinzusetzen: **„Wenn ich es auch bereut habe ..."** Damit kann er nicht den jetzigen Augenblick meinen und nicht sagen wollen: Jetzt, nach der Umkehr der Gemeinde, bereue er, so radikal geschrieben zu haben. Er formuliert ausdrücklich in der Form der Vergangenheit: **„Wenn ich auch bereut habe."** Er kann nicht einen Brief bereuen, der gerade erst jene Umkehr der Gemeinde bewirkt hat. Aber in der Zeit der „Ängste" (7, 5), in den Tagen und Wochen des vergeblichen Wartens auf Titus, mag Paulus sich oft mit dem Gedanken gequält haben, ob sein Brief richtig war, ob er nicht vollends alles zerstöre und in Korinth die letzten Türen zuschlage[265]. Gerade bei diesem Verständnis wird der Text mit seinen abgebrochenen Sätzen deutlich. In der schweren Zeit, die hinter ihm liegt, hatte der Apostel jenen Brief manchmal bereut. Nun aber sieht er, daß jener Brief, mag er die Gemeinde auch für kurze Zeit betrübt haben, doch solch beglückende Wirkung gehabt hat. So etwa wollte Paulus schreiben. Er bricht aber den Satz ab, weil seine Freude alles andere verdrängt. Ihm lebt nur dies im Herzen: **„Wenn ich es auch bereut habe, jetzt freue ich mich."**

Natürlich freut er sich **„nicht weil ihr betrübt wurdet, sondern weil** 9
ihr betrübt wurdet zur Sinnesänderung". Wir kennen das hier stehende Wort „metanoia" meist als „Buße". Es war gewiß auch in der Gemeinde von dem da, was wir mit „Buße" meinen. Das „Wehklagen" bezog sich bei den Korinthern mit auf das, was sie ihrem Apostel angetan und was sie im Gemeindeleben verfehlt hatten. Aber die wörtliche Übersetzung **„Sinnesänderung"** sagt besser aus, was in Korinth geschehen war. Die Gemeinde blieb nicht im Kummer über Vergangenes hängen, sondern kam positiv zu einer neuen Einstellung, zu einer neuen Verbundenheit mit ihrem Apostel. Das gerade ist Paulus so wichtig, weil Betrübnis und Kummer über Ereignisse unseres Lebens und auch über unsere eigenen Fehler in ihrem Wesen und ihren Auswirkungen tief verschieden sein können. **„Betrübt wurdet ihr nämlich Gott gemäß, damit ihr in nichts durch uns Schaden erlittet."** Auch mit Betrübnis und „Reue" kommt der Mensch nicht allein in sich selbst zurecht. Gerade jetzt braucht er Gott. Er muß **„Gott gemäß"** voll Schmerz über sich sein, also so, wie Gott es haben will, und so, daß Gott in diesem Schmerz wirksam ist. Dann bleibt

[265] Auch wir wissen an unserem Teil, welche Verantwortung auf unserem Verhalten im Dienst Jesu und ganz besonders auch auf brieflichen Worten liegt. Auch uns bedrängt oft die Frage, ob wir zu hart oder zu weich, zu entschieden oder zu undeutlich geschrieben haben. Welche Befreiung, wenn der Herr unser Wort zur durchgreifenden Hilfe für uns anvertraute Menschen brauchte. Wie nötig aber ist es, Briefe nicht aus eigenen Stimmungen heraus, sondern betend zu schreiben.

er nicht an sich selbst hängen und verzehrt sich nicht fruchtlos in seinem Gram. Solche Betrübnis hätte die Gemeinde tief geschädigt. Darum ist Paulus so froh, daß die Wirkung seines Briefes eine ganz
10 andere war, **„damit ihr in nichts durch uns Schaden erlittet"**. Paulus weiß, wie im seelsorgerlichen Dienst auch unser bestes Wollen doch Schaden bei anderen anrichten kann. Der Brief konnte die Gemeinde in jene falsche „Betrübnis" versetzen, die das Herz verschließt und **„Tod wirkt"**. Aber auch die Scheu, einen solchen Brief zu schreiben und abzusenden, hätte die Gemeinde schweren „Schaden" erleiden lassen und sie um die entscheidende Hilfe der rettenden Sinnesänderung gebracht. **„Denn die Gott gemäße Betrübnis wirkt eine Sinnesänderung zum Heil, die man nicht bereut. Die Betrübnis der Welt aber wirkt Tod."** Eine von Gott gelöste Betrübnis, wie die Welt sie vielfältig kennt, **„wirkt Tod"**. An ihr geht ein Mensch innerlich zugrunde[266]. Aber **„Gott gemäße Betrübnis"** wirkt **„Sinnesänderung"**, und diese wieder dient unserem Heil. Solche Schmerzen, so weh sie uns innerlich tun können, sind für uns in bestimmten Zeiten unseres Lebens das Beste, was uns geschehen kann, und der einzige Weg zu unserem Heil. Darum „bereut" niemand solche „Reue"; sie führt zum Leben.

11 Es ging dem Apostel um das Leben der Gemeinde. In heißen Ängsten hatte er gebangt, sie könne zugrunde gehen. Die Gemeinde soll verstehen, daß er sich an ihrer **„Betrübnis"** **„freuen"** kann, weil es die **„unbereubare Betrübnis zum Heil"** war. Er kann jetzt nicht bereuen, daß er die Korinther in diese Betrübnis führte, wie die Korinther nicht bedauern können, in solches Erschrecken über sich selbst gebracht worden zu sein. Wie klar können sie die wunderbare Frucht des ganzen Geschehens erkennen! **„Denn siehe, eben dies Gott gemäße Betrübtwerden, welch eifriges Bemühen hat es bei euch bewirkt, ja Entschuldigung, ja Unwillen, ja Furcht, ja Sehnsucht, ja Eifer, ja Bestrafung."** Die Gemeinde ist aus ihrem Dahintreiben und aus ihrer Unentschiedenheit aufgeschreckt; ein neues **„eifriges Bemühen"** hat sie erfaßt. Mit diesem Eifer wurde sie nach verschiedenen Seiten hin aktiv. Sie prüfte ihr Verhalten, und Paulus wertet es positiv, daß sie sich dabei auch in manchem rechtfertigen und **„entschuldigen"** konnte. Es brach zugleich der **„Unwille"** gegen die hervor, die die Gemeinde verwirrt und von Paulus weggezogen hatten, verbunden mit der **„Furcht"**, Paulus zu verlieren und vom wahren Heil abzukommen. **„Sehnsucht"** nach der alten Gemeinschaft mit ihrem Apostel erfüllt

[266] Moralische Selbstbedauerung ist keine Sündenerkenntnis! Es hat aber auch der Todfeind unserer Seele ein Interesse daran, unter dem Schein besonderen „Ernstes" unsere Reue so zu wenden, daß wir verzagen und dadurch gelähmt und leer werden. Darum war Paulus die Vergebung so wichtig, wie er es in 2, 5—11 der Gemeinde sagt.

sie, **„Eifer**[267]**"**, diese Gemeinschaft wieder herzustellen, auch durch **„Bestrafung"** der Schuldigen, bzw. jenes Schuldigen, um den es schon in 2, 5–11 gegangen war.

Der ganze Abschnitt ist für uns von erheblicher Bedeutung. Ganz gewiß ergreift der Mensch in der Bekehrung das volle Heil. Er darf nun im Glauben Heilsgewißheit haben. Aber die Geschichte der Gemeinde in Korinth zeigt uns, wie tief unser Glaube durch unsere eigene Schuld geschädigt werden kann. „Prüft nach, ob ihr überhaupt noch im Glauben steht", muß Paulus der Gemeinde Kap. 13, 5 sagen. Glaubende können „am Glauben Schiffbruch erleiden" (1 Tim 1, 19) und dadurch das Heil verlieren. Wie weit verirren sich Glaubende, wenn sie sich – meist durch die Sucht nach Größe und Überlegenheit – auf falsche Wege locken lassen. Da bedarf es auch für Gläubige einer tief einschneidenden „Sinnesänderung", die nur durch eine gottgemäße „Betrübnis" bewirkt werden kann. Sie gewinnt ihnen das bedrohte Heil zurück. Was Paulus hier den Korinthern als ihre eigenste Erfahrung beschreibt, steht als allgemeines Wissen um die Anfechtbarkeit unseres Glaubens hinter dem Satz an die Philipper: „Wirkt euer Heil mit Furcht und Zittern" (Phil 2, 12). In der Seelsorge an den Glaubenden haben wir das mit Ernst zu wissen und so auch unseren Dienst an der glaubenden Gemeinde mit Furcht und Zittern zu tun.

Vor Paulus steht noch einmal **„die bewußte Sache"**, jener besondere Vorfall, den wir nicht kennen, von dem er aber schon in 2, 5–11 schrieb und der die Gefahr eines völligen Bruches zwischen Paulus und den Korinthern heraufbeschworen hatte. Jetzt aber hatten die Korinther eine „Strafe" gegen den Schuldigen beschlossen, der Paulus völlig zustimmte (2, 6). Er kann der Gemeinde versichern: **„In jeder Beziehung habt ihr bewiesen, daß ihr rein seid, gegenüber der [bewußten] Sache."** Paulus will schwerlich sagen, daß die Gemeinde damals bei dem notvollen Geschehen ihrerseits völlig unschuldig sei, denn dann hätte die Entgleisung eines einzelnen Mannes nicht für das ganze Verhältnis zwischen Apostel und Gemeinde bedrohlich sein können. Aber jetzt hat sich die Gemeinde klar auf des Paulus
Seite gestellt und den Übertreter bestraft. Jetzt „ist" sie **„rein gegen-** 12
über der Sache". Offenbar hat Paulus in seinem Zwischenbrief diese **„Sache"** mit Nachdruck behandelt und eine Entscheidung der Gemeinde als unerläßliche Vorbedingung einer weiteren Verbundenheit mit ihr gefordert. Sie soll das aber recht verstehen. Es ging Paulus nicht um diesen einzelnen Fall als solchen, nicht um den Beleidiger

[267] In dem Wort „zaelos = Eifer" liegt immer auch etwas von „Eifersucht" vgl. 11, 2. Die Gemeinde will „eifersüchtig" ihren Apostel wieder für sich haben. Dadurch unterscheidet sich „zaelos" von „spondae = eifriges Bemühen".

und erst recht nicht um den Beleidigten, wie nah er immer dem Apostel gestanden haben mag. **„Mithin, wenn ich euch auch geschrieben habe, so doch nicht wegen dessen, der Unrecht tat, und auch nicht wegen dessen, dem Unrecht geschah.“** Es ging ihm um die Gemeinde und ihre klare Stellung zu ihrem Apostel: **„damit euer Eifer, den ihr für uns habt, bei euch offenbar werde vor Gottes Angesicht.“** Für uns steht immer wieder der Mensch im Mittelpunkt. Uns erscheint es als wesentlich, daß das Unrecht bekämpft wird und daß der sein Recht bekommt, dem Unrecht geschah. Paulus sah es anders. **„Vor Gottes Angesicht“** sieht er sich selbst und die Korinther. Da ist menschliches Recht und Unrecht nicht mehr das Wichtigste. Daß vor Gott alles in Ordnung kommt, darauf kommt es an. Nach allen Schwankungen und Unsicherheiten soll es vor den eigenen Augen der Korinther und vor Gottes Augen **„offenbar werden“**, daß die Gemeinde Gottes in Korinth mit „eifrigem Bemühen“, mit Entschiedenheit und Energie, zu ihrem Apostel stand und ein Ende mit allen Verdächtigungen, allem Mißtrauen, aller Kritik machte. Dies war das eigentliche Ziel jenes harten Briefes. Es ist erreicht und **„deshalb sind wir getröstet“**.

DIE FREUDE DES TITUS

2. Korinther 7, 13–16

Zu Vers 13:
2 Ko 2, 13
1 Ko 16, 18
Zu Vers 14:
2 Ko 8, 21
Zu Vers 15:
2 Ko 2, 9
10, 6
Eph 6, 5
Phil 2, 12
Zu Vers 16:
Gal 5, 10
2 Th 3, 4

13 **Bei unserer Tröstung haben wir uns in besonderer Weise noch**
mehr gefreut an der Freude des Titus, weil sein Geist erquickt
14 **worden ist von euch allen. * Denn wenn ich etwas bei ihm über**
euch gerühmt habe, so wurde ich nicht beschämt, sondern wie wir
alles in Wahrheit zu euch geredet haben, so ist auch unser Rühmen
15 **vor Titus Wahrheit geworden. * Und sein Inneres ist ganz beson-**
ders euch zugewandt, indem er an euer aller Gehorsam gedenkt,
16 **wie ihr mit Furcht und Zittern ihn aufgenommen habt. * Ich freue**
mich, daß ich in allem zu euch guten Mut habe (oder: daß ich mich
in jeder Hinsicht auf euch verlassen kann).

13 „Wir“ sind getröstet, hatte Paulus gesagt. Diese „wir“ sind zunächst Paulus und Timotheus. Aber dabei hatte Paulus noch eine besondere Freude: Titus war so froh aus Korinth zurückgekommen. **„Bei unserer Tröstung haben wir uns in besonderer Weise noch mehr gefreut an der Freude des Titus, weil sein Geist erquickt worden ist von euch allen.“** Wir können uns vorstellen, mit wieviel Sorge und Bangen Titus nach Korinth gefahren war, mit dem Wissen um die bedrohliche Lage in der Gemeinde und mit diesem „Tränenbrief“

des Paulus in seiner Hand. Timotheus war mit der Gemeinde nicht fertig geworden. Wie wird es ihm, Titus, jetzt ergehen? Aber es wurde ganz anders. Die Sorgen wichen, sein Geist wurde **„erquickt"** oder „zur Ruhe gebracht", er konnte aufatmen. Paulus war darüber besonders froh, weil er trotz der notvollen Lage, ja wahrscheinlich gerade in ihr, Gutes über die Korinther gesagt hatte. Er mußte ja Titus zu seinem Auftrag ermutigen. Und Paulus selber erkannte gern alles an, was der Herr in Korinth alles gewirkt hatte und was an der Gemeinde zu rühmen war. Und doch, konnte Titus nicht hart enttäuscht werden durch das, was er in Korinth erleben würde? Wie
froh ist Paulus nun bei der Rückkehr des Titus. **„Denn wenn ich** 14
etwas bei ihm über euch gerühmt habe, so wurde ich nicht beschämt, sondern wie wir alles in Wahrheit zu euch geredet haben, so ist auch unser Rühmen vor Titus Wahrheit geworden." Eine Beschämung vor Titus ist ihm erspart geblieben. Zugleich kann er auch die Korinther dadurch stärken in dem guten Vertrauen, daß seine Verkündigung ihnen Wahrheit gebracht hat. Das Rühmen der Korinther ist Wahrheit geworden, **„wie wir alles in Wahrheit zu euch geredet haben"**. Zugleich ist bei dieser Aktion des Titus etwas zustande gekommen, was bei dem schwierigen Auftrag keineswegs zu erwarten war. Eine herzliche und bleibende Verbundenheit zwischen Titus und der Ge-
meinde ist erwachsen. **„Sein Inneres ist ganz besonders euch zuge-** 15
wandt, indem er an euer aller Gehorsam gedenkt, wie ihr mit Furcht und Zittern ihn aufgenommen habt." „Mit Furcht und Zittern" ist eine Redewendung, die auch in 1 Ko 2, 3; Eph 6, 5; Phil 2, 12 vorkommt und eben als „Redensart" nicht falsch verstanden werden darf[268]. „Gezittert" haben die Korinther vor Titus nicht. Ein herrisches, brutales Auftreten haben wir bei Titus nicht zu vermuten. Aber Titus hatte Autorität. Es gelang ihm, die Korinther so anzusprechen, daß sie in seinem Wort die ernste Wahrheit Gottes erkannten und sich willig beugten. Er war bei allem Ernst ganz von Liebe getragen; sonst hätte sich bei Titus nicht **„sein Inneres"** den Korinthern **„ganz besonders zuwenden"** können. So kann Paulus diesen
ganzen Hauptteil seines Briefes mit dem Satz abschließen: **„Ich freue** 16
mich, daß ich in allem zu euch guten Mut habe (oder: daß ich mich in jeder Hinsicht auf euch verlassen kann)." Das hier stehende grie Wort kann auch diese Bedeutung annehmen: **„Daß ich mich in jeder Hinsicht auf euch verlassen kann."** Wie anders ist alles geworden seit jenen notvollen Wochen, in denen der Apostel sich sorgen mußte, die Gemeinde in Korinth völlig zu verlieren. Statt Angst um sie, hat er nun **„in allem guten Mut zu ihnen"**.

[268] So sagen wir von jemand, er sei „ganz Feuer und Flamme" oder er habe etwas „für sein Leben gern", ohne das doch allzu wörtlich zu meinen.

Titus kam froh aus Korinth zurück. Paulus hebt das besonders hervor, weil Titus sogleich noch einmal nach Korinth reisen will, um den Brief zu überbringen, mit dessen Diktat Paulus beschäftigt ist. Zugleich soll er die Sammlung in Jerusalem endlich in Gang bringen und abschließen, die trotz der Mahnung von 1 Ko 16, 1–4 während der Konfliktzeit liegen geblieben war. Darum spricht Paulus über diese für die Korinther offenbar schwierige Sache jetzt ausführlich.

DER ERFREULICHE ERFOLG DER SAMMLUNG BEI DEN MAKEDONISCHEN GEMEINDEN

2. Korinther 8, 1–6

Zu Vers 1:
2 Ko 9, 1 f
Rö 15, 26
Zu Vers 2:
Rö 12, 8
Zu Vers 3:
2 Ko 9, 7
Zu Vers 4:
Apg 11, 29
Zu Vers 6:
2 Ko 7, 13–15
12, 18

1 Kundtun wir aber euch, Brüder, die Gnade Gottes, die in den Ge-
2 meinden Makedoniens geschenkt worden ist, * da bei vieler Bewäh-
rung in Drangsal der Überfluß ihrer Freude und ihrer tiefgehenden
Armut sich ergossen hat in den Reichtum ihrer einfachen Güte.
3 * Denn nach Vermögen, ich bezeuge es, und über Vermögen, aus
4 eigenem Antrieb * erbaten sie sich mit dringender Aufforderung
von uns die Gnade und die Teilnahme an dem Dienst für die Hei-
5 ligen; * und nicht [nur] wie wir gehofft hatten, nein, sich selber
gaben sie zuerst dem Herrn und dann uns durch den Willen Gottes,
6 so daß wir Titus zuredeten, er möge, wie er schon vorher den An-
fang machte, so nun auch zu Ende führen bei euch auch diese Gnade.

Bei dem „Apostel-Konzil" in Jerusalem[269] waren die von Paulus begründeten, „heidenchristlichen" Gemeinden als echte Kirche in ihrer Selbständigkeit anerkannt worden. Sie sollten nicht unmittelbar der Leitung der Apostel in Jerusalem unterstellt sein; aber die Anerkennung der Urgemeinde dort als Haupt der ganzen Christenheit sollte darin ihren konkreten Ausdruck finden, daß diese Gemeinden für die Armen in Jerusalem[270] mit sorgten. Paulus, der bewußte Israelit (Rö 9–11!), hatte diese Verpflichtung mit ganzem Herzen übernommen und eine Sammlung für Jerusalem in allen seinen Gemeinden in Gang gesetzt. Für ihn sind die Glaubenden in Jerusalem in ganz besonderm Sinn **„die Heiligen"**, deren Wohnort in V. 4 nicht besonders genannt werden muß. Von der Sammlung hatten auch die Korinther schon lange erfahren; 1 Ko 16, 1–4 ist bereits deutlich eine Antwort des Apostels auf eine Frage aus Korinth. Diese Frage zeigte Willigkeit, aber es mögen doch hinter der Anfrage auch schon Bedenken gestan-

[269] Vgl. dazu Apg 15 und Gal 2, 1–10 in der W. Stb.
[270] Vgl. zur wirtschaftlichen Lage in Jerusalem Apg 2 und 6 in der W. Stb.

den haben, die aus einer Unlust zum Geben kamen. Es können von Anfang an die gleichen Bedenken gewesen sein, auf die Paulus jetzt in 8, 12–14 anspielt. Jedenfalls war die Sammlung nach einem Anfang (V. 10) steckengeblieben, sehr verständlich bei dem tiefgehenden Konflikt zwischen Gemeinde und Apostel. Ist aber die Aussöhnung so erfolgt, wie es Paulus eben mit heller Freude geschrieben hat, so darf jetzt auch die Sammlung in Korinth neu aufgenommen und zum Abschluß gebracht werden. Dem Apostel liegt ernstlich daran.

Denn er erlebt jetzt auf seinem Weg durch Makedonien, in welch 1
bewegender Weise die Gemeinden dort die Sammlung durchgeführt haben, unter schwierigsten Umständen. Soll die große und relativ wohlhabende Gemeinde in Korinth dahinter weit zurückbleiben? Was sollen die makedonischen Brüder denken, die mit ihm nach Korinth kommen werden (9, 4; Apg 20, 4)? Es ist kennzeichnend für das ganze „christliche" Denken des Paulus, wie er nun den Korinthern das Vorbild der Makedonier vor Augen stellt. Wie weiß die Liebe im Heiligen Geist alles anzusehen! Wie weiß sie zu formulieren: **„Kundtun wir aber euch, Brüder, die Gnade Gottes, die in den Gemeinden Makedoniens geschenkt worden ist, da bei vieler Bewährung in Drangsal der Überfluß ihrer Freude und ihrer tiefgehenden Armut sich ergossen hat in den Reichtum ihrer einfachen Güte."** Nicht um die menschliche Leistung der Makedonier geht es, die jetzt zur Beschämung und Anstachelung der Korinther gerühmt wurde. Nein, das unerwartete Ergebnis der Sammlung, das in seiner Höhe nicht genannt wird, ist **„Gnade Gottes"**, die in den Gemeinden dort **„geschenkt worden ist"**. Daß wir von unserer Ichhaftigkeit gelöst werden, die nicht geben mag, daß wir von Innen heraus zum Geben und Helfen willig
werden, das ist ein Geschenk! Gottes befreiende Gnade hat das in 2
unserm Herzen gewirkt[271].Das ist bei den makedonischen Gemeinden so hell zu sehen, denn es sind Gemeinden in der Verfolgung und es sind Gemeinden **„tiefgehender Armut"**. Eines hängt mit dem andern zusammen. Waren die Christen in der Stadt unbeliebt, verachtet, verhaßt, dann wurden sie auch wirtschaftlich boykottiert und fanden schwer Arbeit und Verdienst. Angesehenen und wohlhabenden Leuten fiel der Eintritt in solche Gemeinden schwer. Aber es war in diesen Gemeinden offenbar so geblieben, wie es in Thessalonich sofort am Anfang war: Bei vieler Drangsal erfüllte ein **„Überfluß von Freude"** das Gemeindeleben (vgl. 1 Th 1, 6). Bei den Korinthern hörten wir in unserm Brief immer wieder von „Betrübnis". Was immer sie in Ko-

[271] Auch in Rö 12 ist das „Geben" als besonderes „Charisma" genannt. Wie wichtig ist das gegenüber jeder einseitigen Bevorzugung auffallender Gaben. Vom Zungengebet und andern „Gaben" ist in unserm Brief nicht mehr die Rede. Die „Gabe des Gebens" aber wird mit Freude gerühmt.

rinth hatten, „Freude" hatten sie dort offensichtlich nicht. Darum konnten und mochten sie dort nicht „geben", obwohl sie, unverfolgt und vielfach wohlhabend, so viel leichter als die Makedonier hätten geben können. Nur ein von Freude erfülltes Herz ist los von sich selbst. Die Armen und die bedrängten Menschen in Makedonien nahmen verständnisvollen Anteil an den Armen in Jerusalem. Den satten Korinthern ging die Not der Urgemeinde nicht zu Herzen. Es ist bezeichnend für Korinth: Erkenntnis, Redekunst, großartige Freiheit, auffallende Gaben, das haben sie dort; aber geben, helfen, opfern, das können sie nicht. Paulus hatte schon Grund, das 13. Kapitel seines ersten Briefes gerade nach Korinth zu schreiben.

Und nun formuliert Paulus ein paradoxes Bild, um die wunderbare Art des Geschehens bei den Makedoniern zu zeichnen: **„Ihre tiefgehende Armut hat sich ergossen in den Reichtum ihrer einfachen Güte." „Armut"** hat sich **„in Reichtum ergossen"**. Das ist natürlicherweise unmöglich. Aber in einer Gemeinde Gottes tut seine Gnade solch ein Wunder, daß aus „Armut" ein „Reichtum des Gebens" fließt. Das hier am Schluß stehende Wort **„einfache Güte"** bedeutet zunächst überhaupt nur **„Einfachheit, Einfalt"**. Es ist aber im ganzen Zusammenhang an das Geben für die Sammlung gedacht. Dieses Geben aber geschah in „Einfalt", ohne ängstliche Berechnung der Möglichkeiten, ohne vorsichtige Betrachtung der eigenen Lage, in einfachem Blick auf die Not der Brüder. Das Wort „Einfalt" kann darum auch mit „Freigebigkeit" übersetzt werden.

3/4 Paulus hat sich mit eigenen Augen davon überzeugt: **„Denn nach Vermögen, ich bezeuge es, und über Vermögen, aus eigenem Antrieb"** trugen sie zu der Sammlung bei. Paulus mußte sie nicht drängen; er hätte das bei ihrer Not auch gar nicht gewagt. Nein, die „Drängenden" waren sie selber. Während Paulus den Korinthern sehr zureden muß, damit die Sammlung vorankommt, war es in den Gemeinden Makedoniens ganz anders. Dort **„erbaten sie sich mit dringender Aufforderung von uns die Gnade und die Teilnahme an dem Dienst für die Heiligen"**. Sie sehen in der Beteiligung an der Sammlung eine **„Gnade"**, um die sie dringend bitten. So hatte Paulus selbst in V. 1 in dem Sammlungsgeschehen in Makedonien „die Gnade Gottes" gesehen. Und als ihnen Paulus diese „Gnade" gewährte, über-
5 traf das, was geschah, seine Erwartungen. **„Und nicht [nur] wie wir gehofft hatten, nein, sich selber gaben sie zuerst dem Herrn und dann uns durch den Willen Gottes."** Sie haben begriffen, worum es bei solchem Geben geht. Sie spendeten nicht nur „etwas", sondern **„gaben sich selber"**, sie setzten ihre ganze Liebe ein und stellten sich völlig zur Verfügung. Das war nicht eine bloße Begeisterung für Paulus, das war Hingabe an Jesus. Sich selber gaben sie **„zuerst dem**

Herrn". Und in dieser Hingabe an den Herrn stellten sie sich dann auch Paulus zur Verfügung, der der verantwortliche Leiter der ganzen Sammlung war. Am Schluß dieses Berichtes ist es Paulus noch einmal wichtig, nicht die Makedonier als solche den Korinthern zum Vorbild hinzustellen; so etwas hätte wahrscheinlich Ärger und Widerstand geweckt. Darum lenkt er den Blick nochmals auf Gott. Dieses beglückende Geschehen in Makedonien kam zustande **„durch den Willen Gottes"**. Der gebende Gott, der selbst das große Opfer gebracht hatte in seiner Liebe, gewann die Herzen der Makedonier zum einfachen, vorbehaltlosen Geben. Kann er das nicht auch in Korinth tun?

Die Erfahrungen in Makedonien haben jedenfalls Paulus bewogen, 6
Titus sogleich wieder nach Korinth zu senden, damit nun auch dort die Sammlung zu einem Erfolg kommt, der die Korinther nicht beschämt hinter den makedonischen Gemeinden zurückstehen läßt. Wieder ist die ganze Formulierung des Satzes kennzeichnend. Paulus teilt den Korinthern mit, **„daß wir Titus zuredeten, er möge, wie er schon vorher den Anfang machte, so nun auch zu Ende führen bei euch auch diese Gnade"**. Kein Ton des Ärgers oder der Ungeduld ist zu hören. Paulus kommandiert Titus auch nicht, sondern hat ihm nur zu einer erneuten Reise **„zugeredet"**. Es steht auch hier wieder jenes Wort, das wir an andern Stellen mit „Trösten" wiedergeben oder mit „Ermutigen". Titus soll bei den Korinthern **„diese Gnade zu Ende führen"**, **„wie er schon vorher den Anfang machte"**. Auch in Korinth kann eine frohe und reiche Sammlung für Jerusalem nicht menschliche Leistung, sondern nur **„Gnade Gottes"** sein, die Menschen zum Lieben und Geben befreit. Zu solcher Befreiung hat Titus in umfassender Weite **„schon vorher den Anfang gemacht"**, als er in Korinth die Spannungen löste und in der Gemeinde jenen Aufbruch erzielte, von dem Paulus eben gesprochen hatte. Nun darf durch ihn auch dieser wunde Punkt, die Frage der Sammlung, geheilt werden. Der Zusammenhang des Satzes legt nahe, daß Titus bei seinem Besuch in Korinth auch dazu schon **„den Anfang machte"** und mit den Korinthern die Frage der Sammlung besprochen und ihre grundsätzliche Einwilligung erreicht hat. Aber nun geht es um das **„zu Ende führen"**, von dem Paulus in V. 11 erneut sprechen wird. Titus soll noch einmal der Helfer der Gemeinde werden. Aber Paulus hat auch selber der Gemeinde ein Wort zur Sammlung zu sagen.

DIE AN KORINTH GERICHTETE ERWARTUNG DES APOSTELS

2. Korinther 8, 7—15

Zu Vers 7:
1 Ko 1, 5
Zu Vers 8:
1 Jo 3, 17 f
Zu Vers 9:
Mt 8, 20
Lk 9, 58
1 Ko 1, 5
2 Ko 6, 10
Phil 2, 7
Zu Vers 10:
Phil 2, 13
Zu Vers 12:
Spr 3, 27 f
Mk 12, 43
Zu Vers 14:
2 Ko 9, 12
Zu Vers 15:
2 Mo 16, 18

7 **Aber wie ihr in allem überströmt, in Glauben und Wort und Er-**
kenntnis und allem Eifer und in der Liebe, die von uns her in euch
8 **[ist], daß ihr auch in dieser Gnade überströmen mögt. * Nicht be-**
fehlsweise spreche ich, sondern durch den Eifer anderer die Echtheit
9 **auch eurer Liebe erprobend. * Denn ihr kennt die Gnade unseres**
Herrn Jesus Christus, daß er um euretwillen arm wurde, während
10 **er doch reich ist, damit ihr durch seine Armut reich würdet. * Und**
[nur meine] Meinung gebe ich darin kund (oder: Und [nur] einen
Rat will ich damit geben)**; denn dies ist für euch förderlich, die**
ihr ja nicht allein das Tun, sondern auch das Wollen vorher be-
11 **gonnen habt seit vorigem Jahr. * Jetzt aber bringt auch das Tun**
zur Vollendung, damit wie die Bereitwilligkeit des Wollens, so
12 **auch das Vollenden aus dem Haben heraus [da sei]. * Denn wenn**
die Bereitwilligkeit vorliegt, ist einer nach dem, was er etwa hat,
willkommen, nicht nach dem, was er nicht hat (oder: ist sie nach
13 dem, was sie etwa hat, willkommen, . . .). *** Denn nicht, daß**
anderen Erleichterung [zuteil werde], euch Bedrängnis, sondern
14 **des Ausgleiches wegen, * ist im gegenwärtigen Zeitpunkt euer**
Überfluß für den Mangel jener da, damit auch der Überfluß jener
15 **für euren Mangel da sei, damit Gleichheit entstehe, * wie geschrie-**
ben ist: Der mit dem Vielen hatte kein Übermaß und der mit dem
Wenigen kein Fehlmaß (2 Mo 16, 18).

7 Wieder dürfen wir lernen, wie ein wahrhaft geistliches Mahnen zum Geben aussieht, das in wunderbarer Weise entscheidenden Ernst mit liebevoller Zartheit verbindet. Paulus weist nicht auf den äußeren Wohlstand der Gemeinde hin, um von da aus einen erheblichen Beitrag zur Sammlung zu fordern. Er weiß, wie sehr das echte Geben eine ganz innerliche Angelegenheit ist. So knüpft er an den inneren Besitz der Gemeinde an und hält ihr mit Freude vor Augen, wie reich sie darin ist. Diesem Reichtum darf und soll nun auch ein **„Überströmen in dieser Gnade"** entsprechen. **„Aber wie ihr in allem überströmt, in Glauben und Wort und Erkenntnis und allem Eifer und in der Liebe, die von uns her in euch [ist], daß ihr auch in dieser Gnade überströmen mögt."** Wieder ist in den Augen des Apostels das Geben und Helfen eine **„Gnade"**, die nicht kümmerlich neben den ande-

ren „Gaben" der Gemeinde dastehen darf[272]. Die Kennzeichnung der Gemeinde entspricht dem, was Paulus schon in 1 Ko 1, 4—6 mit Dank gerühmt hatte. Nur die „Geistesgaben" werden jetzt nicht mit erwähnt[273]. Dafür darf Paulus jetzt anders als im Eingang des ersten Briefes von der **„Liebe"** in der Gemeinde sprechen. Freilich ist der Ausdruck seltsam geprägt und der Text ebenso wie seine Auslegung unsicher. Die Liebe ist **„von uns her in euch"**. In enger Verbindung mit dem **„Eifer"**, den Paulus in der Gemeinde sieht, wird es die Liebe zum Apostel sein, die in Korinth neu erwacht ist und voll Eifer ihm zu Gefallen sein möchte. Wir denken dabei an 7, 11 zurück. Sachlich liegt das gleiche Verständnis in der von wichtigen Handschriften gebotenen Lesart: „die von euch her an uns haftende" Liebe. Paulus kann auch jetzt der Gemeinde nicht einfach bezeugen, daß sie überhaupt nach 1 Ko 13 von Liebe überströmt und so auch wie die Makedonier die Liebe zu den Darbenden in Jerusalem hat. Dann brauchte er über die Sammlung nichts mehr zu schreiben; sie liefe von selbst. Darum muß Paulus seine Aussagen von der Liebe der Korinther einschränken und begrenzen. Es ist in Korinth nur die Liebe im Verhältnis von Apostel und Gemeinde neu erwacht. Das aber geht nicht an, daß die Gemeinde im lebendigen **„Glauben"** steht, **„Wort"** und **„Erkenntnis"** in reichem Maße besitzt, in eifriger **„Liebe"** zu ihrem Apostel brennt und dann versagt, wenn es um die einfache helfende Tat geht, zu der Paulus sie ruft. Ein **„Überströmen"** in all dem anderen, und ein kärgliches Tröpfeln hier, das wäre ein entstellender Widerspruch. Ein „überfließendes" Gemeindeleben muß auch hier im Eintreten für die Not der Heiligen in Jerusalem reich und voll „strömen".

Es „muß" so sein. Aber dieses „muß" ist nicht als Befehl von außen 8
gemeint. Paulus bleibt auch jetzt der, der die Freiheit der Gemeinde wahrt. Er weiß, daß Liebe nicht zu kommandieren ist. Aber die vorhandene Liebe kann und muß auf ihre Echtheit geprüft werden. **„Nicht befehlsweise spreche ich, sondern durch den Eifer anderer die Echtheit auch eurer Liebe erprobend."** An dem liebevollen Eifer, den Paulus in den makedonischen Gemeinden fand, wird er prüfen, ob Eifer und Liebe in Korinth echt sind und nicht nur eine Stimmung ohne Kraft zum Handeln.

[272] Es ist bezeichnend, daß Paulus hier nirgends das Wort „Opfer" gebraucht, das wir so schnell bei der Abkündigung von Kollekten und bei dem Dank für sie verwenden. Er spricht nur schlicht von „Geben" und sieht darin eine „Gnade", die dem Gebenden zuteil wird, gerade wenn sie so geben, wie die Makedonier es taten.

[273] Ist das ein bloßer Zufall oder waren die „Gaben" jetzt im Gemeindeleben hinter viel elementareren Notwendigkeiten für den Weiterbestand der Gemeinde ganz zurückgetreten?

9 Wie echte Liebe aussieht, das wissen sie, weil sie die Gnade Jesu kennen. Diese Gnade blieb nicht ein freundliches Denken an uns und unsere Not. Sie teilt uns auch nicht nur einzelne Gaben und Hilfen zu. Diese Gnade wurde Tat und Wahrheit in einem „Geben", das ihn, den in sich selbst so Reichen zum ganz Armen machte. **„Denn ihr kennt die Gnade unseres Herrn Jesus Christus, daß er um euretwillen arm wurde, während er doch reich ist, damit ihr durch seine Armut reich würdet."** Er, der seinem Wesen nach Gottes geliebter Sohn war, gab seine Herrlichkeit, seine Macht, seine Ehre, sein Leben preis, lag als armes Kind in der Krippe, wanderte heimatlos umher, entbehrte alles Behagen des Lebens und endete preisgegeben von Gott, verlassen von den Menschen, verhöhnt und gequält am Kreuz. So **„arm"** wurde er, der den ganzen göttlichen Reichtum besaß! Er wurde es **„um euretwillen"**. Jesu Werk, für die ganze Welt vollbracht, wird von Paulus jetzt ganz konkret auf die Korinther bezogen[274]. Für sie geschah es. Sie kennen auch selber seine mächtige Frucht. Sie wurden **„reich"**. Sie fanden Vergebung aller Sünde, Leben und Seligkeit. Sie wurden aus Feinden Gottes seine geliebten Kinder; vor ihnen liegt „im Übermaß zum Übermaß ein ewiges Schwergewicht von Herrlichkeit" (4, 17). Welch ein Reichtum! Aber er wurde ihnen nur dadurch zuteil, daß Jesus in die tiefste Armut ging. Das ist Liebe, das ist Geben in seinem ganzen Ernst. An dieser **„Gnade unseres Herrn Jesus"**, haben aber die Korinther nicht nur das Vorbild, sondern auch die lebendige Quelle ihres eigenen Gebens. Auch sie dürfen ein Stück ärmer werden, damit andere bekommen, was sie jetzt zum Leben brauchen.

10 **„Und [nur meine] Meinung gebe ich darin kund** (oder: Und nur einen Rat will ich damit geben)." Die Gemeinde soll in eigener Freiheit handeln. Und sie soll sehen, wie es dabei doch um sie selbst und ihre eigene Förderung geht. **„Denn dies ist für euch förderlich, die ihr ja nicht allein das Tun, sondern auch das Wollen vorher begonnen habt seit vorigem Jahr."** Es fällt auf, daß Paulus bei dieser Formulierung **„nicht allein das Tun, sondern auch das Wollen"** das „Wollen" als das Größere und Wichtigere ansieht. Die Gemeinde hat nicht nur etwas für die Sammlung **„getan"**, weil das nun einmal für alle Gemeinden so angeordnet war. Unser „Tun" kann etwas ganz Äußerliches bleiben, an dem wir selber gar nicht wirklich beteiligt sind. Paulus aber freut sich, daß die korinthische Gemeinde die Sammlung mit einem freien Entschluß **„gewollt"** hat. Es ist diese Freiheit und

[274] Darauf kommt es für den lebendigen Glauben an! Darum hat auch Luther in seinen Erklärungen zu den drei Glaubensartikeln überall das „mich" und „mein" und „ich" hineingebracht. Die mächtigen objektiven Aussagen des Apostolikums werden erst dann wirklich „geglaubt", wenn ich sie ganz und gar auf mich selber beziehe.

Selbsttätigkeit, an der dem Apostel liegt. Ist das **„Vorher"** in dem Satz betont? Haben die Korinther **„vor"** den Makedoniern die Sammlung begonnen? Nach 9, 2 ist das möglich. Dieser Beginn der Sammlung datiert **„seit vorigem Jahr"**. Paulus wird nach dem jüdischen Kalender rechnen, dem auch der julianisch-orientalische entsprach. Danach begann das neue Jahr im Herbst um die Tag- und Nachtgleiche. Wenn der Apostel unseren Brief im Lauf des Oktobers diktiert, dann lag die Anfrage der Korinther nach der besten Durchführung der Sammlung (1 Ko 16, 1) wirklich schon weit zurück im **„vorigen Jahr"**[275]. Da der Entschluß zur Beteiligung an der Sammlung schon so lange gefaßt ist, kommt es darauf an, daß er nun auch tatkräftig durchgeführt wird. **„Jetzt aber bringt auch das Tun zur Vollendung, damit wie die Bereitwilligkeit des Wollens, so auch das Vollenden aus dem Haben heraus [da sei]."** Ein bloßes **„Tun"** ohne freies, eigenes **„Wollen"** hatte in den Augen des Paulus wenig Wert. Davon sprach die Formulierung von V. 10. Aber umgekehrt bliebe auch ein bloßes **„Wollen"** fruchtlos, dem das vollendende **„Tun"** fehlt. Die abschließende Durchführung der Sammlung muß jetzt geschehen. 11/12

Und zwar **„aus dem Haben heraus"**. Mit dieser Wendung geht Paulus auf Einwände ein, die in Korinth laut geworden sind. Wer nicht zu lieben und darum auch nicht zu geben vermag, der wird immer feststellen, daß er selber kaum durchkomme und daher leider nicht in der Lage sei, anderen zu helfen. Vielleicht wies man den Apostel auch darauf hin, wieviele „geringe Leute" es in der Gemeinde gebe, wie er selber in 1 Ko 1, 26 ff festgestellt habe. Paulus wehrt ab: Die Korinther sollen nicht überfordert werden. Lediglich **„aus dem Haben heraus"** sollen sie sich an der Sammlung beteiligen. Was die Makedonier in ihrer „tiefgehenden Armut" (V. 2) taten, wird den Korinthern gar nicht zugemutet. Paulus fügt darum sogleich hinzu: **„Denn wenn die Bereitwilligkeit vorliegt, ist einer nach dem, was er etwa hat, willkommen, nicht nach dem, was er nicht hat."** Es geht Paulus nicht um die Höhe der Gaben als solche. Da das Wort **„willkommen"** oder **„wohlgefällig"** auch sonst auf Gott bezogen wird (Rö 15, 16; 2 Ko 6, 2; 1 Pt 2, 5), wird Paulus auch hier daran denken, daß die Gaben bei der Sammlung Gott dargebracht werden. Gott erwartet von uns nicht, was wir nicht zu geben vermögen; wir sind ihm **„willkommen"** mit dem, was wir haben. Aber er weiß allerdings auch, was wir haben und was wir nicht haben! Die Korinther stehen bei der Durchführung der Sammlung vor ihm. Entscheidend kommt es darauf an, daß **„die Bereitwilligkeit vorliegt"**. Das würde noch mehr hervorgehoben, wenn wir die mögliche Übersetzung wählen: **„Wenn**

[275] Zu der ganzen Frage der Datierung des zweiten Korintherbriefes vgl. die „Einleitung" S. 17 f.

die Bereitwilligkeit vorliegt, ist sie nach dem, was sie hat, willkommen."

13/14 Paulus hört aus Korinth zugleich noch ein anderes Murren, das typisch ist, wenn uns die Liebe fehlt. Dann wird unser Blick schief. Wir sollen darben, damit die in Jerusalem bequem ein gutes Leben führen, so wurde in Korinth gegen die Sammlung geredet. Nein, sagt Paulus, es geht nicht um eure Benachteiligung zum Vorteil anderer, es geht um **„Gleichheit"** und deshalb um den **„Ausgleich". „Denn nicht, daß anderen Erleichterung [zuteil werde], euch Bedrängnis, sondern des Ausgleiches wegen, ist im gegenwärtigen Zeitpunkt euer Überfluß für den Mangel jener da, damit auch der Überfluß jener für euren Mangel da sei, damit Gleichheit entstehe."** Der Satz wird vielfach so aufgefaßt, daß **„dem gegenwärtigen Zeitpunkt"** im ersten Satzteil ein „später einmal" in seinem zweiten Teil ergänzend entgegenzustellen sei. Jetzt helfen die Korinther den Heiligen in Jerusalem. Später werden dann die Jerusalemer den Korinthern helfen, wenn diese in Not geraten. Aber ist das wirklich die Meinung des Apostels? Kann er als Kenner Jerusalems ernstlich damit rechnen, daß später einmal die Christen dort wohlhabende Leute sein werden, die nach Korinth Geld schicken können? Ein „hernach" oder „später ein-
15 mal" steht denn auch gar nicht im Text. **„Der Ausgleich"** wird doch wohl so gemeint sein, wie in 1 Ko 9, 11 und vor allem in Rö 15, 27. Dort sagt Paulus ausdrücklich im Blick auf die Sammlung: „Denn so die Heiden sind ihrer geistlichen Güter teilhaftig geworden, ist's billig, daß sie ihnen auch in leiblichen Gütern Dienst erweisen." So wird Paulus auch hier die Herstellung eines **„Ausgleiches"** und einer **„Gleichheit"** zwischen Jerusalem und Korinth verstehen.

Dabei weist das eingeschobene **„im gegenwärtigen Zeitpunkt"** die Korinther darauf hin, daß ihre Hilfe für Jerusalem zeitlich begrenzt ist. An eine dauernde Unterstützung ist nicht gedacht. Aber jetzt ist die Gemeinde Korinth verhältnismäßig reich, während die Christen in Jerusalem Mangel leiden. Jetzt soll der **„Ausgleich"** erfolgen, bei dem die Korinther den Vorteil haben, daß die geistlichen Gaben der Urgemeinde ihnen fort und fort zu Gute kommen. Der **„Ausgleich"** ist für den Apostel jedoch nicht einfach eine Sache menschlichen Gerechtigkeitsgefühles. Gottes Wille kommt hier zum Ausdruck. Darum beruft sich Paulus auf die Schrift. Wieder merken wir, wie der Apostel auch in „heidenchristlichen" Gemeinden das AT bekanntgemacht hat. Er kann mit einem kurzen Zitat: **„Wie geschrieben ist: Der mit dem Vielen hatte kein Übermaß und der mit dem Wenigen kein Fehlmaß"** auf die Geschichte des Manna in 2 Mo 16, 18 anspielen und damit rechnen, von den Korinthern sofort verstanden zu werden. Bei der Versorgung mit dem wunderbaren Brot in der Wüste hatte Gott selbst für die „Gleichheit" gesorgt. Es half kein menschliches Verlangen, recht viel und mehr als andere zu erraffen; und die Schwachheit, die nicht so viel sammeln konnte, schadete nicht. So soll auch zwischen den Gemeinden Gottes ein „Ausgleich" erfolgen, dem entsprechend, wie Gott beim Manna seinen Willen zur „Gleichheit" bezeugt hatte[276].

EMPFEHLUNG DES TITUS UND DER MIT IHM REISENDEN BRÜDER

2. Korinther 8, 16—24

16 **Dank aber sei Gott, der denselben Eifer für euch in das Herz des**
17 **Titus gibt, * daß er meine Aufforderung annahm, ja, weil sein**
Eifer noch größer war, mit eigenem Entschluß auszog zu euch.
18 *** Wir sandten aber mit ihm den Bruder, dessen Lob hinsichtlich**
19 **des Evangeliums durch alle Gemeinden [geht]; * doch nicht nur**
dies, sondern er ist auch von den Gemeinden zu unserem Reise-
begleiter gewählt worden bei diesem Gnadenwerk, das durch un-
sern Dienst ausgerichtet wird, indem wir im Blick auf die Ehre des
20 **Herrn selbst und auf unsere Bereitwilligkeit * dieses zu vermeiden**
suchen, daß etwa jemand uns verdächtige bei diesem reichen Er-
21 **trag, der von uns verwaltet wird. * Denn wir sind bedacht auf das**
Lobenswerte nicht allein vor dem Herrn, sondern auch vor Men-
22 **schen. * Wir sandten aber mit ihnen unseren Bruder, den wir in**
vielen [Angelegenheiten] vielmals als eifrig erprobt haben, der
aber jetzt schon viel eifriger ist durch sein großes Vertrauen zu
23 **euch. * Sei es für Titus: er ist mein Gefährte und an euch mein**
Mitarbeiter; seien es unsere Brüder: sie sind Abgesandte (wörtlich:
24 Apostel) **der Gemeinden, ein Abglanz Christi, * den Erweis nun**
eurer Liebe und unseres Rühmens von euch ihnen gegenüber, er-
weist ihr vor den Augen der Gemeinden.

Zu Vers 17: 2 Ko 7, 7. 15
Zu Vers 18: 2 Ko 12, 18
Zu Vers 19: Apg 6, 8; 2 Ko 9; Gal 2, 10
Zu Vers 21: Rö 12, 17
Zu Vers 23: 2 Ko 7, 13; Rö 16, 7
Zu Vers 24: 2 Ko 7, 14 f

[276] „Ausgleich" und „Gleichheit" sind sichtlich nicht mechanisch gemeint. An eine zwangsmäßige Gleichmachung innerhalb der Gemeinden oder innerhalb der einzelnen Gemeinde selbst hat Paulus nicht gedacht. Wo die Liebe fehlt, wäre auch das Weggeben aller Habe ohne Wert. Aber die verletzende Hervorkehrung der großen Unterschiede im Besitz bei den Gemeindemahlzeiten in Korinth fand Paulus unerträglich (1 Ko 11). Daß später die Christenheit die krassen Gegensätze von Überfluß und Mangel in ihren Reihen einfach hinnahm ohne echten „Ausgleich", war schwere Schuld, über der ein Mann wie Bodelschwingh Gottes Gericht heraufziehen sah.

16/17 Paulus kommt auf die Sendung des Titus in der Sache der Sammlung zurück. **„Dank aber sei Gott, der denselben Eifer für euch in das Herz des Titus gibt, daß er meine Aufforderung annahm, ja, weil sein Eifer noch größer war, mit eigenem Entschluß auszog zu euch."** Den **„Eifer"** ihres Apostels haben die Korinther gespürt, auch in dem, was er eben geschrieben. Titus aber hat **„denselben Eifer"** für die Korinther. Der Blick auf Gott bestimmt das ganze Denken des Paulus, so daß er auch in diesem Eifer des Titus nicht eine natürliche Anlage, sondern Gottes Gabe sieht, für die er innig dankbar ist. Sicher, Paulus bleibt der Apostel und Leiter, der Titus zu solcher Reise nach Korinth **„auffordern"** mußte (V. 6). Aber es trieb Titus auch selber nach Korinth, so daß er nicht nur auf die Weisung des Apostels, sondern **„mit eigenem Entschluß auszog zu euch"**. Sein Eifer war **„noch größer"**. Es war keine geringe Sache, nach der glücklichen Erledigung des ersten Auftrages nun noch einmal die Wanderung nach Korinth zu unternehmen und Zeit und Kraft dort einzusetzen. Paulus hatte keine „Angestellten", die er irgendwohin kommandieren konnte. Bei seiner eigenen Armut konnte er sie sich nicht leisten; aber er wollte sie auch innerlich nicht haben. Der römische Staat mit seiner Zwangsgewalt und seinen „Beamten" war ihm kein Vorbild für den Aufbau der Gemeinde Gottes. Er freute sich an der Selbständigkeit seiner freien Mitarbeiter und dankte Gott, daß Titus **„mit eigenem Entschluß"** diesen neuen Dienst in Korinth übernahm. Die Formulierung **„Titus zog aus zu euch"** bedeutet nicht, daß Titus bei der Abfassung des Briefes bereits abgereist war. Es ist antiker Briefstil, daß man sich beim Schreiben in die Lage der Leser versetzt, wenn der Brief bei ihnen eintrifft[277]. Wenn die Korinther in der Gemeindeversammlung das Schreiben des Paulus hören, dann ist Titus, sein Überbringer, „ausgezogen", und die ihn begleitenden Brüder **„hat"** Paulus dann **„abgesandt"**.

18 Paulus läßt Titus auch diesmal (vgl. 12, 18) nicht allein nach Korinth gehen. Während es bei der früheren Reise nur einfach „der Bruder" war, den Paulus mitsandte (12, 18), der darum bei der Rückkehr des Titus in 7, 5 ff nicht mit erwähnt wird, ist es jetzt ein angesehener Mann mit einem besonderen Auftrag der Gemeinden. **„Wir sandten aber mit ihm den Bruder, dessen Lob hinsichtlich des Evangeliums durch alle Gemeinden [geht]."** Wer dieser bei allen Gemeinden durch seinen gesegneten Verkündigungsdienst bekannte und angesehene Bruder war, wissen wir nicht. Die Korinther haben ihn vor Augen. Wir wissen nicht einmal sicher, was Paulus bei dem Ausdruck **„durch alle Gemeinden"** vor Augen hat. Denkt er auch an

[277] Vgl. auch Apg 23, 30 und den Artikel im „Lexikon zur Bibel".

die galatischen Dörfer und die Städte der Asia? Oder sieht er jetzt nur auf die makedonischen Gemeinden, bei denen er weilt? Es ist für unser Bild der ersten Christenheit jedenfalls beachtlich, daß es neben Paulus und seinen unmittelbaren Begleitern solche „Brüder" gab, die man in allen Gemeinden kannte und liebte. Dieser Bruder ist **„von**
den Gemeinden" (von welchen?) ausdrücklich zum Reisebegleiter des 19
Apostels **„bei diesem Gnadenwerk" „gewählt"**[278] worden. Er kommt also nicht nur jetzt mit Titus nach Korinth, sondern wird danach auch zur Überbringung der großen Sammlung Paulus nach Jerusalem begleiten[279].

Wieder wird die große Sammlung für Jerusalem als **„Gnade"**, Gnadenwerk bezeichnet. Gottes Gnade ist darin wirksam; aber das schließt den menschlichen Einsatz nicht aus. Es ist ein Werk, **„das durch unsern Dienst ausgerichtet wird"**. Es folgen im grie Text unmittelbar die Worte: „zur Ehre des Herrn selbst und zu unserer Bereitwilligkeit." Wie hat der Apostel diese Worte gemeint? Verband er sie mit vorangehenden Aussagen? Wollte er also betonen, sein Dienst geschehe „zur Ehre des Herrn selbst und zum Erweis unserer Bereitwilligkeit"? Man müßte dann das Wort **„Bereitwilligkeit"** als „Erweis der Bereitwilligkeit" fassen. Schlatter bezieht die **„Bereitwilligkeit"** auf die Korinther und übersetzt verdeutlichend „zur Mehrung unserer Bereitwilligkeit". Es wird deutlich, wie unsicher solche Auslegungen und Ergänzungen sind. Darum ist es ratsam, die Worte lieber mit dem
folgenden Tätigkeitswort zu verbinden und zu übersetzen: **„Indem** 20
wir im Blick auf die Ehre des Herrn selbst und auf unsere Bereitwilligkeit dieses zu vermeiden suchen, daß etwa jemand uns verdächtige bei diesem reichen Ertrag, der von uns verwaltet wird." Jetzt ist der Sinn klar. Die Sammlung wird, die Paulus jetzt schon sieht, einen **„reichen Ertrag"** bringen. Da wird das Mißtrauen wach, das bei uns Menschen stets auf der Lauer liegt und das in Korinth von den Gegnern des Apostels noch besonders durch hämische Andeutungen ge-

278 Der grie Ausdruck weist auf das „Handaufheben" hin, durch das die Wahl erfolgte. Hier, wie schon in Apg 6, 1—6 ist die Gemeinde als solche bei der Beauftragung von Männern zu bestimmten Diensten tätig. Paulus hat sich diesen Bruder nicht selber als Begleiter ausgesucht. Es sollte gerade hier der Auftrag der Gemeinde hinter solchen Männern stehen.

279 In der Apg (20, 4) werden uns sieben Männer genannt, die mit Paulus reisen. In 27, 2 teilt einer aus ihnen, Aristarchus, die Gefangenschaft des Paulus. Darum hat man in ihm den „Bruder" unseres Textes gesehen. Andere denken an Lukas, der 16, 10 mit Paulus in Philippi war (Wir-Bericht), nach 16, 40 offenbar dort blieb und sich nach 20, 5; 20, 7 ff; 21, 1 ff Paulus wieder anschloß und mit ihm nach Jerusalem kam (21, 17). Das Wort für „Reisebegleiter" deutet im Grie an, daß der Betreffende sein bisheriges Arbeitsfeld verläßt und in die Fremde geht. Das könnte auf Lukas anspielen, der solange in Philippi geblieben war und jetzt mit Paulus nach Jerusalem reiste. Aber zu entscheiden ist die Frage nicht.

schürt werden mag. Wer weiß, ob das viele Geld wirklich alles nach Jerusalem gelangt oder wieviel in die eigene Tasche des Paulus fließt? Spielt nicht Paulus am Ende nur den „Bedürfnislosen", der den Unterhalt durch die Gemeinden zurückweist, um hintenherum doch auf seine Rechnung zu kommen? Die Sätze des Apostels in 12, 16 f zeigen, daß solche bösen Redereien in Korinth tatsächlich umliefen. Damit wäre wirklich **„die Ehre des Herrn selbst"** angetastet und die ganze **„Bereitwilligkeit"** des Apostels verdächtigt. Das sucht Paulus von vornherein **„zu vermeiden"**, indem er einen besonders bekannten und angesehenen Bruder von den Gemeinden an seine Seite stellen läßt, der die Sammlung beaufsichtigt bis zur Ablieferung in Jerusalem. Timotheus genügte dazu nicht; er konnte zu sehr als von Paulus abhängig angesehen werden. Mit einem Zitat aus Sprüche 3, 4 in der Fassung der LXX bestätigt Paulus diese Regelung. **„Denn wir sind**
21 **bedacht auf das Lobenswerte nicht allein vor dem Herrn, sondern auch vor Menschen."** „Kalos": also „gut", „schön", **„lobenswert"** soll alles bei dieser großen Sammlung sein und dies **„nicht allein vor dem Herrn"**, vor dem Paulus lauter und klar dasteht (1, 12), **„sondern auch vor Menschen"**[280]. Jedem üblen Gerede muß der Grund entzogen werden[281].

22 Noch einen weiteren Bruder schickte Paulus mit. **„Wir sandten aber mit ihnen unseren Bruder, den wir in vielen [Angelegenheiten] vielmals als eifrig erprobt haben, der aber jetzt schon viel eifriger ist durch sein großes Vertrauen zu euch."** Wieder hören wir den Namen nicht; die Korinther sahen ihn ja vor sich, wenn der Brief verlesen wird. Paulus bezeichnet ihn als **„unseren Bruder"**, er steht also dem Apostel besonders nahe. Er ist schon oft als einsatzbereiter Mann erprobt und wird sich so auch jetzt in Korinth für die Sammlung einsetzen. Er wird das besonders eifrig tun, weil er ein **„großes Vertrauen"** zu den Korinthern hat. Die Korinther müssen das wissen, weil die Entsendung noch weiterer Brüder neben Titus den Eindruck des Mißtrauens machen könnte. Die Gemeinde war empfindlich; der eben hergestellte Friede durfte nicht sofort wieder gefährdet werden. Aber die Korinther dürfen gewiß sein, dieser ihnen noch unbekannte Bruder kommt nicht als mißtrauischer Aufsichtsbeamter, sondern als einer, der sich voll Vertrauen darauf freut, die Gemeinde in Korinth kennenzulernen und ihr bei der raschen und guten Durchführung der Sammlung zu helfen. Es ist dabei für das urchristliche Leben kenn-

280 Rö 12, 17 ist das Wort „kalos" ähnlich verwendet. Die LÜ gibt es dort mit „ehrbar" wieder.

281 Darum ist es richtig und nötig, daß auch bei uns in Gelddingen der Gemeinden peinliche Sorgfalt gewahrt und klare Aufsicht geübt wird. Das hat nichts mit Mißtrauen zu tun, sondern soll gegen das Mißtrauen übelwollender Menschen schützen.

zeichnend, daß nicht einzelne „Amtsträger" zu den Gemeinden kommen, sondern in Fortsetzung des Handelns Jesu selbst (Mk 6, 7; Mt 18, 16; 18, 20) mehrere Brüder miteinander, wie auch Paulus selbst gerade in Korinth bei der Gründung der Gemeinde zu dritt evangelisiert hatte (1, 19).

Wir haben in diesem Abschnitt einen typischen „Empfehlungsbrief" vor uns, wie ihn Paulus für sich selbst nicht nötig hatte (3, 1—3), 23
wie er aber bei solcher Entsendung anderer Männer unentbehrlich war. Die Gemeinde, die jetzt sehnsüchtig auf ihren Apostel selbst wartete, konnte nicht einfach vor die Tatsache gestellt werden, daß drei andere Männer in Korinth erscheinen und in die Kollektensache bei ihr eingreifen. Darum stellt Paulus seinen Korinthern noch einmal vor Augen, warum alle drei die Liebe der Gemeinde und ihre Achtung verdienen. **„Sei es für Titus: er ist mein Gefährte und an euch mein Mitarbeiter; seien es unsere Brüder: sie sind Abgesandte** (wörtlich: Apostel) **der Gemeinden, ein Abglanz Christi."** Titus ist des Paulus **„Gefährte"** (wörtlich: Teilhaber) in der großen Sache des Evangeliums und dem Blick auf die Korinther des Paulus direkter **„Mitarbeiter[282]"**. Wie verdient er als solcher das ganze Vertrauen der Gemeinde, wenn er jetzt noch einmal als Vertreter des Apostels in Korinth erscheint. Die beiden mit ihm kommenden Brüder waren **„Abgesandte der Gemeinden"** und müssen als solche gesehen und geachtet werden. Dabei ist hier das Wort **„Apostolos"** verwendet, das — wie viele unserer Worte — einen engeren und einen weiteren Sinn haben kann. Wenn Paulus in unserm ganzen Brief um seine Geltung als „Apostel" kämpft, meint er etwas anderes als hier. Eine allgemeinere Fassung des Wortes finden wir auch Phil 2, 25[283]. Die **„Abgesandten der Gemeinde"** sind zugleich ein **„Abglanz Christi[284]"**. Immer sah Paulus einen lebendigen und wesenhaften Zusammenhang zwischen dem Herrn und seinen Boten, einen Zusammenhang, der den Boten ebenso demütigt, wie erhebt. Auch bei diesen Brüdern, die den Titus nach Korinth begleiten, ist es so: sie haben keine eigene Macht und Größe, sie sind nur **„Abglanz"**; aber als **„Abglanz Christi"** haben sie zugleich eine Würde, die von der Gemeinde in Korinth geachtet werden muß.

[282] Paulus versteht die Boten Jesu gern als „Mitarbeiter Gottes" (1 Ko 3, 9; 2 Ko 6, 1). Hier aber wird das „mein" bei dem Wort „Gefährte" auch noch mit für das Wort „Mitarbeiter" gelten. Titus hat ja in der Tat in der Gemeinde in Korinth einen ganz wesentlichen Dienst für den Apostel getan.

[283] In 1 Ko 15, 7 haben wir einen mittleren Gebrauch des Wortes vor uns; die hier „Apostel" genannten Männer sind ein bestimmter, abgegrenzter Kreis und doch von den „Zwölf" unterschieden. Zu diesem Kreis werden auch die in Rö 16, 7 gegrüßten Männer gehören.

[284] In 1 Ko 11, 7 hatte Paulus vom Mangel gesagt, daß er „Bild und Abglanz Gottes" sei.

Wie das Partizip im abschließenden Satz aufzulösen ist, ob als Imperativ oder als Aussage, steht nicht eindeutig fest. Der Unterschied ist nicht allzu groß. Auch wenn wir es zunächst als eine Aussage fassen, liegt doch eine Mahnung darin, eine Aufforderung: Denkt daran, **„den Erweis nun eurer Liebe und unseres Rühmens von euch ihnen gegenüber, erweist ihr vor den Augen der Gemeinden"**. Paulus ist überzeugt, daß die Gemeinde diese drei Beauftragten recht aufnehmen wird. Sie wird ihnen etwas von der Liebe erweisen, die in ihr als einer Gemeinde Jesu lebt. Sie wird zugleich damit zeigen, daß der Apostel sie nicht ohne Grund gerühmt hat. Aber in beidem sollen die Korinther daran denken, daß es **„vor den Augen der Gemeinden"** geschieht. Die korinthische Gemeinde hatte eine Neigung, sich selbstherrlich von den anderen Gemeinden zu isolieren (1 Ko 11, 16; 14, 34), wie sie sich darum auch wenig interessiert gezeigt hatte für die Nöte der Urgemeinde in Jerusalem. Jetzt aber sind in den drei Brüdern die Augen der andern Gemeinden auf sie gerichtet. Das ist eine Tatsache, der sie nicht ausweichen kann. Überall wird man von dem hören, was die Brüder in Korinth gesehen und erlebt haben.

DER GRUND FÜR DIE VORAUSSENDUNG DER BRÜDER

2. Korinther 9, 1—5

Zu Vers 1:
2 Ko 8, 4. 20
Zu Vers 2:
2 Ko 8, 19
Zu Vers 3:
2 Ko 8, 24
Zu Vers 5:
2 Ko 11, 17

1 **Denn über den Dienst, der für die Heiligen [geschieht], halte ich**
2 **es für überflüssig, euch zu schreiben. * Ich kenne ja eure Bereitwil-**
ligkeit, deren ich mich für euch den Makedonen gegenüber rühme,
daß Achaja [schon] vom vorigen Jahr her gerüstet sei; und euer
3 **Eifer hat die Mehrzahl von ihnen angespornt. * Ich sandte aber**
die Brüder, damit nicht unser Rühmen über euch sich als leer er-
weise in diesem Stück, damit ihr, wie ich sagte, [wirklich] gerüstet
4 **seid, * damit nicht etwa, wenn Makedonier mit mir kommen und**
finden euch ungerüstet, wir — um nicht zu sagen „ihr" — beschämt
5 **werden in dieser Zuversicht. * Für notwendig hielt ich es deshalb,**
die Brüder aufzufordern, vorher zu euch zu kommen und eure
früher angekündigte Segensgabe vorher fertig zu machen, damit
diese bereit sei so wie ein Segen und nicht wie eine Habsucht.

1 **„Denn über den Dienst, der für die Heiligen [geschieht], halte ich es für überflüssig, euch zu schreiben."** Ein „neues Kapitel"[285] beginnt

[285] Paulus hat seinen Brief nicht in „Kapitel" eingeteilt! So geben auch alle Handschriften den fortlaufenden Text. Die viel spätere Aufgliederung in Kapitel und Verse ist nicht immer glücklich, kann aber aus naheliegenden Gründen jetzt nicht mehr geändert werden.

mit diesem Satz nicht. Mit seinem **„denn"** knüpft er unmittelbar an das eben ausgesprochene an. Paulus bleibt bei der Sendung der drei Brüder stehen, die in Korinth vielleicht erhebliches Befremden auslöst. Paulus will darum nochmals über den Grund ihrer Entsendung mit der Gemeinde reden. Grundsätzliches über Notwendigkeit und Zweck der Sammlung muß er nicht schreiben. Die Korinther wissen darüber Bescheid und haben ihre Bereitschaft zur Beteiligung an der
Sammlung erklärt. Aber da gerade liegt jetzt die Not. **„Ich kenne ja** 2
eure Bereitwilligkeit, deren ich mich für euch den Makedonen gegenüber rühme, daß Achaja [schon] vom vorigen Jahr her gerüstet sei; und euer Eifer hat die Mehrzahl von ihnen angespornt." Schon im Frühjahr haben die Korinther Ratschläge für die praktische Durchführung der Sammlung erbeten, die der Apostel ihnen in 1 Ko 16, 1–4 erteilt. So konnte Paulus in den makedonischen Gemeinden rühmend sagen: Achaja[286] sei bereits seit dem Frühling des vorigen Jahres[287] für die Durchführung der Sammlung gerüstet. Das hatte viele Gemeindeglieder in Makedonien angespornt, so zu geben, wie es Paulus in 8, 1–4 den Korinthern geschildert hatte. Das wäre alles auch recht gut, wenn nicht Paulus inzwischen erfahren hätte, daß die Sammlung in Korinth unter all den Spannungen und Nöten ins Stocken geraten oder überhaupt noch nicht ernstlich in Angriff genommen sei. Was soll nun werden, wenn mit dem Apostel Brüder aus Makedonien nach Korinth kommen und es ganz anders finden, als Paulus es ihnen gesagt hatte! Wie beschämt würde dann der Apostel vor ihnen dastehen. Freilich nicht nur er, sondern mit ihm auch die Korinther, zu denen die Makedonier aufgeblickt hatten. Das möchte Paulus ver-
hindern. **„Ich sandte aber die Brüder, damit nicht unser Rühmen über** 3/4
euch sich als leer erweise in diesem Stück, damit ihr, wie ich sagte, [wirklich] gerüstet seid, damit nicht etwa, wenn Makedonier mit mir kommen und finden euch ungerüstet, wir – um nicht zu sagen ‚ihr' – beschämt werden in dieser Zuversicht."

Und jetzt erfahren die Korinther auch, warum nicht sogleich ihr 5
Apostel zu ihnen eilt, wie ihre Sehnsucht (7, 7–11) es erwartete, sondern erst Titus mit zwei Begleitern bei ihnen erscheint. Wohl mochte dem Apostel auch das schwerfallen, sich so schnell von den makedonischen Gemeinden loszureißen, die immer noch in Kämpfen und Leiden standen. Aber es war ihm zugleich im Blick auf die Sammlung lieb, daß er noch aufgehalten wurde und erst einmal die Brüder schicken konnte. **„Für notwendig hielt ich es deshalb, die**

[286] Das ist der eigentliche römische Provinzname für den südlichen Teil von Griechenland. Praktisch geht es dabei um Korinth.

[287] Vgl. dazu die Auslegung von 8, 10. Wie wenig weit diese „Zurüstung" in Korinth gekommen war, erfuhr der Apostel offenbar erst aus dem Bericht des Titus.

Brüder aufzufordern, vorher zu euch zu kommen und eure früher angekündigte Segensgabe vorher fertig zu machen, damit diese bereit sei so wie ein Segen und nicht wie eine Habsucht." „Angekündigt" ist die Gabe der Korinther schon lange. Nun soll sie **„vorher"**, nämlich „vor" dem eigenen Kommen des Paulus mit makedonischen Brüdern **„fertig gemacht werden"**. Das Geld soll wirklich **„bereit sein"**, wenn der Apostel erscheint[288]. Keinerlei Schwierigkeiten mit der Sammlung sollen den vollen Segen seines Besuches beeinträchtigen. Die **„früher angekündigte Segensgabe"** der Korinther soll bereit sein **„so wie ein Segen und nicht wie Habsucht"**. Wie ist das gemeint? Man hat übersetzt und damit auch ausgelegt: „Wie eine Gabe des Segens und nicht wie eine Gabe des Geizes." Aber es ist fraglich, ob „pleonexia" einfach „Geiz" bedeuten kann[289]; und „Gabe des Geizes" steht jedenfalls nicht da. Wahrscheinlich denkt Paulus nur bei dem ersten Wort **„Segen"** an die Geber, beim zweiten aber an die Veranstalter der Sammlung. Es soll ein freies, frohes Geben werden, nicht ein erzwungenes, als ob eine **„Habsucht"** ihnen Geld abringen wollte. Immer wieder spüren wir, mit welchen Widerständen Paulus in der Sache der Sammlung rechnen mußte. Auch in Makedonien war nur **„die Mehrzahl"** durch den Eifer der Griechen angesteckt worden; auch dort war manche Ablehnung zum Vorschein gekommen. Es ist aber eine erfreuliche Tatsache, daß nach Rö 15, 26 f die Sammlung auch in Korinth einen vollen Erfolg gehabt hat. Das Mühen des Apostels, durch zwei ganze Kapitel hindurch die Einwände der Korinther zu überwinden und die Gemeinde mit eigenem Verständnis und darum auch mit wirklicher Willigkeit für eine rasche Durchführung der Sammlung zu gewinnen, ist nicht vergeblich geblieben.

Zu Vers 6:
Spr 11, 24 f
19, 17
28, 27
Zu Vers 7:
1 Chro 29, 17
Spr 22, 8
Rö 12, 8
2 Ko 8, 3
Phlm 14

REICHES GEBEN BRINGT GOTTES REICHEN SEGEN

2. Korinther 9, 6–15

6 **Dies aber [möchte ich hervorheben]: Wer spärlich sät, wird auch
spärlich ernten; und wer auf Segnungen hin sät, wird auch auf
7 Segnungen hin ernten. * Jeder, wie er es sich im Herzen vorge-
nommen hat, nicht mit Kummer oder aus Zwang; denn einen**

[288] Darum hatte der Apostel schon im ersten Brief (16, 2) für die Sammlung angeordnet, es solle jeder an jedem Sonntag Geld dafür zurücklegen und ansammeln, „damit nicht, wenn ich komme, dann erst die Sammlung geschieht." Darauf dringt er auch jetzt.

[289] Es war eine tiefe Verderbnis im Judentum und später auch wieder in der Christenheit, als das Geben und Helfen zum Mittel wurde, eine eigene „Gerechtigkeit" vor Gott zu gewinnen und sich einen Platz im Himmel zu sichern. Worte des AT wie Ps 112, 9 konnten dann mißverstanden und mißbraucht werden.

8 **fröhlichen Geber liebt Gott. * Es vermag aber Gott jede Gnade**
überströmen zu lassen, auch euch, damit ihr als solche, die in jedem
jederzeit jedes Genüge haben, überströmen könnt zu jedem guten
9 **Werk, * wie geschrieben steht: „Er streute aus, er gab den Armen,**
10 **seine Gerechtigkeit bleibt in Ewigkeit"** (Psalm 112, 9). *** Der aber**
darreicht Samen dem Säemann und Brot zur Speise, er wird dar-
reichen und mehren eure Aussaat und wachsen lassen die Früchte
11 **eurer Gerechtigkeit; * in allem werdet ihr reich gemacht zu jeder**
Freigebigkeit (wörtlich: Einfachheit), **die dann durch uns Dank-**
12 **sagung bewirkt gegen Gott. * Denn die Ausrichtung dieser Dienst-**
leistung hilft nicht nur dem Mangel der Heiligen ab, sondern
13 **strömt auch über durch viele Dankgebete für Gott. * Um der**
Bewährung dieses Dienstes willen preisen sie Gott für die Unter-
ordnung eures Bekenntnisses zum Evangelium des Christus und
für die Freigebigkeit (wörtlich: Einfachheit) **der Gemeinschaft mit**
14 **ihnen und mit allen, * indem auch sie mit Beten für euch sich**
nach euch sehnen wegen der überreichen Gnade Gottes an euch.
15 *** Dank sei Gott für seine unbeschreibliche Gabe.**

Zu Vers 8: Phil 4, 19
Zu Vers 9: Ps 112, 9
Zu Vers 10: Jes 55, 10 Hos 10, 12 Jak 3, 18
Zu Vers 11: 2 Ko 1, 11 4, 15
Zu Vers 12: Rö 15, 27 2 Ko 8, 14
Zu Vers 15: Rö 6, 23

Über den Sinn und die Notwendigkeit der Sammlung muß der Apostel nicht noch einmal reden. Aber er weiß, wie alle bloße Einsicht nicht genügt, um die Widerstände zu überwinden, die sich in unserem Herzen gegen das einfache, frohe Geben erheben. Diese Widerstände waren in Korinth besonders groß. Darum setzt Paulus in seinem Brief nochmals ein, um die Korinther zu einer rechten Beteiligung an der Sammlung zu ermutigen. **„Dies aber [möchte ich hervorheben]: Wer spärlich sät, wird auch spärlich ernten; und wer auf Segnungen hin sät, wird auch auf Segnungen hin ernten."** Das „Geben" ist wie ein „Säen": Der Same wird jetzt scheinbar „weggeworfen"; darum konnte der Säende darauf aus sein, möglichst „schonsam" und **„spärlich"** zu **„säen"**. Aber dann wird er auch nur **„spärlich ernten"**. Er darf im Gegenteil reich ausstreuen, in der Erwartung von **„Segnungen"**, und die Ernte wird ihn nicht enttäuschen. So sollen auch die Korinther nicht ängstlich sparen; sie müssen nicht fürchten, durch Geben arm zu werden; ihre Beteiligung an der Sammlung wird für sie selbst eine Ernte schaffen, die dem Maße ihres Einsatzes entspricht. Das in „Saat und Ernte" liegende Gesetz kann zum wirksamen Vergleiche dienen, weil es ein lebendiges Gesetz ist und weil in ihm tatsächlich Gottes eigenes Wirken sichtbar wird. Im Sinn von Gal 6, 6—9, wo es ebenfalls um die Bereitschaft zum Mitteilen und Helfen geht, denkt Paulus auch hier an eine Ernte geistlicher Art, wie er sie in den nächsten Sätzen näher beschreibt. Aber wenn er den Korinthern so das Geben mit Ernst wichtig macht, bleibt es doch 6

7 bei der ganzen Freiheit und Freiwilligkeit. **„Jeder, wie er es sich im Herzen vorgenommen hat, nicht mit Kummer oder aus Zwang; denn einen fröhlichen Geber liebt Gott."** Das „Ernten" folgt nicht mechanisch aus der Saat; Gott ist es, der draußen auf dem Feld und drinnen im Leben der Gemeinde durch seine **„Segnungen"** die Ernte gibt. An einem **„Geben mit Kummer"** und **„aus Zwang"** hat Gott keinen Gefallen. Gott liebt den **„fröhlichen Geber"**, wie Paulus in Anlehnung an Spr 22, 8 nach dem Wortlaut der LXX sagt. Ein unwilliges, erzwungenes Geben will Paulus in Korinth nicht haben; das brächte keinen Segen.

8/9 Die Sammlung muß aber auch in Korinth nicht mühsames Menschenwerk sein. In Makedonien war sie „Gnade Gottes"; sie darf es auch in Korinth sein. **„Es vermag aber Gott jede Gnade überströmen zu lassen, auch euch, damit ihr als solche, die in jedem jederzeit jedes Genüge haben, überströmen könnt zu jedem guten Werk."** Unser Geben fließt aus dem Geben Gottes! Gott aber kann seine Gnade **„überströmen lassen"**. Dadurch werden die Korinther zu solchen, die **„in jedem"** und **„jederzeit"** **„jedes Genüge"** haben. Paulus häuft die Ausdrücke um die ganze Fülle in Gottes Gnade zu kennzeichnen. Nun können auch die so reich beschenkten Korinther wieder **„überströmen"**, ohne „Kummer", ohne „Zwang" wie ein überfülltes Brunnenbecken und zwar zu **„jedem"** guten Werk; nochmals erscheint im grie das Wort „pas = alle, jeder". Paulus verweist dabei auf Ps 112, 9: **Wie geschrieben steht: „Er streute aus, er gab den Armen, seine Gerechtigkeit bleibt in Ewigkeit."** Gerade ein Paulus kann in diesem Wort des AT keine „Werkgerechtigkeit" sehen[290]. Aber er hat im Bild von Saat und Ernte gezeigt, wie unser Verhalten — das selber aus Gottes gebender Gnade erwächst — seine Frucht bringt. Gottes Wohlgefallen ruht bleibend auf dem, der so fröhlich auszustreuen und den Armen zu geben weiß.

10 Darum zeichnet der Apostel noch einmal das lebendige Ineinander von göttlichem und menschlichem Tun. **„Der aber darreicht Samen dem Säemann und Brot zur Speise, er wird darreichen und mehren eure Aussaat und wachsen lassen die Früchte eurer Gerechtigkeit."** Unter Verwendung von Jes 55, 10 verweist Paulus auf Gottes Wirken im natürlichen Lebensbereich, wie beim „Saatgut" und beim „Brot" Gottes Gabe das menschliche Handeln nicht ausschließt, sondern gerade erst ermöglicht. So **„beschafft und mehrt"** Gott auch die **„Aussaat"** der Korinther bei ihrem Spenden und läßt die **„Erzeugnisse"**, die **„Früchte"** ihrer **„Gerechtigkeit"** wachsen. Der ganz in sei-

[290] Paulus hat aber wie Jakobus (Jak 2, 20) gewußt, daß echter Glaube „durch die Liebe tätig" ist (Gal 5, 6), und darum vom „Werk des Glaubens" gesprochen (1 Th 1, 3). In diesem „Werk" liegt eine „bleibende Gerechtigkeit", wie auch die Liebe „bleibt".

ner Bibel lebende Apostel hat Hos 10, 12 vor Augen. Worin aber be-
stehen diese **„Früchte"**? Was heißt das praktisch, daß die „Aussaat" 11
der Korinther eine reiche „Ernte" von „Segnungen" (V. 6) schafft?
„In allem werdet ihr reich gemacht zu jeder Freigebigkeit (wörtlich: Einfachheit), **die dann durch uns Danksagung bewirkt gegen Gott."** Das ist freilich nichts, was einem natürlichen Menschen verlockend sein könnte. Aber Paulus setzt den „theozentrischen" Herzenssinn, der seit seiner Bekehrung und Wiedergeburt in ihm lebt, auch bei allen anderen Glaubenden voraus. Daß Gott den reichen Dank empfängt, das war Paulus schon in 1, 11 und 4, 15 das ersehnte Ziel in seinem eigenen, die Gemeinde mit ergreifenden Erleben. Es ist das letzte Ziel auch in der ganzen Sache der Sammlung! Bei einer solchen großen Kollekte geht es zwar mit Ernst um die brüderliche Hilfe für Notleidende; aber darin geht es zugleich und zuletzt um die Ehre Gottes. In diesem Losgelöstsein vom Ich und vom eigenen Genuß gibt das **„reich gemacht werden"** die erwünschte Möglichkeit reichen Gebens. Paulus benennt auch hier[291] die **„Freigebigkeit"** mit dem Wort **„Einfachheit**, Schlichtheit". Das kennzeichnet das Geben als ein solches, bei dem wirklich die Linke nicht weiß, was die Rechte tut, weil **„einfach"** ohne Berechnung und ohne viel Fragen gegeben wird. Und gerade dies „einfache", freie, fröhliche Geben[292] weckt und **„bewirkt durch uns Danksagung gegen Gott"**.

Dem Apostel liegt diese Ausrichtung unseres Tuns, auch unse- 12
res Gebens bei einer Sammlung, auf Gott hin so sehr am Herzen, daß er noch näher darauf eingeht. Wieso wird die rechte Beteiligung der Korinther an der Sammlung für Jerusalem zur Ehrung Gottes? **„Denn die Ausrichtung dieser Dienstleistung hilft nicht nur dem Mangel der Heiligen ab, sondern strömt auch über durch viele Dankgebete für Gott." „Die Ausrichtung dieser Dienstleistung"** ist wörtlich **„der Dienst an diesem gottesdienstlichen Handeln"**. Es steht hier das grie Wort, das wir in dem Ausdruck „Liturgie" noch heute kennen. In der antiken Literatur wird es vielfach von Dienstleistungen für den Staat gebraucht, aber stets mit religiösem Hintergrund; in Lk 1, 23 bezeichnet es den Priesterdienst des Zacharias. So ist diese Sammlung von vornherein ein „Gottesdienst", der zwar auch dem Mangel der Heiligen abhilft und das auch wesentlich tun soll, der aber dadurch die vielen Dankgebete erweckt und so sein letztes Ziel in der Ehrung Gottes erreicht. Denn die **„Heiligen"** in Jerusalem werden die reiche Hilfe aus den paulinischen Gemeinden nicht einfach hinnehmen. Nein, **„um der Bewährung dieses Dienstes willen preisen sie Gott für die**

[291] Vgl. o. S. 176.

[292] Auch hier bewährt sich Luthers Satz, daß die „hilaritas", die „Heiterkeit", das Kennzeichen des wahrhaft guten Werkes sei.

Unterordnung eures Bekenntnisses zum Evangelium des Christus und für die Freigebigkeit (wörtlich: Einfachheit) **der Gemeinschaft**
13 **mit ihnen und mit allen."** Wieder formt Paulus zwei Sätze in gedrängter Kürze unter Häufung von Hauptworten, die wir in ganze Einzelsätze auseinanderlegen müssen. In diesem Dienst zeigt sich die **„Bewährung"** des Christenstandes bei den Korinthern. Ihr **„Bekenntnis zum Evangelium von Jesus Christus"** erweist sich als echt, denn es hat die Korinther zur **„Unterordnung"** unter Gottes lebendige Gnade gebracht, die diese brüderliche Hilfe wirken will. In der **„Einfachheit"** oder **„Freigebigkeit"** an der Gott Freude hat, schenken die Korinther den notleidenden Christen in Jerusalem ihre tatkräftige **„Gemeinschaft"** und stehen damit zugleich in der Gemeinschaft **„mit allen"** Gemeinden. Die Heiligen in Jerusalem aber werden nicht nur an der Höhe der Gaben sich freuen, die ihrer drückenden Not abhilft. Sie werden vor allem **„Gott preisen"** über dem, was er im Leben der Gemeinde in Korinth gewirkt hat. Sie, die als Israeliten bisher auf die „Heiden" herabblickten, müssen nun mit Staunen und Dank erkennen, was Gott aus solchen „Heiden" machen kann. Aus einem Herabsehen wird ein Verlangen, solche von Gott reich begnadete
14 Gemeinde kennenzulernen: **„indem auch sie mit Beten für euch sich nach euch sehnen wegen der überreichen Gnade Gottes an euch."** Wenn aber Paulus das vor sich sieht, was er mit brennendem Eifer erstrebt hat und wofür ihm die Sammlung in seinen Gemeinden Zeichen und Zeugnis ist: Die eine Gemeinde Jesu in der Welt, Juden und Griechen verbunden in dem gleichen Glauben an Jesus und in der lebendigen Bruderschaft gegenseitiger Hilfe[293], dann kann er nur ausrufen:
15 **„Dank sei Gott für seine unbeschreibliche Gabe."** Denn was Gottes Gnade in dieser Welt geschaffen hat, überschreitet alles, was Menschen erdenken konnten, und läßt sich darum gar nicht in seiner ganzen Größe beschreiben. Wo aber bleiben dann noch Bedenken gegen die Sammlung, die ein solches Ergebnis haben darf? Können die Korinther anders als mit ganzem eigenen Eifer sich an diesem Werk beteiligen[294]?

[293] Hier wird konkrete Wirklichkeit, was der Apostel in Gal 3, 28; 1 Ko 12, 13; Rö 10, 12; Kol 3, 11 grundsätzlich ausgesprochen hat.

[294] In diesem Kap. 8 und 9 lernen wir, wie auch Geld und Geldsammlung wahrhaft geistlich zu betrachten sind und wie von daher mit einem ganz weiten und großen Blick und doch zugleich mit praktischer Energie eine Sammlung in der Gemeinde Gottes betrieben werden kann.

EXKURS: ZUR FRAGE DES „KOLLEKTIERENS"

Es ist bekannt, daß G. Müller, der Waisenhausvater in Bristol, den klaren Grundsatz hatte, niemals Menschen um Gaben für seine großen Waisenhäuser mit ihren vielen Bedürfnissen zu bitten. Auch ganz ernste Notlagen gab er nie bekannt. Er breitete seine Nöte nur vor Gott aus und erwartete alle Hilfe nur von ihm. Er ist damit nicht zuschanden geworden und hat viele Wunder erlebt. Andere haben es ihm nachgetan. Wir können nur mit großer Achtung darauf blicken.

Aber nun wird vielfach in einer Weise davon gesprochen, als ob dieses die einzig rechte und notwendige Haltung jedes „Glaubenswerkes" sei. Es klingt dann manchmal so, als ständen Werke und Gemeinden, die Menschen um Gaben bitten und Sammlungen veranstalten, nicht völlig im Glauben. Da sind dann diese Kapitel des 2 Ko von wesentlicher Bedeutung. Der Apostel Paulus war gewiß ein „Glaubensmann" und seine Arbeit ein „Glaubenswerk". Trotzdem hat Paulus „kollektiert". Ja, er hat sich so um die Gaben in Korinth gemüht, wie wir es eben in einem langen Abschnitt seines Briefes gelesen haben. Er hat die „Freiheit" des Gebens betont und mit Ernst gewahrt. Er hat den unvergeßlichen Satz geprägt, daß Gott den fröhlichen Geber liebt. Er hat falscher innerer Bedrängnis gewehrt, indem er die selbstverständliche Wahrheit hervorhebt, daß wir mit unserer Bereitschaft zu geben Gott willkommen sind nach dem, was wir haben, und nicht nach dem, was wir nicht haben. Aber er hat doch auch mit Ernst Menschen zum Geben willig zu machen gesucht. Für uns heute ist es gut, daß einem Georg Müller ein Glaubensmann wie Vater Bodelschwingh als der große Bettler bei Menschen gegenübersteht, der in seinem Bitten und Kollektieren den Gebern selber eine Wohltat erwies und in seinem Werben zugleich ein brennender „Evangelist" war.

Unmöglich allerdings wäre es dem Apostel gewesen, bei „denen, die draußen sind" zu sammeln. Wesenhaft unmöglich schon aus dem einfachen Grunde, weil die Ehre Gottes für ihn letztes Ziel der Sammlung war. Hier haben wir ernstlich umzulernen ohne falsche Ängstlichkeit, die aus dem Unglauben kommt.

DIE KAMPFANSAGE DES APOSTELS AN SEINE GEGNER

2. Korinther 10, 1–6

Zu Vers 1:
Mt 11, 29
1 Ko 2, 3
Gal 5, 2
Zu Vers 2:
2 Ko 13, 1–10
1 Ko 4, 21
Zu Vers 3:
Gal 2, 20
Zu Vers 4:
Rö 13, 12
2 Ko 13, 10
Eph 6, 10. 13–17
Zu Vers 5:
Rö 15, 18
16, 26
Zu Vers 6:
2 Ko 2, 9
7, 15

**1 Ich aber für meine eigene Person, Paulus, ermahne euch durch die
Sanftmut und Milde des Christus, der ich vor Augen gering bin
2 unter euch, aus der Ferne aber kühn gegen euch. * Ich bete aber
darum, daß ich nicht in persönlicher Anwesenheit kühn werden
muß in der Zuversicht, die ich mir herauszunehmen gedenke gegen
gewisse Leute, die von uns denken, daß wir nach Fleischesart wan-
3 deln. * Denn im Fleisch wandeln wir wohl, führen unsern Kampf
4 aber nicht nach Fleischesart. * Denn die Waffen unseres Kampfes
sind nicht fleischlich, sondern mächtig für Gott zur Zerstörung von
5 Bollwerken. Anschauungen** (oder: Anschläge) **zerstören wir * und
jede Höhe, die sich erhebt gegen die Erkenntnis Gottes, und nehmen
6 gefangen jeden Gedanken zum Gehorsam gegen den Christus * und
halten uns bereit, zu strafen jeden Ungehorsam, wenn euer Gehor-
sam völlig wiederhergestellt ist.**

1 **„Ich aber für meine eigene Person, Paulus, ermahne euch ..."** Schroff hebt sich der Schlußteil des Briefes Kap. 10–13 von dem ab, was wir in Kap. 7 an erleichterter Freude aus dem Mund des Apostels hörten. Auch die Besprechung der großen Sammlung in Kap. 8 und 9 klang aus in den bewegten Dank: Dank sei Gott für seine unbeschreibliche Gabe. In dem Abschnitt aber, den wir nun beginnen, klingt es wider von Kampf und Waffen, von Gefangennahme und Strafe. Paßt das zu den Worten wie 7, 4; 7, 7? Oder haben diejenigen recht, die in Kap. 10–13 die Einfügung aus einem anderen Brief des Apostels, vielleicht aus dem „Tränenbrief", sehen? Aber unser Brief kann keinesfalls mit 9, 15 geschlossen haben. Es konnte auch nicht nur ein kurzer Schlußgruß in der Art von 13, 11–13 folgen. Paulus konnte es ja doch nicht bei einer abermaligen Entsendung des Titus belassen. Er mußte den Korinthern von seinem eigenen Kommen schreiben. Der Inhalt einer Fortsetzung der Kap. 1–9 mußte also genau der sein, den wir in Kap. 10–13 vorfinden! Diese Kapitel handeln von dem bevorstehenden Besuch des Apostels und von dem, was dann in Korinth geschehen wird. Es konnte aber auch kein Brief des Apostels mit den Worten **„Ich aber für meine eigene Person, Paulus, ermahne"** beginnen. Es müssen Ausführungen vorausgegangen sein, in denen andere Personen im Vordergrund gestanden haben, also Ausführungen, die genau dem entsprechen, was die Kap. 8 und 9 uns tatsächlich geboten haben. Titus und zwei begleitende Brüder werden die Auf-

gabe in Korinth haben, **„ich aber für meine eigene Person, Paulus, ermahne . . .“**. Somit passen die Kap. 10–13 ganz an die Stelle, an der sie stehen. Sollen wir sie dann dort herausnehmen, für das Kap. 1–9 einen anderen Schlußteil und für Kap. 10–13 einen anderen Briefbeginn vermuten? Aber der schroffe Wechsel des Tones? Kann nach 9, 15 sofort 10, 1 ff geschrieben sein? Nun, in Rö 9, 1 nach 8, 38. 39 haben wir den Beweis, daß bei Paulus ein solcher Wechsel innerhalb eines Briefes möglich ist! In unserem Brief ist dieser Wechsel vom Inhalt her bestimmt und von daher voll verständlich. In Kap. 1–7 blickt Paulus zurück auf die notvolle Spannung zwischen der Gemeinde und ihm, die Spannung, die jetzt ihre beglückende Lösung empfangen hat. In Kap. 10–13 sieht Paulus vorwärts, dem neuen Besuch in Korinth entgegen. Dieser Besuch wird zwar „nicht noch einmal unter Betrübnis“ (2, 1) geschehen, aber voraussichtlich einen letzten Kampf mit denen bringen, die die Gemeinde mißleitet und verwirrt haben. Über die Abrechnung mit ihnen unterrichtet der Apostel die Gemeinde schon jetzt zur Vorbereitung auf das, was sich ereignen mag, wenn er nach Titus dann in eigener Person bei ihr sein wird.

Es war hier auch wirklich ein erhebliches Mißverständnis fortzuräumen, das durch seinen letzten Zwischenbesuch in Korinth entstanden war, und bei seinen Freunden ein Bangen, bei seinen Gegnern eine falsche Sicherheit hervorrufen konnte. Paulus weiß, wie man in Korinth über ihn denkt: **„Der ich vor Augen gering bin unter euch, aus der Ferne aber kühn gegen euch.“** Schon im ersten Brief 4, 18 hatte er sich gegen Männer wenden müssen, die der Gemeinde sagten: Dieser Paulus getraut sich überhaupt nicht mehr hierher! Durch den „Zwischenbesuch“ und durch das, was nun folgte, hatte sich die Meinung verstärkt: Paulus ist zwar **„aus der Ferne kühn“**, „seine Briefe sind gewichtig und stark“ (10, 10); aber er ist **„vor Augen gering“**[295] und in seiner leiblichen Anwesenheit „schwach“ (10, 10). Die Gemeinde soll es recht verstehen! Herrisches, gewaltsames Auftreten ist nicht mehr[296] seine Sache, seit er Jesus gehört. Er ist nun von Ihm her bestimmt und geprägt und kann auch diesen Briefteil nur so beginnen, daß er die Gemeinden **„durch die Sanftmut**

[295] Das hier verwendete Wort „tapeinos“ kann auch eine subjektive Haltung der Niedrigkeit, Unterwürfigkeit, „Demut“ bezeichnen. In seiner Grundbedeutung meint es aber die objektive Lage des „Geringen“, also dessen, der nicht mit äußerer Macht und Größe auftreten und etwas erreichen kann. Das wird hier gemeint sein. „Unterwürfig“ war Paulus keinesfalls!

[296] Welch eine totale Wandlung in Paulus, wenn wir auf Apg 9, 1; 26, 9–11; Gal 1, 13 zurückblicken!

und Milde des Christus" ermahnt[297]. Er hat keinen Gefallen an Kampf und hartem Vorgehen. Es ist sein ernstes Gebet, daß ein solches Vorgehen bei seinem Besuch nicht nötig wird, weil seine Gegner merken,
2 daß ihr Einfluß bei der Gemeinde gebrochen ist. **„Ich bete aber darum, daß ich nicht in persönlicher Anwesenheit kühn werden muß in der Zuversicht, die ich mir herauszunehmen gedenke gegen gewisse Leute, die von uns denken, daß wir nach Fleischesart wandeln."** Dann freilich wären Kap. 10–13 unvereinbar mit dem ganzen bisherigen Brief, wenn es jetzt in Kap. 10 ff um einen etwaigen Kampf mit der Gemeinde ginge! Aber das ist ausdrücklich nicht der Fall. Es geht nur noch um **„gewisse Leute"**, um „einige". Gegen sie muß er vielleicht **„in persönlicher Anwesenheit kühn werden"**. Sie denken von Paulus und seinen Mitarbeitern, daß sie **„nach Fleischesart wandeln"**. Was meinen sie mit diesem abfälligen Urteil? Worin finden sie ausgerechnet bei Paulus **„Fleischesart"**? Sahen die Gegner Paulus ganz allgemein als zu wenig „geistlich" an? Waren es Männer, die „über die Schrift hinaus" gingen (1 Ko 4, 6), das Zungengebet hochspielten und es bei Paulus nicht gehört hatten (1, 14–18), sich der Gesichte und Offenbarungen rühmten und sie bei Paulus vermißten (12, 1) und die von solchen geistlichen Höhen her auf den doch noch recht „fleischlichen" Apostel herabsahen[298]? Hatten sie ihm darum auch vorgeworfen, daß er den Christus noch zu sehr „nach Fleischesart kenne" (5, 16b), während sie viel unmittelbarer und geistgemäßer „Christus gehörten" (1 Ko 1, 12; 2 Ko 10, 7)? Oder hielten sie seinen ganzen Anspruch, Apostel Jesu Christi zu sein, für eine „fleischliche" Anmaßung und Selbstüberschätzung des Paulus, eben weil ihm das alles fehle, worin sie den besonderen Beweis des Geistbesitzes erblickten? Mißverstanden sie die „Schwachheit" und „Demut" des Apostels, der nicht durchzugreifen wage und leicht aus dem Felde zu schlagen sei, als **„Fleischesart"**? Es kann alles zugleich in diesem wegwerfenden Urteil über Paulus gelegen haben[299]. Gegen sie gedenkt Paulus sich **„Zuversicht herauszunehmen"**.

[297] Entgegen der verbreiteten Meinung, der „historische Jesus" sei für den Apostel Paulus bedeutungslos gewesen, wird auch hier wieder deutlich, wie maßgebend Jesus das ganze Leben des Paulus bestimmt. Wenn die Gemeinde in Korinth sich über sein stetes Leiden ärgert — kann der Bote des leidenden und sterbenden Christus anders aussehen? Wenn die Gemeinde ihn enttäuschend und „gering" und „sanftmütig" findet, entsprach darin der Bote nicht genau seinem Herren, der sanftmütig und von Herzen demütig (Mt 11, 29) war? Die Korinther müssen erkennen, daß sie in Wahrheit Christus verachten, wenn sie Paulus verächtlich ansehen (Lk 10, 16).

[298] Solche Fehlurteile sind in der Kirchengeschichte immer wieder vorgekommen. Man denke an Th. Münzers Schrift gegen Luther: „Wider das geistlose sanftlebende Fleisch zu Wittenberg."

[299] Über die Gegner des Paulus vgl. Einleitung S. 13 Nr. 4.

Freilich, Paulus muß es der geistlichen „Höhe" jener Männer gegenüber zugeben: **„Im Fleisch wandeln wir wohl."** Er hat ja den 3
Schatz jenes einzigartigen Dienstes „in einem tönernen Gefäß" (4, 7). So kennt er gründlich das notvolle Leben **„im Fleisch"** und schildert den Dienstweg gerade des echten Apostels so nüchtern, wie er es schon im ersten Brief 4, 8–13 getan hat und nun wieder im zweiten Brief 1, 3–11; 4, 7–12; 6, 3–10 tut. Er kann nicht auf solchen „Höhen" gehen wie seine Gegner in Korinth, sondern weiß, daß er nur des „Geistes Erstlingsgabe hat[300]" und darum mit der ganzen Schöpfung in heißem Sehnen und Warten steht (Rö 8, 23). Aber man soll sich in Korinth nicht täuschen. Wenn er auch **„im Fleisch"** lebt, so wird er doch bei seinem Besuch in Korinth weder schwach und hilflos sein, noch auch die üblichen **„fleischlichen Waffen"** wie List, Diplomatie, Lüge und Gewalt gebrauchen. **„Denn im Fleisch wandeln wir wohl, führen unseren Kampf aber nicht nach Fleischesart. Denn die Waffen unseres Kampfes sind nicht fleischlich, sondern mächtig für Gott zur Zerstörung von Bollwerken."** Schon im ersten Brief (4, 18–21) hatte 4/5
er Schwierigkeiten bei seinem Besuch in Korinth vorausgesehen. Damals waren es Schwierigkeiten mit der ganzen Gemeinde, zu der er vielleicht wie ein zürnender Vater „mit der Rute" kommen muß. Davon ist jetzt nicht mehr die Rede; in der Gemeinde ist die Umkehr geschehen. Aber **„gewisse Leute"** sind noch da, die die Gemeinde zu verführen suchen. Ihnen gilt sein Kampf. Darum erscheint der Apostel in Korinth jetzt nicht als Vater mit der Rute, sondern als „Soldat"; er gebraucht die üblichen Ausdrücke für den Dienst im Heer. Dabei kommt er als Angreifer. Sein Besuch in Korinth wird dem Angriff auf eine Festung gleichen. Bollwerke werden zerstört, Höhenstellungen erobert, Gefangene gemacht, und über die Feinde Gericht gehalten. **„Anschauungen** (oder: Anschläge) **zerstören wir und jede Höhe, die sich erhebt gegen die Erkenntnis Gottes, und nehmen gefangen jeden Gedanken zum Gehorsam gegen den Christus."** Es geht nicht um einen „fleischlichen", äußerlichen Kampf gegen Menschen als solche. Die **„Bollwerke"**, die niedergerissen werden müssen, sind **„logismoi"**, also „Gedanken, Anschauungen, Anschläge"[301]. Die betreffenden Männer in Korinth hatten „Anschauungen" vertreten, mit denen sie die Gemeinde angeblich erst auf die **„Höhe"** des vollkommenen Christentums führen wollten[302]. Nach dem Urteil des Paulus aber erheben sich diese **„Höhen"** **„gegen die Erkenntnis Gottes"**. Dabei ist nicht an akademisch-theologische Lehrsätze gedacht. Es geht

[300] Rö 8, 23; auch 2 Ko 1, 22; Eph 1, 14. Von solchen Stellen her ist es falsch zu sagen, wir müßten oder könnten die „Fülle des Geistes" haben.
[301] Das Wort hat hier vielleicht auch den Sinn von „Sophismen".
[302] Vgl. in der Einleitung 4 auf S. 14 f.

um eine **„Erkenntnis Gottes"**, die das ganze faktische Leben bestimmt. Der wahre, lebendige Gott, der Heilige, der doch die Welt mit sich versöhnte, ist völlig verkannt, wenn man auf solchen **„Höhen"** lebt. Wir müssen noch einmal vor Augen haben, was Paulus schon im ersten Brief mit Schmerz und Zorn im Gemeindeleben Korinths bekämpfte: die Parteiungen, die Eifersüchteleien, die Prozesse zwischen Gemeindegliedern vor heidnischen Richtern, der Gang zur Tempeldirne, die Teilnahme an Mahlzeiten in heidnischen Tempeln, die Emanzipation der Frau, die Zerrüttung der Herrenmahlfeier, die Überschätzung der „Zunge", die Leugnung der Auferstehung, den Ärger an den Leiden des Apostels. Gott wird in seiner Heiligkeit und in seiner Liebe beleidigt, wo solche **„Anschauungen"** zur praktischen Herrschaft in der Gemeinde kommen. So hatte Paulus schon im ersten Brief 15, 34 die „Unkenntnis Gottes" gerügt, die er bei Gemeindegliedern in Korinth fand. Nicht gegen die Person und das Ansehen des Paulus erhoben sich die Gegner, wie sie meinten, sondern gegen die **„Erkenntnis Gottes"**. Darum können diese **„Bollwerke"** nicht geduldet werden. Sie sind niederzureißen, zu **„zerstören"**. Das kann freilich nicht mit äußerer Gewalt geschehen. „Fleischliche Waffen" sind hier nicht zu brauchen. Paulus hat aber schon in 6, 7 gesagt, daß er Angriffs- und Verteidigungswaffen zu führen wisse. Seine Waffen sind **„mächtig für Gott"**. So wie seine Gegner **„gegen Gott"** sich auflehnen, so wird Paulus mit vollmächtigen Waffen **„für Gott"** streiten. Er wird die **„Höhen"** stürmen und die **„Bollwerke"** verführerischer **„Anschauungen"** niederreißen. Die Gemeinde mache sich darauf gefaßt.

Paulus führt das militärische Bild weiter durch. Wenn eine Festung erobert wird, werden auch Gefangene gemacht. So wird es auch bei dem Apostel in Korinth geschehen. Auch Paulus wird Gefangene machen. Aber wieder sind es nicht Menschen, die er für sich gefangennehmen oder sich unterwerfen will. Jedes „noema", jedes **„Gedankengebilde"**, jede Lehre, jedes Denken wird er **„gefangennehmen zum Gehorsam gegen den Christus"**. Sowohl der, der im Dienst des Mose das Heil sah, und den Dienst des Neuen Bundes verkannte, wie auch der, der in die falsche Freiheit führte, stand gegen Jesus und hatte ihm den Glaubensgehorsam aufgesagt. Paulus rechnet damit, daß es ihm mit Geistesvollmacht gelingen wird, dies hell ins Licht zu stellen und dadurch vieles Denken in Korinth zum **„Gehorsam gegen den Christus"** zurückzugewinnen. Paulus ist kein Feind des Denkens und der Vernunft. Immer wieder müht er sich in seinen Briefen, die Gemeinden zum Denken, zum Verstehen, zum eigenen Urteil zu bringen. „Ich will nicht, daß ihr nicht wißt ...", das ist eine häufige Formel bei ihm. Aber Paulus wußte, daß unser „Denken" keineswegs die selbständige, freie Funktion ist, die alle Vernunftgläubigkeit darin sieht[303]. Unser Denken wird vielmehr aus verborgenen Tiefen unseres Ich gesteuert. Zuletzt steht hinter ihm der Gott dieses Äons (4, 4), der unser Denken versklavt oder Gott in Christus, der es zu wahrem Denken befreit. Darum will Paulus **„jeden Gedanken zum Gehorsam gegen den Christus gefangennehmen"**, um ihm so gerade zur echten Freiheit zu verhelfen. Wenn Paulus dabei von **„jedem"** Gedanken spricht, so ist das auch hier nicht statistisch gemeint. Paulus kann nicht damit rechnen, alle seine Gegner in Korinth innerlich zu überwinden. Aber grundsätzlich gibt es in Korinth keinen Gedanken, welcher Art er auch sei, „judaistisch" oder „gnostisch", der nicht Jesus unterworfen werden müßte und könnte.

Von einer blinden Unterwerfung und einer gewaltsamen Gefangennahme der menschlichen Vernunft (so die alte LÜ) kann bei einem Paulus keine Rede sein. Das kriegerische Bild ist nur gebraucht im Gegensatz zu der Geringschätzung des Paulus bei den Korinthern, die in ihm einen ohnmächtigen Mann sehen: „vor Augen gering". Paulus war kein Mann äußerlicher Autorität, er war ein Mann der Freiheit. Der **„Gehorsam"**, dessen Vorbild er in dem Gehorsam Jesu selber sah (Phil 2, 5–11), war für ihn der freie, aus der Liebe entspringende Gehorsam. Das Fehlen der Liebe bei den neuen Männern in Korinth machte für Paulus ihren ganzen anderen, geistlichen Besitz wertlos (1 Ko 13, 1–3). Werden sie dem Christus gehorsam, dann werden sie Männer, die mit Paulus sagen können: „Das, was uns bestimmt, ist die Liebe des Christus" (5, 14).

Daß er nicht alle in Korinth gewinnen kann, das weiß Paulus sel- 6
ber. Deshalb **„hält er sich bereit, zu strafen jeden Ungehorsam"**. Er sagt nicht, daß es notwendig zu diesem **„Strafen"** kommen müßte; er hält sich seinerseits nur **„bereit"** dafür. Er führt auch nicht näher aus, worin die **„Strafe"** bestehen wird. Das Äußerste dabei würde der Ausschluß aus der Gemeinde Gottes sein, der freilich zugleich „Preisgabe an Satan zum Verderben des Fleisches" bedeutet (1 Ko 5, 5). Es bestand damals ja nur die eine Gemeinde Jesu in Korinth, „der Leib des Christus". Nur in ihr, als ihr Glied, war ein Mensch dem „Machtbereich der Finsternis" (Kol 1, 13) entnommen. Wurde er von der Gemeinde getrennt, dann stand er schutzlos aufs neue in diesem dunklen Machtbereich, und Satan konnte ihn verderben. Aber die Gemeinde hatte nach der Forderung des Apostels jenen Mann, der „Betrübnis angerichtet" und „Unrecht getan" hatte, bestraft, ohne ihn aus der Gemeinde auszuschließen (2, 6). So kann Paulus bei der Ankündigung einer Strafe für die Widerspenstigen an mancherlei

[303] Uns hat es die moderne Psychologie aufs neue gezeigt.

Möglichkeiten gedacht haben. Unerläßlich aber ist das Strafen; denn **„Ungehorsam"**, der willentlich festgehalten wird, kann nicht straflos bleiben, auch nicht in der Gemeinde Jesu. Wohl lebt sie vom Vergeben. Paulus hat das in 2, 10 f mit großem Ernst selber betont. Aber echtes Vergeben setzt Einsicht und Bekenntnis voraus. Ungehorsam muß Strafe finden. Dieses „Strafen" kann und wird geschehen, **„wenn euer Gehorsam völlig wiederhergestellt ist"**! Paulus formuliert hier nicht so, als ob es sich um eine offene Bedingung handelt, von deren noch ausstehender Erfüllung die Möglichkeit des Strafens abhängt. Die Gemeinde ist zum Gehorsam zurückgekehrt. Aber bei dem Besuch des Apostels wird ihr Gehorsam **„völlig wiederhergestellt"** und jede Unsicherheit überwunden. Und dann kann und wird notfalls Gericht gehalten werden. Was Paulus in Kap. 12, 20. 21 schreiben wird, zeigt sein nüchternes Urteil über die Gemeinde[304]. Es war bei allem willigen „Eifer" der Gemeinde doch noch viel an Gehorsam **„wiederherzustellen"**. Aber gerade der geistesmächtige Angriff auf die verführerischen Lehren und Anschauungen der Gegner wird dazu erfolgreich helfen.

EINE WARNUNG AN DIE GEGNER

2. Korinther 10, 7—11

Zu Vers 7:
Mk 9, 41
1 Ko 1, 12
7, 40
Zu Vers 8:
Jer 1, 10
11, 16
12, 6
1 Ko 5, 4 f
Zu Vers 10:
2 Ko 11, 6
2 Pt 3, 16
Zu Vers 11:
2 Ko 12, 20
13, 2. 10

7 **Seht auf das, was vor Augen liegt. Wenn jemand zu sich selbst**
die Zuversicht hat, Christus zu gehören, der soll vor sich selbst
wiederum dies bedenken, daß genauso, wie er Christus gehört,
8 **so auch wir [es tun]. * Ja, wenn ich auch noch etwas Größeres von**
mir rühmen werde über unsere Vollmacht, die der Herr gegeben
hat zu eurem Aufbau und nicht zu eurer Zerstörung, so werde ich
9 **[damit] nicht zuschanden werden, * damit es nicht den Anschein**
10 **gewinnt, als wollte ich euch einschüchtern durch die Briefe. * Denn**
die Briefe freilich, so sagt man, sind wuchtig und kraftvoll, aber
seine leibliche Gegenwart ist schwach und seine Rede verächtlich.
11 *** Dies möge der Betreffende bedenken: wie wir sind durch das**
Wort in den Briefen als Abwesende, so [werden wir sein] auch als
Anwesende durch das Werk.

7 Paulus hat grundsätzlich seinen „Angriff" auf seine Gegner in Korinth angekündigt. Nun will er der Gemeinde diese Gegner noch weiter zeigen, damit sie bei seinem Besuch versteht, weshalb er

[304] Vgl. die Auslegung zu dieser Stelle.

diesmal nicht schonen kann und will. Er stellt alles Folgende unter die Aufforderung: **„Seht auf das, was vor Augen liegt."** Die Gemeinde kann die Gegner des Apostels, die Verderber der Gemeinde, selber in ihrem Wesen erkennen, wenn sie nur die Augen aufmacht und wahrnimmt, was deutlich genug zu sehen ist. Es handelt sich nicht um verborgene Dinge, die Paulus bei diesen Männern nur „argwöhnt". Jeder in der Gemeinde kann erkennen, was hier verdorben und verderblich ist[305].

Die Männer, gegen die Paulus sich wenden muß, nehmen für sich eine besondere Zugehörigkeit zu Christus in Anspruch. Es scheint sich um Kreise zu handeln, die schon nach 1 Ko 1, 12 die Parole ausgaben: „Ich gehöre Christus." Im Unterschied zu den drei anderen Gruppen würden sie damit sagen: Wir brauchen die Apostel nicht, weder Petrus noch Paulus. Wir haben im Geist das unmittelbare Verhältnis zu Christus und stehen darin frei und überlegen denen gegenüber, die noch an die Schrift und an das Apostolat gebunden sind. Wir können darum die Gemeinde auch aus der ärmlichen Enge auf die Höhe geistlichen Lebens und voller Freiheit führen. Paulus fordert demgegenüber: **„Wenn jemand zu sich selbst die Zuversicht hat, Christus zu gehören, der soll vor sich selbst wiederum dies bedenken, daß genauso, wie er Christus gehört, so auch wir [es tun]."** Er spricht ihnen die Zugehörigkeit zu Jesus noch nicht ab und fällt kein Urteil über ihren Glaubensstand. Aber genauso müßten auch sie es machen, wenn ihre Zugehörigkeit zu Jesus echt ist. Sie dürfen sie nicht allein für sich selbst in Anspruch nehmen, sondern müßten sie auch an Paulus und seinen Mitarbeitern erkennen und anerkennen. Wahre Zugehörigkeit zu Jesus führt nicht auf eigene Höhen hinauf, von denen herab man einen Paulus aburteilt und verachtet. „Durch Demut achte einer den anderen höher als sich selbst", das ist das Siegel auf die echte Zugehörigkeit zu Christus. Paulus hat in seinem Satz das **„zu sich selbst"** und **„vor sich selbst"** betont. Die Gegner gründen ihre **„Zuversicht"**, Christus zu gehören, nicht auf das Handeln Jesu, der uns zu seinem Eigentum erkauft hat, sondern haben **„zu sich selbst"** diese kühne Zuversicht. Nun, dann müssen sie ebenso **„vor sich selbst"** anerkennen, daß die Zugehörigkeit zu Christus nicht ihr Monopol sein kann, auch wenn dieses Zugeständnis dem eigenen Ich schwerfällt.

[305] A. Schlatter hat in seinen „Erläuterungen" den Satz als Vorwurf gefaßt: „Ihr seht auf das, was das Gesicht zeigt." Die Korinther lassen sich von dem geistreichen Auftreten der neuen Lehrer blenden und können sie darum nicht richtig beurteilen. Rein sprachlich läßt sich der Satz auch so übersetzen und verstehen. Aber dann müßte dieser Vorwurf im Folgenden weiter durchgeführt werden. Das ist nicht der Fall. Schlatter hat selber in seinem großen Kommentar diese Deutung des Satzes aufgegeben.

8 Paulus nimmt zunächst die Zugehörigkeit zu Christus, also den eigentlichen Christenstand für sich in Anspruch, den seine Gegner ihm nicht zuerkennen wollen. Aber er geht nun darüber hinaus und rühmt von sich noch **„Größeres"**, die besondere Vollmacht, die Jesus ihm, dem erwählten Apostel, verliehen hat. **„Ja, wenn ich auch noch etwas Größeres von mir rühmen werde über unsere Vollmacht, die der Herr gegeben hat zu eurem Aufbau und nicht zu eurer Zerstörung, so werde ich [damit] nicht zuschanden werden."** Warum formuliert Paulus hier so seltsam? „Vollmacht zur Zerstörung der Korinther", wie sollte Jesus ihm so etwas gegeben haben? Das braucht er doch nicht erst ausdrücklich zu verneinen! Drei Gründe können ihm dies Wort in die Feder gegeben haben. Paulus hat selber vom „Zerstören" gesprochen, das er bei seinem Kommen nach Korinth vor sich sehe (V. 4)[306]. Nun will er unterstreichen, daß solches **„Zerstören"** niemals der Gemeinde als solcher gelten könne, zu deren **„Aufbau"** allein er bevollmächtigt sei. Es haben aber möglicherweise auch die Gegner des Apostels die Gemeinde gewarnt und ihr gesagt, Paulus werde bei ihr das neue, großartige Leben zerstören, das sie der Gemeinde gebracht haben. Und es kann endlich ein grollender Angriff in dieser Formulierung liegen. Seine Gegner, die die Gemeinde auf die wahre Höhe zu heben behaupten, zerstören sie gerade. Er aber, ihr Apostel, ihr Gründer und Vater, hat von Anfang an nur die eine Vollmacht gehabt, die Vollmacht zum Aufbau[307]. Diese ganze Aussage in ihrem Wortlaut ist dem Apostel so wichtig, daß er sie in 13, 10 noch einmal wiederholt. So werden wir in diese Formulierung **„Vollmacht zu eurem Aufbau und nicht zu eurer Zerstörung"** alles das hineinlegen dürfen, was jetzt vor uns stand.

9/10 Wenn Paulus diese Vollmacht von seinem Herrn zu haben behauptet, wird er **„damit nicht zuschanden werden"**. Diese Vollmacht wird sich bei seinem Besuch als Realität erweisen, **„damit es nicht den Anschein gewinnt, als wollte ich euch einschüchtern durch die Briefe. Denn die Briefe freilich, so sagt man, sind wuchtig und kraftvoll, aber seine leibliche Gegenwart ist schwach und seine Rede verächtlich."** Paulus hatte gleich am Beginn dieses letzten Briefteiles auf das angespielt, was seine Gegner höhnisch über ihn sagten. Aus der Ferne ist dieser Paulus so kühn und redet große Worte, aber wenn er Auge in Auge mit der Gemeinde und mit uns steht, dann ist er „gering" und wagt gar nichts. In Korinth sagte man es auch so, daß

[306] Zugleich kann dem bibelkundigen Apostel im Sinn gelegen haben, wie auch ein Jeremia zum „Zerstören und Verderben" ebenso gerufen worden war, wie zum „Bauen und Pflanzen" (Jer 1, 10).

[307] Wir werden damit an 1 Ko 3 erinnert, auch an die ernste Warnung in 3, 17.

die Briefe des Apostels eindrucksvoll und mächtig seien[308]; aber wenn der Schreiber dieser wuchtigen Briefe leibhaftig vor ihnen stehe, wie schwach wirke er dann. Und reden, gewandt und hinreißend reden, kann er nicht. Sicher trug zu diesem Urteil die grie Schätzung der Redekunst bei. Aber wir müssen doch auch lernen, uns nicht ein falsches Bild des Apostels nach den Wünschen christlicher Heldenverehrung zurecht zu machen. Ein „imponierender Mann", eine Gestalt, wie sie Dürer auf seinem berühmten Apostelbild dargestellt hat, war Paulus offenbar nicht. Daß er bei seinem kommenden Besuch tatsächlich der Mann mit dem Schwert sein wird, steht auf einem anderen Blatt.

Die Gegner meinen, den Besuch des Paulus nicht fürchten zu müssen. Jetzt aus der Ferne schreibe er zwar wieder großartige und kühne Briefe und versuche die Gemeinde dadurch **„einzuschüchtern"**, aber wenn er dann dasein wird, ist wieder – wie bei jenem Zwischenbe-
such – leicht mit ihm fertig zu werden. Paulus antwortet: **„Dies möge** 11
der Betreffende bedenken: wie wir sind durch das Wort in den Briefen als Abwesende, so [werden wir sein] auch als Anwesende durch das Werk." Wer so gegen Paulus redet, soll sich hüten. Es ist ja doch kein anderer Paulus, der in Korinth vor ihnen stehen wird, als der, der jetzt im Brief zu ihnen spricht. In den Briefen als **„Abwesender"** hat er freilich nur das **„Wort"** zur Verfügung. Bei seiner Anwesenheit kann und wird er durch das **„Werk"**, durch die Tat, durch sein Handeln, in voller Realität seine vom Herrn gegebene Vollmacht beweisen.

DAS BERECHTIGTE SELBSTBEWUSSTSEIN DES PAULUS UND DER FALSCHE RUHM SEINER GEGNER

2. Korinther 10, 12–18

12 **Denn wir wagen nicht, uns selbst zuzurechnen oder gleichzurech-**
nen gewissen Leuten, die sich selbst empfehlen. Allein, da sie sich
selbst an sich selbst messen und sich selbst mit sich selbst ver-
13 **gleichen, kommen sie nicht zur Einsicht. * Wir aber rühmen uns**
nicht ins Maßlose, sondern nach dem Maß der Richtschnur, die
uns Gott als Maß zugeteilt hat, sogar bis zu euch zu gelangen.
14 *** Denn nicht als solche, die gar nicht bis zu euch gelangten, über-**
dehnen wir uns selber; denn sogar bis hin zu euch sind wir ge-
15 **kommen mit dem Evangelium des Christus. * So rühmen wir uns**

Zu Vers 13: Rö 12, 3
Zu Vers 14: 1 Ko 9, 2
Zu Vers 15: Rö 15, 20

[308] Das merken wahrlich wir heutigen Leser deutlich genug!

Zu Vers 16:
Jer 9, 22 f
Apg 19, 21
Zu Vers 17:
Jer 9, 23 f
1 Ko 1, 31
Zu Vers 18:
Spr 27, 2
1 Ko 4, 5

nicht ins Maßlose mit fremden Arbeitsmühen, haben aber die
Hoffnung, wenn euer Glaube wächst, unter euch groß gemacht zu
16 werden nach unserm Maßstab bis zum Überströmen, * in die
Gegenden über euch hinaus das Evangelium zu tragen und uns
nicht nach einem fremden Maßstab über das zu rühmen, was schon
17 fertig ist. * Wer sich aber rühmt, der rühme sich des Herrn.
18 Denn nicht, der sich selbst empfiehlt, der ist bewährt, sondern
den der Herr empfiehlt.

12 Wie steht es mit der „apostolischen Vollmacht" des Paulus, die offenbar von seinen Gegnern bestritten wird, teils so, daß sie ihm absprechen, ein echter Apostel zu sein, teils so, daß sie ihre unmittelbare „Geistesvollmacht" in der Zugehörigkeit zu Christus aller „äußerlichen" Amtsvollmacht der Apostel überhaupt entgegensetzen? Die Korinther sollen die Augen aufmachen und erkennen, was deutlich genug zu sehen ist. Jene Männer haben für ihre hohen Ansprüche auf die Führung der Gemeinde keinen Beweis, sondern behaupten diese Ansprüche nur und **„empfehlen sich selbst"**. Noch einmal erscheint dieses Stichwort, auf das wir schon 3, 1; 5, 12 stießen. **Aber gerade** nicht Paulus ist es, der „sich selbst empfiehlt"!

Seine Gegner haben es offenbar eifrig getan, weil sie es nötig hatten. Paulus aber will sich dieser ganzen Art nicht zurechnen und sich mit ihnen auch nicht vergleichen. Seine Haltung steht auf einem ganz anderen und wahren Fundament. **„Denn wir wagen nicht, uns selbst zuzurechnen oder gleichzurechnen gewissen Leuten, die sich selbst empfehlen."** Sie verwenden bei ihrer „Empfehlung" von vorn herein einen sehr bequemen, aber falschen Maßstab und kommen daher nie zur rechten Selbsteinschätzung. **„Allein, da sie sich selbst an sich selbst messen und sich selbst mit sich selbst vergleichen, kommen sie nicht zur Einsicht."** Auch Paulus denkt groß von seinem Werk, das er im Auftrag Jesu tun darf, und das in seiner Größe und Weite vor ihm liegt. Von Korinth aus wird er den Römern schreiben, daß er „von Jerusalem an und umher bis Illyrien das Evangelium Christi voll ausgerichtet habe." Aber das sind Tatsachen, die „vor Augen liegen" (V. 1) und von den Korinthern klar gesehen werden können.
13 Dagegen der laute Selbstruhm seiner Gegner in Korinth ist maßlos und ohne wirklichen Grund. **„Wir aber rühmen uns nicht ins Maßlose, sondern nach dem Maß der Richtschnur, die uns Gott als Maß zugeteilt hat, sogar bis zu euch zu gelangen."** Wieder ist der Blick des Paulus fest auf Gott gerichtet. Nicht Paulus selbst bestimmt nach seinen Wünschen und Plänen die Weite seines Werkes. Gott selbst hat einen „Kanon", ein **„Maß"** für die Lebensarbeit seines Dieners festgesetzt. Diese **„Richtschnur** Gottes" reicht weit; sie reicht bis nach

Korinth! Wenn Paulus so von seinem Lebenswerk als Apostel spricht, dann sind das nicht bloße Worte oder phantastische Pläne, sondern
Realitäten. **„Denn nicht als solche, die gar nicht bis zu euch gelangten,** 14
überdehnen wir uns selber; denn sogar bis hin zu euch sind wir gekommen mit dem Evangelium des Christus." Paulus **„überdehnt"** und **„vermißt"** sich nicht.

Aber sind seine Gegner nicht auch „nach Korinth gelangt"? Es handelt sich bei den neuen Männern offensichtlich nicht um korinthische Gemeindeglieder, sondern um Leute, die von auswärts mit „Empfehlungsschreiben" (3, 1) in die Gemeinde hineingekommen sind. Es erregt den Zorn des Apostels, daß solche Fremden sich dort eingenistet haben und die Gemeinde, die er in heißer Arbeit gegründet hat,
von ihm losreißen wollen. Darum hebt er es jetzt hervor. **„So rüh-** 15
men wir uns nicht ins Maßlose mit fremden Arbeitsmühen." Bei dem Wort **„maßlos"** denkt Paulus nicht nur an die Übertreibungen eines aufgeblähten Selbstlobes. Er meint es realer. Er hat für sein Werk Gottes bestimmtes **„Maß"**. Die Gegner aber haben nicht Gottes klaren Arbeitsplan, den sie erfüllen, sondern reisen eigenmächtig in der Welt umher. Sie sind zwar auch nach Korinth gekommen, aber ohne Auftrag Gottes. Sie haben in Korinth auch nicht selber in hartem Einsatz etwas geschaffen, sondern leben dort von der Arbeit des Mannes, den sie verachten und beiseite zu schieben suchen. Die Korinther brauchen nur die Augen aufzumachen, um zu sehen, wie es wirklich steht. Paulus wollte „noch etwas Größeres von sich rühmen" (V. 8). Das tut er nun. Sein Werk hat in Korinth noch nicht seine
Grenze erreicht. Er hat **„die Hoffnung, wenn euer Glaube wächst, unter** 15/16
euch groß gemacht zu werden nach unserm Maßstab bis zum Überströmen, in die Gegenden über euch hinaus das Evangelium zu tragen." Sein Missionswerk wird noch mächtig wachsen. Denn in die Gegenden nach Westen über Korinth hinaus wird er noch das Evangelium tragen. Paulus denkt an die Reise nach Rom und an die Evangelisation in Spanien. Aber auch das sind nicht „maßlose Pläne". Er bleibt bei dem „Maßstab", dem „Kanon" den Gott für ihn aufgestellt hat[309]. Es ist bezeichnend für die echte Liebe des Paulus zu seinen Korinthern, daß er sie auch hier wieder in diese seine Hoffnungen unmittelbar hineinzieht[310] und sie an seinem Arbeitswerk beteiligt. Er kann über

[309] Darum ist es keine Widerlegung des Paulus, daß er zwar noch nach Rom kam, aber wahrscheinlich nicht mehr nach Spanien. Wenn dieses Land nicht mehr zum Arbeitsgebiet des Apostels bestimmt war, so beugte sich Paulus der von Gott gesetzten Grenze in willigem Gehorsam.

[310] Vgl. die Hinweise zu 1, 6 und 1, 11.

Korinth nur dann hinausgreifen, **„wenn euer Glaube wächst**[311]**"**, wenn Paulus also eine im Glauben gefestigte Gemeinde hinter sich zurücklassen kann. Gibt ihm aber Gott dann die mächtige Ausweitung seiner Arbeit, dann haben seine Korinther den Anteil der Freude daran. Er stellt nicht nur für sich selbst die tatsächliche Größe seines Werkes dem uferlosen und grundlosen Rühmen seiner Gegner gegenüber. Er sieht auf seine Korinther und hofft, **„unter euch großgemacht zu werden nach unserm Maßstab bis zum Überströmen"**. Er ist ja doch „ihr" Apostel, dem Gott ein so unerhört weites Wirken schenkt. Sie werden mit freudigem Dank an der Größe ihres Apostels teilnehmen. Auch dann aber wird es echte, eigene Arbeit **„nach unserm Maßstab"** sein. Er hat es nicht nötig, sich **„nach einem fremden Maßstab über das zu rühmen, was schon fertig ist"**.

Noch einmal wird die peinliche Verlogenheit in dem Großtun der neuen Männer in Korinth gegeißelt. Sie rühmen, was sie alles für Korinth getan haben, und haben sich doch nur in eine fertige Gemeindearbeit hineingesetzt, anstatt Mühe und Gefahr echter Missionsarbeit dort auf sich zu nehmen, wo das Evangelium noch unbekannt war.

17 Vom **„Rühmen**[312]**"** hat Paulus sprechen müssen. Sein Blick bleibt dabei nicht an sich selbst und an seiner Leistung hängen. Er hält an der Regel der Heiligen Schrift fest, die er schon im ersten Brief den Korinthern vor Augen gestellt hatte (1 Ko 1, 31): **„Wer sich aber rühmt, der rühme sich des Herrn."** Denn es stammt ja alles von Gott: die Erwählung und Sendung, das Ausmaß des Werkes, die Kraft und Vollmacht zu seiner Durchführung. „Was hast du, was du nicht empfangen hast" (1 Ko 4, 7). Die eigene Arbeit und Leistung darf klar gesehen werden gegen die leere Rühmerei anderer. Aber sofort muß der Blick wieder zum Herrn gehen und muß ihm die Ehre geben[313].
18 Aber vom Herrn aus geht der Blick nochmals zurück zu den menschlichen Boten und ihrer Lebensarbeit. Der Herr bestätigt und beglaubigt diese Arbeit mit der Vollmacht, die er verleiht, und mit der Furcht, die er schenkt. Dadurch **„empfiehlt"** der Herr selbst seine Knechte. Darauf kommt es an. Selbstempfehlungen nützen nichts, wenn nicht das göttliche Siegel auf ihrer Arbeit liegt. **„Denn nicht, der sich selbst**

[311] Der Glaube ist nicht eine Sache, die ein für allemal feststeht und nominiert ist, sondern ein lebendiges Geschehen im Personenzentrum des Menschen; er kann darum „wachsen", aber auch verkümmern und erlahmen.

[312] Paulus hat das Rühmen nicht verworfen. Er hat im Gegenteil gewußt, wie notwendig es zur echten Lebendigkeit unseres Herzens gehört. Darum ist es wichtig für uns, zu studieren, was Paulus vom „Rühmen" sagt: Rö 5, 2. 11; 15, 17; 1 Ko 1, 29—31; 3, 21; 4, 7; 9, 15; 15, 31; 2 Ko 1, 12; 5, 12; 7, 4. 14; 10, 8; 11, 16—18; 11, 30; Gal 6, 13; Eph 2, 9; Phil 1, 26; 2, 16; 3, 3; 1 Th 2, 19.

[313] Kennzeichnend für den redlichen Blick auf die eigene Leistung und die sofortige Blickwendung zu Gott ist 1 Ko 15, 10.

empfiehlt, der ist bewährt, sondern den der Herr empfiehlt." Gerade der Apostel, dem die Gegner solche „Selbstempfehlung" vorwerfen, bedarf ihrer nicht, weil die Beglaubigung seiner Arbeit durch Gott seine „Empfehlung" ist. Eine Gemeinde wie Korinth ist sein „Brief" und „Ausweis", der „Christusbrief", der ihn deutlich vor aller Welt empfiehlt (3, 1—3; 5, 12).

DER BERECHTIGTE HINTERGRUND DES TÖRICHTEN SELBSTRUHMES DES PAULUS

2. Korinther 11, 1—6

1 **Möchtet ihr doch an mir ein kleinwenig Unverstand ertragen! Aber**
2 **ihr ertragt mich auch** (oder: Doch wirklich, ertragt mich!). *** Denn**
ich eifere um euch mit Gottes Eifer; denn ich habe euch einem ein-
zigen Mann verlobt, um eine reine Jungfrau dem Christus zuzu-
3 **führen. * Ich fürchte aber, es möchten, wie die Schlange Eva betrog**
durch ihre Arglist, eure Gedanken verdorben werden, weg von der
4 **Einfalt, die auf Christus [gerichtet ist]. * Denn wenn der, der**
kommt, einen anderen Jesus heroldet, den wir nicht geheroldet ha-
ben, oder ihr einen andern Geist empfangt, den ihr nicht empfingt,
oder ein anderes Evangelium, das ihr nicht erhieltet, dann ertragt ihr
5 **[es] mit Recht. * Denn ich denke in nichts zurückgeblieben zu sein,**
hinter den „ganz großen" Aposteln (oder: den „Über-Aposteln").
6 *** Wenn ich aber auch ein Laie in der Redekunst bin, so doch nicht**
in der Erkenntnis, sondern wir haben sie in jedem Punkt offenbar-
gemacht in allen Dingen bei euch.

Zu Vers 1: 2 Ko 11, 16—19 12, 6
Zu Vers 2: Eph 5, 24—27 Offb 14, 4
Zu Vers 3: 1 Mo 3, 4. 13
Zu Vers 4: Gal 1, 8. 9
Zu Vers 5: 2 Ko 12, 11 1 Ko 15, 10 Gal 2, 6. 9
Zu Vers 6: 2 Ko 10, 10 1 Ko 2, 1. 2. 13 Eph 3, 4

In diesem Abschnitt wird das rechte Verständnis der Sätze des Paulus schwierig; die Auslegungen gehen weit auseinander. Wir stehen hier in besonderem Maße vor einem „Brief", dessen Worte für die ursprünglichen Empfänger sofort einen besonderen Klang und Bezug hatten und dessen Andeutungen sie sofort verstanden. Wir Heutigen ohne die wirkliche Kenntnis der ganzen konkreten Situation können nur tastend erwägen, was gemeint ist und was kaum gemeint sein kann. Unsere Urteile bleiben dabei ein ganzes Stück subjektiv.

Die Unsicherheit beginnt sofort beim ersten Satz: **„Möchtet ihr** 1
doch bei mir ein kleinwenig Unverstand ertragen! Aber ihr ertragt mich auch (oder: Doch wirklich, ertragt mich!)." Rechnet Paulus gleich damit, daß die Korinther ihn ertragen, wenn er jetzt **„im Unverstand"** redet, oder wendet er sein leicht klingendes erstes Sätzchen zu einer ernsthaften Aufforderung, weil er im folgenden tatsächlich in einer

Weise schreiben muß, die er selbst als „Unverstand", ja schließlich als „Wahnsinn" (V. 23) empfindet? Jedenfalls, er muß jetzt von seiner eigenen Person reden, muß sich mit anderen vergleichen und seine eigenen Vorzüge ins Licht stellen – welch ein **„Unverstand"** ist das, nachdem eben festgestellt wurde, daß man sich nur des Herrn rühmen kann und daß nicht die Selbstempfehlung, sondern nur die Empfehlung des Herrn gilt! Aber die Gemeinde muß das **„ertragen"**. Sie muß es tun, weil sie selber mit ihrem Unverstand daran schuld ist, wie er ihr in 12, 11 unverblümt vorwerfen wird.

2 Bei einem törichten Rühmen geht es ihm in keiner Weise um sich selbst. Ja, er ist „eifersüchtig", aber nicht auf andere Männer, die ihm vorgezogen werden. Er wacht eifersüchtig über die Gemeinde. **„Denn ich eifere um euch mit Gottes Eifer; denn ich habe euch einem einzigen Mann verlobt, um eine reine Jungfrau dem Christus zuzuführen."** Gott ist ein „eifriger", ein „eifersüchtiger" Gott, der seine Gemeinde schon im Alten Bund rein und klar und ganz für sich haben wollte (2 Mo 20, 5). Paulus hatte es den Korinthern in 6, 14 bis 7, 1 gezeigt, wie ernst die Zusagen und die Forderungen des lebendigen Gottes an „Söhne und Töchter" ihnen gelten. Er aber ist der Träger dieses **„Eifers Gottes"**, weil er „der Brautwerber ist", der die Gemeinde in Korinth **„Christus verlobt"** hat. Es ist das Kennzeichen der echten Braut, daß sie mit ihrem ganzen Herzen und allen ihren Gedanken dem einen Manne gehört: Darin liegt ihre „Reinheit" und ihre Treue, mit der sie der Hochzeit entgegengeht. Für die Gemeinde ereignet sich diese „Hochzeit", wenn der Christus wiederkommt und sich für immer mit ihr vereinigt. Nicht für sich hat Paulus die Korinther geworben; es ist nicht „seine Gemeinde". Jesus allein gehört sie. Aber er möchte sie als **„eine reine Jungfrau dem Christus zuführen"**.

3 Doch wieso ist diese Reinheit bedroht? Worin sieht Paulus die Gefahr? **„Ich fürchte aber, es möchten, wie die Schlange Eva betrog durch ihre Arglist, eure Gedanken verdorben werden, weg von der Einfalt, die auf Christus [gerichtet ist][314]."** Es geht nicht einfach um menschliche Schwäche und menschliches Versagen. Eva wurde beim Sündenfall mit einer **„Arglist"** betrogen, der sie nicht gewachsen war. Dem Todfeind Gottes und des Menschen geht es aber um die Braut Christi[315] ebenso und noch viel mehr als um Eva. Mit seiner **„Arg-**

[314] Der Nestletext setzt in Klammern hinzu: „Von der Einfalt (und der Reinheit), die auf Christus gerichtet ist." Das Wort „Reinheit" ist im Grie im Wortbild von der „Einfalt" nur wenig unterschieden und lag als erklärende Glosse vom Bild der „Braut" her nahe. Seine spätere Einführung in den Text ist leichter verständlich, als seine Streichung, wenn es im ursprünglichen Text gestanden hätte.

[315] Man hat mit Recht darauf hingewiesen, daß die Bilder „Braut", „Weib", „Hure" in der Bibel überwiegend dem Volke Israel gelten. Umso wichtiger ist es, an unserer Stelle zu sehen, daß doch auch die Gemeinde als „Braut" bezeichnet werden kann.

list" und verführerischen Macht rechnet Paulus ernstlich. Der Feind zwingt nicht von außen, sondern dringt in unsere **„Gedanken"** ein und verdirbt sie. Es geht dabei um „die Einfalt die auf Christus gerichtet ist[316]". Sie wird verdorben, wenn eine Gemeinde durch Parteiungen zerrissen wird, und der Blick an menschlichen Größen hängenbleibt. Eben damit ist ihr Blick nicht mehr „einfältig", klar und ganz auf Jesus gerichtet, und Menschen werden wichtiger als der Herr[317]. Die Gemeinde gleicht dann einer Braut, die nicht mehr einzig an den Bräutigam denkt, sondern sich lebhaft für andere Männer interessiert[318].

In diesem Zusammenhang von V. 3 aus, müssen wir nun auch 4
V. 4 verstehen. Hier ist es besonders so, daß schon die Übersetzung sofort „Auslegung" wird, aus einem bestimmten Verständnis stammt, und wiederum dieses Verständnis unterstützt. Paulus verknüpft V. 4 durch ein „denn" ausdrücklich mit V. 3. **„Denn wenn der, der kommt, einen anderen Jesus heroldet, den wir nicht geheroldet haben, oder ihr einen anderen Geist empfangt, den ihr nicht empfingt oder ein anderes Evangelium, das ihr nicht erhieltet, dann ertragt ihr [es] mit Recht."** Im NTD lautet der Vers: „Denn wenn einer kommt und euch einen andern Jesus verkündigt, den wir nicht verkündigt haben, oder ihr einen andern Geist empfangt, den ihr (von mir) nicht empfangen habt, oder ein anderes Evangelium, das ihr (von mir) nicht erhalten habt, so ertragt ihr das vortrefflich." Bei dieser Auffassung würde Paulus den Korinthern den Vorwurf machen, daß sie offensichtliche Irrlehren dulden, anstatt sie energisch zurückzuweisen. Paulus hätte zugleich damit die neuen Männer in Korinth beschuldigt, „einen anderen Jesus" und „ein anderes Evangelium" gebracht zu haben. Aber wenn das wirklich der Fall gewesen wäre, warum hat dann Paulus nicht den Kampf gegen sie sofort auf diesem entscheidenden Boden geführt? Warum lasen wir bisher mancherlei scharfe Vorwürfe, aber gerade diesen zentralen Vorwurf nicht? Und konnte Paulus dann die Korinther nur so milde in einem einzigen Satz tadeln: „Ihr laßt euch das gern gefallen[319]?"

[316] „Einfalt denkt nur an das eine, in dem alles andere steht, Einfalt hängt sich ganz alleine an den ewigen Magnet." Aus Spangenbergs Lied „Heilige Einfalt, Gnadenwunder . . ."

[317] Wie sehr ist das die Not in der Gemeinde bis heute. Wie erregt wird für Menschennamen geeifert und dadurch Zwiespalt in die Gemeinde getragen und ihr eigentliches Werk gehindert. Die „Einfalt zu Christus hin" ist das Heilmittel. Wo sie zum Durchbruch kommt und Jesus allein groß wird, werden die Spannungen überwunden, und die Einheit hergestellt.

[318] Wenn der Apostel hinter der Bedrohtheit der korinthischen Gemeinde die Schlange am Werk sieht, so ist ihm das tiefer Ernst. Er wird in V. 14 f die Gegner in Korinth geradezu als Diener Satans bezeichnen.

[319] Wie anders ist der Brief an die galatischen Gemeinden (Gal 1, 6–9), wo es der Apostel wirklich mit einem „anderen Evangelium" zu tun hatte.

Es ist aber bei dieser Auslegung der Wortlaut dieses Satzes nicht beachtet. Es steht nicht „gern" da, sondern „kalōs", das an allen anderen Stellen im NT „lobenswert, richtig, mit Recht" bedeutet. Und es heißt am Anfang des Satzes nicht: „Wenn einer kommt", sondern: **„Wenn der, der da kommt."** Paulus spricht nicht von den Männern, die schon lange Zeit in Korinth wirken! Die Korinther erwarten vielmehr einen bestimmten Mann, der jetzt erst zu ihnen **„kommt"**. Sollte dieser **„einen anderen Jesus"** einen **„anderen Geist"**, ein **„anderes Evangelium"** bringen? Paulus hält das offenbar für ausgeschlossen. Paulus meint mit seinem Satz gerade das Umgekehrte: „Der Kommende" wird und kann den Korinthern auch nichts anderes bringen als das, was sie bereits von ihrem Apostel Paulus empfangen haben! Aber nur, wenn er etwas anderes bringen könnte, wäre es sinnvoll und „richtig" gewesen, auf ihn zu warten und solange die gegenwärtigen Zustände zu **„ertragen"**.

Wer war **„der, der kommt"**? Auf wen wartete man in Korinth? Ein dem Paulus „Gleichberechtigter" konnte es nicht sein; wie sollte er ausrichten, was Paulus nicht ausrichten konnte. Kreise in Korinth mußten eine „höhere" Autorität angerufen haben, die den Streit in Korinth schlichten und der Gemeinde zur Einheit verhelfen sollte. Diese „höhere Autorität" wird im nächsten Vers sofort genannt und
5 bestätigt dadurch diese Auffassung unseres V. 4 **„Denn ich denke in nichts zurückgeblieben zu sein, hinter den ‚ganz großen' Aposteln"**. Die neuen Männer in Korinth dachten zwar sehr groß von sich, aber ob sie sich als **„Überapostel"** verehren ließen, ist recht zweifelhaft. Aus V. 12 sehen wir, daß sie gerade nur die Gleichstellung mit Paulus erstrebten, und die gleiche Schätzung wie er von der Gemeinde erwarteten. Sie mußten auch nicht erst **„kommen"**, sie waren da und beunruhigten die Gemeinde schon lange. Mit ihnen war Paulus in seinen bisherigen Ausführungen bereits fertig geworden, auch wenn sein letztes, schärfstes Urteil noch aussteht (V. 13–15). Mit ihnen vergleicht er sich gerade nicht, wie er eben erst in 10, 12 versichert hat. Wie sollte er jetzt den Korinthern schreiben, er stehe hinter ihnen nicht zurück! Sie will und wird er stürmisch angreifen (10, 1–6)! Aber das ist denkbar, daß Kreise in Korinth — wir denken an die Petrusgruppe 1 Ko 1, 12 — für die Schlichtung der Wirren in der Gemeinde nach einem „Apostel" ausschauten, der doch noch anders als Paulus ein „Urapostel" war, von Jesus selber berufen und in der ganzen Kirche anerkannt. Aber Paulus kann einen solchen Schiedsrichter nicht anerkennen, nicht aus persönlichem Stolz, sondern um seines eigenen Apostolats willen. Sind die „Zwölf" in Jerusalem in einem höheren Maße Apostel als er, dann wäre er selber kein wahrer und ganzer Apostel. Die Grundlagen seines Dienstes fielen hin. Darum hat er

beim „Apostelkonzil" in Jerusalem um seine Gleichberechtigung gekämpft und sie nach Apg 15 und Gal 2, 9 auch erreicht. Ist er aber echter und ganzer „Apostel", dann macht man die Zwölf zu „Über-Aposteln", wenn man sie Paulus überordnet. Versuchen das gewisse Kreise in Korinth, dann kann Paulus ihnen nur in ruhiger Festigkeit sagen: **„Denn ich denke in nichts zurückgeblieben zu sein, hinter den ‚ganz großen' Aposteln** (oder: den ‚Über-Aposteln')**"**.

Er denkt freilich sofort an den Vorwurf in Korinth, seine Rede sei 6
verächtlich (10, 10). Er gibt es zu: Im **„Reden"** ist er **„Laie"**, eine Ausbildung als Redner hat er nicht empfangen, die Redekunst beherrscht er nicht. Das mag für Griechen ein großer Mangel sein, aber ihm ist es unwichtig, wenn er nur für den Inhalt des Redens, für die „Erkenntnis", alles Notwendige besaß. **„Wenn ich aber auch ein Laie in der Redekunst bin, so doch nicht in der Erkenntnis, sondern wir haben sie in jedem Punkt offenbar gemacht in allen Dingen bei euch."** Natürlich meint Paulus nicht, daß die Urapostel ihm in der Redekunst überlegen seien. Darauf liegt nicht der Ton; diesen Vorwurf seines „Mangels" greift Paulus nur kurz auf. Aber gerade das mochte man ihm in Korinth entgegenhalten, daß die Urapostel als solche Jesus ganz anders kannten, von Jesus selbst in alle Erkenntnis eingeführt waren und den Willen des Herrn tiefer verstanden als Paulus. Darum hatte er schon in 1 Ko 15, 11 ausdrücklich hervorgehoben, im Inhalt der Botschaft unterschiede er sich nicht von „jenen", von den „Zwölf" und den „anderen Aposteln". Rang und Wertunterschiede zwischen den Aposteln gibt es nicht. Denn sie können alle nur den gleichen Jesus mit dem gleichen Evangelium verkündigen und nur den einen Geist Gottes bringen, neben dem es keinen anderen gibt. Die wahre **„Erkenntnis"**[320] jedenfalls, hat Paulus **„in jedem Punkt"** in **„allen Dingen"**, also in umfassender Weise offenbar gemacht. So ist gerade hier „nichts" zu finden, worin er hinter den anderen Aposteln **„zurückgeblieben"** wäre. V. 23 wird er sogar (wenn auch wie im „Wahnsinn") zu sagen wagen, worin er diese Apostel noch übertrifft[321].

[320] Es ist möglich, daß der Begriff „gnosis = Erkenntnis" gerade in Korinth schon zu jenem Schlagwort geworden war, das später einer mächtigen Geistesbewegung den Namen „Gnosis" gab (vgl. Einleitung S. 15). Der Grieche verlange nach **„Erkenntnis". Paulus** konnte dies Verlangen kritisch sehen (1 Ko 8, 1).
Wenn aber seine Gegner ihre wunderbare „Erkenntnis" rühmen, mit der sie hoch über Paulus ständen, dann stellt Paulus fest, daß er die Kraft seiner Erkenntnis der Gemeinde „in jedem Punkt" vor Augen gestellt habe.

[321] Wenn Paulus das Evangelium nach Johannes schon vor sich gehabt hätte, wäre ihm die Berufung auf das eigenes Wort Jesu in Jo 14, 26 möglich gewesen. Sicherlich hat er viele Einzelheiten über Jesu Worte und Taten erst aus der Überlieferung der Apostel gelernt. In 1 Ko 11, 23 spricht er das unbefangen und klar aus. Aber das geschichtliche Wissen als solches gibt noch keine wahre Erkenntnis. Erst der Geist Gottes erschließt das wahre Verständnis der Person Jesu und seines Wortes und Werkes.

Zu Vers 7:
2 Ko 12, 13
1 Ko 9, 12–18
Zu Vers 8:
Apg 18, 3
Phil 4, 10. 15
Zu Vers 9:
2 Ko 12, 13
1 Ko 9, 12
Phil 4, 10. 15
1 Th 2, 9
Zu Vers 10:
1 Ko 9, 5
Zu Vers 13:
2 Ko 2, 17
Phil 3, 2
Offb 2, 2
3, 2
Zu Vers 14:
Mt 4, 5–7
Apg 16, 16 f
Offb 2, 9
Zu Vers 15:
Mt 16, 27
22, 16
Rö 2, 6
Gal 5, 10
Phil 3, 19
2 Th 4, 14
1 Pt 1, 17
Offb 2, 13

WIDER DEN TRUG DER GEGNER

2. Korinther 11, 7–15

7 Oder habe ich eine Sünde begangen, indem ich mich selbst ernied-
rigte, damit ihr erhöht wurdet, weil ich unentgeltlich das Evange-
8 lium Gottes euch verkündigte? * Andere Gemeinden habe ich be-
raubt, indem ich Sold von ihnen annahm für den Dienst an euch;
9 * und als ich bei euch war und in Mangel geriet, bin ich keinem zur
Last gefallen; denn meinen Mangel füllten die Brüder aus, die aus
Makedonien gekommen waren; und in allem bewahrte ich mich,
10 euch beschwerlich zu werden, und ich werde mich bewahren. * Es
ist Wahrheit Christi in mir: dieser Ruhm wird nicht zum Ver-
stummen gebracht werden an mir in den Gebieten von Achaja.
11/12 * Weshalb? Weil ich euch nicht liebe? Das weiß Gott! * Was
ich aber tue, werde ich auch tun, damit ich denen die Gelegenheit
abschneide, die eine Gelegenheit wollen, um in dem, worin sie
13 sich rühmen, erfunden zu werden wie wir. * Denn solche sind Pseu-
doapostel, unredliche Arbeiter, die sich verstellen zu Aposteln
14 Christi. * Und das ist nicht zum Verwundern; denn der Satan
15 selbst verstellt sich zu einem Engel des Lichtes. * So ist es nun
nichts besonders, wenn seine Diener sich verstellen wie Diener
der Gerechtigkeit. Ihr Ende wird ihren Werken entsprechen.

Aber ist da nicht doch ein erheblicher Unterschied, der ihn in den
7 Augen der Korinther gegenüber den Jerusalemer Aposteln herabsetzt? Er verkündigt die Botschaft **„unentgeltlich"**! So verwunderlich das für uns ist, aber in Korinth wurde ihm das ernsthaft zum Vorwurf gemacht. Schon im ersten Brief mußte er gründlich darauf eingehen (9, 1–18). Auch dort schon wehrt er sich leidenschaftlich für diesen „Ruhm" seines freiwilligen Verzichtes auf jede Bezahlung (1 Ko 9, 15). Für die Korinther aber gehörte diese „Armut" mit zu seiner ganzen, ihnen anstößigen Lebensgestalt. Sie war doch eines wahren Gottesboten nicht würdig! Ein echter „Gesandter" des großen Königs kann doch nicht so niedrig und kümmerlich sein. Offenbar setzen hier seine Gegner in Korinth ein, um seine Vollmacht zu bezweifeln. Paulus wage nicht wie ein rechter Apostel aufzutreten und seinen standesgemäßen Unterhalt von der Gemeinde zu fordern, weil er gar kein wirklicher Apostel sei. Das also ist seine „Sünde"! **„Oder habe ich eine Sünde begangen, indem ich mich selbst erniedrigte, damit ihr erhöht wurdet, weil ich unentgeltlich das Evangelium Gottes euch verkündigte?"** Eine **„Erniedrigung"** ist es freilich, wenn er sich neben seinem ganzen apostolischen Werk mühsam durch eigene Handarbeit

den notdürftigsten Unterhalt verschafft und manches Mal bitteren Mangel leidet (V. 9). Aber wer hat den Gewinn davon? Wer ist durch diese seine Erniedrigung **„erhöht"** worden? Doch gerade die Korinther! In diesem Satz nennt Paulus seine Botschaft besonders feierlich **„das Evangelium Gottes"**. Es ist möglich, daß der Apostel hier das Wort seines Herrn im Gedächtnis hat: „Umsonst habt ihr's empfangen, umsonst gebt es auch" (Mt 10, 8). Gerade zu einer Botschaft, die ganz und gar Gottes Botschaft und Botschaft vor Gott ist, paßt ihre unentgeltliche Darbietung. Geschäfte sind jedenfalls mit ihr nicht zu machen. Vgl 2, 17.

Freilich, ganz ohne Liebesgaben aus Gemeinden ist Paulus nicht 8
ausgekommen. Das war ein erneuter Vorwurf der Korinther, den
Paulus aufnimmt, vielleicht bis in die Formulierung hinein. **„Andere
Gemeinden habe ich beraubt, indem ich Sold von ihnen annahm für
den Dienst an euch."** Nach seiner bestimmten Angabe in Phil 4, 15
ist es freilich nur die Gemeinde in Philippi gewesen, von der er etwas
annahm; und ein „Sold" war es auch nicht, wie wiederum Phil 4, 10.
16 f zeigt. Aber bei den Vorwürfen in Korinth heißt es sofort in der
Verallgemeinerung und Übertreibung, in die wir beim Schelten so
leicht geraten: „Andere Gemeinden beraubt er, von anderen Gemeinden
läßt er sich besolden, aber von uns nimmt er nichts an." Es ist
Paulus aber ein großer Ernst mit seiner Haltung. Auch als er in Ko- 9/10
rinth in Not gerät, weicht er nicht davon ab. Die Korinther haben
schon recht: Gerade sie will er auf keinen Fall für seine Bedürfnisse
in Anspruch nehmen. **„Als ich bei euch war und in Mangel geriet,
bin ich keinem zur Last gefallen; denn meinen Mangel füllten die
Brüder aus, die aus Makedonien gekommen waren; und in allem
bewahrte ich mich, euch beschwerlich zu werden, und ich werde mich
bewahren."** Auch in Zukunft wird Paulus dabei bleiben und wird
sich so **„bewahren"**. Er sucht auch jetzt wieder wie in 1 Ko 9, 15 darin
seinen **„Ruhm"**. Auf ihn legt er ein solches Gewicht, daß er die Zuversicht
zur Fortdauer seiner Haltung nicht auf seine eigene Entschlossenheit
stützt, sondern auf die **„Wahrheit Christi"**, die in ihm ist.
Es ist nicht persönlicher Eigensinn und Stolz, die ihn treiben, es ist
auch hier Jesus allein, vor dem er steht, und dessen Wesen sich in
der Einstellung seines Boten ausprägt. **„Es ist Wahrheit Christi in
mir: dieser Ruhm wird nicht zum Verstummen gebracht werden an
mir in den Gebieten von Achaja."**

Aber weshalb denn diese unbeugsame Ablehnung jeder Entschä- 11/12
digung für sein Wirken in Korinth, während er von Philippi Gaben
annimmt? **„Weshalb? Weil ich euch nicht liebe? Das weiß Gott!"** Uns
Korinther hat er nicht so lieb wie die Philipper, so war in Korinth
geredet worden. Liebesbeteuerungen den Korinthern gegenüber waren

Paulus peinlich. Weiß Gott, wie er die Korinther lieb hat! Sollten sie es aus seinem heißen Ringen um sie nicht gemerkt haben? Mangel an Liebe ist es nicht, was ihn Gaben aus Korinth unbeugsam ablehnen läßt. Er hat einen ganz anderen, sehr bestimmten Grund zu seinem Verhalten. Wir haben oben schon darauf hingewiesen[322], daß es in der damaligen Zeit viele wandernde Redner gab, die für irgendwelche Philosophien, Weltanschauungen, Religionen oder Kulte warben. Viele von ihnen suchten dabei nur das Geld ihrer Hörer. Von solchen zweifelhaften Gestalten wollte sich Paulus grundsätzlich und klar unterscheiden. Es sollte unübersehbar vor den Hörern stehen: „Ich suche nicht das Eure, sondern euch" (12, 14). Aber in Korinth gab es noch Schlimmeres. Dort waren Boten Jesu erschienen, die angeblich für die Gemeinde eiferten und in Wirklichkeit nur ihre selbstsüchtigen Zwecke verfolgten. Das sind die Männer, die Paulus zu verdrängen suchen und die Gemeinde gegen ihn aufhetzen. Sie möchten der Gemeinde gern zeigen, daß sie genauso tüchtig und groß sind wie Paulus. Es geht jetzt nicht mehr wie in V. 5 und 6 um den Vergleich des Paulus mit den Aposteln, die hoch über ihn gestellt wurden, als die eigentlichen „großen Apostel". Es geht jetzt wieder um seine Gegner in Korinth, die nun umgekehrt nicht geringer sein wollen als Paulus. Im Blick auf sie hält Paulus streng an dem Grundsatz fest, sich nicht von der Gemeinde erhalten zu lassen. **„Was ich aber tue, werde ich auch tun, damit ich denen die Gelegenheit abschneide, die eine Gelegenheit wollen, um in dem, worin sie sich rühmen, erfunden zu werden wie wir."** Sie mögen sich sonst rühmen, Paulus mindestens ebenbürtig zu sein. Aber an einem Punkt scheitern sie: Selbstlos dienen, ein hartes, entsagungsreiches Leben führen, um des Evangeliums willen darben, das können und wollen sie nicht. Hier scheitern ihre Bemühungen, **„in dem, worin sie sich rühmen, erfunden zu werden wie wir"**. Hier wird der ganze tiefe Gegensatz zwischen ihnen und einem Apostel Paulus sichtbar[323]. Darum wünschen sie so dringend, daß auch Paulus sich von der Gemeinde Korinth beschenken oder sogar regelrecht besolden läßt, damit der mächtige Unterschied verschwindet, den jeder sehen muß, wenn er nur „sieht, was vor Augen ist" (10, 7). Und darum kann Paulus hier nicht nachgeben, sondern muß bei seiner Haltung bleiben, auch wenn er dadurch in bittere Nöte kommt.

[322] Vgl. die Auslegung zu 3, 1—3.

[323] Paulus hat in 1 Ko 9, 1 ff ausdrücklich das Recht der Apostel auf Unterhalt durch die Gemeinden anerkannt. Einem Petrus oder einem andern echten Apostel hätte er es nicht verübelt, wenn er in Korinth Gaben der Gemeinde angenommen hätte. Aber bei Männern, gegen die er sich jetzt wendet, sah er im Gelderwerb das eigentliche Motiv ihrer ganzen Tätigkeit. Vgl. 2, 17.

Und nun erfolgen von dieser Stelle aus letzte und schärfste Urteile 13
über seine Gegner, die alles übertreffen, was Paulus bisher angedeutet oder ausgesprochen hat. **„Denn solche sind Pseudoapostel, unredliche Arbeiter, die sich verstellen zu Aposteln Christi."** Diese Anklage setzt erneut voraus, daß es über die „Zwölf" hinaus einen weiteren Kreis von Männern gab, die nicht nur wie die in 8, 23 genannten Brüder „Apostel der Gemeinde" sind, sondern ausdrücklich **„Apostel Christi"**, vom Herrn selbst gesandte und bevollmächtigte Boten[324]. Als solche **„Apostel Christi"** hatten sich die Männer ausgegeben, die von auswärts in die korinthische Gemeinde hineingekommen waren; in ihren „Empfehlungsbriefen" werden sie als solche bezeichnet worden sein. Paulus aber spricht ihnen die Echtheit ihrer Sendung ab. Sie sind **„Pseudoapostel"**, sie täuschen nur vor, Apostel zu sein, und sind es in Wahrheit nicht. Sie sind freilich nicht faul. Sie arbeiten eifrig, das kann Paulus nicht leugnen. Aber sie sind **„unredliche Arbeiter[325]"**; denn sie arbeiten gar nicht wirklich für den Herrn, in dessen Dienst sie zu stehen behaupten, sondern für ihren eigenen Vorteil; sie suchen die eigene Ehre und eigenen Gewinn. Es ist wichtig, daß wir beachten: Nicht „Irrlehre" wirft der Apostel diesen seinen Gegnern vor! Das harte Urteil des Paulus trifft nicht ihre Dogmatik, sondern ihre „Unredlichkeit"! Nicht falsche Theologie, sondern Verkehrung ihrer Lebensrichtung, innere Fäulnis, böse Heuchelei, das ist es, was Paulus an ihnen unerträglich findet. Freilich steht unsere Theologie in verborgener Wechselbeziehung zu unserem Leben. Aus der persönlichen Verderbnis der neuen Männer in Korinth entsprang auch eine Irreführung der Gemeinden, eine Verfälschung des Wortes, eine gefährliche „Theologie der Freiheit"[326]. Aber an dieser Stelle des Briefes ist der Blick des Apostels darauf nicht gerichtet. Die Verkehrung im Lebensstand ist ihm jetzt das Entscheidende. Was der Apostel an anderen Stellen auch an Verfälschung des Wortes und gefährlicher Irreführung der Gemeinde durch falsche Gesetzlichkeit oder durch falsche Freiheit bekämpfen muß, hängt mit dieser persönlichen Verderbnis tief zusammen. Unsere Theologie steht in verborgener Wechselwirkung zu unserem Leben!

Ist das nicht erschreckend, daß selbst das Apostelamt nachgeahmt 14/15
und verfälscht werden kann? Ist so etwas überhaupt möglich? Paulus

[324] Solche „Apostel" und nicht die Zwölf werden auch in 1 Ko 12, 28 gemeint sein. Von da aus ist es berechtigt, wenn wir auch unsererseits einen Williams den „Apostel der Südsee" oder einen Nommensen den „Apostel der Batak" nennen.

[325] In Phil 3, 2 wird der Ausdruck für solche Männer noch verschärft: Sie sind „böse Arbeiter". Dabei ist für uns wichtig, daß Einsatz und Eifer noch nicht als solche schon Beweise für die Echtheit eines Boten Jesu sind.

[326] Vgl. Einleitung S. 16.

verwundert sich darüber nicht. Denn er weiß, wer der „Gott dieses Äons" ist, der die rettende Botschaft unwirksam zu machen sucht (4, 4). Er, der Feind Gottes, hat seine „Diener", die Gottes Werk zu zerstören suchen, wie es jetzt sichtlich vor aller Augen in Korinth geschah. Der Teufel hat schon im Paradies sich nicht gezeigt als der, der er ist: Getarnt hinter der klugen Schlange trat er als der Wohltäter vor die Menschen, der ihnen verschaffen will, was Gott ihnen mißgönnt. So greift er auch die Gemeinde Gottes, die Paulus aufbaute, gerade in Korinth nicht von außen mit Verfolgung an, sondern durch seine Boten, die der Gemeinde angeblich die Vollkommenheit bringen, die der geringe und enge Paulus ihr nicht verschaffen konnte, und die sie in Wirklichkeit damit spalten und zerstören. So hatte Paulus schon in V. 3 seine Sorge ausgesprochen. Jetzt sagt er es in aller Klarheit im Blick auf die Pseudoapostel mit ihrer unredlichen Tätigkeit. **„Und das ist nicht zum Verwundern; denn der Satan selbst verstellt sich zu einem Engel des Lichtes. So ist es nun nichts besonderes, wenn seine Diener sich verstellen wie Diener der Gerechtigkeit."**

Wenn wir noch einmal fragen, was diese Männer in Korinth denn gewollt und gelehrt haben[327], dann ist vom ersten Brief und von der ernsten Mahnung in 6, 14 – 7, 1 unseres Briefes her vor allem an die gefährlichen Freiheitsparolen zu denken, die diesen Männern selbst als Höhenweg einer wahrhaft geisterfüllten Gemeinde galten und in denen Paulus das Verderben sah. Hier wurde nach der Überzeugung des Paulus zur Sünde verführt. Aber natürlich sagten jene Männer nicht: „Ihr könnt als Christen ruhig sündigen." **„Diener der Gerechtigkeit"** wollen auch sie sein und das Rechte lehren. Sie dienten aber in Wahrheit Satan und verdarben den Tempel Gottes (1 Ko 3, 17).

Wie in Phil 3 appelliert Paulus auch hier an das „Ende", das sie im Gericht Gottes finden werden, auch wenn Gemeinden ihrem Trug erliegen und sie als geistreiche Leute bewundern. „Ihr Ende ist die Verdammnis", schrieb Paulus den Philippern (3, 19). **„Ihr Ende wird ihren Werken entsprechen[328]"**, sagt er hier.

Damit ist klar, daß Paulus seinen Gegnern die Verantwortung für ihr Tun nicht abnimmt, wenn er hinter ihnen Satan stehen sieht. Das Wirken übermenschlicher Mächte schließt die Entscheidungsfreiheit des Menschen nicht aus, sondern ein. Niemand wird ohne seinen eigenen Willen ein Eigentum Jesu; niemand ohne eigene Entscheidung ein Diener des Satans. Paulus spricht gerade damit das Endurteil aus und zeigt, warum es mit diesen Männern keine Verhandlung mehr

[327] Vgl. dazu die Einleitung S. 16.

[328] Es ist beachtlich, daß der Apostel auch in diesem abschließenden Satz nicht die „falschen Lehren", sondern die „Werke" dieser Männer als den Grund des Gerichtes über sie hervorhebt.

gibt und warum er von der Gemeinde die totale Trennung von ihnen fordert. **„Diener Satans"** können nicht in der Gemeinde Gottes geduldet werden! Eine Verhandlung mit ihnen ist ausgeschlossen.

NOCHMALIGE BITTE DES APOSTELS SEINEN TÖRICHTEN SELBSTRUHM ZU ERTRAGEN

2. Korinther 11, 16–21a

16 **Nochmals sage ich: Niemand möge mich wirklich für töricht halten.**
Wenn aber doch, so ertragt mich eben auch als einen Toren, damit
17 **auch ich ein bißchen mich rühme. * Was ich rede, rede ich nicht**
nach dem Sinn des Herrn, sondern wie im Unverstand, in diesem
18 **Unternehmen des Rühmens. * Da viele sich rühmen nach Fleisches-**
19 **art, will auch ich mich rühmen. * Mit Vergnügen ertragt ihr ja die**
20 **Unklugen, klug wie ihr seid. * Ihr ertragt es, wenn einer euch ver-**
knechtet, wenn einer [euch] auffrißt, wenn einer [euch] einfängt,
wenn einer sich überhebt, wenn einer euch ins Gesicht schlägt.
21 *** Zur Schande sage ich [es], als wären *wir* schwach gewesen**
(oder: zu meiner Schande muß ich sagen: dazu sind *wir* zu
schwach gewesen).

Zu Vers 16: 2 Ko 11, 1 12, 6
Zu Vers 17: 2 Ko 12, 19
Zu Vers 18: Gal 6, 13 Phil 3, 3 f
Zu Vers 19: 1 Ko 4, 10
Zu Vers 20: Mt 23, 14 1 Ko 7, 23

Das abschließende, vernichtende Urteil über die Gegner in Korinth 16
ist gefällt. Kann Paulus jetzt nicht zum Schluß des Briefes kommen, wie er in Kap. 13 vorliegt? Worauf zielt der neue Abschnitt, der 11, 16 beginnt und bis 12, 10 reicht? Paulus wird sich nochmals selber **„rühmen"** und wird sich mit anderen vergleichen. Diese „anderen" von V. 21b an können unmöglich seine Gegner in Korinth sein. Mit „Pseudoaposteln, unredlichen Arbeitern und Satansdienern" vergleicht sich Paulus nicht! Mit ihnen ist er fertig. Aber schon in 11, 4 war die Rede von einem, der „kommt" und der doch keinen andern Jesus, keinen anderen Geist, kein anderes Evangelium bringen kann. Und in V. 5 fiel dann der Blick auf die „ganz großen" Apostel mit der kurzen Versicherung, Paulus glaubte nicht hinter ihnen zurückgeblieben zu sein. Näher begründet war aber diese Zuversicht nicht. Es schob sich die letzte Abrechnung mit den Gegnern in Korinth dazwischen. Nun aber nimmt Paulus den „Vergleich" mit den „Überaposteln" wieder auf.

Dabei wird er notwendig sich selbst rühmen müssen, und das ist und bleibt Unvernunft. Die Gemeinde muß aber doch wissen, daß ihr Apostel nicht wirklich im Unverstand lebt. **„Nochmals sage ich: Niemand möge mich wirklich für töricht halten." „Nochmals"** schreibt er im Rückblick auf V. 1. Gibt es aber doch Gemeindeglieder, die ihn

wirklich für töricht halten, dann mutet es ihnen der Apostel zu:
**„Wenn aber doch, so ertragt mich eben auch als einen Toren, damit
auch ich ein bißchen mich rühme."** So wie man in Korinth „rühmte"
und „einer wider den andern für jemand sich aufblies" (1 Ko 4, 6),
so will und wird Paulus es nicht machen. Nur **„ein bißchen"** will er
sich auch rühmen, damit in Korinth nicht in törichter Weise die Ur-
apostel ihm vorgezogen werden.

17 Er ist sich völlig bewußt: **„Was ich rede, rede ich nicht nach dem
Sinn des Herrn, sondern wie im Unverstand, in diesem Unternehmen
des Rühmens."** Sich selbst rechtfertigen, seine Stellung behaupten,
auf seine Leistungen hinweisen, das alles taugt nichts vor Gott und
widerspricht der Gesinnung Jesu. Es ist ein törichtes **„Unternehmen"**,
sich so zu rühmen. Von sich aus würde er sich nie auf ein solches
Unternehmen einlassen; aber die Lage in Korinth erfordert es. Unser
Verhalten wird von den anderen mitbestimmt; der Apostel muß ein-
mal auf die ganze Art der Korinther eingehen, um sich ihnen ver-
ständlich zu machen. In einer an das „Rühmen" gewohnten Gemeinde
muß auch Paulus seinen Weg und Dienst in der Form des „Rühmens"
darstellen, damit die Korinther richtig hinhören. Indem er dabei sehr
offen ausspricht, wie töricht und ungeistlich solches Rühmen ist, bleibt
er bei seiner ernsten Seelsorge an der Gemeinde. Und er wird bei
seinem törichten „Unternehmen des Rühmens" die Korinther auf-
schrecken, wenn sie hören müssen, wie ihres Apostels „Ruhm" die
Fülle seiner schweren Leiden für Jesus ist. „Wenn gerühmt werden
muß, werde ich mich meiner Schwachheit rühmen", das ist das End-
ergebnis, das Paulus in V. 30 vor die Korinther hinstellen wird. Jetzt
18 aber geht er auf die Art der Korinther ein. **„Da viele sich rühmen
nach Fleischesart, will auch ich mich rühmen."** Alles Rühmen dieser
Art stammt aus dem Fleisch, aus dem Ichwesen, und hat die ichhafte
Art an sich. Aber in Korinth ist es gang und gäbe. **„Viele"** tun es.
Nun will auch Paulus es einmal tun. Übelnehmen können es ihm ge-
rade die Korinther nicht. **„Mit Vergnügen ertragt ihr ja die Unklugen,
klug wie ihr seid. Ihr ertragt es, wenn einer euch verknechtet, wenn**
19/20 **einer [euch] auffrißt, wenn einer [euch] einfängt, wenn einer sich
überhebt, wenn einer euch ins Gesicht schlägt."** Was haben sich die
Korinther alles gefallen lassen von denen, die in Korinth ihre eigene
Größe rühmten, und die Gemeinde von Paulus zu trennen und in die
eigene Hand zu bekommen suchten! Die „klugen" Korinther ertru-
gen diese Toren. Sie taten es sogar mit Vergnügen. Paulus sorgte so-
gar mit ganzem Ernst für die Freiheit der Gemeinde. Seine Gegner
„verknechten" sie. Das lassen die Korinther sich von diesen Männern
gefallen, während sie ihrem Apostel ständig mißtrauen. Ob das fol-
gende Wort vom **„Auffressen"** und **„Einfangen"** auf eine materielle

Aussaugung der Gemeinde geht oder nur die innere Knechtung in einem neuen Bild ausmalt, läßt sich nicht sicher entscheiden. Paulus wird aber jedenfalls auch dies meinen, daß jene Pseudoapostel und unredlichen Arbeiter in unmäßiger Weise ihren äußeren Gewinn suchten. Es ist eine Schande, wie die Gemeinde diese Überheblichkeit in ihrer Mitte geduldet hat, und **„sich ins Gesicht schlagen"** ließ, anstatt das Treiben dieser Männer zu durchschauen und es sich energisch zu verbitten. Es ist aber auch eine Schande für ihn selbst, daß es so aussieht, als sei er, ihr Apostel, zu schwach gewesen, die Gemeinde vor solchen Lügenaposteln zu bewahren oder sich schnell von ihnen zu befreien. Die Gemeinde muß aber jetzt mit ganzer Dankbarkeit zustimmen, wenn Paulus bei seinem baldigen Besuch diese Männer aus
der Gemeinde vertreibt. **„Zur Schande sage ich [es], als wären wir** 21a
schwach gewesen (oder: zu meiner Schande muß ich sagen: dazu sind wir zu schwach gewesen)." Beklagen sich die Korinther über seine „Schwäche" (10, 1; 10, 10), so müssen sie überlegen, ob sie ihren Apostel wirklich so „stark" haben wollen wie diese Männer, von denen sie geknechtet, ausgenutzt und ins Gesicht geschlagen werden! Er, Paulus, ist dazu allerdings zu **„schwach"**, das muß er zu seiner Schande eingestehen!

DIE ÜBERRAGENDE GRÖSSE DES APOSTELS IN SEINEM LEIDEN

2. Korinther 11, 21b—33

21b Worin aber einer kühn auftritt, darin kann — im Unverstand
22 rede ich — auch ich kühn auftreten. * Hebräer sind sie? Ich auch!
Israeliten sind sie? Ich auch! Same Abrahams sind sie? Ich auch!
23 * Diener des Christus sind sie? Im Wahnsinn rede ich, ich [bin es]
noch mehr: in Mühen überreichlich, in Gefangenschaft überreich-
24 lich, in Schlägen im Übermaß, in Todesgefahren oft. * Von Juden
empfing ich fünfmal die vierzig [Geißelhiebe] weniger einen,
25 *dreimal wurde ich mit Ruten geschlagen, einmal gesteinigt, drei-
mal erlitt ich Schiffbruch, eine Nacht und einen Tag habe ich auf
26 der Meerestiefe [treibend] zugebracht. * Auf Wanderungen viel-
fach, in Gefahren durch Flüsse, in Gefahren durch Räuber, in Ge-
fahren seitens meiner Stammesgenossenschaft, in Gefahren seitens
der Völker, in Gefahren in der Stadt, in Gefahren in der Einöde,
in Gefahren auf dem Meer, in Gefahren unter falschen Brüdern.
27 * In Mühen und Plagen, in durchwachten Nächten oft, in Hunger

Zu Vers 22:
Apg 22, 3
Rö 11, 1
Phil 3, 5
Zu Vers 23:
Apg 9, 16
1 Ko 4, 10—13
15, 10
Gal 2, 6. 9
Zu Vers 24:
5 Mo 25, 3
Zu Vers 25:
Apg 14, 19
16, 22
Zu Vers 26:
Apg 20, 3
Zu Vers 27:
2 Ko 6, 5
1 Ko 4, 12

Zu Vers 28: Apg 20, 18—21. 31
Zu Vers 29: 1 Ko 9, 22
Zu Vers 30: 2 Ko 12, 5
Zu Vers 32: Apg 9, 24
Zu Vers 33: Mt 10, 23

28 **und Durst, in Fasttagen oft, in Kälte und Blöße. * Abgesehen von**
allem weiteren (oder: abgesehen von dem, was ich unerwähnt
lasse) **der täglich mir widerfahrende Andrang, die Sorge für alle**
29 **die Gemeinden. * Wer ist schwach, und ich bin nicht schwach? Wer**
30 **wird zu Fall gebracht, und ich geriete nicht in Glut? * Wenn ge-**
rühmt werden muß, so will ich mich dessen rühmen, was meine
31 **Schwachheit ausmacht. * Der Gott und Vater des Herrn Jesus**
32 **weiß, er, der in die Äonen gepriesen ist, daß ich nicht lüge. * In**
Damaskus — der Ethnarch des Königs Aretas bewachte die Stadt der
33 **Damaskener, um mich festzunehmen; * und ich wurde durch ein**
Fenster in einem Korb hinabgelassen über die Stadtmauer und
entrann seinen Händen.

In der Gemeinde, der Paulus ihre schmachvolle Duldsamkeit gegen die fremden Lehrer vorgehalten hat, gibt es Kreise, die beeindruckt sind von der Kritik an Paulus: Ein wahrhafter Apostel sei er doch nicht, mit den großen Uraposteln könne er sich nicht messen[329]; die Gemeinde in Korinth sei benachteiligt, weil sie von einem solchen geringeren Boten Jesu aufgebaut sei; es müsse von den Aposteln in Jerusalem jemand kommen (V. 4) und mit voller Autorität alles ordnen und so der Gemeinde Eintracht und Frieden verschaffen. Was hat Paulus zu diesem Vergleich seiner Person und seines Dienstes mit der Person und dem Wirken der „ganz großen Apostel", etwa eines Petrus oder eines Johannes, zu sagen?

21b/22 Im Blick auf das schwache Auftreten des Paulus hatte man wohl in Korinth gesagt: Kein Wunder! ein bevollmächtigter Apostel ist er auch nicht; wie anders würde einer der großen aus Jerusalem auftreten! Paulus erwidert: **„Worin aber einer kühn auftritt, darin kann — im Unverstand rede ich — auch ich kühn auftreten."** Was haben die Apostel in Jerusalem für Vorzüge? Sind sie echte „Hebräer" ganz in jenem geheimnisvollen uralten Volkstum gewurzelt, das auch den Griechen großen Eindruck machte? Paulus aber stammt aus Tarsus, aus der Diaspora; so voll gehört er am Ende dem Volk der Hebräer nicht an? Aber Paulus kann mit einem wuchtigen **„Ich auch!"** bezeugen, daß auch er „Hebräer von Hebräern" ist (Phil 3, 5). **„Israeliten sind sie? Ich auch! Same Abrahams sind sie? Ich auch!"** Rühmen sie sich der Zugehörigkeit zu dem erwählten Bundesvolk „Israel", gehören sie als Söhne Abrahams zu dem Freunde Gottes, dessen Samen

[329] Alles Folgende geht nicht auf die Gegner des Apostels in Korinth, so daß dieser Abschnitt beweise, daß auch sie echte Juden waren. Als „Diener des Christus" (V. 23) hat Paulus die neuen Männer in Korinth niemals anerkannt. Von „Dienern Satans" (V. 15) kann er nicht wenige Zeilen später als von „Dienern des Christus" sprechen! Alles Folgende hat die Urapostel in Jerusalem im Blick.

Gottes große Verheißungen gelten, Paulus kann sich ihnen sofort gleichstellen, und kann in all diesem so kühn auftreten wie sie[330]. Freilich, solch rühmendes Vergleichen ist „Unverstand", das spürt Paulus durch und durch: **„Im Unverstand rede ich."**

Ja, jetzt muß er sogar wie ein Wahnsinniger sprechen. Jetzt geht 23
es um den Dienst, um das apostolische Werk. Und hier kann Paulus nicht dabei bleiben, sich mit einem **„Ich auch"** den großen Aposteln gleichzustellen; hier kommt ein **„Ich noch mehr". „Diener des Christus sind sie? Im Wahnsinn rede ich, ich [bin es] noch mehr."** Ist das nicht wirklich **„Wahnsinn"**, auf die „Säulen" in Jerusalem zu blicken (Gal 2, 9), auf die in der ganzen Christenheit hoch angesehenen und verehrten Männer, auf Jakobus, den Bruder des Herrn, auf Petrus, das Haupt der Zwölf, auf Johannes, den Jünger, den Jesus lieb hatte, und dann zu behaupten, man sei selber **„noch mehr"** ein **„Diener des Christus"** als sie? Rührt das nicht an jenen Streit unter den Zwölf, wer der Größte unter ihnen sei? Ist es nicht **„Wahnsinn"**, wenn ein Diener selbst bestimmen will, ob er besser und mehr als andere seinem Herrn diene? Kann das nicht ganz allein der Herr selber entscheiden?

Paulus hat dieses „mehr" schon im ersten Brief ausgesprochen, und zwar gerade, nachdem er sich den geringsten unter den Aposteln genannt hatte, gar nicht wert, ein Apostel zu heißen. Aber, „ich habe viel mehr gearbeitet als sie alle" (1 Ko 15, 10). Wie wird er jetzt sein **„Ich noch mehr"** begründen? Wird er die ganze Reihe der Gemeinden aufzählen, die er gegründet hat? Wird er rühmen, wieviele Menschen er für Jesus gewann, und wieweit der Kreis seines Wirkens geht? Wird er noch einmal auf die große Sammlung hinweisen und betonen, daß er es ist, der der Urgemeinde aus drückender Not hilft?

Das „Rühmen" des Paulus wird ein völlig anderes, ein seltsames Rühmen. Es wird ein Rühmen seiner Leiden, Lasten und Nöte, nicht seiner Leistungen, Siege und Erfolge. Im Blick auf seine Leiden kann er „kühn auftreten". Hier ist er gewiß, daß keiner der großen Apostel so viel Leiden auf sich gehäuft hat wie er. Er spricht es zunächst umfassend aus: **„In Mühen überreichlich, in Gefangenschaft überreichlich, in Schlägen im Übermaß, in Todesgefahren oft."** Scheint es den Korinthern noch zu ungenau oder übertrieben? Paulus kann es

[330] Es ist bezeichnend, daß Paulus den Namen „Jude" hier nicht verwendet. Er wird dabei einerseits an den damals schon weit verbreiteten Antisemitismus denken, für den der Ausdruck „Jude" negativ belastet war. Andererseits zeigt Gal 1, 13, daß für Paulus das „Judentum" eine religiöse Einstellung bedeutete, der er sich in keiner Weise mehr zugehörig wußte, während er an seinem Israelitentum mit voller Überzeugung und Freude festhielt.

auch genau aufstellen: **„Von den Juden empfing ich fünfmal die**
24/25 **vierzig [Geißelhiebe] weniger einen, dreimal wurde ich mit Ruten geschlagen."** Jüdischen Gemeinden war im römischen Reich ein Stück eigener Gerichtsbarkeit gelassen worden. Die Todesstrafe durften sie nicht vollstrecken (Jo 18, 31); wohl aber durften schuldig gesprochene Gemeindeglieder mit der viergeschwänzten Lederriemenpeitsche geschlagen werden. Nach der Vorschrift in 5 Mo 25, 2. 3 waren im Gesetz als Höchstzahl der Schläge ausdrücklich vierzig Hiebe festgesetzt. Damit diese vorgeschriebene Höchstzahl durch kein Versehen überschritten werde, gab man **„einen weniger"**. Die Strafe blieb aber grausam genug. Fünfmal hat Paulus sie erduldet. In der Apostelgeschichte wird uns nichts davon berichtet. Aber wenn wir mehrfach von tobenden und lästernden Judenschaften lesen, haben wir daran zu denken, daß der sich entladende Haß gegen den Boten eines gekreuzigten Messias zu solch ernsten Folgen führen konnte. Vielleicht hat Paulus schon gleich in Damaskus zum ersten Mal diese Strafe erlitten. Das **„Schlagen mit Ruten"** gehört in die amtliche römische Justiz. Der römische Richter war begleitet von „Liktoren", von Gerichtsdienern, die ein „Rutenbündel" und in der Mitte darin ein Beil trugen. Sie zeigten damit sichtbar den harten Ernst des römischen Gerichts. Von diesen Bestrafungen kennen wir aus Apg 16, 22 den Vorgang in Philippi. Hier wird sofort deutlich, warum das römische Bürgerrecht Paulus nicht immer vor solchen Züchtigungen schützen konnte. Seine Verhaftung geschah hier und wohl auch bei anderen Malen, die Paulus aufzählt, in Tumulten, die den Apostel gar nicht erst zu Wort kommen oder die römische Beamte nicht darauf hören ließen. Welche Narben von den jüdischen und den römischen Strafen her trug des Paulus Rücken! Wie schwer ist es für einen ehrenhaften Menschen, Schmerzen und Schmach von Schlägen zu erdulden.

Schon solche Geißelungen konnten lebensgefährlich werden. Aber die **„Todesgefahren oft"** wurden noch ernster. **„Einmal gesteinigt"**, davon lesen wir Apg 14, 19 bei der Evangelisation in Lystra. Wie eine solche Steinigung nicht zum Tode des Apostels führen konnte, ist nicht zu verstehen. Paulus wurde darum auch als tot aus der Stadt geschleift. **„Dreimal wurde ich mit Ruten geschlagen, einmal gesteinigt, dreimal erlitt ich Schiffbruch, eine Nacht und einen Tag habe ich auf der Meerestiefe [treibend] zugebracht."** Schiffahrt war damals ganz anders gefährlich als heute. Aber natürlich endete nicht jede Schiffsreise mit einer solchen Katastrophe. Wieviele Seereisen muß der Apostel gemacht haben, wenn er dreimal Schiffbruch erlitt. In den Erzählungen der Apostelgeschichte können wir sie nicht alle unterbringen, und die drei Schiffbrüche sind nicht erwähnt. Der Schiffbruch auf der Fahrt nach Rom liegt beim Schreiben dieses Briefes noch vor dem Apostel. Es ist in der Apostelgeschichte aber auch von den vierzehn Jahren der Wirksamkeit des Apostels in Syrien (Gal 1, 21; 2, 1) nichts berichtet; gerade in dieser langen Zeit kann er die Schiffe benutzt haben, die den Verkehr zwischen den an der Küste gelegenen Städten besorgten. Es wird uns aber an der ganzen Aufzählung, die Paulus in unserem Abschnitt gibt, aufs neue klar, wie wenig wir aus der Geschichte des Urchristentums wirklich wissen. Welch eine Nacht und welch ein Tag, an denen der Apostel irgendwo auf den Wellen trieb, ehe er gerettet wurde!

„Auf Wanderungen vielfach." Wir reden leichthin von den „drei 26
Missionsreisen des Apostels Paulus". Aber Paulus „reiste" nicht wie wir heute mit Eisenbahn, Auto oder Flugzeug, sondern legte seine weiten Wege in mühsamen Fußmärschen zurück, nicht in Wanderlust, sondern als der Bote Jesu, getrieben von dem brennenden Eifer, die Kunde von Jesus zu immer neuen Völkern zu tragen. Welche **„Gefahren"** drohten ihm dabei ständig neu. Er zählt sie auf in ihrer ganzen Vielfalt und Gegensätzlichkeit. Quelle von Bedrohungen seines Lebens sind ebenso seine jüdischen Volksgenossen wie die fremden „Völker"[331], ebenso die Städte wie die Einöden, die Flüsse wie das Meer. Eine besonders bittere Gefährdung seines Werkes und seines Lebens geht von den „Pseudobrüdern", den falschen Brüdern aus. Männer stellen ihm, dem Boten des Christus, nach, die sich auch „Christen" nennen und als „Brüder" in den Gemeinden leben oder Eingang bei den Gemeinden finden. Das dunkle Rätsel solcher Gestalten löst sich für Paulus wohl ebenso wie das der „Pseudoapostel". Dahinter steht Satan selbst mit seinem Haß und mit seiner List und Lüge. Hören wir es aus diesem ganzen Vers hervorklingen: „... in Gefahren ... in Gefahren ... in Gefahren ..."! So haben wir uns den Apostel zu denken als einen ständig gefährdeten und von Todesgefahren bedrohten Mann.

Nun folgt der Hinweis auf die Fülle der ganz realen Leiden. **„In 27
Mühen und Plagen, in durchwachten Nächten oft, in Hunger und Durst, in Fasttagen oft, in Kälte und Blöße."** Es sind die ganz primitiven und brutalen Nöte des Lebens, von denen Paulus schon in 6, 4. 5 gesprochen hatte. Er, der von vielen Gemeinden geachtete und geliebte Mann, hatte sich diesen Nöten nicht entzogen, sondern sich bewußt ihnen ausgesetzt. Ja, gerade darin war er „noch mehr" ein wahrer „Diener des Christus" als die „ganz Großen" in Jerusa-

[331] Paulus unterscheidet wie jeder Jude „Israel" und „die Völker". „Israel" ist der „Same Abrahams", das Bundesvolk Gottes. Die „Völker" sind bei allen Unterschieden untereinander — auch Paulus kann von „Griechen" und „Barbaren" sprechen (Rö 1, 14) — zugleich die „Heiden", die von Gott getrennt sind und den wahren, lebendigen Gott nicht kennen. Für den Boten Jesu aber sind beide Teile der Menschheit voller Gefahren.

lem! Ob wir das alles genug vor Augen haben, wenn wir den Namen des Paulus nennen und in ihm selbstverständlich die wesentliche Autorität des NT sehen?[332]

28 Paulus könnte noch manches von dieser Flut äußerer Nöte und Schwierigkeiten sagen. Aber er bricht ab: **„abgesehen von allem weiteren"**. In dem grie Wort, das Paulus gebraucht, kann auch liegen: „abgesehen von dem, was ich draußen lasse". Dieses „draußen lassen" meint dann „auslassen, **unerwähnt lassen"**. Der Apostel wendet sich der inneren Last zu, die auf ihm liegt. Da steht es vor ihm **„der täglich mir widerfahrende Andrang, die Sorge für alle die Gemeinden"**. Wir machen uns wenig konkrete Vorstellungen von dem Leben des Apostels. Wir meinen, er „reise" eben und „predige" und „gründe Gemeinden". Aber wie die Tage und Nächte bei ihm neben all den körperlichen Anstrengungen und Leiden ausgefüllt sind, wie er für so viele Gemeinden Sorge trägt, wie er Nachrichten von ihnen bekommt, die ihn schmerzen und ihm Sorge machen, wie er ihre Probleme zu lösen sucht, wie er vor allem anhaltend für sie betet und dabei eine Fülle einzelner Menschen vor seinen Herrn bringt —
29 das müssen wir uns noch ganz anders vorzustellen suchen. In alle dem ist Paulus kein kühler Mann, der sich die Dinge innerlich ein Stück fernhält. Im Gegenteil, er kennt sich wohl: **„Wer ist schwach, und ich bin nicht schwach? Wer wird zu Fall gebracht, und ich geriete nicht in Glut?"** Er, der so brennend gern vorwärts käme für den Herrn und kraftvolle Gemeinden am Werk sehen möchte zum Zeugnis für Jesus, er trifft auf so viel Schwachheit und Kümmerlichkeit. Aber er verachtet die Schwachen nicht, sondern **„trägt"** sie, wie er es den Thessalonichern vorschrieb (1 Th 5, 14); ja, er wird ihnen selbst ein Schwacher, wie er es den Korinthern schon in 1 Ko 9, 22 sagte. Und er hebt noch das andere hervor: Er muß mit ansehen, wie die Glieder der Gemeinden zu Fall gebracht, zur Sünde oder auf Irrwege verführt werden[333]. Das läßt ihn nicht kalt. Das bringt ihn **„in Glut"**, wohl in die Glut des Jammers um die Verführten und Gestrauchelten und in die Glut der Empörung über die, die teuer erretteten Menschen so etwas antun[334].

332 Wie fern sind wir Boten Jesu von heute im allgemeinen diesen Dingen, die für einen Paulus notwendig „dazu gehörten" und die sein „Ruhm" waren! Ja, wir stehen eher den Korinthern nahe, denen die steten Leiden ihres Apostels peinlich waren. Wir argwöhnen leicht, solche leidenden Verkündiger seien durch unkluges oder gar verkehrtes Verhalten selber schuld an ihren Nöten.

333 Das hier stehende Wort kann auch ein „Empörtwerden" bedeuten. Der Satz wäre dann etwa so wiederzugeben: „Wer hat Grund zur Empörung, und ich geriete nicht in Glut." Aber die Bedeutung „zu Fall gebracht werden", „zu Fall kommen", „verführt werden" liegt doch dem Wort näher.

334 Wir denken an Worte wie 1 Ko 8, 11, wo wir etwas von dieser „Glut" spüren.

Paulus war zum „Rühmen" gezwungen worden, weil gewisse Kreise 30
in Korinth ihn als minderen Apostel den „großen" Männern wie Petrus und Johannes unterordnen wollten. Dagegen mußte er sich um der Gemeinde willen wehren und mußte sein „Ich auch", sogar sein „Ich noch mehr"! sagen. Aber wenn er nun diesen Abschnitt des Briefes mit seinem „Rühmen" überblickt, wahrlich, es ist ein seltsamer „Ruhm". Das stellt er jetzt sehr nachdrücklich fest: **„Wenn gerühmt werden muß, so will ich mich dessen rühmen, was meine Schwachheit ausmacht."** Gerade diese **„Schwachheit"** ihres Apostels war den Korinthern so unverständlich und anstößig. Schon in 1 Ko 4, 9—13 hat er mit der Gemeinde um diesen wahren „Ruhm" der Apostel gerungen. Damals hat er sich einfach mit den andern in einem „wir Apostel" zusammengefaßt. Vielleicht hat die Gemeinde ihrerseits dagegen protestiert und ihn darauf hingewiesen, wie seine Worte doch nur für ihn gelten könnten, weil die anderen Apostel viel besser und unangefochtener lebten. Nun wohl, antwortet er jetzt, eben darin bin ich dann jenen Männern überlegen, die ihr mir vorziehen und die ihr über mich stellen wollt! Die weit größeren Leiden sind das Siegel meines Amtes und meines „Ruhmes", ein Siegel, das man sich freilich nur um so teuren Preis erwerben kann. Darum will sich Paulus gerade nur dieser Dinge rühmen, obwohl er weiß, daß ein hungernder, frierender, geschlagener, von durchwachten und durchbeteten Nächten abgezehrter Mann kein Anblick von Kraft
und Größe ist, sondern seine ganze **„Schwachheit"** zeigt. Die Ge- 31
meinde muß wissen, wie ernst es ihm damit ist. Er ruft Gott dafür zum Zeugen an: **„Der Gott und Vater des Herrn Jesus weiß, er, der in die Äonen gepriesen ist, daß ich nicht lüge."** So, wie er es jetzt geschildert hat, so sieht sein Leben aus, und wirklich nur darin sucht er seinen Ruhm. Das ist wahr, obwohl es total gegen alle menschliche Natur geht. Aber gerade so wird Gott allein groß, der auch allein den Lobpreis in alle Äonen verdient. Denn an dieser ganzen Schwachheit des Apostels wird allen sichtbar, „daß die außerordentliche Kraft sei Gottes und nicht aus uns" (4, 7).

Paulus fügt noch die Erinnerung an ein besonderes Erlebnis an. 32/33
„In Damaskus — der Ethnarch des Königs Aretas bewachte die Stadt der Damaskener, um mich festzunehmen; und ich wurde durch ein Fenster in einem Korb hinabgelassen über die Stadtmauer und entrann seinen Händen." In Apg 9, 23—25 ist uns dies ebenfalls berichtet. Wenn dort nur die Juden als Anstifter des Anschlages erscheinen, wie aber **„der Ethnarch des Königs Aretas"**[335] als der genannt

[335] Aretas IV regierte von 9 v. Chr. bis 39 n. Chr. über das Nabatäerreich, ein arabisches

ist, der die Tore von Damaskus bewachte, so muß kein Widerspruch darin liegen. Paulus hatte zuvor drei Jahre in Arabien (Gal 1, 17) gearbeitet. Dabei kann er sich die Feindschaft des arabischen Herrschers zugezogen haben. Nun benutzen die Juden in Damaskus diese Feindschaft, um den gefährlichen Paulus unschädlich zu machen. Der Ethnarch, der in der Stadt selbst keine Befehlsgewalt hat, bewacht von außen die Tore, um Paulus abzufangen, während die Juden in der Stadt nach ihm fahnden. Paulus entrinnt auf eine Weise, die ihn, den Mann der Bibel, an Josua 2, 15 erinnert haben wird. Aus einem Hause, das ein Fenster über der Stadtmauer hatte, wurde er in einem Korb hinabgelassen und konnte entrinnen. Wie wunderbar, daß gerade dieses Haus von Jüngern Jesu oder wenigstens von christenfreundlichen Menschen bewohnt war. Wenn er in seinem Bericht die Worte **„in Damaskus"** so voranstellt, dann zeigt dies zugleich, warum er diese Erinnerung noch anfügt. Eindrücklich steht es vor ihm: **„Damaskus!"** Es ist die erste der vielen „Todesgefahren", die er erlebt hat. Solche ersten Erlebnisse prägen sich tief ein. Und gerade dieses Erinnerungsbild zeigt besonders seine **„Schwachheit"**. Auf diese Weise von seinem Arbeitsfeld weichen und dem Tod entrinnen müssen, das legt keinen Glanz auf sein Wirken als Apostel.

TROTZ GESICHTE UND OFFENBARUNGEN BLEIBT DIE SCHWACHHEIT DES APOSTELS RUHM

2. Korinther 12, 1–10

Zu Vers 1: Apg 26, 16; Gal 2, 2
Zu Vers 2: Apg 8, 39; 22, 17
Zu Vers 4: Lk 23, 43; Offb 2, 7
Zu Vers 5: 2 Ko 11, 30

1 **Gerühmt muß sein; es nützt freilich nichts, aber ich will doch kom-**
2 **men zu Gesichten und Offenbarungen des Herrn. * Ich weiß von**
einem Menschen in Christus, vor vierzehn Jahren – ob im
Leibe, weiß ich nicht, ob außerhalb des Leibes, weiß ich nicht, Gott
weiß es – entrückt wurde der Betreffende bis zum dritten Himmel.
3 *** Und ich weiß von dem betreffenden Menschen – ob im Leibe,**
4 **ob getrennt vom Leibe [weiß ich nicht], Gott weiß es, – * daß er**
entrückt wurde in das Paradies und unaussprechbare Worte
5 **hörte, die zu reden einem Menschen nicht gestattet ist. * Für den**
Betreffenden will ich mich rühmen; für mich selbst aber will ich

Reich, das sich vom Toten Meer östlich bis an den Euphrat und dem Norden bis in die Gegend von Damaskus erstreckte. Näheres im „Lexikon zur Bibel" unter „Aretas" und „Nebajoth". Der Titel „Ethnarch" kann verschiedene Ämter bezeichnen und wird hier im Sinn von Statthalter zu verstehen sein.

6 **mich nicht rühmen außer meiner Schwachheiten wegen. * Denn**
wenn ich mich entschließen würde, mich zu rühmen, würde ich
nicht töricht sein; denn Wahrheit würde ich sagen. Ich sehe aber
davon ab, damit nicht jemand im Blick auf mich urteilt über das
7 **hinaus, was er an mir sieht oder von mir hört, * und auch wegen**
der außerordentlichen Größe der Offenbarungen. Deswegen, da-
mit ich mich nicht überhebe, wurde mir ein Pfahl für das Fleisch
gegeben, ein Engel (oder: Bote) **Satans, daß er mich mit Fäusten**
8 **schlage, damit ich mich nicht überhebe. * Um dessentwillen habe**
9 **ich dreimal den Herrn angerufen, daß er abstehe von mir. * Und**
er hat zu mir gesagt: Genug ist für dich meine Gnade; denn die
(oder: meine) **Kraft kommt in Schwachheit zur Vollendung. Am**
liebsten nun will ich mich vielmehr meiner Schwachheiten rühmen,
damit sich auf mich niederlasse (oder: bei mir wohne) **die Kraft**
10 **des Christus. * Darum habe ich Gefallen an Schwachheiten, an**
Nöten, an Verfolgungen und Bedrängnissen um des Christus
Willen; denn wenn ich schwach bin, dann bin ich stark.

Zu Vers 6: 2 Ko 10, 8 11, 16
Zu Vers 7: Mt 25, 41
Zu Vers 8: Mt 26, 44
Zu Vers 9: Jes 40, 29 Lk 1, 35 Rö 1, 16
Zu Vers 10: 2 Ko 6, 10 Phil 4, 13

1/2

Der Apostel würde gern an dieser Stelle mit dem „Rühmen" aufhören. Denn sich selbst rühmen ist ein „Unverstand", ja sogar „Wahnsinn" (11, 1. 21–23). Aber die Korinther zwingen ihn beim Thema des „Rühmens" und der „Größe" ihres Apostels im Vergleich mit anderen zu bleiben. **„Gerühmt muß sein; es nützt freilich nichts, aber ich will doch kommen zu Gesichten und Offenbarungen des Herrn."** Bei den Verhandlungen über Paulus ist in Korinth auch gefragt worden, ob er denn „Gesichte" gehabt habe, Schauungen und „Enthüllungen" des Herrn, wie sie von anderen Boten Jesu berichtet wurden. Es kann sein, daß gerade die, die ihre unmittelbare Zugehörigkeit zu Christus betonten[336], von besonderen Erlebnissen erzählten, in denen sich der Herr ihnen gezeigt und ihnen Aufschlüsse und Weisungen gegeben hatte. Von Paulus war dergleichen nicht zu hören gewesen; das mochte das Urteil mancher Kreise in der Gemeinde über Paulus mit begründet haben, daß er ein „fleischlicher" Mann sei (10, 2) und an die neuen Lehrer in Korinth nicht heranreiche. Paulus selbst wird sich nach der schweren Verurteilung dieser seiner Gegner in 11, 13–15 jetzt nicht noch einmal mit ihnen vergleichen. Er hat von 11, 21 an den Blick auf die „ganz großen Apostel" in Jerusalem gerichtet und ihnen gegenüber sein „Ich auch!" und sein „Ich noch mehr!" gesagt. So wird er auch jetzt an Petrus und Johannes denken, von deren Schauungen und Offenbarungen man überall, auch in Korinth, sprach. Konnte sich Paulus neben solche

[336] Vgl. dazu das 10, 7 Gesagte.

Männer stellen? Hatte auch er **„Gesichte und Offenbarungen des Herrn"**?

Wie die Korinther erst aus einer besonderen Situation heraus von Paulus selbst erfuhren, daß er mehr als sie alle in Zungen bete (1 Ko 14, 18), so hören sie jetzt erst etwas von seinen Erlebnissen mit der überirdischen Welt, über die er bisher völlig geschwiegen hatte. Sie ahnen nicht, daß in diesem leidüberhäuften Mann, der ihnen oft so „gering" erschien (10, 1), ein Mensch vor ihnen stand, der in den Himmel hineinversetzt gewesen war und das Paradies kennengelernt hatte! Nun sagt er ihnen davon. Aber er tut es auch jetzt nur in äußerster Zurückhaltung und spricht von sich wie von einem Fremden in der dritten Person: **„Ich weiß von einem Menschen in Christus, vor vierzehn Jahren — ob im Leibe, weiß ich nicht, ob außerhalb des Leibes, weiß ich nicht, Gott weiß es — entrückt wurde der Betreffende bis zum dritten Himmel."** Paulus erinnert sich genau der Zeit, in der ihm dies widerfuhr; es war vor vierzehn Jahren. Ob sein Erleben in Beziehung stand zu besonderen Entscheidungen oder Nöten seines Lebens, wissen wir nicht. Wollte sein Herr ihn besonders stärken? Gab er ihm neue und schwere Aufträge? Der Apostel macht darüber keine Andeutung. Er kennzeichnet sich selbst dabei lediglich als **„einen Menschen in Christus"**. Vielleicht betont er das, weil es **„Gesichte und Offenbarungen"** mannigfacher Art in der damaligen jüdischen und hellenistischen Umwelt gab. Paulus aber ist auch jetzt, als er diese Entrückung erlebt, **„in Christus"**, von seinem Herrn umfaßt und gehalten. Und es waren darum auch **„Gesichte und Offenbarungen des Herrn"**, also Schauungen und Enthüllungen, die Jesus seinem Apostel gewährte.

Paulus wurde **„entrückt"** — wie geschah das? Wurde Paulus ganz und gar, auch mit seinem Leibe, in die himmlische Welt versetzt? Paulus kann es nicht sagen; er weiß es nicht. Das bekümmert ihn aber nicht. **„Gott weiß es"**, und das ist genug. Geschah die Entrückung nur wörtlich **„bis zum dritten Himmel"**, also bis an seine Grenze, oder bis in diesen Himmel selbst hinein? Der Ausdruck des Paulus läßt es nicht mit Bestimmtheit erkennen. Zählte Paulus mit anderen rabbinischen Lehrern sieben Himmel, oder war für ihn der dritte Himmel der letzte und höchste? Diese Fragen können wir nicht beantworten. Und darin zeigt sich schon die kennzeichnende Art, in der der Apostel von seinem Erleben spricht. Nur die Tatsache, daß er „Gesichte und Offenbarungen des Herrn" gehabt hat, wird mit Bestimmtheit aufgewiesen. Von ihrem Inhalt erfahren wir nichts. Jede Ausmalung unterbleibt. Das ist wichtig für uns selbst. Was würden wir darum geben, wenn wir zuverlässige Schilderungen der jenseitigen Welt bekommen könnten! Wie werden Bücher mit Eifer gelesen, die uns davon zu sagen versprechen. Welche gefährlichen Wege gehen Menschen, um in spiritistischen Sitzungen etwas über das Jenseits zu erfahren. Und nun hat Paulus den ersten und zweiten Himmel durcheilen und bis zum dritten Himmel gelangen dürfen[337]. Was hat er gesehen? Wie sieht es im Himmel aus? Hat er den Herrn selbst erblickt, wie der Ausdruck **„Gesichte und Offenbarungen des Herrn"** vermuten lassen kann? Paulus schweigt von alle dem, was die Korinther ebenso wie uns brennend interessiert hätte und woraus man oft ganze Lehrsysteme gemacht hat[338].

Paulus hat noch mehr erlebt. Vollständigkeit der Aufzählung ist 3/4
bei seiner Zurückhaltung nicht sein Ziel; darum steht auch **„Gesichte und Offenbarungen des Herrn"** ohne Artikel. Sein Bericht in Apg 22, 17–21 läßt uns ahnen, wieviel reicher sein Verkehr mit der unsichtbaren Welt war. Jetzt vor den Korinthern nennt er nur noch ein zweites großes Erleben. **„Und ich weiß von dem betreffenden Menschen – ob im Leibe, ob getrennt vom Leibe [weiß ich nicht], Gott weiß es –, daß er entrückt wurde in das Paradies und unaussprechbare Worte hörte, die zu reden einem Menschen nicht gestattet ist."** Den Zeitpunkt dieser Entrückung nennt Paulus nicht. Es ist damit aber nicht gesagt, daß diese Entrückung in das Paradies mit der vorher geschilderten zeitlich zusammenfällt. Der ausdrückliche Neueinsatz der Schilderung **„Und ich weiß von dem betreffenden Menschen"** spricht dagegen. Das **„Paradies"**[339] ist der Ort, an dem die entschlafenen Gerechten weilen. Es ist kein stummer Ort, kein Ort des „Schlafes". Im Paradies wird gesprochen! Das ist dem Apostel wichtiger als aller Glanz der Herrlichkeit, der sicherlich auch über dem Paradies lag. Paulus hört dort reden. Aber es sind **„unaussprechbare Worte, die zu reden einem Menschen nicht gestattet ist"**. Paulus ist von daher gewiß, daß sein Schweigen über alles, was er bei seiner Entrückung sah und hörte, auf einer göttlichen Notwendigkeit beruht. Für den Menschen in seiner irdischen Existenz, auch für den

[337] Es wird an solcher Stelle besonders klar, warum die Bibel so oft von „den Himmeln" in der Mehrzahl spricht. Und es wird klar, daß das Weltbild der biblischen Menschen so eng und naiv nicht war, wie man heute oft behauptet.

[338] Es sei hier an die Schriften Swedenborg und von Sadhu Sunda Singh erinnert. Wohl hat auch der Apostel Johannes den Gemeinden von seinem Blick in den Himmel wiedergegeben; aber er hatte den ausdrücklichen Auftrag dazu. Und es geht ihm dabei gar nicht um die Schilderung der himmlischen Welt als solche. Kap. 4 und 5 der Offenbarung meinen nicht: „Nun wißt ihr, wie es im Himmel aussieht!" Seine Schau der Thronwelt Gottes steht in enger Beziehung zu seiner Sicht der Zukunft und zielt auf sie. Vgl. die Auslegung in der W. Stb.

[339] Vgl. den betreffenden Artikel im „Lexikon zur Bibel"

Gläubigen, ist die heilige Welt des Paradieses noch nicht faßbar; von ihr darf man daher noch nicht sprechen[340].

5 Wer so hoher Offenbarungen gewürdigt ist, der sah und hörte,
was jetzt ein Mensch nicht aussprechen darf, ist der nicht ein Mann,
der sich rühmen kann, so wie die großen Apostel in Jerusalem ge-
rühmt wurden und die neuen Lehrer in Korinth sich selbst als geist-
liche Größen rühmten? Paulus antwortet: **„Für den Betreffenden
will ich mich rühmen; für mich selbst aber will ich mich nicht rüh-
men außer meiner Schwachheit wegen."** Jener Mensch, dem solche
Entrückung geschenkt wurde, ist nicht einfach Paulus selbst, wie er
jetzt unter heißem Leiden Jesus und den Gemeinden dient, nicht der
Paulus, den sie alle so kennen, wie sie ihn „sehen" und „von ihm
hören" (V. 6). Paulus will sich mit dem, von dem er nur verhalten
in der dritten Person sprach, nicht einfach identifizieren. Für sich
selbst bleibt er auch jetzt, da er notgedrungen von so großen Erleb-
nissen berichten mußte[341] bei seinem Grundsatz 11, 30. Freilich, er
6 muß es feststellen: **„Denn wenn ich mich entschließen würde, mich
zu rühmen, würde ich nicht töricht sein; denn Wahrheit würde ich
sagen!"** Diejenigen in Korinth, die Paulus mißtrauen und die zu-
gleich für sich selber mit Selbstverständlichkeit hervorkehrten, was
sie vor der Gemeinde groß und angesehen machte, konnten vielleicht
zweifelnd ausrufen: Aber wenn man wirklich so etwas erlebt, dann
schweigt man doch nicht davon! Paulus läßt die Wahrheit und Wirk-
lichkeit seiner wunderbaren Erfahrungen nicht antasten. Aber er hat
seinen klaren Grund warum er trotzdem davon absieht, noch mehr
von seinen Erlebnissen zu sagen. **„Ich sehe aber ab davon, damit nicht
jemand im Blick auf mich urteilt über das hinaus, was er an mir sieht
oder von mir hört?"** Von den Gemeindegliedern will Paulus nur so
gekannt und beurteilt sein, wie er von ihnen selbst im lebendigen
Umgang mit ihnen erfahren wird. Nicht als der Geheimnisvolle, der
in den dritten Himmel und das Paradies schaute, will er vor ihnen
stehen. Denn dann würden sie von ihm Aufschlüsse erwarten, die er
ihnen nicht geben kann, und würden das gering schätzen, was er
ihnen als die einzig notwendige Botschaft für ihre Errettung und ihr

[340] Darum sollten wir alle Ausmalungsversuche unterlassen. Jetzt haben wir mit vollem Einsatz hier im Dienst des Herrn zu leben. Jene Welt werden wir kennenlernen, wenn uns Jesus dort hinbringen wird, wie er es dem Schächer versprach. Darum hat auch Johannes nur in Bildern von ihr gesprochen, die ihre ganze Bildhaftigkeit deutlich verraten.

[341] Wie knapp, wie äußerst zurückhaltend ist sein Bericht. Wie verweilt er so gar nicht wohlgefällig bei dem, was er erlebt hat. Rasch bricht er ab; er will anderen gegenüber nicht groß dastehen. Achten wir darauf, wenn irgendwie in der Gemeinde von besonderen „Erlebnissen" und „geistlichen Erfahrungen" berichtet wird, ob es auch so geschieht, wie wir es hier an dem Apostel sehen.

Leben bringt, das Wort vom Kreuz. Schilderungen der himmlischen Welt zum Gegenstand der Verkündigung zu machen, hat Paulus völlig abgelehnt[342]. Er sah in Korinth deutlich genug, was dabei herausgekommen war, als die neuen Männer die Gemeinde über das einfache Evangelium hinaus auf „Höhen" des Geistes zu führen suchten. Der Ruhm von Menschen, Eifersucht, Zerrissenheit in der Gemeinde, Lieblosigkeit, gefährliche Freiheit, sittliche Entstellungen, das waren die Folgen. Dagegen ging der schwere Kampf des Paulus. So trennte er sich in seinem eigenen Verhalten in tiefem Ernst von der ganzen Art der neuen Größen in Korinth und schwieg bewußt von allem, was über das hinausging, was jeder an ihm sah und hörte[343].

Im folgenden ist der Wortlaut des grie Textes unsicher und ver- 7
mutlich beim Abschreiben entstellt. Die Übersetzungen spiegeln das wider. Ein Teil der Übersetzer zieht die Worte „wegen der außerordentlichen Größe der Offenbarungen" unmittelbar zu „damit ich mich nicht überhebe"[344]. Dann muß aber das „und auch" und vor allem das „deswegen" gestrichen werden. Läßt man mit dem Nestletext **„und auch wegen der außerordentlichen Größe der Offenbarungen"** als Abschluß des vorherigen Satzes stehen, muß man es von dem weit entfernten „Ich sehe aber davon ab" abhängig sein lassen. Er nennt dann aber doch einen verständlichen zweiten Grund, warum Paulus sich seiner Erlebnisse nicht rühmen will. Von so großen und heiligen Dingen redet man nicht; zu leicht könnte es **„wegen der außerordentlichen Größe der Offenbarungen"** doch wieder als ein „Rühmen" mißverstanden werden. Aber wie es auch mit dem Text stehen mag, die Aussage des Paulus ist in sich selbst klar. Gott selbst unterstützt seinen Willen, sich der hohen Offenbarungen nicht zu rühmen, sondern bei dem Rühmen seiner Schwachheit zu bleiben. **„Deswegen, damit ich mich nicht überhebe, wurde mir ein Pfahl für das Fleisch gegeben, ein Engel** (oder: Bote) **Satans, daß er mich mit Fäusten schlage, damit ich mich nicht überhebe."** Der Satansengel tritt nicht aus eigner Macht an Paulus heran; er findet auch nicht in Paulus selbst einen Angriffspunkt für sein Handeln. Er ist **„gegeben"**. Das Passiv kennzeichnet nach jüdischer Weise das Handeln Gottes, ohne

342 Trotzdem bleibt es für uns wichtig, daß Paulus den Himmel und das Paradies in seiner ganzen Wirklichkeit sah. Damit ist uns für unsern Glauben stärkend bezeugt, daß es diesen besonderen „Raum" Gottes und den „Raum" der entschlafenen Gerechten gibt, allen Einwänden unseres irdisch gebundenen Verstandes gegenüber.

343 Damit ist uns die heilige Regel gegeben, wie wir es mit besonderen Begnadigungen und geistlichen Erfahrungen zu halten haben. Sie sind nicht zu leugnen und nicht sofort als „Schwärmerei" abzulehnen. Aber von ihnen ist mit äußerster Zurückhaltung zu reden, und sie sind auf keinen Fall zum Gegenstand der Verkündigung zu machen.

344 „Und damit ich mich nicht wegen der besonderen Größe der Offenbarung überhebe", so Schlatter. Ähnlich die Elberfelder Bibel.

dabei Gott nennen zu müssen. Das Herantreten eines Satansboten an den Apostel ist also „Gabe Gottes" an ihn, freilich eine Gabe, die ein **„Pfahl für das Fleisch"** ist, aber mit einem klaren, für Paulus hilfreichen Ziel: **„Damit ich mich nicht überhebe."** Wir sprechen meist ungenau von dem „Pfahl im Fleisch" und formen damit ein unmögliches Bild. Das Wort „skólops" müßte dann viel mehr als „Dorn" oder als „Stachel" gefaßt werden, was sprachlich nicht unmöglich wäre. Es steht aber an unserer Stelle nicht „in das Fleisch" oder „im Fleisch", sondern ausdrücklich **„für das Fleisch"**. Und „skólops" wird im Grie wechselweise mit „staurós" für den „Pfahl" gebraucht, an dem ein Verurteilter angenagelt wird[345]. So ist auch **„für das Fleisch"**, für das natürliche Leben des Apostels, ein **„Pfahl"** bereitet, an den er gleichsam angeheftet ist. Es ist das sein „Kreuz", das er zu tragen hat. Wir dürfen dabei auf 4, 10 zurückblicken. So real trägt der Apostel „die Tötung des Jesus" an sich, daß auch er, an den Pfahl angeheftet, die Macht der Finsternis erdulden muß. Denn der Pfahl für das Fleisch, von dem Paulus jetzt spricht, besteht in einem **„Satansengel, der ihn mit Fäusten schlägt"**. Ohne jeden Grund im Text hat man dies als eine Krankheit verstanden, etwa als Epilepsie, in der Paulus den Angriff einer satanischen Macht gesehen habe. Aber gerade Paulus hat von Krankheiten sehr schlicht und natürlich gesprochen[346]. Paulus wird auch hier genau das meinen, was er sagt; und wer selber Erfahrungen mit den Angriffen aus der Finsternis besitzt, wird ihn verstehen. Paulus spricht von schweren Anfechtungen, die durchaus auch als „körperliche Schläge" gespürt werden können[347].

8 Diese satanischen Faustschläge waren erlebnismäßig schrecklich; sie waren aber auch hindernd im Dienst und machten Paulus „schwach". Wie soll er den Sieg Jesu verkündigen, wenn er selbst in solcher Weise der Macht der Finsternis ausgeliefert ist? Wie soll er die volle Vergebung und die wunderbare Freiheit in Christus preisen, wenn der Verkläger ihm so zusetzen kann[348]? Darum hat sich der Apostel an

[345] Der scharfe Angreifer des jungen Christentums, Celsus, um 177/80, verwendet für das „Kreuz" Jesu öfter das Wort „skólops" als das Wort „staurós".

[346] Z. B. Phil 2, 26 f; 1 Tim 5, 23; 2 Tim 4, 20.

[347] Erfahrungsberichte über solche körperlichen Schläge von der satanischen Welt her liegen in nicht geringer Zahl vor. Zugleich ist es möglich, daß in diesen Anfechtungen der Verkläger an die schrecklichen Dinge erinnert hat, die Paulus als Verfolger verübte. „Ich zwang sie zu lästern" (Apg 26, 11). Was für Szenen mögen das gewesen sein, die dem Apostel jetzt vorgehalten werden! Aber auch das sind Vermutungen, die im Text selbst keine bestimmten Anhaltspunkte haben.

[348] Ob die Angriffe des Feindes auch für andere am Leiden des Apostels sichtbar wurden, ob sich dann auch Gal 4, 13 f darauf bezieht, bleibt ungewiß. Paulus teilt den Korinthern diese Not seines Lebens ebenso als etwas Neues, ihnen noch Unbekanntes mit wie seine „Gesichte und Offenbarungen des Herrn". Er gibt dabei keinen Hinweis, daß die Korinther schon etwas von dieser Not an ihm gesehen hatten.

seinen Herrn gewandt, der allein über sein Leben und seine Leiden verfügt, auch wenn ein Satansbote dabei tätig ist[349]. **„Um dessentwillen habe ich dreimal den Herrn angerufen, daß er abstehe von mir."** Diese Sache ist dem Apostel um seines Dienstes willen so wichtig, daß er sich nicht mit einem einmaligen Flehen begnügt, sondern **„dreimal"** dem Herrn, also Jesus, seine Bitten vorlegt. Daß der Apostel sich dabei ganz ausdrücklich an Jesus wendet, hat zunächst einfach darin seinen Grund, daß Jesus im besonderen Sinn sein „Herr" und sein eigentlicher Auftraggeber ist. Wird ein „Sklave" von Fremden belästigt, dann sucht er Schutz bei seinem „Herrn". Wird der Dienst des Apostels durch einen Satansboten gestört, dann wendet der Apostel sich an den, der ihn sandte. Paulus sieht das Beten als echtes Gespräch und rechnet mit einer Antwort seines Herrn. Jesus kann ihn in einer so wichtigen Sache nicht im Ungewissen lassen. Darum fährt der Apostel mit seinem Flehen fort, als beim ersten und zweiten Mal kein Eingreifen des Herrn, kein Weichen des Satansengels zu
spüren ist. Auch beim dritten Mal wird das Bitten des großen Beters 9
nicht im üblichen Sinn „erhört"; der Bote aus der Finsternis weicht nicht. Er darf Paulus weiter schlagen. Aber Paulus erhält eine klare Antwort von seinem Herrn. Auf welche Weise er sie bekam, sagt er den Korinthern nicht; es kommt darauf nicht an. Wichtig ist allein die Antwort als solche: **„Und er hat zu mir gesagt: Genug ist für dich meine Gnade; denn die** (oder: meine) **Kraft kommt in Schwachheit zur Vollendung**[350]**."**

Die Gnade Jesu gehört Paulus; sie gehört ihm auch dann, wenn er die Faustschläge Satans erdulden muß. Eines schließt hier das andere nicht aus, wie wir von uns aus denken möchten[351]. Paulus hat auch in

[349] Von dem Teufel kann immer nur so gesprochen werden, daß er der ernste und mächtige Feind Gottes ist, der „Gott dieser Weltzeit", und zugleich dennoch Gott so unterworfen, daß er ohne den Willen Gottes nichts tun kann. Vgl. dazu die Ausführungen K. Heims in seinem Werk „Jesus der Weltvollender", Hamburg S. 50 ff.

[350] Es wird auch für uns notwendig sein, in wichtigen Fragen unseres Dienstes unser Reden mit unserem Herrn so ernst zu nehmen, daß wir auf eine „Antwort" warten und unser Beten solange fortsetzen, bis wir sie erhalten. Jesus selbst hat uns dieses anhaltende Bitten ans Herz gelegt (Lk 11, 5—8; 18, 1). Dabei kann das „dreimal" eine Rolle spielen, ohne daß wir an bestimmte Zahlen gebunden wären. „Unerhörte Gebete" gibt es dann nicht, auch wenn der lebendige Herr Grund haben kann, uns — wie hier seinem Paulus — das Erbetene als solches nicht zu gewähren.

[351] Es ist für uns persönlich und für unsere Seelsorge an anderen von großer Wichtigkeit, daß wir nicht Systeme von unserer Logik her aufbauen, sondern der Wirklichkeit standhalten, die im Leben des Glaubenden große Gegensätze vereinen kann. Die Gnade Jesu schließt satanische Anfechtungen nicht aus und wird ihrerseits von solchen Anfechtungen nicht verdunkelt. Schläge Satans müssen auch nicht unbedingt von Sünden des Aberglaubens herrühren. Es ist wichtig, daß wir Eph 6, 10—17 beachten. Nach diesen Aussagen des Apostels gehören Angriffe aus der Finsterniswelt zum „normalen Christenleben".

den qualvollsten Stunden nicht daran zu zweifeln, daß Jesus ihm uneingeschränkt gnädig ist. Und diese Gnade Jesu ist alles, was er zum Leben und Wirken braucht. Sie ist **„genug"** für ihn persönlich und für ihn als Apostel[352]. Ja noch mehr! So wie nach 4, 7 gerade das „irdene Gefäß" offenbar macht, „daß die überragende Größe der Kraft sei Gottes und nicht von uns", so **„kommt die Kraft[353] in Schwachheit zur Vollendung"**. Wäre ein von Satans Schlägen befreiter Apostel in sich selbst stärker, so würde er eben damit die Kraft Jesu weniger nötig haben, und sie auch weniger erweisen. Als der in solchem Maß Angegriffene und Geschlagene kann er einzig durch die Kraft seines Herrn etwas ausrichten. So kommt durch die Schwachheit des Apostels die Kraft seines Auftraggebers vollendet zur Geltung. Und gerade darauf kommt es an, daß Jesus selbst sichtbar und groß wird. Es ist ernst damit, daß Paulus sich nicht selber lebt und nicht seine eigene Ehre sucht. Kann er durch seine Schwachheit die Kraft und Herrlichkeit Jesu besonders hervorleuchten lassen, dann ist er völlig damit einverstanden[354].

Darum schließt auch dieser Briefabschnitt, der in seinem Anfang von wunderbaren und großen Erlebnissen des Paulus sprach, mit dem Bekenntnis zu der gleichen Haltung, die der Apostel fort und fort eingenommen hat. Auch jetzt, auch für den Paulus, der im Himmel und im Paradies gewesen war, bleibt es dabei: **„Am liebsten nun will ich mich vielmehr meiner Schwachheit rühmen."** Das ist die Wiederaufnahme von 11, 30. Stand dies Wort dort am Ende der großen Liste seiner unerhörten Leiden, so bleibt es jetzt stehen, nachdem Paulus von wahrhaft rühmenswerten Dingen seines Lebens (V. 6) berichtet hatte. Jetzt aber wird noch deutlicher, warum er dabei beharrt: **„damit sich auf mich niederlasse** (oder: bei mir wohne) **die Kraft des Christus."** Diese **„Kraft des Christus"** will nicht in Konkurrenz treten mit unserer eigenen Kraft; sie will sich auch nicht mit ihr zusammentun. Das würde ihre Ehre verdunkeln. Sie zeigt ihre ganze Herrlichkeit nur in unserer Schwachheit und läßt sich allein

[352] Jesus sagt hier seinem Apostel das gleiche, was er seinen Jüngern nach Lk 10, 20 mit großem Ernst gesagt hat. Die Gnade Jesu ist der entscheidende Besitz in unserm Leben, wichtiger als alles andere, was wir haben oder auch nicht haben mögen.

[353] Die Handschriften der Koine fügen hier ein: „meine" Kraft; es wird dieses aber tatsächlich eine naheliegende Einfügung in den herberen Wortlaut sein. Die Kraft Jesu ist „die" Kraft, die einzig wahre Kraft, die es für den Dienst des Apostels gibt.

[354] Wir haben hier auch daran zu denken, daß für Paulus gerade die „Schwachheit" Gottes im Kreuz des Christus die einzig rettende „Kraft Gottes" war (1 Ko 1, 25; Rö 1, 16). So hatte er in seinem inneren Ringen um die Lösung des großen Rätsels, das der „Messias am Fluchholz" ihm dargeboten hatte, ein völlig neues Verständnis von „Kraft" und „Schwachheit" gewonnen.

auf Menschen nieder, die sich ihrer Schwachheit bewußt sind[355].
„Darum habe ich Gefallen an Schwachheiten" erklärt der Apostel. 10
Er „erträgt" sie also nicht nur und wird nicht nur so eben mit ihnen fertig. Etwas von dem „Übersiegen" von Rö 8, 37 klingt hier auf. Paulus bejaht die **„Schwachheiten"** mit innerem Willen und begrüßt sie! Und er meint das nicht nur allgemein und unverbindlich, sondern ganz real und konkret. Er hat Gefallen **„an Mißhandlungen, an Nöten, an Verfolgungen und Bedrängnissen, um des Christus willen"**. Möchten sich die Korinther mit seinen ständigen Leiden nicht nur „abfinden". Möchten sie das entschlossene Ja dazu sagen, weil gerade nur so die ganze erstaunliche Kraft in das Leben ihres Apostels kommt. Es geht dabei allerdings nicht um irgendwelches Leiden als solches. Es sind alles **„Leiden um des Christus willen**[356]**"**. Da aber, wo sie um Jesu willen leiden, da macht der Herr solche leidenden und darin „schwachen" Boten zur Wohnstätte seiner Kraft. „Seine Kraft" „läßt sich auf sie nieder", sie „wohnt bei ihnen". Dadurch kommt das Paradoxe zustande, mit dem Paulus diesen Abschnitt schließt: **„Wenn ich schwach bin, dann bin ich stark."**

DER ABSCHLUSS DES TÖRICHTEN SELBSTRUHMES DES APOSTELS

2. Korinther 12, 11–18

11 **Ich bin ein Tor geworden; ihr habt mich [dazu] gezwungen, denn**
i c h sollte von e u c h empfohlen werden! Denn in nichts bin ich
zurückgeblieben hinter den „ganz großen" Aposteln, wenn ich
12 **auch nichts bin. * Wenigstens die Zeichen des Apostels wurden**
unter euch vollbracht, in aller Ausdauer, durch Zeichen und Wun-
13 **der und Machttaten. * Denn was ist es, worin ihr zu kurz gekom-**
men wäret im Vergleich mit den übrigen Gemeinden, außer
darin, daß ich für meine Person euch nicht belastet habe? Ver-
14 **gebt mir dieses Unrecht! * Siehe, ich halte mich jetzt zum dritten**

Zu Vers 11:
2 Ko 11, 1. 15. 16. 23
Apg 5, 12
Gal 6, 3
Zu Vers 12:
Rö 15, 19
Hbr 2, 4
Zu Vers 13:
2 Ko 11, 7–11
Zu Vers 14:
2 Ko 13, 1
Apg 20, 33

[355] Wie wichtig ist das für alles Leben und Wirken der Gemeinde Jesu und ihrer Boten und Botinnen! Wir suchen, in unausrottbarem Trieb unserer Natur, möglichst stark zu werden und Mittel aller Art zur Verfügung zu haben. Damit aber verschließen wir der Kraft des Christus den Raum. Wir dürfen von Paulus lernen, an Schwachheiten geradezu „Gefallen zu haben" und es in aller Realität zu wissen und zu erfahren: „Wenn ich schwach bin, dann bin ich stark."

[356] Hier wird ausdrücklich von Paulus bestätigt, was wir zu dem Wort „thlipsis = Drangsal" gleich zu Anfang des Briefes 1, 4 sagten. Zugleich nimmt Paulus das auf, was Jesus selbst bei seinen Worten über das Leiden seiner Jünger betont hatte; sie meinen einzig das Leiden „um meinetwillen", „um des Evangeliums willen" (Mt 10, 18. 22. 39; 16, 25).

Zu Vers 15:
Phil 2, 17
1 Th 2, 8
Zu Vers 18:
2 Ko 8, 16—18
1 Ko 16, 10
Rö 4, 12

**Mal bereit, zu euch zu kommen, und werde [euch] nicht belasten.
Denn ich suche nicht das Eure, sondern euch. Denn nicht die Kin-
der sind schuldig, den Eltern Schätze zu sammeln, sondern die Eltern
15 den Kindern. * Ich selbst aber will mit Freude Opfer bringen, ja
mich ganz aufopfern lassen für eure Seelen. Wenn ich in beson-
derem Maße euch liebe, soll ich darum weniger geliebt werden?
16 * Doch gut: ich selbst habe euch nicht beschwert, aber weil ich ein
17 gerissener Mann bin, habe ich euch mit List gefangen. * Habe ich
etwa einen von denen, die ich zu euch sandte, durch ihn euch
18 ausgebeutet? * Ich habe Titus gebeten und den Bruder mitgesandt.
Hat euch etwa Titus ausgebeutet? Wandeln wir nicht in demselben
Geist? Nicht in denselben Fußspuren?**

11 Nun schließt Paulus das „Rühmen" ab, nachdem es auch angesichts so hoher Begnadigungen durch „Gesichte und Offenbarungen" nur ein Rühmen seiner „Schwachheit" geblieben war. Gerade so aber ist es doppelt **„töricht"**. Es ist Unverstand, sich überhaupt auf Selbstruhm einzulassen; und es ist menschlich gesehen, doppelt töricht, sich ausgerechnet seiner Schwachheit zu rühmen. **„Ich bin ein Tor geworden"**, stellt Paulus fest. Warum wurde er es? **„Ihr habt mich [dazu] gezwungen."** Wieso? **„Denn ich sollte von euch empfohlen werden!"** Aber da ihr diesen Dienst für mich nicht getan habt, mußte ich mich notgedrungen selber empfehlen und mich rühmen. Noch einmal klingt das Wort „Empfehlung" auf, das uns in 3, 1 zuerst entgegentrat. Es muß in der Diskussion in Korinth eine große Rolle gespielt haben. Wohl brauchte und wollte Paulus keine „Empfehlungsbriefe" von der Gemeinde. Sie selbst war in ihrem Bestand als ein von Paulus hergestellter „Christusbrief" sein klarer „Ausweis" als Apostel. Aber eben darum hätte die Gemeinde zu ihm stehen und jede Anzweiflung seiner Vollmacht, jede Herabsetzung seiner Person zurückweisen müssen. Hätte sie sich klar zu Paulus als ihrem Apostel bekannt, hätte sie ihn empfohlen, dann hätte er sich nicht rühmen müssen. Dieser ganze Brief hätte dann im wesentlichen ungeschrieben bleiben können. Jedenfalls aber der Teil des Briefes, den wir in den Kapiteln 10—12 vor uns haben.

Paulus nimmt seine kurze Aussage von 11, 5 noch einmal auf: **„Denn in nichts bin ich zurückgeblieben hinter den ‚ganz großen' Aposteln, wenn ich auch nichts bin."** Der Blick des Paulus ist auf die Urapostel in Jerusalem gerichtet. Daß er in nichts hinter den Männern zurückgeblieben sei, die er „Pseudoapostel" und „Diener des Satans" genannt hat (11, 13—14), kann er unmöglich gemeint haben. Aber daß er als Apostel in nichts hinter einem Petrus und einem Johannes zurückstehe, davon ist er überzeugt; und das muß

die Gemeinde in Korinth anerkennen. Die Wiederholung des Satzes zeigt, wieviel Paulus daran lag. Dieser Kampf um die volle Geltung seines Apostolates hat in Korinth offenbar schon früh begonnen. Rückblickend erkennen wir, wie gewichtig die Sätze in 1 Ko 9, 1. 2 sind. Jetzt aber muß im Zusammenhang mit der gesamten Bereinigung des Verhältnisses zwischen Paulus und den Korinthern dieser Kampf tatsächlich beendet werden. Die Korinther müssen es in froher Dankbarkeit sagen: Paulus ist ein wahrer und ganzer Apostel Jesu Christi, genauso wie Petrus und Johannes. Sie würden aber den Satz ihres Apostels als falsche Selbstüberzeugtheit mißverstehen, wenn sie nicht begriffen, daß es Paulus voller Ernst ist mit der Hinzufügung: **„Wenn ich auch nichts bin."** Die apostolische Berufung und Bevollmächtigung verglich er bei seinem Blick auf die Apostel in Jerusalem, nicht die menschliche Person! In sich selbst findet er **„nichts"**, was ihn zu seinem Wirken als Apostel tauglich machte. Schon in 1 Ko 3, 7 hatte er so von den Dienern und Mitarbeitern Gottes gesprochen: Sie sind weder beim Pflanzen noch beim Begießen „etwas"; es geht bei ihrem Dienst allein um den Gott, der das Gedeihen gibt. Und in unserm Brief hatte er es 2, 16 und 3, 4–6 unterstrichen: Alle Tauglichkeit zum Dienst des Neuen Bundes stammt einzig und völlig aus Gott. Darum ist Paulus – wie auch jeder andere Apostel, auch ein Petrus oder Johannes – in sich selbst **„nichts"**[357]. Aber Gott hat ihn
gebraucht und bestätigt. **„Wenigstens die Zeichen des Apostels wur-** 12
den unter euch vollbracht, in aller Ausdauer, durch Zeichen und Wunder und Machttaten." Es gibt **„Zeichen"**, Kennzeichen, an denen ein Apostel als solcher erkannt werden kann. Paulus wiederholt jetzt nicht, was er schon in 1 Ko 9, 2 und dann in 2 Ko 3, 2 f gesagt hatte. Gemeinden Gottes an Orten, an denen der Name Jesu bisher unbekannt war, sind das „Siegel", das „Zeichen" der Beglaubigung eines Apostels. Jetzt hört er noch einmal auf die Unzufriedenen in Korinth, denen er zu „gering" war, die an ihm das Außerordentliche und Wunderbare vermißten. Darum betont er hier, daß neben der Ausdauer seines mühsamen Wirkens auch die **„Zeichen und Wunder und Macht-**

[357] Vgl. dazu 1 Ko 15, 9 f; Gal 2, 6. In jedem Diener des Herrn finden wir diese einzigartige Verbindung von Hoheit und Demut. Sie ist weder logisch noch psychologisch zu verstehen. Vor der Herrlichkeit und Größe des Herrn und seines Dienstes wird das eigene Nichts durchbohrend gefühlt. Es bedarf dazu keiner künstlichen „Demut". Aber der Dienst als solcher ist voll Hoheit und Vollmacht; dessen ist sich der Bote Jesu bewußt. Darum verlangt er die ganze Anerkennung dieser Hoheit von denen, an denen er den Dienst im Auftrag Gottes tut.

taten" nicht fehlten[358]. Paulus rechnet sie hier durchaus zu seinem Wirken als Apostel hinzu. Wer einen so wunderbaren Herrn, einen mächtigen Erretter, einen Sieger über alle Todesmacht verkündigt, darf und muß damit rechnen, daß es nicht bei bloßen „Worten" bleibt, sondern daß Macht und Sieg Jesu sich in Taten wunderbarer Hilfe manifestiert[359].

Und nun ruft der Apostel das Urteil der Gemeinde selbst an.
13 **„Denn was ist es, worin ihr zu kurz gekommen wäret im Vergleich mit den übrigen Gemeinden."** Paulus ist überzeugt, daß die Korinther nichts nennen können, wenn sie auf Gemeinden blicken, die von andern Aposteln, etwa von Petrus, gegründet worden sind. Es zeigt sich aber, wie wir schon zu 11, 4. 5 richtig vermuteten, daß der Ruhm der „ganz großen" Apostel in Korinth die Stimmung hatte aufkommen lassen: Wenn wir doch einen „richtigen", einen „großen" Apostel gehabt hätten; wie anders sähe es bei uns aus! Was wäre dann anders, was hättet ihr dann mehr als jetzt?, fragt Paulus zurück. Einen andern Jesus, ein anderes Evangelium, einen andern Geist hättet ihr jedenfalls nicht (11, 4); und Zeichen und Wunder und Machttaten habt auch ihr erleben dürfen[360].

Aber da kommt noch einmal der eine Punkt zur Sprache, der offensichtlich in Korinth tiefe Verbitterung erregt hat und auch jetzt noch ein wunder Punkt sein konnte. Die Korinther sind in nichts zu kurz gekommen, **„außer darin, daß ich für meine Person euch nicht belastet habe"**. Paulus kann zunächst nur mit schmerzlicher Ironie sagen:
14 **„Vergebt mir dieses Unrecht!"** Doch dann bestätigt er seinen Entschluß, von der Gemeinde keine Unterstützung anzunehmen. **„Siehe, ich halte mich jetzt zum dritten Mal bereit, zu euch zu kommen, und werde [euch] nicht belasten."** Er kündigt damit ausdrücklich seinen erneuten persönlichen Besuch in Korinth an. Es ist der **„dritte"**, wenn

[358] Es ist gegenüber der historischen Kritik, die in den Wundern Jesu „Legenden" und Erfindungen der Gemeindetheologie sieht, bedeutsam, daß hier der im klaren historischen Licht stehende Apostel von seinen Wundern und Machttaten spricht. Er kann das nur tun, wenn die Korinther selber etwas davon erlebt haben. Wunder und Machttaten waren also durch Paulus wirklich geschehen. Wollen wir dem Jünger und Boten Wunder zubilligen und sie dem Herrn und Meister absprechen?

[359] Von hier aus kann es gar nicht anders sein, als daß auch wir heute im Rahmen unseres Dienstes nach solchen Machttaten des lebendigen und gegenwärtigen Herrn ausschauen und sie auch erleben. Wir haben nicht einzig von Jo 4, 48 her Zeichen und Wunder abzulehnen, sondern das gesamte Zeugnis des NT umfassend zu hören.

[360] Wieder werden von dem zweiten Brief her Sätze des ersten Briefes bedeutungsvoll und gewichtig. Daß die Gemeinde in Korinth keinen Mangel habe an „irgendeiner Gabe" und also hinter keiner andern Gemeinde zurückstehe, darauf hatte Paulus sofort im Eingang seines ersten Briefes (1 Ko 1, 7) hingewiesen.

er den kurzen Zwischenbesuch[361] mitrechnet. Auch bei diesem, jetzt bevorstehenden Besuch wird er die Korinther **„nicht belasten"**. Schon mit diesem Ausdruck weist er erneut darauf hin, daß sein Handeln doch nur zum Vorteil der Korinther geschieht. Die „Last" dabei trägt er. Die Erleichterung haben die Korinther (vgl. 11, 7). Hatte Paulus in 11, 11 nur kurz die Meinung abgewehrt, er wolle aus Mangel an Liebe nichts von der Gemeinde in Korinth annehmen, stellt er jetzt diese mißtrauischen Gedanken gründlicher zurecht. Er zeigt den Korinthern, wie in seinem Verhalten – neben der Bloßstellung seiner Gegner – gerade seine Liebe zu ihnen zum Ausdruck kommt. Hell und klar steht es in dieser Ablehnung jeder Gabe aus der Gemeinde vor den Korinthern, daß es Paulus wirklich um sie selber geht, um sie selber ganz allein. **„Denn ich suche nicht das Eure, sondern euch."**
Das ist der Grundsatz echter Liebe[362]. Paulus bewährt sich darin als
rechter „Vater" der Gemeinde. **„Denn nicht die Kinder sind schuldig,** 15
den Eltern Schätze zu sammeln, sondern die Eltern den Kindern."
Im natürlichen Lebensbereich wissen Eltern zu verzichten und Opfer zu bringen, damit ihre Kinder vorwärts kommen und es einmal besser als die Eltern haben. Nun aber gibt es in der Gemeinde Jesu „geistliche Väter", die erstaunlicher Weise für fremde Menschen in noch viel größerem Maße sich einsetzen. **„Ich selbst aber will mit Freude Opfer bringen"**, kann Paulus den Korinthern versichern. Sein Verzicht auf jede Unterstützung ist für ihn eine freie und frohe Sache, auch wenn dieser Verzicht ihn in bitteren Mangel führt. Aber das Bringen solcher Opfer ist noch nicht genug. Die Glut seiner Liebe will noch mehr: Ich will Opfer bringen[363], **„ja mich ganz aufopfern lassen für eure Seelen"**. „Seele = psyche" meint im NT den Menschen in seiner inneren Lebendigkeit[364]. Der Apostel ist bereit zu jedem Opfer und setzt seine ganze Person ein für die „Seelen" der Korinther, für ihr wahres Leben in Glauben und Liebe und Hoffen. Ohne solchen

[361] Dieser „Zwischenbesuch", auf den 2, 1 anspielt, wird durch diese Zählung der Besuche bestätigt.

[362] In diesem einen, kurzen Satz ist uns allen mächtig die wahre Haltung eines Boten Jesu gezeigt.

[363] Paulus verwendet hier ein Wort, das zunächst einfach „aufwenden, ausgeben" heißt. Paulus will mit Freuden etwas für die Korinther „aufwenden". Aber seine Liebe will noch etwas ganz anderes. So wie er bei den Korinthern nicht das Ihre sucht, sondern sie selbst, so will auch seine Liebe nicht nur „etwas" aufwenden; der Apostel will selber ganz „aufgewendet", ganz „ausgegeben" werden für die Korinther. Wir suchen das Wortspiel „aufwenden – aufgewendet werden" durch „Opfer bringen – mich aufopfern lassen" wiederzugeben.

[364] Es ist darum unzureichend „psyche" nur mit „Leben" zu übersetzen. Stellen wie 1 Jo 3, 16; Jo 15, 13; Mt 16, 25. 26 können zwar auch das Sterben für andere einschließen; sie meinen dann aber auch darin den Einsatz der ganzen Person, nicht nur das äußere Lebensopfer.

Einsatz kann gerade in der schwierigen Gemeinde der Dienst nicht getan werden. Sehen die Korinther nicht die ganze, große Liebe ihres Apostels, so daß jetzt nicht nur „Gott weiß", wie lieb er sie hat (11, 11), sondern sie es auch selber wissen können? Und nun wollten die Korinther ihrerseits ihn deshalb weniger liebhaben und mißtrauisch darüber murren, daß Paulus sich nicht von ihnen besolden läßt? **„Wenn ich in besonderem Maße euch liebe, soll ich darum weniger geliebt werden?"** Ist das nicht widersinnig und unrecht?

16 Aber das häßliche Mißtrauen, das seine Gegner in die Gemeinde gesät haben, ist noch böser. Paulus muß damit rechnen, daß manche in Korinth zu diesen seinen Sätzen ironisch lächeln. Ja, so schön redet dieser Paulus und spielt den selbstlosen Mann, der von der Gemeinde nichts nimmt. Aber hinten herum weiß er sich schon zu verschaffen, was er braucht. Die von ihrer Ichsucht und Habsucht geleiteten Gegner können es sich einfach nicht vorstellen, daß ein anderer den ganzen Einsatz der Arbeit leistet, ohne dafür auch nur das Nötigste zum Lebensunterhalt zu bekommen. Das kann doch einfach nicht sein. **„Doch gut: ich selbst habe euch nicht beschwert, aber weil ich ein gerissener Mann bin, habe ich euch mit List gefangen."** Wie soll er das getan haben? Nun, wenn er selber nichts nahm, dann haben es seine Mitarbeiter für ihn aus der Gemeinde herausgeholt. Paulus kann diesen Vorwurf mit Gewißheit zurückweisen, wenn auch die kleine Unstimmigkeit im Satzbau zeigt, daß er es nicht ohne Erregung
17/18 tut: **„Habe ich etwa einen von denen, die ich zu euch sandte, durch ihn euch ausgebeutet? Ich habe Titus gebeten und den Bruder mitgesandt. Hat euch etwa Titus ausgebeutet? Wandeln wir nicht in demselben Geist? Nicht in denselben Fußspuren?"** Er ist sicher, daß die Männer, die er nach Korinth gesandt hat, eines Geistes mit ihm sind, denselben Weg mit ihm gehen, die gleiche Uneigennützigkeit beweisen. Besonders des **Titus** ist er in vollem Vertrauen sicher. Titus gehört nicht zu denen, über die der Apostel in Phil 2, 21 schmerzlich sagen muß: „Sie suchen alle das Ihre". Wir erfahren, daß auch bei der ersten, verantwortungsvollen Entsendung des Titus das Prinzip des „zu zweit" gewahrt worden war. Titus war von Paulus um seinen Dienst in Korinth „gebeten" worden; er gehörte nicht zu den Mitarbeitern, über die Paulus verfügen konnte. Es wurde aber ein Bruder **„mitgesandt"**, dessen Namen wir nicht erfahren, da die Korinther ihn ja kennen. Namen sind auch nicht wichtig. Wichtig ist, daß Paulus dieser seiner Brüder gewiß sein kann: **„Wandeln wir nicht in demselben Geist? Nicht in denselben Fußspuren?"** Nur in solcher Gewißheit können Männer gemeinsam im Dienst Gottes stehen. Jede Verdächtigung seiner Mitarbeiter weist der Apostel zurück. Sie ließen sich nicht dazu mißbrauchen, dem Apostel hintenherum in Korinth

Vorteile zu verschaffen. Die Korinther werden keinen Beweis dafür finden.

SORGEN DES APOSTELS IM BLICK AUF SEINEN NEUEN BESUCH IN KORINTH

2. Korinther 12, 19—21

19 **Schon lange meint ihr, daß wir uns vor euch verteidigen. Vor Gott**
in Christus reden wir; das alles aber, Geliebte, zu eurem Aufbau.
20 *** Denn ich fürchte, ich möchte wohl, wenn ich komme, euch nicht**
so finden, wie ich es wünsche, und meinerseits von euch nicht so
gefunden werden, wie ihr es wünscht; es möchten Streit, Eifer-
sucht, Aufregungen, Eigensüchteleien, Verleumdungen, Gezischel,
21 **Aufgeblasenheiten, Ordnungsstörungen [da sein]; * es möchte**
noch einmal, wenn ich komme, mein Gott mich demütigen bei
euch, und ich müsse über viele von denen trauern, die vorher ge-
sündigt hatten und ihren Sinn doch nicht änderten ob der Unrein-
heit und Unzucht und Ausschweifung, die sie begangen hatten
(oder: und doch nicht Buße taten wegen der ...).

Zu Vers 19: 2 Ko 3, 1; 11, 16 f
Zu Vers 20: 2 Ko 10, 2; Rö 1, 28; 1 Ko 1, 11; 4, 6; Gal 5, 19—21
Zu Vers 21: 2 Ko 2, 1; 13, 2; 1 Ko 6, 15—20

19

„Schon lange meint ihr, daß wir uns vor euch verteidigen." So konnten allerdings die Ausführungen des Apostels seit 10, 11, aber auch schon in 1, 15 ff und somit in diesem ganzen 2 Ko klingen. Ist dieser Brief nicht eine „Apologie", eine Verteidigungs- und Rechtfertigungsschrift? Paulus sagt mit Bestimmtheit: nein. **„Vor Gott in Christus reden wir; das alles aber, Geliebte, zu eurem Aufbau."** Wohl ringt er in seinem Brief darum, daß die Korinther ihn endlich ganz verstehen (1, 13). Wohl weist er bestimmte Verdächtigungen und Vorwürfe zurück und greift seine Gegner in Korinth mit Schärfe an. Aber wenn auch sein Brief der Form nach einer „Apologie" gleicht, so ist doch sein Ziel ein völlig anderes als das einer Verteidigungsschrift. Es geht nicht um Paulus, sondern um die Gemeinde! Paulus schreibt nicht, damit seine Person reingewaschen und gerechtfertigt dasteht, sondern damit die Gemeinde in Korinth „gebaut" wird. Was er in 2, 17 als die wesentliche Art echter Verkündigung gekennzeichnet hat, das gilt auch von seinem „Reden" in diesem Brief: **„Vor Gott in Christus reden wir."** Die mißgünstigen und mißtrauischen Gemeindeglieder in Korinth sollen ja nicht denken, sie seien das Forum, vor dem der Apostel sich verteidige. Der Apostel steht nicht vor *ihnen,* sondern **„vor Gott"**! Und er ist nicht von seiner eigenen Natur bewegt, von dem ichhaften Drang, sich zu rechtfertigen; er ist auch beim Diktieren dieses Briefes **„in Christus"**, von der Liebe des Christus bestimmt (5, 14) und darum selbstlos auf den **„Aufbau"** der Korinther gerichtet, die auch jetzt seine **„Geliebten"** sind und bleiben.

20 Und nun folgen überraschende Sätze, die im vollen Gegensatz zu der Freude zu stehen scheinen, die in 7, 4–7 und 7, 13–16 zum lebhaften Ausdruck kam. Gerade diese Sätze sind es, die zu der Annahme geführt haben, daß die Kap. 10–13 nicht mit den Kap. 1–7 einen einheitlichen Brief bilden können, sondern einem andern Brief des Paulus angehören müßten, vielleicht dem in 2, 4 erwähnten „Tränenbrief". Lesen wir noch einmal 7, 4–7 und hören wir nun Paulus sagen: **„Denn ich fürchte, ich möchte wohl, wenn ich komme, euch nicht so finden, wie ich es wünsche, und meinerseits von euch nicht so gefunden werden, wie ihr es wünscht; es möchten Streit, Eifersucht, Aufregungen, Eigensüchteleien, Verleumdungen, Gezischel, Aufgeblasenheiten, Ordnungsstörungen [da sein]."** Kann Paulus zur gleichen Zeit oder wenigstens kurz nacheinander beides gedacht und geschrieben haben? Solche Erwägungen gehen immer von dem Menschenbild aus, das der stille Gelehrte an seinem Schreibtisch von seiner eigenen Existenz her haben mag. Aber dies Bild entspricht nicht dem wirklichen Menschen in seiner spannungsreichen Lebendigkeit. Und es erfaßt schon gar nicht das Herz eines Menschen, der im heißen Ringen um eine geliebte Gemeinde, das Siegel seines Apostolates, steht. Als Paulus den Titus mit dem „Tränenbrief" nach Korinth gesandt hatte, war er voll bedrängender Sorge, ob es nun zum endgültigen Bruch mit der Gemeinde komme. Das Ausbleiben des Titus steigerte seine Angst um Korinth. Nun kam Titus mit der einen, entscheidenden Nachricht: Es ist kein Bruch erfolgt, die Gemeinde als ganze hält an ihrem Apostel fest, es ist viel Sehnsucht nach ihm, viel Eifer für ihn hervorgebrochen. Eine qualvolle Last war Paulus abgenommen. Sollte nun nicht erst einmal stürmisch die Freude in ihm durchbrechen? Aber nur ein Ahnungsloser, der sich selbst und die Menschen nicht kennt, könnte meinen, daß jetzt in Korinth mit einem Schlage alles gut sei und eine Gemeinde dastehe, an der der Apostel nur noch Freude haben könne. So ahnungslos war aber ein Paulus gewiß nicht. Schon die gründlichen Ausführungen zur Frage der Sammlung für Jerusalem zeigen, daß Paulus sich bei all seiner Freude nicht über die Lage in Korinth täuschte. Sofort bei diesem praktischen Punkt rechnet er mit Widerständen und einem Wiederaufflackern von Mißtrauen und Ablehnung. Und es ist jedem Kenner des menschlichen Herzens klar, daß in einer Gemeinde, die durch solche inneren Nöte gegangen ist, wie es schon der 1 Ko und noch viel mehr in unserm Brief die Sätze 1, 23 – 2, 4 zeigen, gerade solche Dinge wie

„Streit, Eifersucht[365]**, Eigensüchteleien**[366]**, Verleumdungen, Gezischel"** tief eingefressen sind und auch nach einer Umkehr und einer Aussöhnung mit dem Apostel noch lange nachwirken. Denn diese Dinge galten ja nicht so sehr dem Apostel, sondern belasten vor allem das Verhältnis der Gemeindeglieder untereinander. Gerade nach der Wiederherstellung der Autorität des Paulus konnten die verschiedenen Gruppen in der Gemeinde sich gegenseitig beschuldigen, an der ganzen Not schuld zu sein, und eifersüchtig darüber wachen, daß sie nicht von andern aus der Gunst des Apostels verdrängt wurden. Auch unter diesem Gesichtspunkt ist 7, 4 ff mit 12, 20 f klar vereinbar[367]. Aber auch die alten **„Aufgeblasenheiten"** (1 Ko 5, 2; 8, 1) sind nicht mit einem Mal verschwunden und können schnell wieder hervorbrechen. In der schon lange zerrissenen Gemeinde (1 Ko 1, 11; 11, 18 f) kann es leicht wieder zu **„Ordnungsstörungen"** kommen. Titus selbst wird in seinem Bericht die Nöte nicht verschwiegen haben, die trotz der gründlichen Wendung in der Gesamthaltung der Gemeinde noch ernst genug blieben.

Darum erwartet Paulus bei seinem Besuch in Korinth nicht nur den 21
Kampf mit seinen ausgesprochenen Gegnern, sondern wird auch in der Gemeinde selbst vieles finden, was ihm Not und Schmerz machen wird. Es ist aber kennzeichnend, wie er diese Sorge formuliert: **„es möchte noch einmal, wenn ich komme, mein Gott mich demütigen bei euch."** Von neuem wird die Liebe sichtbar, die den Apostel mit der Gemeinde eint. Was er an Schäden und Entstellungen in der Gemeinde antreffen wird, das sieht er nicht von oben herab mit Entrüstung und Aburteilung. Er stellt sich selbst ganz darunter und nimmt es als eigene Demütigung auf sich. Zugleich zeigt sich unwillkürlich wieder das „theozentrische" Denken des Paulus. Es ist die Gemeinde und doch nicht die Gemeinde, sondern es ist Gott, der Paulus demütigt und den der Apostel gerade dabei „seinen" Gott nennt. Die Demütigung von den Zuständen der Gemeinde her nimmt der Apostel aus der Hand **„seines Gottes**[368]**"**. Dabei läßt das **„noch ein-**

365 Die Handschriften von K und manche andere bieten hier den Plural „Streitigkeiten, Eifersüchteleien".

366 Das hier stehende Wort ist in seiner Bedeutung umstritten. Vgl. dazu die Auslegung von Rö 2,8 und Phil 1,17 in der W.Stb. Die LÜ faßt „eritheia" als „Streitsucht", „Zank". Es erscheint aber wenig wahrscheinlich, daß Paulus nach dem „Streit" am Anfang der Aufzählung noch einmal „Streitsucht" hervorgehoben hat.

367 Entscheidend für die Zugehörigkeit auch dieser Sätze zum 2. Korintherbrief ist die einfache Tatsache, daß Paulus sie schreibt im Blick auf den unmittelbar bevorstehenden Besuch in Korinth. Im „Tränenbrief" hatte er diesen Besuch vorläufig gerade verweigert.

368 Auch heute wird kein Seelsorger oder Gemeindeleiter ohne solche Demütigung durchkommen. Es ist dabei tröstlich zu wissen, daß selbst der „große" Paulus in der ersten, „klassischen" Zeit der Christenheit so gedemütigt wurde.

mal" erkennen, wie sehr Paulus auch die früheren, bitteren Erfahrungen mit der Undankbarkeit, dem Mißtrauen und der Zerrüttung der Gemeinde als „Demütigung" empfunden hat. Gerade in seiner größten und bedeutendsten Gemeinde, auf die er hätte stolz sein können, „demütigt" Gott seinen Boten. Aber dieses **„noch einmal"** steht nicht im Widerspruch zu seiner Erklärung in 2, 1 „nicht noch einmal in Betrübnis nach Korinth zu kommen". Nein, in dieser umfassenden Weise „in Betrübnis" wie bei jenem Zwischenbesuch wird er nach der Wendung in der Gemeinde und nach der Bestrafung und Reue jenes Beleidigers nicht wieder in Korinth sein.

Das beweist sogleich die Fortsetzung des Satzes: **„und ich müsse über viele von denen trauern, die vorher gesündigt hatten und ihren Sinn doch nicht änderten ob der Unreinheit und Unzucht und Ausschweifung, die sie begangen hatten** (oder: und doch nicht Buße taten wegen der . . .)." Es geht nicht um die Gemeinde als ganze, sondern um einzelne in der Gemeinde, auch wenn es nicht nur Vereinzelte, sondern „viele" sind, über die der Apostel wird **„trauern"** müssen. Worum handelt es sich dabei? Die grie Gemeindeglieder in Korinth kamen aus einer sexuellen Ungebundenheit, die auch gebildeten Griechen selbstverständlich war[369]. Sie waren an eine Praxis des geschlechtlichen Lebens gewöhnt, die der Apostel nur als **„Unreinheit und Unzucht und Ausschweifung"** ansehen konnte. Sie mußten besonders tief und gründlich ihren ganzen **„Sinn ändern"**, wenn sie wahrhaft frei und ein geheiligtes Eigentum Gottes werden wollten. Aber das hatten sie nicht getan. Ja, sie werden eine solche „Buße" ausdrücklich als unnötig abgelehnt haben, unter Berufung auf die neue Erkenntnis, daß wahren „Geistesmenschen" „alles erlaubt" sei, gerade auch auf dem sexuellen Gebiet. Die gründlichen Darlegungen des Apostels in 1 Ko 6, 12—21 hatten offenbar nichts genutzt. Jetzt muß und wird Paulus durchgreifen; er kann nicht länger „schonen" (13, 2). Hier gibt es keine weiteren „Diskussionen". Diese Männer müssen aus der Gemeinde entfernt werden, auch wenn es **„viele"** sind. Aber Paulus wird diese Reinigung der Gemeinde nicht mit Genugtuung vollziehen, sondern wird über die Ausgestoßenen **„trauern"**, wie man über Tote Leid trägt[370].

[369] Es sei an das Wort eines Mannes wie Demosthenes aus der klassischen Zeit Athens erinnert, der in einer Rede sagen kann: „Wir haben Hetären, um uns mit ihnen zu ergötzen, sodann gekaufte Dirnen, um unseren Körper zu pflegen, endlich Frauen, die uns rechtmäßige Kinder schenken sollen und denen obliegt, alle unsere häuslichen Angelegenheiten zu überwachen." Vgl. die Einleitung zum 1. Korintherbrief in der W. Stb. S. 12.

[370] Wir sehen hier besonders deutlich, wie es dem Apostel fort und fort um das konkrete Verhalten der Männer geht, die er in Korinth bekämpft. Immer wieder — auch in 2, 17; 4, 2; 5, 12; 6, 14; 10, 5; 11, 12—15 — handelt es sich um „Ethik". Aber hinter der falschen

Noch einmal müssen wir darauf achten, daß Paulus in diesem Abschnitt nicht sagt: So muß und wird es kommen, sondern seiner Sorge Ausdruck gibt, es möchte so werden. Noch kann es verhindert werden, wenn die Gemeinde „ihren Gehorsam vollendet" (10, 6); wenn sie selber dafür sorgt, daß die unguten „Aufregungen, Eifersüchteleien, Verleumdungen, Gezischel" ausgeräumt werden, daß „Streit und Eifersucht" schwinden und daß die, „die vorher gesündigt hatten", doch noch vor dem Kommen des Apostels zu einer echten Umkehr bewogen werden. Allerdings „schonen" will und kann der Apostel nicht noch einmal. Durch Schonung dieser Männer würde er die Gemeinde nicht „bauen", sondern zerstören helfen. Es wird aber gerade an dieser Drohung deutlich, daß die Sätze des Apostels hier seinen Ausführungen 7, 4—7 nicht widersprechen. Mit Trauer aus der Gemeinde Menschen ausschließen kann er nur, wenn und weil die Gemeinde als solche wieder fest zu ihm steht. Weil sie es bei seinem Zwischenbesuch noch nicht tat, hatte er damals „schonen" und die Klärung aller Fragen auf den versprochenen Doppelbesuch (1 Ko 15 f) verschieben müssen.

ANKÜNDIGUNG SCHONUNGSLOSEN DURCHGREIFENS BEIM DRITTEN BESUCH DES APOSTELS

2. Korinther 13, 1—10

1 **Das dritte Mal komme ich diesmal zu euch: „Durch zweier oder**
dreier Zeugen Mund soll jede Sache festgestellt werden" (5 Mo
2 **19, 15). * Ich habe vorausgesagt und sage voraus, als zum zweitenmal Anwesender und als Abwesender jetzt, denen, die vorher**
gesündigt haben, und den übrigen allen, daß ich, wenn ich komme,
3 **nicht wieder schonen werde, * weil ihr ja eine Bewährung sucht**
des in mir redenden Christus, der gegen euch nicht schwach ist,
4 **sondern Macht hat unter euch. * Denn er wurde freilich gekreuzigt**
aus Schwachheit, aber er lebt aus Kraft Gottes. Denn auch wir sind
freilich schwach in ihm, aber wir werden uns zusammen mit ihm
5 **aus Kraft Gottes lebendig erweisen an euch. * Macht an euch selbst**
die Probe, ob ihr im Glauben seid; prüft euch selbst (oder: macht

Zu Vers 1:
2 Ko 12, 14
5 Mo 19, 15
Mt 18, 16
1 Tim 5, 19
Zu Vers 2:
2 Ko 1, 13
12, 21
Gal 1, 9
Zu Vers 3:
Rö 15, 18
Zu Vers 4:
Mt 26, 64
Rö 6, 9 f
1 Ko 1, 25
Phil 2, 7
Hbr 2, 9
Zu Vers 5:
Rö 8, 9 f
1 Ko 11, 28
Gal 2, 20
6, 4

Lebenspraxis steht falsche Lehre, wie in jeder „Ethik" eine bestimmte „Dogmatik" zum Ausdruck kommt. Das Evangelium war entstellt, wo man sexuelle Zuchtlosigkeit und Ausschweifung meinte ohne Buße beibehalten und sogar rechtfertigen zu können. Es liegt „Irrlehre" vor. Aber der Kampf und das Gericht des Apostels setzt nicht bei Theorien als solchen ein, sondern bei den offenkundigen Sünden. Das ist bei Paulus auch israelitisches Erbe. Vgl. Evangelium des Johannes, Halbbd II S. 38 W. Stb.

Zu Vers 8:
Apg 4, 20
24, 16
1 Ko 13, 6
Zu Vers 9:
Hbr 13, 21
Zu Vers 10:
2 Ko 2, 3
10, 4. 8. 11

euch selbst bewährt). **Oder erkennt ihr nicht an euch selbst, daß**
Jesus Christus in euch ist? Ihr müßtet denn etwa unbewährt sein.
6 ***Ich hoffe aber, ihr werdet erkennen, daß wir unserseits nicht**
7 **unbewährt sind. * Wir beten aber zu Gott, daß ihr nichts Böses**
tun möget, nicht damit wir als die Bewährten erscheinen, sondern
damit ihr das Gute tut, wir aber wie Nichtbewährte dastehen.
8 *** Denn nicht vermögen wir etwas gegen die Wahrheit, sondern für**
9 **die Wahrheit. * Wir freuen uns ja, wenn wir schwach sind, ihr**
aber stark seid. Dies erbitten wir auch, eure völlige Herstellung.
10 *** Deswegen schreibe ich dieses als Abwesender, damit ich als An-**
wesender nicht streng verfahren muß nach der Vollmacht, die der
Herr mir gegeben hat zum Aufbau und nicht zur Zerstörung.

1 **„Das dritte Mal komme ich diesmal zu euch."** Paulus gewährt den Korinthern mehr als andern Gemeinden, die er nur zweimal besuchte. Aber daran denkt er jetzt nicht so sehr. Vor ihm steht die Möglichkeit, in Korinth durchgreifen und Gericht halten zu müssen. Dabei sind nach der alten Ordnung[371] „zwei oder drei Zeugen" nötig. **„Durch zweier oder dreier Zeugen Mund soll jede Sache festgestellt werden."** Nun seine eigenen drei Besuche in der Gemeinde, bei denen er mit eigenen Augen die Zustände in ihr sah, sind diese erforderlichen „drei Zeugen". Das Gericht kann beginnen, seine Voraussetzungen
2 sind erfüllt. Und dieses Gericht wird schonungslos sein. **„Ich habe vorausgesagt und sage voraus, als zum zweitenmal Anwesender und als Abwesender jetzt, denen, die vorher gesündigt haben, und den übrigen allen, daß ich, wenn ich komme, nicht wieder schonen werde."** Bei dem notvollen Zwischenbesuch (2, 1 ff) war die Lage in der Gemeinde nicht so, daß Paulus durchgreifen konnte. Es fehlte auch die notwendige Zeit, da Paulus nach Ephesus zurück mußte. Aber der Apostel hat es damals vorausgesagt und wiederholt in Abwesenheit schriftlich diese Voraussage, daß ein erneuter Besuch — wenn er nach der Rückkehr der Gemeinde zum Gehorsam möglich wird — die **„nicht wieder schonen werde"**, **„die vorher gesündigt haben"**. Es sind wieder die gleichen Gemeindeglieder gemeint, von denen eben 12, 21 die Rede war. Sie sollen es erneut wissen, daß ihnen die Voraussage des Apostels gilt. Aber auch **„die übrigen alle"**, also die Gemeinde als ganze, müsse sich auf das vorbereiten, was bei dem dritten Besuch ihres Apostels geschehen wird.

3 Ist das erschreckend für die Korinther? Oh, sagt Paulus, damit erfülle ich nur euer eigenes Verlangen, **„weil ihr ja eine Bewährung**

[371] 5 Mo 19, 15 ist in der Gemeinde Jesu schon in Mt 18, 16 nach dem Willen des Herrn selbst aufgenommen.

sucht des in mir redenden Christus". Über die wirkliche Vollmacht des Paulus war in Korinth vielfach verhandelt worden, da Paulus wenig imponierend, sondern **„gering"** (10, 1), „schwach" und nachgiebig erschien (10, 10). Hat dieser Paulus überhaupt Vollmacht? Ist er ein echter Gesandter, in welchem Christus selbst in göttlicher Gewalt redet? Das soll er doch einmal wirklich zeigen und beweisen, werden seine Gegner höhnisch und seine Freunde mit bangendem Wünschen gesagt haben. Nun, jetzt werden sie es selbst erleben, daß Christus in Paulus redet und handelt, der Christus, **„der gegen euch nicht schwach ist, sondern Macht hat unter euch".**

Freilich, in dem Leben des Apostels zeigt sich jene eigentümliche 4
Dialektik von „Schwachheit" und „Kraft", von der Paulus eingehend gesprochen hat und die in dem Satz gipfelte: „Wenn ich schwach bin, dann bin ich stark" (12, 10). Diese Dialektik wurzelt im Wesen des Christus selbst. In Jesus und seinem Kreuz ist die „Torheit" und die „Schwachheit" Gottes aller Welt sichtbar geworden, wie Paulus schon in 1 Ko 1, 25 gesagt hatte. Das gehörte zu Gottes erstaunlichem, rettenden Handeln notwendig dazu. Darum stellt es Paulus auch jetzt wieder fest: **„Denn er wurde freilich gekreuzigt aus Schwachheit."** Aber gerade dadurch gewann er den Sieg und die ganze Erlöservollmacht. Darum wurde er von Gott auferweckt und **„lebt aus Kraft Gottes".** Ist dieses unlösliche Miteinander von Schwachheit und Kraft das Geheimnis des Christus, den Paulus verkündigt, dann muß es auch an dem Gesandten des Christus zu sehen sein, gerade wenn er wahrhaft sein Gesandter ist und wenn dieser Christus selbst in ihm lebt und wirkt. So ist es in der Tat: **„Denn auch wir sind freilich schwach in ihm, aber wir werden uns zusammen mit ihm aus Kraft Gottes lebendig erweisen an euch[372]."** So hatte Paulus es schon 4, 10–12 dargelegt. Er als Diener des Neuen Bundes trägt das Sterben Jesu an seinem Leibe; damit ist er selbst ein Sterbender, ein „Schwacher"; aber so wird auch das Leben Jesu an seinem Leibe offenbar, darin ist er stark und wirksam. „So ist nun der Tod mächtig in uns, aber das Leben in euch" (4, 12). Von diesem Wort aus müssen wir den positiven Klang auch in unserm Vers hören. Wenn Paulus sich **„aus Kraft Gottes lebendig erweisen**

[372] Damit hat Paulus etwas Wesentliches für die Gemeinde aller Zeiten ausgesprochen. Es steht mit der Gemeinde nur recht, wenn sie willig und entschlossen diese „Schwachheit" an sich trägt. Sobald sie nach menschlicher Weise „stark" und „siegreich" sein will, entartet sie und verliert ihre wahre Kraft. Aber freilich, auch die Gemeinde und die einzelnen Boten Jesu können wiederum nicht einfach nur schwach und hilflos in der Welt stehen. Auch sie dürfen und müssen sich in der Lebensgemeinschaft mit Christus „aus Kraft Gottes lebendig erweisen" in Vollmacht über Menschen. Vgl. dazu die Ausführungen Friedrich von Bodelschwinghs im Kirchenkampf. Wilhelm Brandt „Friedrich von Bodelschwingh", Bethel 1967 S. 146/47.

wird an den Korinthern", dann sieht er den „Aufbau" der Gemeinde vor sich (V. 10), für den das Gericht und die etwa notwendige Ausstoßung der Unbußfertigen nur ein schmerzliches Mittel ist. Nicht in seiner persönlichen Überlegenheit und in seinem Sieg über seine Gegner sieht ein Paulus **„die Kraft Gottes"** am Werk, sondern in der Zurechtbringung der Gemeinde. Das wird er uns in V. 7–9 ausdrücklich sagen.

5 Jetzt geht sein Blick auf die Gemeinde zunächst in einer andern Richtung. Er, der Apostel bereitet seinen dritten Besuch in Korinth vor. Auch die Gemeinde soll sich auf diesen Besuch rüsten. Wie kann sie das tun? Durch eine klare Selbstprüfung. **„Macht an euch selbst die Probe, ob ihr im Glauben seid; prüft euch selbst** (oder: macht euch selbst bewährt). **Oder erkennt ihr nicht an euch selbst, daß Jesus Christus in euch ist?"** Es ist kennzeichnend für das, was einem Paulus wesentlich als „Christentum" und „Christsein" galt, daß die „Prüfungsfrage" für die Gemeinde nur die eine ist: **„Ob ihr im Glauben seid."** Paulus hatte mit großem Ernst von den Schäden im Gemeindeleben gesprochen. Und dabei „Streit, Eifersucht, Verleumdung" genannt. Er hatte dann an die Entstellung des geschlechtlichen Lebens erinnert, an „Unreinheit, Unzucht und Ausschweifung". Aber jetzt bei der Selbstprüfung der Gemeinde geht es nicht um diese Dinge; die Selbstprüfung ist keine moralische. Es geht um den **„Glauben"**. Dabei machen aber die Formulierungen des Apostels sofort deutlich, daß er nicht an intellektualistischen kraftlosen „Glauben" denkt, der nur in der Zustimmung zu christlichen Ansichten und Meinungen besteht. Paulus fragt nicht, ob sie „Glauben haben", sondern ob sie **„im Glauben sind"**. Der Glaube ist dadurch als der umfassende Raum gekennzeichnet, in dem sich das ganze Leben eines Menschen abspielt, als die bestimmende und formende Macht, die alles Denken und Reden, Tun und Lassen durchwaltet. Dieser **„Glaube"** ist so wenig eine bloß gedankliche Sache, daß in ihm vielmehr Jesus Christus selber in einem Menschen, in einer Gemeinde anwesend und wirksam ist[373]. Paulus verwendet dabei den vollen Namen **„Jesus Christus"**. Nicht nur ein jenseitiger, geistiger Christus, der nicht viel mehr ist als eine „Christusidee", sondern der wirkliche Christus, der als Jesus von Nazareth unter uns gelebt, gelehrt, geheilt, gelitten und das Kreuz getragen hat, ist in den Glaubenden gegenwärtig. Das freilich muß in seiner Realität an den Glaubenden von ihnen selber zu **„erkennen"** sein! Die Korinther können es bei ihrer Selbstprüfung erfahren: **„Oder erkennt ihr nicht an euch selbst, daß Jesus Christus in euch ist?"**

[373] Dieses „Christus in uns" bezeugt Paulus als wesenhaft für sein eigenes Leben in Gal 2, 20, für die Gemeinde in Eph 3, 17; Kol 1, 27.

Sind die Korinther „im Glauben" und ist darum Jesus Christus in ihnen, dann ist alles gut. Dann müssen sie so wenig wie Paulus vor dem neuen Zusammensein beim dritten Besuch des Apostels in Sorge sein. Denn dann sind sie im wesentlichen geeint und werden sich darum auch in allen einzelnen Fragen zusammenfinden. Gerichtsmaßnahmen und Ausschließung von Gemeindegliedern, die in der Sünde beharren, werden sie als notwendig bejahen. Die Beseitigungen der Spaltungen und der Ordnungsstörungen, das Ausräumen von Eigensüchteleien, Verleumdungen, Gezischel und Aufgeblasenheiten werden sie als befreiend begrüßen. Solche Maßnahmen wären vergeblich, wenn die Gemeinde nicht mehr **„im Glauben"** ist. Darum fügt Paulus den Satz hinzu: **„Ihr müßtet denn etwa unbewährt sein."** Aber Paulus sieht das nur als eine äußerste Möglichkeit, die er in der Formung des Satzes sofort selber ausschließt. Nein, so kann es in Korinth nicht stehen. Das kann und wird nicht das Ergebnis der Prüfung sein. Es ist freilich ernst mit der Selbstprüfung. In einer Täuschung darf gerade in dieser Sache niemand bleiben. Aber die Gemeinde war fähig, sich von ihren Verführern zu lösen und von ihren Irrwegen zu dem Apostel und seiner Botschaft zurückzukehren. Darum wird sie es bei einer Prüfung ihres Glaubens mit beschämtem Dank erkennen, daß die Hand Jesu sie festgehalten hat und daß Jesus Christus in ihnen ist. In ihrer Umkehr hat sich die Gemeinde als **„bewährt"** erwiesen. 6

Aber Paulus hofft, daß nun auch endlich der lange Streit um ihn und um seine „Bewährtheit" als Apostel zu Ende ist. Es wird eintreten, was er schon am Anfang seines Briefes wünschte, daß die Korinther ihn „völlig verstehen" (1, 13). **„Ich hoffe aber, ihr werdet erkennen, daß wir unserseits nicht unbewährt sind."** Die „Sendung" und Bevollmächtigung des Paulus war grundlegend vor Damaskus und in Damaskus geschehen. Sie ist und bleibt auch voll der „Herrlichkeit", die der Apostel in Kap. 3 geschildert hatte. Paulus denkt aber bei aller Betonung seines Apostolates doch nicht institutionell. Seine Einsetzung in sein „Amt" durch den Herrn ist nicht schon von selbst die Garantie seines richtigen Handelns. Gerade weil der Herr selber ihn erwählt und mit diesem Amt betraut hat, kommt auf seine ständige Bewährung alles an. Als „tüchtig" und „geeignet" (Kap. 2, 16; 3, 4) muß sich Paulus immer neu zeigen in den Nöten und Kämpfen und Aufgaben, in die ihn sein Herr stellt. Doch er ist gewiß, die erneute Bewährung seiner Vollmacht, auch in den Schwierigkeiten in Korinth, wird die Gemeinde dort bei seinem Besuch selbst erkennen, auch wenn Paulus bei seinem Zwischenbesuch schwach und unterlegen erschienen sein mochte.

Paulus aber möchte, daß sein „Bewährtsein" nicht falsch verstanden 7
wird als sein eigener äußerer Sieg und als sein Triumph über alle,

die in Korinth den neuen Lehrern zugeneigt gewesen waren. Nicht im Richten, Verurteilen und Ausstoßen will er seine apostolische Macht zeigen, auch wenn ein solches Vorgehen vielleicht nötig werden wird. Er möchte etwas ganz anderes. Er möchte dieses andere so ernstlich, daß er es zum Gegenstand seines Betens gemacht hat. **„Wir beten aber zu Gott, daß ihr nichts Böses tun möget, nicht damit wir als die Bewährten erscheinen, sondern damit ihr das Gute tut, wir aber wie Nichtbewährte dastehen."** Es geht dem Apostel um die Gemeinde und ihr Leben, um nichts anderes, vor allem nicht um seine persönliche Überlegenheit. Die Gemeinde möge **„nichts Böses tun"**. Bei dieser ganz allgemeinen Formulierung denkt Paulus doch wohl an die konkrete Lage und ihre Erfordernisse. Er hat von sehr bestimmten Dingen gesprochen, die „böse Dinge" sind (12, 20 f). Die Gemeinde, die zu Paulus zurückgekehrt ist und bei ihrer Selbstprüfung erkennen kann, daß sie im Glauben ist, soll und kann sich von all diesen verderblichen Verfehlungen trennen und **„nichts Böses tun"**. Dann wird Paulus nicht oder nur in sehr geringem Ausmaß Gericht halten müssen. Das kann dann so aussehen, als ob er und seine Mitarbeiter **„wie Nichtbewährte dastehen"**. Er hat mit Richten und Strafen gedroht und dann bei seinem Besuch seine Drohungen doch nicht ausgeführt. Es konnte erneut gesagt werden: Der Brief war wieder einmal wuchtig und kraftvoll, aber seine leibliche Gegenwart auch jetzt
8 wieder schwach (10, 10). Paulus scheut das nicht. **„Denn nicht vermögen wir etwas gegen die Wahrheit, sondern für die Wahrheit."** Wer um jeden Preis recht behalten und als Überlegener dastehen will, kann nicht mehr ernsthaft nach der Wahrheit fragen. Paulus aber kann und will in nichts gegen die klare Wahrheit verstoßen. Sind die Korinther wirklich in der Tiefe und umfassend umgekehrt, wie es Paulus in 7, 8—13 zu seinem Trost vor sich sah, vollenden sie ihren Gehorsam, wie er es in 10, 6 erhofft, dann wäre es **„gegen die Wahrheit"**, wenn Paulus noch richten und verurteilen wollte. Sein Satz wird aber nicht nur diesen nächstliegenden, begrenzten Sinn haben. Paulus liebt es, vom konkreten Anlaß aus umfassende Feststellungen zu treffen. So wird er auch hier den Korinthern noch einmal grundsätzlich vor Augen stellen, was sein ganzes Verhalten in seinem langen, schmerzvollen Ringen mit ihnen geleitet hat. Nur um die volle und ganze **„Wahrheit"** eines echten Gemeindelebens ging es ihm, nicht um sein Ansehen als solches und schon gar nicht um persönliche Vorteile. **„Für die Wahrheit!"**, das war seine Losung. Von den neuen Lehrern sah er die lautere, göttliche Wahrheit in der korinthischen Gemeinde bedroht, schon in den ganzen Fragen, die er im ersten Brief mit den Korinthern besprach, und seitdem vollends in allem, was er in diesem zweiten Brief der Gemeinde vorhielt. Gegen Un-

wahrheit und Unwahrhaftigkeit (11, 13–15!) mußte er unnachgiebig für die Wahrheit kämpfen. Aber **„gegen die Wahrheit"** vermag er nichts.

Er vermag auch dann nichts gegen die Wahrheit, wenn eine ge- 9
reinigte und völlig zurechtgebrachte Gemeinde bei seinem Kommen das Bild zu bieten scheint, daß ein „schwacher" Apostel vor einer „starken" Gemeinde steht. Paulus wird das nicht nur still ertragen, er wird sich sogar daran freuen. **„Wir freuen uns ja, wenn w i r schwach sind, i h r aber stark seid. Dies erbitten wir auch, eure völlige Herstellung[374]."**

Paulus hat in diesem ganzen Abschnitt das Wort „Liebe" nicht gebraucht. Er hat der Gemeinde auch keine Liebesversicherungen gegeben. Aber gerade in den letzten Sätzen spricht die Liebe und zeigt ihr wahres Wesen. Die „Liebe sucht nicht das Ihre" (1 Ko 13, 5). Ihr geht es allein um den andern und sein Gedeihen. Wenn des Paulus Beten erhört und die Gemeinde wieder völlig hergestellt ist und als eine starke, einige, glaubende und dienstbereite Gemeinde dasteht, dann will Paulus neben ihr gern als ein schwacher Mann erscheinen, der unnötig gedroht hat und seine Drohungen unerfüllt zurücknehmen muß. Sein Herz ist dabei voll Freude, denn die geliebte Gemeinde (12, 19) lebt und gedeiht.

Wird er diese Freude erleben oder wird er doch seine Drohungen 10
verwirklichen müssen? Die Entscheidung darüber liegt nicht bei ihm selbst, sondern bei den Korinthern. **„Deswegen schreibe ich dieses als Abwesender, damit ich als Anwesender nicht streng verfahren muß nach der Vollmacht, die der Herr mir gegeben hat zum Aufbau und nicht zur Zerstörung."** Paulus sieht mit Sorge seinem Besuch in Korinth entgegen (12, 20 f). Aber noch liegt eine Zeit vor des Apostels tatsächlichem Eintreffen in Korinth. Die Gemeinde kann in dieser Zeit noch vieles in Ordnung bringen, so daß Paulus dann kaum noch etwas zu strafen und zurechtzubringen findet. Und Titus mit den beiden Brüdern ist in Korinth, dem bei seinem vorigen Besuch so viel gelungen ist, und an dem die Korinther erneut eine tatkräftige Hilfe haben. Aber die Gemeinde muß dabei wissen, daß der Apostel sich auf Schonung, auf Kompromisse und auf Duldung verkehrter Einflüsse nicht mehr einläßt. Er hat ihr **„als Abwesender"** diesen ganzen, grundlegenden Brief mit seinem tiefen Ernst geschrieben, damit sie

[374] Es ist hier als Hauptwort der gleiche Wortstamm verwendet, der in 1 Ko 1, 10 als Verb erscheint und in der W. Stb. mit „fertiggemacht" wiedergegeben ist. Dort bezieht sich dieses „Fertiggemachtsein" der Gemeinde vor allem auf ihre geschlossene Einheit. So wird auch an unserer Stelle die „völlige Herstellung" der Gemeinde vor allem in der Überwindung der Spannungen und Spaltungen, des Gegeneinander mit seinen betrüblichen Auswirkungen (12, 20) bestehen.

sich nicht darüber täuscht. Nun kann sie selbst handeln und kann es so tun, daß Paulus **„als Anwesender nicht streng verfahren muß"**. Die Vollmacht dazu hätte er. Dessen ist er völlig gewiß[375]. Aber es bleibt dabei, diese Vollmacht zielt auf den **„Aufbau"** der Gemeinde, selbst wenn es durch „Zerstörung" nach 10, 4 f gehen muß und die Reinigung der Gemeinde von unlauteren Elementen tief in den Gemeindebestand eingreifen konnte. Auch dann bleibt der Auftrag des Apostels, dessen dürfen die Korinther gewiß sein, **„Aufbau und nicht Zerstörung"**. Durch die Wiederholung dieses gewichtigen Wortes aus 10, 8 wird die innere Einheit dieses ganzen Briefteiles Kap. 10—13 besonders deutlich.

Zu Vers 11:
Rö 12, 16. 18
15, 5. 33
Phil 2, 2
4, 4
Zu Vers 12:
Rö 16, 16
1 Ko 16, 20
1 Th 5, 26
Zu Vers 13:
Rö 5, 5
Gal 6, 18
Phil 2, 1

SCHLUSSMAHNUNG UND SEGEN

2. Korinther 13, 11—13

11 **Im übrigen, Brüder, freut euch, laßt euch vollfertig machen, laßt**
euch mahnen, seid eines Sinnes, haltet Frieden, und der Gott der
12 **Liebe und des Friedens wird mit euch sein. * Grüßt einander mit**
13 **heiligem Kuß. Es grüßen euch die Heiligen alle. * Die Gnade des**
Herrn Jesus Christus und die Liebe Gottes und die Gemeinschaft
des Heiligen Geistes mit euch allen.

11 Paulus kommt zum Abschluß seines Briefes, den Titus nach Korinth mitnehmen und der Gemeinde vorlesen soll. Er markiert diesen Abschluß durch ein **„im übrigen"**, das er ähnlich in 1 Th 4, 1; 2 Th 3, 1; Eph 6, 10 verwendet, freilich an diesen Stellen zur Einleitung eines längeren Schlußteiles des betreffenden Briefes. Aber es bedeutet auch dort, daß die eigentlichen Themen des Briefes abgehandelt sind und nur abschließende Mahnungen und Grüße **„übrig"** sind.

Hier kommen noch knappe Mahnungen, die uns aber überraschen können. **„Im Übrigen, Brüder, freut euch."** Also so ernsthaft wichtig bleibt einem Paulus die Freude für das Christsein des einzelnen und für das Leben einer wahrhaft christlichen Gemeinde! Auch in dieser notvollen Gemeinde in Korinth, die aus bitteren Erfahrungen kommt

[375] Gerade zur „Kirchenzucht", zum „Strafen" in der Gemeinde Jesu bedarf es der „Vollmacht" vom Herrn. Auch hier und gerade hier kann sich die Gemeinde „nicht der Welt gleichstellen" (Rö 12, 2). Weltliche Machtmittel zur Durchführung ihrer Strafe fehlen ihr. Es ist ein schrecklicher Anblick, wenn die Kirche seit Konstantin mehr und mehr die staatliche Macht in Anspruch nahm, um ihre Urteile und Wünsche durchzusetzen und abweichende Meinungen zu unterdrücken. Paulus kam äußerlich machtlos nach Korinth; keine staatliche Behörde unterstützte ihn. Er war sich aber seiner „Vollmacht, die der Herr ihm gegeben", gewiß!

und beim Besuch ihres Apostels vielleicht noch einmal harte und schmerzhafte Tage durchleben muß, darf die Freude nicht ersterben. Und Paulus ist gewiß, daß sie in der Gemeinde wach bleiben kann, wie sie in seinem Herzen unter allen Umständen leuchtet[376]. Hört die Freude bei den Korinthern auf, so wäre ihr Glaube erstorben. Die Freude bleibt aber auch nicht einfach von selbst in den Herzen, sie will bewahrt und genährt werden.

„Laßt euch vollfertig machen." Noch einmal verwendet Paulus das Wort, das er eben in V. 9 als Hauptwort brauchte. Die Gemeinde darf nicht erlahmen und in einem halbfertigen Stand stecken bleiben[377]. Gerade jetzt darf sie sich nicht damit begnügen, wenn sie nach allen Spaltungen und Kämpfen einigermaßen wieder hergestellt ist. Eine in sich geschlossene, zum Dienst des Herrn voll brauchbare Gemeinde, soll und darf sie werden. Paulus fordert aber nicht: „*Macht* euch vollfertig." Damit würde er sie überfordern. Die volle Ausgestaltung ihres Gemeindelebens ist Wirkung der Gnade und Treue des Herrn. Sie geschieht aber vom Herrn her durch den Dienst seiner Boten, jetzt also durch Titus und seine Begleiter, dann durch das Kommen des Paulus selbst. Die Gemeinde aber muß ihrerseits bereit sein, dieses ganze Zurechtbringen aufzunehmen und an sich geschehen zu lassen. Darum fügt Paulus sofort hinzu: **„Laßt euch mahnen"**. Wir denken noch einmal daran, daß das hier verwendete Wort auch als „trösten" wiedergegeben werden kann (vgl. 1, 3—7) und nicht moralisch mißverstanden werden darf. „Zuspruch" in „Ermahnung" und in „Ermutigung" braucht die Gemeinde in Korinth; er wird ihr zuteil auch in diesem Brief ihres Apostels; sie soll ihn nur wirklich annehmen.

Die innere Einheit einer Gemeinde war Paulus stets ein ganz wichtiges Anliegen[378]. Im Blick auf Korinth gewann es besondere Bedeutung. Darum hatte schon der erste Brief mit der dringenden Bitte um Einmütigkeit begonnen (1 Ko 1, 10 f). Wie war seitdem die korinthische Gemeinde noch tiefer zerrissen worden und mit Mißtrauen, Bitterkeit, Streit und Eifersucht erfüllt. Mit welcher Sorge hatte Paulus eben noch daran erinnert (12, 20 f). Nun mahnt er **„seid eines Sinnes"**. Das grie Wort des Paulus ist aber willensmäßiger gefaßt, als in dieser Übersetzung zum Ausdruck kommt. Paulus sagt eigentlich: „Dasselbe habt im Sinn" oder „euer strebendes Denken sei auf das-

[376] Vgl. Phil 1, 18; 2, 17; 4, 4; Kol 1, 24.

[377] In 2 Tim 3, 17 steht das Grundwort „aritos = in gehörigem Stande, fertig", dem auch dort sogleich ein „exertismenos = vollfertig gemacht" folgt. Auch bei dem einzelnen Gemeindeglied als einem „Menschen Gottes" geht es Paulus um diese ganze „Fertigkeit". In wie bedenklicher Weise begnügen wir uns mit einer christlichen Mittelmäßigkeit oder gar mit dürftigen Anfängen.

[378] Vgl. Phil 2, 1 f.

selbe gerichtet"[379]. Einheitliche Lehrformen oder äußere Ordnungen können die wahre Einheit nicht bringen, die gerade nicht „Uniformität" ist. Nur wenn unser inneres Denken und Streben auf dasselbe gerichtet ist, kommt die echte Einheit zustande.

Es schließt sich die Bitte an: **„Haltet Frieden"**, seid friedsam. Zur Begründung dieser Mahnung und zum Antrieb ihrer Erfüllung verwendet der Apostel das stärkste Motiv: **„Und der Gott der Liebe und des Friedens wird mit euch sein."** Gott ist anders, als wir denken. Wir malen uns sein Wesen unwillkürlich nach unserer eigenen Härte und herrischen Art. Gottes Wesen aber ist gekennzeichnet durch die Liebe, die er schenkt, und durch den Frieden, den er stiftet[380]. Er ist **„der Gott der Liebe und des Friedens[381]."** Darum kann er auch nur mit denen sein, die Frieden halten und in Liebe eines Sinnes sind. An die „Gemeinde Gottes" in Korinth hatte Paulus seinen Brief gerichtet; Gemeinde dieses wahren Gottes ist sie nur, wenn sie sich völlig zurechtbringen läßt, einmütig dasselbe erstrebt und Frieden in ihren Reihen hält.

12 Zum äußeren Ausdruck kommt diese innere Haltung der Gemeinde, wenn die Männer, die der Verlesung des Briefes zugehört haben, jetzt **„einander mit heiligem Kuß grüßen[382]"**. Zugleich darf die Gemeinde in Korinth wissen: **„Es grüßen euch die Heiligen alle."** Wen hat Paulus dabei im Blick? Da diese Grüße sicher konkret gemeint sind, werden **„die Heiligen alle"** die Gemeindeglieder der makedonischen Gemeinden sein, in denen Paulus jetzt weilte und weilt. Sie

[379] Zu dem dabei verwendeten Wort „phronein" vgl. besonders Rö 8, 5–7 und Phil 2, 1 ff in der W. Stb.

[380] „Er ist unser Friede" (Eph 2, 14).

[381] Als „Gott des Friedens" ist Gott von dem Apostel auch in Rö 15, 33; 16, 20; Phil 4, 9; 1 Th 5, 23 bezeichnet; auch 1 Ko 14, 33 klingt daran an. 2 Th 3, 16 ist von dem „Herrn des Friedens" gesprochen. Aber „der Gott der Liebe" wird Gott nur an unserer Stelle von Paulus genannt. Die Majestät Gottes, seine Heiligkeit, seine Gerechtigkeit und Wahrheit stehen dem Apostel so mächtig vor Augen, daß er sonst diese Formulierung nirgends gebraucht hat. Sie könnte in ihrer Direktheit sehr mißverstanden werden! Gott kann seine Liebe nur dadurch erweisen, daß Christus für uns Gottlose, Sünder und Feinde gestorben (Rö 5, 8) ist. Nur „so", durch den an das Fluchholz hingegebenen Sohn, liebt Gott die Welt (Jo 3, 16).

[382] Über die verschiedene Form und Bedeutung des Kusses im Altertum und in der Bibel unterrichtet gut das „Lexikon zur Bibel". Es handelt sich dabei um eine Form der unterwürfigen, der ehrerbietigen oder der herzlichen Begrüßung unter Männern (2 Mo 18, 7; 1 Sam 10, 1; Ps 2, 1; 1 Mo 33, 4; Apg 20, 37). Im „heiligen" Kuß innerhalb der Gemeinde Jesu, wird diese „Form" mit einem neuen Inhalt gefüllt. Der Bruderkuß wird zum Ausdruck der ganzen Verbundenheit in dem Herrn und in der von ihm geschenkten Liebe zueinander. Da in den apostolischen Briefen stets nur die „Brüder" angeredet sind, gilt die Aufforderung zum Grüßen mit dem heiligen Kuß zunächst auch nur ihnen. Ob sich die Frauen in der Gemeinde untereinander ebenfalls so gegrüßt haben, wissen wir nicht; die Wahrscheinlichkeit spricht aber dafür.

wissen, daß er auf dem Wege nach Korinth ist und an die Korinther schreibt. Allenfalls könnten auch die Gemeinden der Asia dem Apostel Grüße aufgetragen haben, die er hier schon bestellt, ehe er sie in Korinth selbst mündlich ausrichten kann. Eine organisierte Einheit der Gemeinden in einer alle umfassenden „Kirche" gab es nicht. Aber innerlich bilden die Gemeinden eine Einheit und nehmen aneinander teil. Ja mehr, sie sind wesenseins. Denn alle ihre Glieder, leben sie nun in Ephesus oder in Makedonien, in Jerusalem oder in Korinth, sind **„Heilige**[383]**"**. Sie sind „nicht von der Welt", sondern Jesus hat sie „aus der Welt erwählt" (Jo 15, 19) und zu Gottes Eigentum gemacht. So grüßen sie einander. Und dieses „Grüßen" ist keine höfliche Formalität. In ihrer unvermeidlichen Fremdlingschaft in der Welt ist es ihnen ein kräftiger Trost und eine Freude, voneinander zu hören und aufeinander zu sehen. Das **„Grüßen"** wird zum inneren Bedürfnis und trägt lebendige Bruderliebe von einer Gemeinde zur andern.

Und nun schreibt der Apostel — sicherlich eigenhändig — den Se- 13
gensgruß als Schlußwort des Briefes. So ist es Sitte in allen seinen Briefen[384]. Aber hier ist dieser Segensgruß „trinitarisch" geformt: **„Die Gnade des Herrn Jesus Christus und die Liebe Gottes und die Gemeinschaft des Heiligen Geistes mit euch allen."** So wird er vielfach in Kirchen als Kanzelgruß verwendet. Ob Paulus gerade bei diesem Brief besondere Gründe hatte, den Segenswunsch reicher als sonst auszusprechen, wissen wir nicht. Es kann sein, daß die Schwere des Briefes auch das segnende Schlußwort so gewichtig machte. „Trinitarisch" gedacht und geglaubt hat Paulus immer, auch wenn er nirgends eine „Trinitätslehre" entfaltet hat. Auch hier ist der trinitarische Segen nicht dogmatisch-lehrhaft geprägt, es hätte sonst „der Vater" ausdrücklich genannt und an die erste Stelle gestellt werden müssen. Aber wie in den Schlußwünschen der andern Briefe stellt Paulus **„die Gnade des Kyrios Jesus Christus"** als das Entscheidende für unser Leben der Gemeinde vor Augen. „Meine Gnade ist genug für dich", so hat er es von seinem Herrn selbst gehört. Diese Gnade kann und wird die Korinther zurechtbringen, wenn sie **„mit ihnen allen"** ist. Aber nun hebt Paulus es ausdrücklich hervor, daß die Sendung Jesu und das Werk seiner Gnade aus Gott stammt (5, 18). In der Gnade Jesu begegnet uns **„die Liebe Gottes"** in ihrer einzigartigen Größe. Paulus ist darin mit Johannes (Jo 3, 16) völlig einig. Gottes Liebe in der Gemeinde Jesu bleibt aber nicht nur eine „Lehre", nicht nur eine theoretisch geglaubte Sache. Nein, „der Herr ist der Geist"

[383] Vgl. die Anmerkung Nr. 12 zu Kap. 1, 1.

[384] Rö 15, 33; 16, 20; V. 24; 1 Ko 16, 21—23; Gal 6, 18; Eph 6, 24; Phil 4, 23; Kol 4, 18; 1 Th 5, 28; 2 Th 3, 17; 1 Tim 6, 21; 2 Tim 4, 22; Tit 3, 15; Philem 25.

(3, 17). Jesus wohnt im Geist in uns. Der Geist Gottes schenkt uns seine Gemeinschaft, gibt uns Anteil am göttlichen Leben und durchwaltet unsere ganze Existenz. **„Die Gemeinschaft des Heiligen Geistes"** wird auch in Korinth **„mit ihnen allen"** sein[385].

So steht der gesamte Reichtum des Evangeliums am Schluß noch einmal vor den Korinthern. Wollen sie neben diesem einfachen und mächtigen Reichtum noch die absonderlichen Dinge begehren, die ihnen die neuen Lehrer verheißen hatten? Wollen sie nicht zur Einheit aller Gemeinden und aller Heiligen zurückkehren, die in der Gnade Jesu, in der Liebe Gottes und in der Gemeinschaft des Heiligen Geistes alles haben, was sie brauchen? Mit Betonung stehen am Schluß die Worte: **„mit euch allen."** Paulus hat dieses „alle" geliebt, weil ihm an der Einheit der Gemeinde lag und weil er niemand aufgab oder auch nur zurücksetzen wollte[386]. Möchten nun auch in Korinth die Spannungen und Absonderungen, die Eifersüchteleien und Streitigkeiten aufhören, weil die Gnade des Herrn Jesus Christus und die Liebe Gottes und die Gemeinschaft des Heiligen Geistes allen, allen gehört.

[385] Vielleicht bezieht sich diese ausdrückliche Hervorhebung der „Gemeinschaft des Heiligen Geistes" mit allen Gemeindegliedern auf die besonderen Nöte in Korinth. Hier haben sich offensichtlich die „Pneumatiker", die „Geistesmenschen" mit den auffallenden „Gaben", über die andern Gemeindeglieder gestellt und eine besondere „Höhe" für sich in Anspruch genommen. Nun unterstreicht es Paulus noch einmal: Der Heilige Geist ist nicht das Sondergut besonderer Pneumatiker, sondern schenkt seine Gemeinschaft, die Teilhabe an seinem Wirken, allen.

[386] Vgl. die dringende Mahnung 1 Th 5, 27, aber auch das betonte „alle" in Phil 1, 1. 4.

SACHREGISTER

Dieses Sachregister will kein vollständiges Verzeichnis aller wichtigen Worte in diesem Band bieten, sondern nur auf die wichtigsten „Sachen" hinweisen, die in diesem Buch ausgelegt werden.

LEXIKON ZUR BIBEL

Herausgegeben von Fritz Rienecker

100 Kunstdruckbildseiten mit 1728 Textspalten, über 150 Fotos, z. T. Großformat. Über 350 Textillustrationen und Kartenskizzen, mehrfarbige Karten, großes Lexikonformat 18,5 x 27 cm, 7. Auflage (25.–30. Tausend).
Über 6000 Stichwörter aus Geschichte, Kulturgeschichte, Archäologie, Religionswissenschaft, Geographie, Biologie und Wirtschaft.
Namensangaben von Personen, Tieren, Orten und Pflanzen sind vollständig aufgenommen.
Alle wichtigen theologischen Begriffe sind ausführlich erläutert.
Die Stichwörter richten sich nach der Luther-Übersetzung.
Ein umfassendes vergleichendes Register verweist den Leser der Menge-, Elberfelder-, Zürcher Bibel und der revidierten Lutherbibel bei Übersetzungsunterschieden auf die entsprechenden Artikel des Lexikons.
Evangelienharmonie.
Große Zeittafel vom 3. Jahrtausend vor bis 79 nach Chr.
Umfassende Bibliographie.
Ortsnamenregister.

„Wem das Buch der Bücher ans Herz gewachsen ist, der findet in diesem Lexikon eine kaum übersehbare Fülle von Erläuterungen, die die Bibel in einem neuen Licht erscheinen lassen."

Westfälische Rundschau, Dortmund

„Es gefällt, weil es in die Gruppe jener Lexika gehört, die dreierlei können: demjenigen, der sich mit dem Thema (also in diesem Falle der Bibel) beschäftigt, Aufschlüsse und Informationen geben; demjenigen, der sich mit dem Lexikon beschäftigt, zum Thema (Bibel) hinführen; ganz unabhängig vom Thema zur Lektüre anregen. Es ist gut geschrieben, zuverlässig redigiert und liebevoll hergestellt — ein prächtiges Geschenk."

Die Zeit

„Hier ist uns eine gute Grundlage für unsere Arbeit gegeben. Wo anders haben wir auf so kleinem Raum so viel Material und bekommen so guten und anschaulichen Unterricht wie hier?"

Gnadauer Gemeinschaftsblatt

R. BROCKHAUS VERLAG WUPPERTAL

ATLAS ZUR BIBEL

Herausgegeben von H. H. Rowley

3. Auflage, 52 Seiten, Format 20,5 x 25,5 cm kart. Leinenrücken.

Mit Karten und Übersichten zur Ausbreitung des Christentums, Verbreitung der Weltreligionen, Konfessionskunde, Mission. Die Arbeitsgebiete der evangelischen und katholischen Missionsgesellschaften sind berücksichtigt. Aufliegerkarte des modernen Israel.

Ein Handbuch für die praktische Arbeit, für Unterricht und Studium.

Der Atlas läßt die Geschichte Israels und der frühchristlichen Gemeinden besser verstehen, denn er hört nicht, wie viele derartige Werke, mit den Reisen des Apostels Paulus auf, sondern zeigt auch die Weiterentwicklung des Christentums und später der Konfessionen und der Missionsgesellschaften bis in unsere Zeit hinein, und zwar anhand von farbigen Karten und Übersichten. Ein Register der Orts- und Völkernamen weist die Bibelstellen nach, gibt an, wo die Orte im Atlas verzeichnet sind und wie sie heute heißen.

„Ein handlicher, konzentrierter ATLAS ZUR BIBEL mit sehr einprägsamen plastischen Karten und guten Übersichten in Wort und Bild (empfohlen für den Unterricht)."

Ministerium für Unterricht und Kultus Rheinland-Pfalz, Mainz

„Die Aufmachung ist ausgezeichnet, die Sorgfalt in der Herstellung wirklich lobenswert."

Österreichischer Rundfunk

„Einen so preisgünstigen, guten Atlas zur Bibel, dem auch noch Karten über die heutige Ausbreitung des Christentums und die heutige Missionsarbeit beigegeben sind, gab es bisher meines Wissens überhaupt nicht."

Leiterbrief, Gründingen

R. BROCKHAUS VERLAG WUPPERTAL